# Inhaltsverzeichnis

# 1 Datensicherheit

## 1.1 Sicherheit wichtiger Daten

Außer dem Schutz persönlicher Daten (siehe Buch 1, Kapitel *"Datenschutz"*) ist es natürlich auch wichtig, seine eigenen, selbst erstellten Computerdateien zu sichern. Das sind jedoch nicht nur Daten, die man selbst geschrieben hat, sondern auch Einstellungen, die man an einer bestimmten Software vorgenommen hat. Man spricht in diesem Zusammenhang auch von einer *Sicherheitskopie* oder von einem *Backup*.
Die Frage nach dem Sinn und der Notwendigkeit von Sicherheitskopien ist schnell beantwortet. So können die Originaldaten z.B. durch Hardwaredefekte (kaputte Festplatte), Virenbefall, Softwarefehler, Fehlbedienung (Löschen, Formatieren), Diebstahl, Stromausfall oder zerstörerische Ereignisse wie Feuer, Blitzschlag oder Überschwemmung verloren gehen.
Zur Datensicherung bieten sich viele Möglichkeiten an, von denen hier das Speichern auf Diskette, ZIP-Diskette, LS 120-Diskette, CD-ROM, CD-RW oder auf Magnetbändern mittels Streamer als Beispiele genannt sein sollen.
Zum Speichern der Daten selbst gibt es zwei unterschiedliche Möglichkeiten. Die erste Möglichkeit ist das manuelle Auswählen der zu speichernden Dateien, die zweite Möglichkeit ist die Benutzung von so genannten Backup-Programmen. Bei diesen Programmen lassen sich noch verschiedene Möglichkeiten der Datensicherung einstellen, so z.B. eine komplette Kopie aller Daten, eine Sicherung ausgewählter Daten oder eine Sicherung nur der Daten, die sich seit dem letzten Backup geändert haben (siehe auch *Archiv*-Attribut einer Datei).
Für das Erstellen und Behandeln der Sicherheitskopien nun noch einige wichtige Verhaltensregeln:

- Führen Sie regelmäßig Sicherheitskopien Ihrer Daten durch. Sichern Sie die Daten um so häufiger, je wertvoller sie Ihnen sind.
- Verwenden Sie für Ihre Backups nur neue Datenträger von namhaften Herstellern. Eine 5 Jahre alte gebrauchte Diskette oder ein Streamerband aus der Ramschkiste dürften ihre Informationen bald verlieren.
- Verschlüsseln Sie sicherheitsrelevante Daten vor dem Abspeichern. Merken Sie sich das Passwort gut.
- Bewahren Sie mindestens einen Satz Ihrer Sicherheitskopien an einer anderen Stelle als neben dem Computer auf. Ein Einbrecher stiehlt sicher außer Ihrem Computer auch alles in der Nähe, "was nach Computer aussieht", und ein Feuer macht sicher nicht neben dem Computertisch halt.
- Bewahren Sie mehrere Generationen Ihrer Sicherheitskopien auf, möglicherweise sind die jüngsten Generationen Ihrer Sicherheitskopien virenverseucht (siehe auch Kapitel *"Computerviren"*). Sichern Sie dann immer zyklisch, also bei 3 Datenträgern A, B und C sichern Sie immer in der Reihenfolge A, B, C, A, B, C, A, B, C, ...
- Überprüfen Sie Ihren Rechner vor dem Erstellen von Sicherheitskopien auf Virenbefall.
- Lagern Sie Ihre Sicherheitskopien "artgerecht", vermeiden Sie bei magnetischen Datenträgern z.B. starke Magnetfelder oder große Hitze.

## 1.2 Arbeit mit Passwörtern

Wichtige Daten sollten immer durch Passwörter geschützt werden. Was nützen aber die "besten" Passwörter, wenn sie sich leicht erraten oder anders ermitteln (knacken) lassen.
Deshalb zuerst einige Regeln, was als Passwort nicht gewählt werden sollte:

- Benutzen Sie kein eigenes Geburtsdatum oder das von Verwandten (Eltern, Geschwister).
- Benutzen Sie keine Namen, ganz besonders keine Namen von Familienmitgliedern oder Haustieren.
- Benutzen Sie keine Nummern, die leicht Ihrer Person oder Ihrer Familie zugeordnet werden können, wie z.B. die KFZ-Nummer oder die Ausweisnummer.
- Benutzen Sie keine Begriffe, die Ihren bevorzugten Hobbys oder häufig gesehenen Fernsehserien entstammen. Wer sie persönlich kennt, wird zuerst Worte aus diesen Themenkreisen probieren.
- Benutzen Sie generell kein Wort, das in einem Wörterbuch steht. Mittlerweile existieren Passwortlisten, die eine Größe von mehreren Hundert Megabyte haben und wortweise automatisch abgefragt werden können.

- Benutzen Sie keine zu kurzen Passwörter, denn je länger ein Passwort ist, um so schwerer ist es zu knacken.
- Benutzen Sie keine Buchstabenkombination, die in dieser Reihenfolge auf der Tastatur steht (z.B. "12345" oder "qwertzu").
- Benutzen Sie für verschiedene Systeme nicht die gleichen Passwörter. Auf einigen Systemen sind die Passwörter nur sehr schlecht geschützt und ein potentieller Passwortdieb hätte dann Zugriff auf mehrere Ihrer verschlüsselten Daten (oder Konten).

Nun einige Hinweise oder "Rezepte", wie man ein sicheres Passwort gestalten könnte:

- Benutzen Sie ein Passwort von mindestens 8 Zeichen Länge (besser ein noch längeres Wort).
- Verwenden Sie in Ihrem Passwort mindestens ein Sonderzeichen (+,-,*,_,&,%,/,(,$,...), besser mehrere.
- Verwenden Sie in Ihrem Passwort Groß- und Kleinschreibung, möglichst mehrfach gewechselt.
- Denken Sie sich einen Satz aus, den Sie nicht vergessen, z.B. "Heute ist das Wetter schön, heute gehen wir baden." Verwenden Sie die Anfangsbuchstaben aller im Satz vorkommenden Worte als Buchstaben des Passwortes, eventuell sogar noch die Satzzeichen (in diesem Fall "HidWs,hgwb.").
- Verwenden Sie Worte, die Sie sich merken können, schreiben Sie diese aber absichtlich falsch und versehen Sie die Worte mit einigen Zahlen oder Sonderzeichen (z.B. "tAchen2lAmbe" statt "Taschenlampe").

Dies sollten natürlich nur einige Hinweise zum Erstellen von "guten" oder "schlechten" Passwörtern sein. Mit Kenntnis der genannten Regeln werden Ihnen sicherlich noch viel, viel bessere Passwörter einfallen ...
Allerdings nutzt das beste Passwort nichts, wenn man es z.B. außen auf seinen Informatik-Hefter schreibt (Lachen Sie nicht, das ist schon passiert!).
Deshalb hier noch einige Regeln zum Umgang mit Passwörtern:

- Schreiben Sie Ihr Passwort nicht irgendwo auf, sondern merken Sie es sich gut.
- Speichern Sie das Passwort nicht auf der Festplatte, auch wenn Ihnen bestimmte Programme (z.B. das DFÜ-Netzwerk beim Anschluss ans Internet) diese Option anbieten. Die Verschlüsselung ist hier häufig leicht zu ermitteln. Geben Sie Ihr Passwort lieber bei jedem Programmstart neu ein, auch wenn dies unbequemer ist.
- Teilen Sie Ihr Passwort niemandem mit, ein Systemadministrator kommt auch ohne Passwort an Ihre Daten und alle anderen geht Ihr Passwort sowieso nichts an.
- Wechseln Sie ab und zu Ihr Passwort. Trotz bester Geheimhaltung kann Ihr Passwort z.B. von so genannten Backdoor-Programmen (siehe Kapitel *"Computerviren"*) protokolliert werden und ist dann dem Passwortdieb bekannt.
- Lassen Sie sich beim Eintippen das Passworts nicht auf die Finger schauen, auch nicht aus der Ferne.

## 1.3 Wie Hacker vorgehen

Die Sicherheit Ihrer Daten ist durch mögliche Hacker-Angriffe, besonders bei Rechnern mit Internet-Anschluss, permanent gefährdet. Oft hilft es aber schon, einige grundlegende Vorgehensweisen von Hackern zu kennen, um seine eigenen Daten sicherer zu verwalten.
Als Hacker soll hier einmal ein jeder bezeichnet werden, der versucht, unberechtigt an Daten zu kommen, obwohl in der Computerszene für solche Leute mehr die Bezeichnung Cracker üblich ist.

- Der erste Schritt des Hackers ist meist die Durchsuchung des Rechners seines Opfers, zumindest dann, wenn ein Zugriff erfolgen kann (z.B. im Büro). Dort findet eine Suche nach gespeicherten Passwörtern oder anderen wichtigen Informationen statt.
- Wenn der Hacker die Person kennt, deren Passwort er ermitteln möchte, sammelt er zuerst einmal Material über sein Opfer. Welche Hobbys hat der Betroffene, wie sind die Daten seiner Familienmitglieder und Freunde, wie ist seine Telefonnummer und seine Adresse? Viele vergessliche Menschen verwenden einige dieser Daten für ihre Passwörter, diese sind damit leicht zu ermitteln.
- Wenn der zweite Schritt nicht erfolgreich war, geht der Listen-Angriff auf die Passwörter los. In Hackerkreisen verbreitete Passwortlisten, die z.B. komplette Wörterbücher enthalten, sind heutzutage sehr umfangreich. Auch bei mehreren Tausend oder sogar Hunderttausend Worten in der Passwortliste kann der Test

mit den heutigen Computern und Ihrer riesigen Rechengeschwindigkeit in kurzer Zeit abgeschlossen werden, da stellenweise mehr als 100, bei bestimmten Programmen sogar mehr als 1000 Passwörter je Sekunde getestet werden können.

- Bringen auch diese Passwortüberprüfungen keine Ergebnisse, beginnt der systematische Test, der so genannte "brute force"-Angriff (brute force = brachiale Gewalt). Jetzt werden alle möglichen Passworte mit allen möglichen Zeichen getestet, wobei der Hacker einstellen kann, welche Zeichen getestet werden sollen. Es beginnt also mit den einzelnen Zeichen 'a', 'b', 'c', ..., 'aa', 'ab', 'ac', ..., 'zz', 'aaa', 'aab', ...

Weil viele Computerbenutzer (oft aus Faulheit) nur Kleinbuchstaben für Ihr Passwort benutzen, erfolgt meist zuerst nur ein Überprüfen der kleinen oder nur der kleinen und der großen Buchstaben ohne Sonderzeichen. Das reduziert die Anzahl der Überprüfungen gewaltig. Ein Beispiel soll dies verdeutlichen:
Bei 26 möglichen Zeichen (Kleinbuchstaben ohne Umlaute) bestehen für ein Passwort mit 5 Buchstaben Länge genau $26^5$ = 11.881.376 Möglichkeiten. Wenn wir alle möglichen Zeichen (nehmen wir mal nur rund 120 Zeichen, da bei vielen Passworteingaben nicht alle möglichen 256 Zeichen verwendet werden können) verwenden, so sind dies jetzt immerhin $120^5$ = 24.883.200.000 Möglichkeiten, also ca. 2000-mal so viel. Spätestens jetzt sollten Sie vom Einsatz von Sonderzeichen in Passwörtern überzeugt sein.

Richtige Hacker benutzen natürlich noch weitere Möglichkeiten, aber Sie sollen ja nicht zum Hacker ausgebildet, sondern mit den bisher gelieferten Informationen ausreichend für Sicherheitslücken sensibilisiert werden.

Mit welcher Dreistigkeit Passwortdiebe noch vorgehen, zeigt die folgende E-Mail, die an verschiedene Nutzer eines deutschen Internet-Providers verschickt wurde:

From: HarifaX Twounknown <twounknown@rocketmail.com>
Subject: Dringende Konfigurationsarbeiten!

Sehr geehrte Damen und Herren,

leider ist uns bei einem Update des Internetservers ein kleines Missgeschick passiert. Wir haben das Passwortfile gelöscht. Das ist für Sie nicht weiter schlimm, da das Einloggen von außen nach wie vor einwandfrei funktioniert, da wir wegen des oben genannten "Unfalls" die Passwortüberprüfung deaktiviert haben.
Sicherlich ist es auch in Ihrem Interesse, dass wir die Sicherheit der Server wiederherstellen, indem wir alle Passwortdateien per Hand wiederherstellen. (Zur Zeit könnte jeder ohne Überprüfung z.B. Ihre Homepage löschen.)
Bitte senden Sie uns deshalb umgehen das Passwort für Ihren Account zu.

Ihr Account: ??????
Ihr Passwort: ?????? <--bitte dringend mitteilen

Vielen Dank schon einmal im Voraus.

A.J. HarifaX (Administrator)
http://www.providername.de
e-mail: twounknown@rocketmail.com (Hauptsitz)

*E-Mail eines Hackers zum Erschleichen des Passwortes*

Außer der vorletzten Zeile, in welcher der konkrete Providername stand, ist diese E-Mail echt! Hinzu kommt, dass das Anklicken der Provideradresse in der vorletzten Zeile wirklich die Seite des angegebenen Internetproviders öffnet. Es ist allerdings mittlerweile bei E-Mail-Programmen normal, dass sich in E-Mails eingebettete WWW-Adressen anklicken (und aufrufen) lassen. Allerdings ist dies, wie im gezeigten Beispiel, kein Hinweis auf die Herkunft der E-Mail.
Überlegen Sie genau, ob Sie diesem vermeintlichen Administrator Ihre Daten geschickt hätten.

Solche und ähnliche Passwortattacken kommen leider immer wieder vor, auch als telefonische Anfrage vom vermeintlichen Provider, so dass hier speziell darauf hingewiesen werden soll.
In den technischen Hinweisen fast aller Provider steht deshalb immer ein Satz der Art:

"*Es wird Sie niemals einer unserer Mitarbeiter telefonisch nach Ihrem Passwort fragen!*"

## 1.4 Ausblick

Um dem Ausspähen von Passworten entgegenzuwirken, haben viele Banken und Sparkassen beim so genannten Online-Banking (Kontoverwaltung über Internet oder anderes Netz) das Prinzip von nur einmalig benutzbaren Passwörtern, so genannten Transaktionsnummern (TAN) eingeführt. Jede Buchung wird dann mit einer solchen TAN verschlüsselt bzw. signiert. Diese Nummer wird sofort nach Benutzung ungültig, so dass selbst eine Kenntnis der TAN durch Abhören der Webverbindung oder durch Protokollieren der Tastatureingaben dem Datendieb keinen Nutzen bringt. Die Auslieferung solcher Transaktionsnummern an die Kunden erfolgt z.B. in schriftlicher Form oder auf Disketten. Verbunden mit einem persönlichen Passwort ist diese Art der Verschlüsselung und Signierung von Daten schon relativ sicher. Was aber, wenn sich der Kunde sein Passwort auf den Zettel mit den TANs notiert und diesen dann verliert?
Sie sehen, der größte Unsicherheitsfaktor beim unberechtigten Zugriff auf Daten ist und bleibt, wie wir auch im Kapitel *"Datenschutz"* des 1. Buches behandelt haben, der Mensch.
So wurden Sicherheitssysteme geschaffen, bei denen das Passwort in Form einer Chipkarte oder einer anders gestalteten elektrischen Schaltung gespeichert war. Jedoch auch diese elektronischen Schlüssel können verloren gehen.
Abhilfe schafft hier eine neue Art der Identifikation über einen relativ jungen Zweig der Wissenschaft, nämlich über die *Biometrie*. In Nachschlagewerken finden wir unter Biometrie etwa folgende Erklärung:

> *"Biometrie ist die Lehre von den Maß- und Zahlenverhältnissen bei Lebewesen."*

Bei biometrischen Verfahren versucht man also, Eigenschaften des menschlichen Körpers computermäßig zu erfassen, mit denen sich ein Mensch eindeutig von einem anderen unterscheiden lässt.
Ein schon seit ca. 1999 praktisch benutztes Verfahren ist der so genannte Irisscan. Hier wird mit Hilfe einer optischen Abtastung die Netzhaut des Auges gescannt und mit im Rechner gespeicherten Werten verglichen. Die momentane Fehlerrate bei der Erkennung liegt bei etwa 1:1.000.000 und wird in Zukunft noch weiter verbessert werden.
Ein zweites biometrisches Verfahren ist die Untersuchung des Fingerabdrucks. Hier muss nur ein bestimmter Finger auf einen wenige Quadratzentimeter großen Scanner gelegt werden, die Identifikation erfolgt innerhalb von Sekunden. Es gibt heute schon Tastaturen, bei denen ein so genannter Fingerprint-Scanner gleich mit eingebaut ist.
Weitere biometrische Verfahren, die bereits angewandt werden oder sich zumindest in der Erprobungsphase befinden, sind der Stimmenvergleich, der elektronische Unterschriftenvergleich (signature recognition) und der Vergleich von Merkmalen des menschlichen Gesichtes.
Um einen Missbrauch biometrischer Verfahren zu verhindern (wie dies manchmal in Krimis noch gezeigt wird), sind die Scanner mittlerweile so justiert, dass sie nur an lebendem Gewebe funktionieren.

## 1.5 Kontrollfragen

☛ Frage 1: Nennen Sie mindestens 6 Gründe, die eine Datensicherung unerlässlich machen.

☛ Frage 2: Welche Medien eignen sich zum Speichern von Sicherheitskopien?

☛ Frage 3: Nennen Sie mindestens 5 Regeln für das Erstellen von Sicherheitskopien. Begründen Sie jede genannte Regel kurz.

☛ Frage 4: Welche Passwörter sollten Sie nicht benutzen? Warum? Nennen Sie mindestens 5 Beispiele.

☛ Frage 5: Nennen Sie mindestens 2 Regeln (außer den in Frage 4 behandelten), die man bei der Auswahl eines Passwortes beachten sollte. Begründen Sie diese Regeln kurz.

☛ Frage 6: Welche allgemeinen Regeln sind beim Umgang mit Passwörtern (nicht bei deren Erstellung) zu beachten? Nennen und begründen Sie mindestens 3 solcher Regeln.

☛ Frage 7: Wem dürfen Sie Ihr Passwort über Telefon anvertrauen, wem nicht?

☛ Frage 8: Nennen Sie 4 Hauptangriffspunkte von Hackern auf Informationssysteme und geben Sie an, wie Sie sich dagegen schützen können.

☛ Frage 9: Welche neuen Methoden der Zugangskontrolle zu Daten oder informationstechnischen Systemen sind in Zukunft zu erwarten?

# 2 Computerviren und andere Störprogramme

## 2.1 Begriffsbestimmung

Um es gleich vorweg zu sagen, Computerviren sind keine Lebewesen, sie können auch keine Menschen infizieren, wie dies vor Jahren einmal in einer Zeitung zu lesen war. Computerviren sind kleine Programme, besser gesagt, Anhänge an Programme, die von Menschen programmiert wurden und eine Reihe von Merkmalen der Viren in der Biologie aufweisen, so z.B. die Möglichkeit, sich zu verbreiten bzw. zu vermehren, indem sie andere Programme "infizieren". Bis auf wenige Ausnahmen (z.B. Laborviren zu Testzwecken) stören die Computerviren immer den normalen Betrieb des Rechners; entweder aggressiv (Vernichtung, Verfälschung von Daten), nervend (Verlangsamen der Arbeit, störende Meldungen) oder unbemerkt (einfache Vermehrung unter Verwendung von wertvollem Speicherplatz).

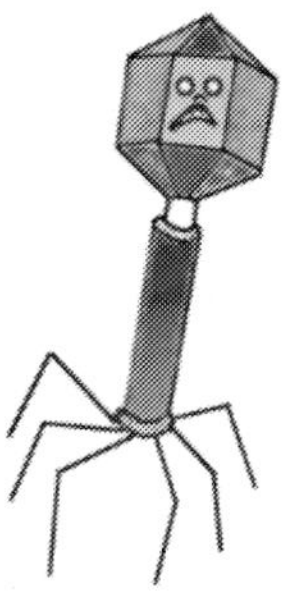

*Bakteriophage im Vormarsch (Bio)*

In Abgrenzung zu Computerviren existieren noch andere Störprogramme, die häufig fälschlicherweise auch als Viren bezeichnet werden. Hauptsächlich sind dies die Trojanischen Pferde ("Trojaner"), Infizierungsprogramme ("Dropper"), die Hintertürenprogramme ("Backdoors") und die Würmer.

## 2.2 Trojanische Pferde - Trojaner

Aus der *Ilias* des griechischen Dichters *Homer* kennen sicherlich die meisten von Ihnen die Geschichte vom Trojanischen Pferd. Für alle, die diese Geschichte nicht kennen, hier noch einmal die Kurzfassung:

*Nachdem die Griechen, unter ihnen Nestor, Achilleus und Odysseus, etwa zehn Jahre die Stadt Troja belagert hatten, jedoch nicht einnehmen konnten, griffen sie zu einer List. Sie bauten ein großes hölzernes Pferd, in dessen Leib sich einige griechische Krieger versteckten, und ließen dieses Pferd vor den Stadtmauern Trojas zurück. Anschließend bestiegen sie ihre Schiffe und segelten (vermeintlich) in ihre Heimat zurück.*
*Die Bewohner Trojas dachten nun, die Griechen hätten sich zurückgezogen und hätten das Pferd für sie als Denkmal oder Geschenk für die Göttin Athene zurückgelassen. Sie schafften deshalb dieses Pferd in das Innere ihrer Stadt und feierten ein großes Siegesfest. In der Nacht schlichen sich die Krieger aus dem Pferd heraus, töteten einige Wachen und öffneten von innen die Tore für die draußen schon bereitstehenden Griechen.*
*Diese kamen so durch eine List in die Stadt, was ihnen während der Jahre der Belagerung durch direkte Angriffe nicht gelungen war. Sie plünderten Troja und zerstörten die Stadt.*

*Moderne Version des Trojanischen Pferdes*

Aus dieser Geschichte (Homer möge mir verzeihen) lassen sich nun Parallelen zu den existierenden Störprogrammen ziehen. In der Computertechnik verstehen wir unter Trojanischen Pferden (abgekürzt Trojaner) Programme, die vorgeben, etwas anderes als Störprogramme zu sein, um so auf dem Rechner eines Nutzers installiert zu werden.
Häufig täuscht ein Trojaner vor, ein nützliches Programm zu sein, indem er wirklich nützliche Sachen tut oder auch nur vorgibt, ein nützliches (meist bekanntes) Programm zu sein. Im Hintergrund führt er allerdings seine störenden Aktionen durch, die vom Nutzer häufig erst dann bemerkt werden, wenn es schon zu spät ist. Der Benutzer installiert also das Störprogramm (und gibt ihm damit vollen Zugriff auf seinen Rechner) in der Ansicht, etwas Sinnvolles auf seinem Computer zu tun. Versteckt im Inneren (denken Sie an das Pferd) lauert aber der Feind (in diesem Fall die Störroutine) und führt irgendwann seine Aktionen aus.
Die einfachsten Trojaner führen ihre störende Aktion, z.B. das Löschen bestimmter Daten oder der ganzen Festplatte, sofort nach dem Start durch. Das ist zwar sehr schlimm für den betroffenen Nutzer, richtet aber

keinen breitenwirksamen Schaden an, da der Geschädigte die Infektion sofort erkennt, andere Benutzer des Programms warnen kann und so eine weitere Verbreitung des Störprogramms unterbunden wird.
Die meisten Trojaner sind hier leider wesentlich erfinderischer. Sie enthalten in ihrem Quelltext eine oder mehrere Routinen, die wirklich nützlich sind, und lassen den Benutzer des Programms erst einige Tage mit diesen Routinen arbeiten. Das dient einerseits dazu, den Benutzer vom Programm zu überzeugen und ihn eventuell sogar dazu zu veranlassen, dieses Programm weiterzugeben oder zu empfehlen, andererseits lässt sich so eine eventuell erfolgte Störung nicht sofort mit dem dann schon vor einiger Zeit installierten Programm in Verbindung bringen.
Nach einiger Zeit, das kann nach einer bestimmten Zeit, zu einem bestimmten Datum, nach einer bestimmten Anzahl von Programmaufrufen oder auch ganz zufällig sein, schlägt der Trojaner dann zu, das heißt, er startet seine Störroutine. Bekannte Störeffekte sind:

- Einzelne Dateien oder bestimmte Arten von Dateien werden gelöscht.
- Datensätze bestimmter Programme werden manipuliert. So könnten z.B. in Datenbanken die Vornamen aller Personen untereinander vertauscht werden oder bei Onlinebanking-Programmen könnte in die Überweisungsliste ein Datensatz mit einer Überweisung auf ein Nummernkonto des Programmierers eingefügt werden.
- Festplatten werden komplett formatiert oder deren Inhaltsverzeichnis wird gelöscht.
- Wichtige, auf dem Computer gespeicherte Daten (z.B. Passwörter, Kontonummern), werden ausgespäht und, einen Internetzugang vorausgesetzt, an eine bestimmte (meist anonyme) Adresse geschickt.

Für einen geübten Programmierer sind Trojaner relativ leicht zu programmieren, da in keine Systemroutinen eingegriffen werden muss. Da das Störprogramm aber auch irgendwie verbreitet werden muss, heutzutage geschieht das meist über Download-Seiten im Internet (das sind Seiten, von denen man sich bestimmte Programme auf seinen Rechner laden kann), ist der Urheber eines solchen Trojanischen Pferdes oft zu ermitteln und kann zur Verantwortung gezogen werden.

## 2.3 Infizierungsprogramme ("Dropper")

Bei den Droppern handelt es sich um eine spezielle Art von Trojanern, die aber einige andere spezifische Merkmale aufweisen, so dass die Dropper hier gesondert genannt werden sollen.
Wie die Trojaner sind auch die Dropper Programme, die dem Nutzer vorgaukeln, dass sie einen nützlichen Sinn haben. Dabei tragen Sie jedoch zusätzlich zu ihrer Nutzfunktion den Quellcode eines Virus in sich. Damit Virensuchprogramme diese Viren nicht so schnell finden, sind die Virencodes häufig verschlüsselt.
Bei einem Aufruf eines Droppers versieht dieser Dropper nun andere Programme mit einem Virus (er steckt sie sozusagen an) oder er infiziert den Bootsektor der Diskette oder Festplatte. Dropper sind also selbst keine Viren, auch wenn sie Viren enthalten. Der Name Dropper (drop = Tropfen) ist vermutlich eine Anspielung auf die Tröpfcheninfektion in der Biologie/Medizin. Der so erzeugte Virus wird nun erst beim nächsten Programmsstart des infizierten Programms aktiv, wenn der Dropper ein Programm infiziert hat, oder sogar erst beim nächsten Start des Rechners, wenn vom Dropper ein Bootsektor infiziert wurde.

## 2.4 Hintertüren ("Backdoors")

*Der Eingang durch die Hintertür ...*

Backdoor-Programme werden häufig auch zur Kategorie der Trojaner gerechnet, da sie meist auch über vermeintlich nützliche Programme in den Computer des ahnungslosen Benutzers eingeschleust werden.
Dann verhalten die Backdoor-Programme sich jedoch anders. Nachdem sie dem Benutzer irgendeine nützliche Aktion vorgegaukelt haben, installieren sie sich im Speicher des Rechners und warten auf bestimmte Aktionen des Anwenders, so z.B. auf die Eingabe von Passwörtern oder auf eine Benutzung des Internets durch den Anwender.

So können Backdoors z.B. alle Tastatureingaben protokollieren (Der Nutzer muss also die Passwörter nicht einmal auf seiner Festplatte gespeichert haben!) und in einer Datei ablegen. Beim nächsten Internetbesuch wird dann die Datei im Hintergrund an den Programmierer oder Benutzer des Hintertüren-Programms verschickt, so dass er mit diesen Daten Missbrauch treiben kann. Der folgende Beispieltext zeigt den Auszug aus einer solchen Protokolldatei.
Der Benutzer hat hier (nach einigen anderen Eingaben) den Text '*Geheimes Passwort*' eingegeben. Im Tastaturprotokoll ist sogar zu sehen, wie er sich dabei verschrieben und den Fehler korrigiert hat.

```
[RETURN][TAB][SHIFT]geheimes [SHIFT]passworr[BACK]t[RETURN]
```

*Ausschnitt aus einem Tastaturprotokoll*

Eine weitere Art von Backdoors ist noch raffinierter, setzt dabei allerdings eine aktive Internetverbindung voraus. Wenn der Programmierer des Programms mit dem Internet in Verbindung ist, kann er einfach eine willkürlich oder gezielt ausgewählte Anzahl von Internet-Adressen von seinem Computer aus anwählen und überprüfen, ob die dort erreichten Benutzer von seinem Backdoor-Programm infiziert wurden. Sollte er dabei fündig werden, so kann er durch sein auf dem Rechner des Betroffenen installiertes Programm volle Kontrolle über dessen Rechner erlangen.
Das nebenstehende Bild zeigt ein Inhaltsverzeichnis des infizierten Rechners (hier das Verzeichnis '*C:\BO')*, welches von dem Backdoor-Benutzer (in diesem Falle vom Autor) auf dem Rechner des Betroffenen (in diesem Fall der zweite Rechner des Autors im privaten Netz, nicht im Internet!) sogar vorher über das Netzwerk erstellt und mit Daten bestückt wurde.

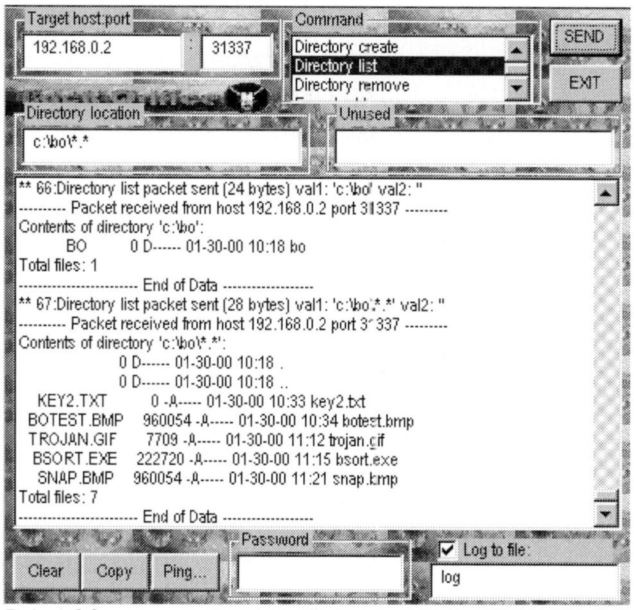

*Beispiel für ein ausspioniertes Computersystem*

Häufig (und das ist ja auch gewollt) merkt der Betroffene von diesem Vorgang gar nichts. So ist es dem Backdoor-Programmierer möglich, auf dem Rechner des Betroffenen beliebige Dateioperationen auszuführen, gespeicherte Passwörter oder andere Dokumente zu überspielen, Bildschirmschnappschüsse zu erstellen und sich auf seinen eigenen Rechner überspielen zu lassen oder beliebige (auch eigene) Programme auf dem Rechner des "Opfers" zu starten.
Ein besonders böswilliges Backdoor-Programm (der Name soll hier einmal verschwiegen werden) ist leider im Internet weit verbreitet und lässt sich auch von "Möchtegern-Hackern" benutzen. Außer der Tatsache, dass dieses Programm durch die vielfache Nutzung sehr viel Schaden anrichten kann, werden alle von den Benutzern des Störprogramms gefundenen Internet-Adressen der Opfer an eine bestimmte Internet-Adresse geschickt. Diese vermutlich durch den Backdoor-Programmierer genutzte Adresse dient dann dazu, die Sucharbeit aller kleinen kranken Gehirne (also aller, die gern einmal andere fremde Rechner ausspionieren wollen) in einer großen Datenbank der Geschädigten zu vereinen.

## 2.5 Würmer

Computerwürmer sind wie Trojaner eigenständige Programme. Im Gegensatz zu Viren infizieren sie jedoch keine weiteren Programme, sondern reproduzieren sich nur selbstständig im Rechnerspeicher bzw. breiten sich in Computernetzen aus.
Sie werden häufig durch immer langsamer werdende Computernetze oder durch knapp werdenden Systemspeicher bemerkt.
Die ersten Computerwürmer wurden zu rein technischen und experimentellen Zwecken als Hilfsmittel schon um 1980 programmiert. So dienten Sie unter anderem der Fernwartung von Systemen (der Systemverwalter eines Netzwerkes musste sich nicht mehr an jedem Computer einzeln anmelden),

*Ein Netzwerkwurm?*

zur gleichmäßigen Verteilung von Rechenaufgaben an mehrere angeschlossene Rechner (wenn diese gerade wenig zu tun hatten), zur Erinnerung an Termine oder zur Verteilung von Informationen.
Bekannt wurden Computerwürmer im Jahr 1988, als ein heute als Internetwurm bezeichnetes Störprogramm innerhalb von wenigen Stunden knapp 7000 Rechner in Amerika lahm legte. Das erscheint zwar auf den ersten Blick nicht viel, entsprach aber mehr als 10 Prozent aller damals am Netz angeschlossenen Rechner!

Zum Verständnis der Wirkungsweise eines Computerwurms soll hier der Aufbau und die Funktion des bekannten Internetwurms näher beschrieben werden:
In der Nacht vom 2. zum 3.November 1988 bemerkten einige Netzwerkadministratoren, dass auf ihren Rechnern eine Vielzahl unbekannter Programme lief. Sie werden sich jetzt fragen, was die in der Nacht an ihren Computern gemacht haben, aber die Erklärung hierfür ist relativ einfach:
Erstens lassen sich viele Tätigkeiten der Systempflege am besten durchführen, wenn keine weiteren oder nur einige Benutzer im System angemeldet sind, zweitens laufen rechenintensive Operationen natürlich in der Nacht schneller, da durch die wenigen Benutzer die Rechnerbelastung geringer ist, und drittens existiert für den "wahren Computerfreak" die Uhrzeit nur nebenbei.
Nachdem sich nun einige befreundete Netzwerkverwalter noch in der Nacht anriefen und stellenweise aus dem Bett klingelten, war klar, dass ihre Systeme von unbekannten Programmen angegriffen wurden. Normalerweise dürfte das aus zwei Gründen gar nicht passieren. Zum einen haben nur Nutzer auf einen Netzwerkrechner Zugriff, die auch das zugehörige Passwort besitzen, zum anderen hatten verschiedene Netzwerkrechner auch noch unterschiedliche Betriebssysteme, so dass sich das angreifende Programm nur an einer Art von Rechnern hätte vergreifen dürfen. Die Störprogramme liefen jedoch auf unterschiedlichen Rechnerarten und hatten außerdem überall Zugriff erhalten. Was also war passiert?
Der Programmierer des Internetwurms nutzte insgesamt 4 verschiedene Fehler und Sicherheitslücken der Netzwerksysteme, die zwar bei einigen Systemen beseitigt, bei vielen Systemen jedoch noch vorhanden waren.

- Als Erstes wurde an einen fremden Computer eine Nachricht übertragen, die gewöhnlich maximal 512 Zeichen lang sein konnte. Der Wurm verschickte aber 536 Zeichen und überschrieb mit den überzähligen 24 Zeichen das nachfolgende Programm. Dorthin sprang der Computer normalerweise nach dem Empfang der Nachricht zurück und arbeitete sein Maschinenspracheprogramm weiter ab. Jetzt traf er aber auf den (eben übermittelten) Code des Computerwurms und arbeitete stattdessen den Code des Störprogramms ab.
- Der zweite Störangriff richtete sich an einen fremden Computer über eine so genannte Wartungsfunktion. Wenn eine Datenübertragung nicht richtig funktionierte, konnte man den fremden Computer bitten, in den Fehlersuchmodus umzuschalten. Dann ließen sich sogar Befehle des eigenen Computers auf dem fremden Computer ausführen. Ursprünglich war diese Funktion nur für den Test des Betriebssystems vorgesehen, später hatte man ihre Entfernung "irgendwie" vergessen.
- Der dritte Angriff lief über bekannte oder leicht zu erratende Passwörter. Zum einen gibt es für bestimmte Nutzerkonten (z.B. für Gäste) einige Standardeinstellungen, mit denen das System installiert wurde. Manche Administratoren vergessen dann, die Passwörter dieser Konten zu ändern. Zum anderen verwenden viele Nutzer einfach zu ermittelnde Passwörter, die entweder sehr kurz sind oder sich leicht erraten lassen, weil sie in jedem Wörterbuch stehen. Der Internetwurm versuchte nun erst einmal die erste Variante und probierte anschließend ca. 430 in seinem Code enthaltene Worte als Passwort aus. Fand der Wurm nun ein solches Passwort, so versuchte er, sich gleich noch bei den nahegelegenen Rechnern mit dem gleichen Nutzernamen und Passwort einzuloggen, da viele Nutzer für verschiedene Konten die gleichen Passwörter benutzen.

  Hier ein Auszug aus der Liste der überprüften Passwörter. Würden Sie möglicherweise die deutschen Übersetzungen dieser Worte verwenden? Wenn ja, denken Sie sich schleunigst ein anderes Passwort aus!

```
aaa, aerobics, airplane, alphabet, analog, animals, answer, banana, batman,
beethoven, benz, cat, cayuga, change, coffee, coke, computer, cookie, december,
digital, dog, enterprise, flower, football, fun, guest, guitar, hacker, hello,
help, honey, horse, napoleon, network, newton, next, outlaw, password, pizza,
prince, protect, random, scotty, shuttle, signature, smile, snoopy, soap, sub-
way, surfer, tape, telephone, tiger, water
```

*Auszug aus der Passwortdatei des Internetwurms*

*Quelle: "The Internet Worm Program: An Analysis Purdue Technical Report" - Eugene H. Spafford - Purdue University*

- Als vierte Angriffsmöglichkeit hatte der Programmierer die Fähigkeit von Rechnern ausgespäht, unter bestimmten Voraussetzungen auf anderen Rechnern Programme ablaufen zu lassen bzw. Befehle auszuführen. Da jedoch einige unterschiedliche Betriebssysteme auf den Netzwerkrechnern liefen, hatte der Wurmprogrammierer sein Störprogramm gleich in zwei verschiedenen "Dialekten" geschrieben, die beide sehr weit verbreitet waren. Somit wollte er sicherstellen, dass verschiedene Systeme infiziert werden konnten.

Mit einem der 4 genannten Verfahren kopierte sich der Wurm dann auf einen oder mehrere andere Rechner und setzte dort seine Tätigkeit fort. Zum Verbergen des Angriffs wurde der Quelltext des Programms noch zusätzlich verschlüsselt und die Namen der laufenden Prozesse wurden in unauffällige Namen umbenannt.
Da die Verbreitung des Computerwurms glücklicherweise schon in der Nacht erkannt wurde und nach einigen Stunden die ersten Gegenmaßnahmen getroffen wurden, konnte sich der Wurm, wie schon erwähnt, "nur" auf ca. 7000 Rechner ausbreiten. Der entstandene Schaden wird nie genau ermittelt werden können, wird jedoch auf bis zu 100 Millionen Dollar geschätzt.
Der Verantwortliche war übrigens schnell gefunden und wurde im Jahr 1989 vor Gericht gestellt. Er wurde zu einem Bußgeld von 10.000 Dollar und einer Gefängnisstrafe von 3 Jahren (allerdings auf Bewährung) verurteilt. Zusätzlich musste er 400 Stunden sozialer Arbeit leisten und außerdem die Gerichtskosten in Höhe von etwa 150.000 Dollar aufbringen.

Obwohl dies in den vergangenen Jahren befürchtet wurde, hat die wachsende globale Vernetzung durch das Internet nicht zu einem starken Anwachsen der Zahl der Computerwürmer geführt. Es sind weltweit nur wenige Fälle bekannt, wobei die meisten Computerwürmer modifizierte Versionen der Vorgängerprogramme waren. Da nach einem erfolgreichen "Würmerangriff" meistens die Sicherheitslücken beseitigt wurden, durch die das Störprogramm eindringen konnte, waren die Schäden durch die "Nachahmer" deutlich geringer.

*Literaturempfehlung (ein spannendes Buch über die Jagd auf Hacker im Internet): Clifford Stoll: Das Kuckucksei (Fischer Taschenbuch Verlag 1998)*

## 2.6 Computerviren

Im Gegensatz zu Würmern und Trojanern sind Viren keine eigenständigen Programme, sondern Teile von Programmen, welche die Eigenschaft besitzen, andere Programme zu infizieren und sich damit selbst zu reproduzieren.
Computerviren existieren in den verschiedensten Arten bezüglich ihrer Ausbreitung und ihrer anderen Eigenschaften. Die in den folgenden Abschnitten genannten Klassifizierungsmerkmale sind deshalb nur eine Auswahl aus der Vielzahl der existierenden Viren. Einzelne Computerviren können dabei gleichzeitig zu mehreren Gruppen gehören.

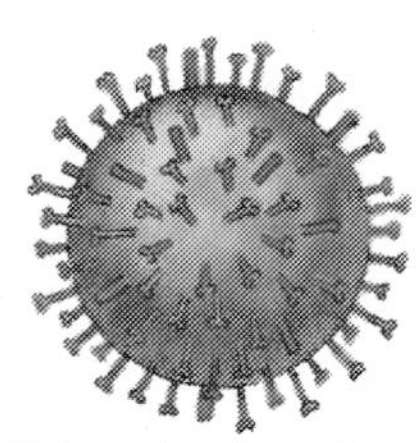

*Skizze eines kugelförmigen Virus (Bio)*

## 2.7 Klassifikation von Computerviren nach der Art ihrer Verbreitung

### Programmviren/Fileviren

Als Programmviren, Fileviren oder Dateiviren werden Viren bezeichnet, die einfache Programme (z.B. *.COM, *.EXE) infizieren.
Die einfachste Art von Programmviren kopiert sich einfach in das infizierte Programm hinein und überschreibt den dort existierenden Quellcode. Damit wird bei einem Programmstart nur das Virenprogramm ausgeführt, das ursprünglich vorhandene Programm ist durch das Überschreiben meist nicht mehr lauffähig. Da diese Art der Infektion sehr schnell auffällt, sind solche Viren nicht sehr weit verbreitet.
Die überwiegende Anzahl der Programmviren hängt ihren Programmcode an das infizierte Programm an und verlängert somit die Dateigröße um einige Hundert oder Tausend Byte.
Da der Aufbau der von Programmviren infizierbaren Dateien unterschiedlich ist (so beginnen COM-Dateien sofort mit Maschinensprache-Befehlen, EXE-Dateien haben am Anfang einen so genannten Dateikopf), gibt es auch verschiedene Arten, wie ein Programmvirus eine solche Datei infizieren kann.

Die üblichste Art der Infektion soll nun beschrieben werden und funktioniert so ähnlich auch bei allen anderen Programmviren.

Programme mit der Endung COM bestehen, wie schon erwähnt, aus einer Reihe von Befehlen, die vom Anfang beginnend abgearbeitet werden (siehe Bild).

| |
|---|
| Programm |

*Originalprogramm (Folge von Befehlen)*

Infiziert nun der Virus diese Datei, so kopiert er den originalen Anfang des Programms an das Ende und setzt sich oder auch nur einen Teil von sich an den Programmanfang. Der Rest des Virus und die Kopie des Programmanfangs werden am Ende des Originalprogramms angelagert. So ist sichergestellt, dass bei einem Start des infizierten Programms der Virus zuerst ausgeführt wird.
Nach dem Start des Programms installiert sich der Virus meist im Speicher (um weitere Infektionen vornehmen zu können), infiziert möglicherweise weitere Dateien oder Disketten und kopiert anschließend den Anfang des Originalprogramms wieder an seine ursprüngliche Position. Anschließend wird das Originalprogramm ganz normal gestartet, damit der Benutzer möglichst nichts von der Infektion merkt.

| | | | |
|---|---|---|---|
| Beginn des Virus | Rest des Programms | Beginn des Programms | Rest des Virus |

*Infiziertes Programm*

Zur Verdeutlichung wollen wir uns die ersten 32 Byte eines noch nicht infizierten Programms im Hexadezimalcode anschauen. Die führenden 4 Ziffern mit dem vorangestellten Dollarzeichen kennzeichnen die aktuelle Programmadresse (hexadezimal):

```
$0000: B8 55 1E BA 46 08 3B C4 73 69 8B C4 2D 44 03 90
$0010: 25 F0 FF 8B F8 B9 A2 00 90 BE 7E 01 FC F3 A5 8B
```

Das Programm hatte vor der Verseuchung eine Länge von 2576 Byte.
Anschließend wurde dieses Programm unter Laborbedingungen, das heißt auf einem ansonsten leeren Rechner ohne wichtige Daten, mit einem Computervirus (*Yankee Doodle*) infiziert. Nach der Infektion betrug die Programmlänge 5461 Byte, der Programmcode wurde also durch den Virus um 2885 Byte verlängert.
Betrachten wir nun die ersten 32 Byte des verseuchten Programms, so stellen wir fest, dass sich die ersten 3 Byte (und auch 2 Byte der 2. Zeile) von denen des Originals unterscheiden:

```
$0000: E9 DE 11 BA 46 08 3B C4 73 69 8B C4 2D 44 03 90
$0010: 25 F0 A1 00 F8 B9 A2 00 90 BE 7E 01 FC F3 A5 8B
```

Die ersten drei Byte entsprechen dabei dem Assembler-Befehl:

JMP 12E1

Dabei steht JMP für einen Programmsprung-Befehl zur Adresse 12E1 (hexadezimal). Dort steht dann der Viruscode, der damit zuerst abgearbeitet wird. Das Originalprogramm endet an der Adresse 0A0F (hexadezimal). In der infizierten Datei finden wir nur wenige Byte weiter die ersten 3 Byte aus der Originaldatei. Sie stehen dort bereit, um vom Virus wieder an den Dateianfang kopiert zu werden:

```
$0A00: 00 B3 04 00 01 00 FF 20 20 20 20 10 00 B5 C0 61
$0A10: F4 7A 2C 00 00 00 07 0A BE 0A B8 55 1E BA 46 08
```

➢ Hinweis 1: Vierstellige Hexadezimalzahlen lassen sich analog zu zweistelligen berechnen. 0A0Fh bedeutet also $0 \cdot 16^3 + 10 \cdot 16^2 + 0 \cdot 16^1 + 15 \cdot 16^0 = 2575$. Da die Zählung mit der 0 beginnt, entspricht die Angabe 0A0Fh (+1) gerade der Länge der ursprünglichen Datei von 2576 Byte.

## Bootsektorviren

Als Bootsektor eines Datenträgers (Festplatte, Diskette) bezeichnet man einen bestimmten Bereich des Datenträgers, in dem sich ein kleines Programm befindet, welches das auf diesem Datenträger vorhandene Betriebssystem startet. Ein Bootsektorvirus kopiert nun dieses kleine Startprogramm an eine andere Stelle des Datenträgers und ersetzt das Originalprogramm durch seinen eigenen Programmcode. Dieser wird dann zuerst gestartet und ruft erst anschließend das Originalprogramm auf, so dass man die Infektion häufig gar nicht bemerkt, da der Computer ordnungsgemäß startet.
Während sich Fileviren nur dann verbreiten bzw. den Computer infizieren, wenn man vorher ein infiziertes Programm gestartet hat, infizieren Bootsektorviren, die sich im Bootsektor eingenistet haben, den Rechner bereits beim Start, da ja der Bootsektor automatisch geladen wird.
Alle nach dem Start in den Computer eingelegten Disketten ohne Schreibschutz werden dann meist vom Bootsektorvirus infiziert, indem der Bootsektor der Diskette vom Virus in angegebener Weise manipuliert wird. Nach der Infektion der Disketten werden auch alle anderen Rechner, die von einer dieser infizierten Disketten gestartet werden (z.B. weil man beim Ausschalten des Rechners eine solche infizierte Diskette im Diskettenlaufwerk vergessen hat), mit diesem Virus infiziert.

## MBR-Viren, Partitionssektor-Viren

Festplatten können mit Hilfe spezieller Programme in so genannte logische Laufwerke unterteilt werden. Für den Benutzer sieht das dann so aus, als hätte er mehrere Festplatten (z.B. C:, D: und E:), obwohl er nur eine Festplatte eingebaut hat. Diese logischen Laufwerke nennt man auch Partitionen, ihre Position und Größe wird am Anfang einer jeden Festplatte in der Partitionstabelle im so genannten Master-Boot-Record (Abkürzung MBR) gespeichert. Der Master-Boot-Record wird häufig auch als Master-Boot-Sektor oder Partitionssektor bezeichnet.
Beim Start des Rechners von der Festplatte wird nun ein kleines Programm aus dem MBR gestartet, das in der Partitionstabelle nachschaut, welche Partition die aktive Partition ist, das heißt, von wo das eigentliche Betriebssystem gestartet werden soll.
Ein MBR-Virus verankert sich nun im Partitionssektor, so dass er schon vor allen anderen Programmen beim Start des Rechners ausgeführt wird und damit die Kontrolle über das System übernehmen kann.
Da beim Formatieren einer Festplatte immer nur eine Partition der Festplatte formatiert wird, der Partitionssektor davon aber unberührt bleibt, ist diese Art von Viren auch gegen Formatieren der Festplatte resistent.

## Makroviren

Moderne Anwenderprogramme gestatten es ihren Benutzern, bestimmte Folgen häufig durchzuführender Aktionen aufzuzeichnen und diese später automatisch wieder abarbeiten zu lassen. Man spricht in diesem Zusammenhang auch von der Arbeit mit Makros.
Mit dem Aufkommen dieser neuen Anwendersoftware, in die zur Unterstützung der Anwender dann meist auch noch eine eigene Programmiersprache eingebaut wurde, entwickelte sich auch eine neue Generation von Computerviren, die so genannten Makroviren.
Anfällig für Makroviren sind alle modernen Programme, die über eine eigene Makrosprache verfügen. Das Schlimme an Makroviren ist die Tatsache, dass man seinen Rechner meist schon infiziert, wenn man nur ein Dokument öffnet, welches mit einem solchen Virus infiziert ist.
Die alte Regel, dass nur Programme von Viren infiziert werden können, gilt also schon lange nicht mehr. Makrosprachen sind Hochsprachen und damit wesentlich leichter zu erlernen als z.B. Assembler oder die Sprache C. Somit kann sich jeder mittelmäßig begabte Programmierer einen solchen Virus ausdenken und Dokumente damit infizieren.
Die leichte Programmierbarkeit (siehe Quelltextauszug auf der folgenden Seite) und die Tatsache, dass Dokumente meistens wesentlich häufiger verbreitet werden als Programmdateien, sind der Grund für die sehr schnelle Verbreitung von Makroviren in den letzten Jahren. Man schätzt den derzeitigen Anteil von Makroviren an der gesamten Anzahl der Vireninfektionen auf über 80%.

Einer der bekanntesten Makroviren ist der *Melissa-Virus*. Er infiziert Textdateien des Textverarbeitungsprogramms Word. Wird nun ein mit *Melissa* infiziertes Dokument geöffnet, verschickt der Virus dann mit sich selbst infizierte Dateien an die ersten 50 Mail-Adressen, die er in einer bestimmten E-Mail-Software (elektronische Post im Internet) findet.
Am 26. März 1999 breitete er sich so schnell wie kein Virus vor ihm in wenigen Stunden weltweit über das Internet aus. Dabei führte der massenhafte Versand zum Zusammenbrechen der Rechnernetze (Intranets) in vielen großen Firmen weltweit.

```
NTCL = NTI1.CodeModule.CountOfLines
ADCL = ADI1.CodeModule.CountOfLines
BGN = 2
If ADI1.Name <> "Melissa" Then
If ADCL > 0 Then
ADI1.CodeModule.DeleteLines 1, ADCL
Set ToInfect = ADI1
ADI1.Name = "Melissa"
DoAD = True
End If
```

*Quelltextauszug aus dem Melissa-Virus*

## 2.8 Klassifikation von Computerviren nach ihren besonderen Eigenschaften

### Einfache Viren (Sofort-Aktions-Viren, Direct-Action-Viren)

Diese in der Anfangszeit der Virenentwicklung erstellten Störprogramme infizierten andere Programme häufig folgendermaßen:

- Das infizierte Programm wird gestartet.
- Es wird ein nicht von diesem Virus infiziertes Programm gesucht (oder auch mehrere).
- Dieses gefundene Programm wird infiziert.
- Das normale Programm wird gestartet.

Nachdem ein infiziertes Programm ausgeführt wird und dieses seinerseits andere Programme infiziert hat, finden keine weiteren Infektionen statt. Als Beispiel sei hier der *Timid-Virus* genannt, der nach seinem Start genau eine COM-Datei im aktuellen Verzeichnis infiziert.
Obwohl sich diese Viren sehr einfach programmieren lassen, war diese Art der Infektion für die meisten Virenprogrammierer nicht effektiv genug. Man findet deshalb heute kaum noch solche Viren.

### TSR-Viren

Viren der "modernen Bauart" operieren hier anders. Nach dem Start des infizierten Programms werden, wie bei einfachen Viren auch, möglicherweise andere Programme infiziert. Danach installiert sich das Virenprogramm allerdings fest im Hauptspeicher des Rechners und bleibt dort auch erhalten, wenn das ausführende Programm beendet wird.
Danach infiziert der Virus alle Programme, die vor dem Ausschalten des Computers gestartet werden bzw. die Bootsektoren aller Disketten, die bis zu diesem Zeitpunkt in das Diskettenlaufwerk geschobenen werden.
Die Eigenschaft, auch nach dem Beenden (terminate) des Programms im Speicher zu verbleiben (stay resident), gab dieser Art von Viren den Namen TSR (Terminate but Stay Resident).
Heutige Computerviren verwenden fast ausschließlich TSR-Techniken.

### Polymorphe Viren

Zum Erkennen von Virusinfektionen durchsuchen Virensuchprogramme (Virenscanner) die infizierbaren Dateien nach bestimmten Bytefolgen, die in den zu erkennenden Viren typischerweise vorkommen. Dieser schnellen Erkennung durch Virenscanner versuchen nun einige Virenprogrammierer zu entgehen, indem sie ihre Störprogramme mit einer bei jeder Infektion wechselnden zufällig erzeugten Zahl verschlüsseln. Außerdem programmieren sie den Virus so, dass er die Datei nicht immer um die gleiche, sondern um eine zufällige Anzahl von Byte vergrößert.
Durch beide Verfahren soll eine schnelle Erkennung durch Virenscanner verhindert werden.

### Stealth-Viren

Um eine Infektion des Rechners zu erkennen, untersuchen moderne Virenscanner bestimmte Dateien (Programmdateien, Dokumente, ...), den Bootsektor und den Master-Boot-Record.
Zum Lesen dieser Informationen verwenden die Virenscanner bestimmte Routinen des Betriebssystems, die für den Dateizugriff zuständig sind. An dieser Stelle setzen die Stealth- oder auch Tarnkappenviren an.
Da die Viren als MBR- oder Bootsektor-Viren noch vor dem eigentlichen Betriebssystem in den Speicher geladen werden, können Sie die Kontrolle über sämtliche wichtige Routinen des Betriebssystems übernehmen.
Wird nun ein infizierter Teil des Rechners von einem Virenscanner kontrolliert, so "bemerkt" dies der Stealth-Virus, kopiert den sauberen Inhalt an die entsprechende Stelle, lässt den Scanner die saubere Stelle untersuchen und kopiert anschließend wieder den infizierten Inhalt an die betroffene Stelle.
Stealth-Viren lassen sich nur sicher erkennen, wenn der Rechner von einer (nicht infizierten) Bootdiskette gebootet wird, von der aus man dann den Virenscanner starten kann. Deshalb ist zumindest ein Virenscanner (von den Zweien, die man mindestens benutzen sollte) empfehlenswert, der im DOS-Modus funktioniert, auch wenn er nicht so schön aussieht wie ein bunter Virenscanner unter Windows.

## 2.9 Schäden und Störungen durch Computerviren

Schäden, die durch Viren, Würmer oder Trojanische Pferde angerichtet werden können, sind sehr vielfältig. Die folgenden Beispiele sollen nur einige der Möglichkeiten wiedergeben:

- Die sicherlich geringste Störung durch Computerviren ist die Veränderung der Dateilänge. Wie schon beschrieben, verändern die meisten Computerviren die Länge der Dateien, indem sie sich an das Ende der infizierten Programme hängen. Etwas mehr Speicherverbrauch erzeugt da schon der *Drop-Virus*. Jede vom Nutzer gestartete EXE-Datei wird von ihm infiziert. Anschließend erzeugt er eine gleichnamige Datei mit der Endung COM, die eine Kopie der Originaldatei ist.
- Durch zusätzlich im Computer ablaufende Prozesse und durch die Infektionsaktionen verringert sich die Arbeitsgeschwindigkeit des Computers. Bei modernen Computern ist dies allerdings praktisch bedeutungslos. Anders kann dies bei Mehrnutzer-Betriebssystemen oder in Netzwerken sein. Vielfach ablaufende Virenprozesse können hier die Systemleistung erheblich einschränken. Einen anderen Weg geht der *Jerusalem-Virus*. Eine halbe Stunde nach Start eines mit ihm infizierten Programms fährt er die Rechenleistung des Systems auf ca. 10% herunter.
- Einige Computerviren bringen optische Meldungen auf den Bildschirm. Die Art der Störung reicht von (für den Außenstehenden) lustig über nervend bis zerstörerisch. So fordert z.B. der *Tequilla-Virus* in unregelmäßigen Abständen "Beer and Tequilla forever!", der *Herbstlaubvirus* (auch *Cascade* genannt; siehe Abbildungen) lässt bei Programmen im DOS-Modus alle Buchstaben auf dem Bildschirm wie Blätter nach unten purzeln und beim *Pacman-Virus* frisst ein animierter Pacman alle Buchstaben zeilenweise auf. Der *NoBock-Virus* checkt in unregelmäßigen Abständen das Systemdatum ab, sollte es nicht innerhalb einer bestimmten Zeitspanne liegen, so bringt er die Meldung "No Bock today Error, System halted!" auf den Bildschirm und hält anschließend das System an. Beim *Christmas-Virus* lässt sich das infizierte Programm (nur) am Weihnachtstag nicht starten, dafür erscheint die Meldung "Merry Christmas".

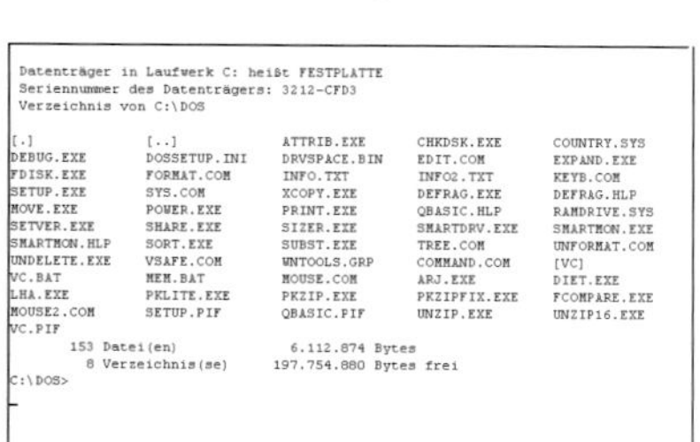

*Herbstlaubvirus – noch ist alles in Ordnung*

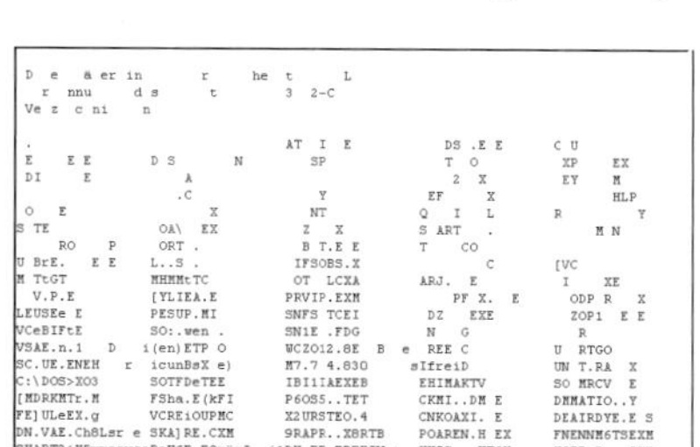

*Herbstlaubvirus – die Buchstaben fallen nach unten*

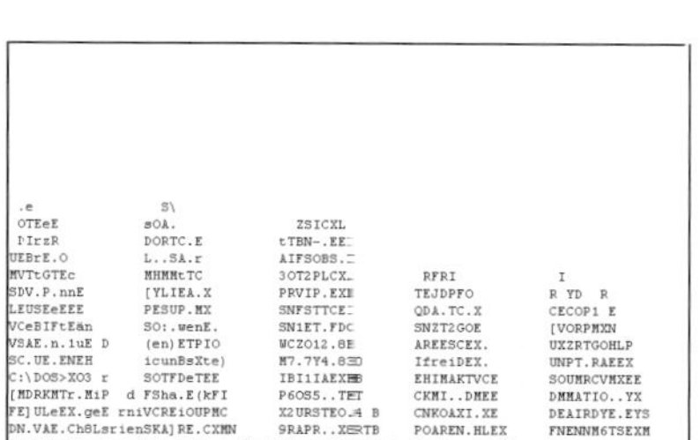

*Herbstlaubvirus – und jetzt ist er fertig*

- Andere Viren stören den Nutzer im akustischen Bereich. So spielt zum Beispiel der *Yankee Doodle* in unregelmäßigen Abständen das gleichnamige amerikanische Lied aus dem Unabhängigkeitskrieg. Der *Advent-B-Virus* schlägt nur im Dezember zu. Dann zeichnet er vier Kerzen auf den Bildschirm und spielt "Oh Tannenbaum". Der *Murphy-3-Virus* wird aktiviert, wenn ein Nutzer infizierte Programme zwischen 10 und 11 Uhr startet. Dann quittiert er jeden Tastenklick mit einem Geräusch im Lautsprecher.
- Verschiedene Computerviren simulieren auch Fehler oder lassen den Computer in unregelmäßigen Abständen abstürzen. So erzeugt der *Parity-Virus* eine Fehlermeldung "Parity Check Error", wie sie auch angezeigt wird, wenn der RAM-Speicher defekt ist, und stoppt anschließend das System. Nicht wenige Leute haben sich auf Grund dieser Fehlermeldung schon neuen Speicher gekauft und sich anschließend gewundert, dass der auch kaputt sein soll.
- Einige Viren, häufiger aber Trojaner und Backdoors, spähen auf dem Computer des Anwenders wichtige Daten wie Passwörter oder Kontonummern aus und speichern diese auf dem Rechner oder übermitteln diese per Internet an den Programmierer des Störprogramms.
- Viele Viren löschen einzelne Dateien oder ganze Verzeichnisse. So löscht der *Goblin-Virus* das jeweils erste EXE-Programm im aktuellen Ordner, wenn er an einem Freitag aktiviert wird, der *Schrunsch-Virus* löscht bis zu 6 Programme, wenn noch welche da sind. Der *TenByte-Virus* überschreibt in bestimmten Monaten bei jeder vom Nutzer erzeugten Datei die ersten 10 Byte (also Grafiken, Texte, ...), hängt dafür ca. 10 Kilobyte unsinnige Daten an das Ende der Datei.
- Andere Viren sind da nicht so zimperlich. Sie löschen bei Aktivierung ihrer Schadensroutine wahllos bestimmte Sektoren auf der Diskette oder Festplatte, löschen das Inhaltsverzeichnis von Festplatten (*Anticad-Virus*) oder Disketten oder formatieren diese (*Michelangelo*).

Der *Dark Avenger* schreibt bei jedem 16. Aufruf einer mit ihm infizierten Datei den Text "Eddie lives...somewhere in time!" an eine beliebige Stelle der Festplatte (siehe nebenstehendes Bild, obere Zeile), so dass hier sowohl Daten als auch Programme zerstört werden können, ohne dass der Anwender dies sofort merkt.
Beim *Dark Avenger* hat sich der Programmierer sogar im Quelltext in unverschlüsselter Form verewigt (vorletzte und letzte Zeile).

*Ansicht einer mit Dark Avenger infizierten Datei in einem Texteditor*

- Einige Viren, wie z.B. der *Scramble*, verschlüsseln das komplette Inhaltsverzeichnis der Festplatte. Dadurch dauert die Dateiarbeit deutlich länger, da alle Dateizugriffe erst wieder entschlüsselt werden. Entfernt man den Virus, fehlt die Entschlüsselungsroutine und alle Daten sind verloren.
- Die auf den ersten Blick brutalsten Varianten von Störprogrammen sind jene, welche die Hardware des Computers zerstören. So überschreibt der *CIH-Virus* auf modernen Rechnern das BIOS (Basic Input Output System), ohne das der Rechner nicht mehr gestartet werden kann. Die Konsequenz für den Betroffenen besteht im Wechseln des BIOS-Schaltkreises oder oft sogar im Kauf eines neuen Motherboards. Eine weitere Möglichkeit der Zerstörung von Hardware besteht im übertakteten Ansteuern des Monitors, was nach kurzer Zeit zur Zerstörung des Monitors führen kann. Eine so genannte Low-Level-Formatierung einer Festplatte mit einem ungeeigneten Programm (hier durch den Virus) löscht nicht nur die Daten sondern macht die Festplatte komplett unbrauchbar. Sie müsste dann beim Hersteller neu formatiert werden, was aber oft genauso teuer wie die Festplatte ist. Ältere Diskettenlaufwerke verklemmten ihren Schreib- Lesekopf, wenn sie den Befehl erhielten, weiter nach innen zu fahren, als dies im normalen Betrieb vorgesehen war.
- Wesentlich gefährlicher sind allerdings Viren, die den Datenbestand nicht löschen, sondern unbemerkt verfälschen. Denken Sie nur an die Auswirkungen, die ein Vertauschen der Medikamente in der Patientendatenbank eines Krankenhauses hätte.
  Ein Beispiel hierfür ist der *dBase-Virus*, der in Datenbankdateien zufällig gewählte Byte vertauscht und somit den Inhalt stark verfälscht.

## 2.10 Gemeinsamkeiten: Computerviren – biologische Viren

Der Name Virus für die von uns besprochenen Störprogramme lässt viele Leute vermuten, es könne sich hierbei um irgendwelche biologische Wesen handeln. Das ist natürlich völlig falsch, da es sich bei den von uns besprochenen Viren um Programme oder Teile von Programmen handelt. Die Ähnlichkeit mit biologischen Viren ist jedoch in einigen Eigenschaften vorhanden, so dass dadurch der Name gerechtfertigt ist.
Eine Übersicht über die Gemeinsamkeiten soll die folgende Tabelle zeigen:

| Biologische Viren | Computerviren |
|---|---|
| pflanzen sich nur in lebenden Zellen fort | benötigen Dateien, deren Quelltext ausgeführt wird (Programme) |
| vermehren sich nur in der Wirtszelle | können ohne andere Dateien nicht existieren (sonst wären es Computerwürmer oder Trojaner) |
| greifen nur bestimmte Zellen an | greifen nur bestimmte Dateien an (z.B. *.COM, *.EXE oder *.DOC) |
| verändern die Erbinformationen der befallenen Zellen | verändern den Quelltext der befallenen Programme |
| zeigen ihre krank machende Wirkung erst nach einiger Zeit (Inkubationszeit) | zeigen ihre störenden Aktionen erst nach einiger Zeit (damit sie dann schon weit genug verbreitet sind) |
| können mutieren | können so programmiert werden, dass sie bei jeder Infektion ihre Struktur verändern (polymorphe Viren) |
| erzeugen ihre Nachkommen in befallenen Zellen | werden durch andere, schon infizierte Programme erzeugt |
| infizieren jede Zelle nur einmal | können testen, ob eine Datei von ihnen schon infiziert wurde (das tun allerdings nicht alle Computerviren) |

## 2.11 Arten von Virenschutzprogrammen

Auf dem Softwaremarkt werden eine Reihe von Programmen angeboten, die Ihnen versprechen, Ihren Rechner so gut wie möglich vor Viren zu schützen. Dabei werden verschiedene Arten von Schutzmechanismen angeboten, von denen hier zwei Arten kurz vorgestellt werden sollen.

### Virenscanner

Als Virenscanner bezeichnet man Programme, welche die infizierbaren Dateien, den Speicher, die Bootsektoren von Disketten und Festplatten und den MBR der Festplatte nach bestimmten, für einen Virus typischen Bytefolgen (so genannten Signaturen) durchsuchen (scannen). Diese Art von Scannern bezeichnet man auf Grund ihrer Funktion auch als *Signaturscanner*.
Eine zweite Art von Scannern sucht nicht nach bekannten Zeichenfolgen, sondern nach für Viren typischen Programmstrukturen (also z.B. dem Kopieren von Programmteilen vom Programmende an den Programmanfang). Diese Art von Scannern wird auch *heuristische Scanner* genannt. Sie finden häufig auch Viren, die zur Zeit der Scannerentwicklung noch gar nicht programmiert waren, lösen allerdings auch manchmal einen Fehlalarm aus.

### Virenwächter

Virenwächter sind Programme, die je nach Einstellung alle oder zumindest kritische Systemzugriffe auf eine mögliche Verursachung durch einen Computervirus überprüfen. So wird z.B. jeder Zugriff auf den Bootsektor oder jedes Ändern der Länge eines Programms gemeldet und muss durch den Nutzer bestätigt werden.
Der Benutzer kann nun entscheiden, ob das ein erwünschter Zugriff ist (z.B. beim gewünschten Formatieren einer Diskette) oder ob der Rechner möglicherweise von einem Virus infiziert ist. Viele Virenwächter überprüfen Dateien sogar schon beim Kopieren, so dass hier ein großer Schutz vor einer Vireninfektion gegeben ist.

## 2.12 Computerviren vorbeugen

Viele Computerviren können von Virenscannern oder anderen Anti-Virenprogrammen erkannt und teilweise auch entfernt werden. Besorgen Sie sich also unbedingt rechtzeitig ein solches Programm (es gibt eine Reihe guter und dabei sogar kostenloser Antivirenprogramme) und überprüfen Sie ihren kompletten Datenbestand. Komplett heißt hierbei **alle** Festplatten, **alle** Disketten und **alle** anderen selbst erstellten Datenkopien (ZIP-Disketten, selbst erstellte CDs, ...), da ein Virus auf jedem Datenträger versteckt sein kann.
Überprüfen Sie einmalig auch alle Originaldisketten und CDs, es ist schon mehrfach vorgekommen, dass Firmen mit Viren infizierte Datenträger ausgeliefert haben.
Um sich wirksam vor Computerviren oder anderen Störprogrammen schützen zu können, gibt es eigentlich nur eine sichere Möglichkeit: Legen Sie sich gar nicht erst einen Computer zu!
Diese Binsenweisheit hilft uns allerdings nicht weiter. Deshalb sollen hier einige Regeln aufgezeigt werden, die das Risiko einer Vireninfektion des Computers zumindest stark herabsetzen:

1. Besorgen Sie sich regelmäßig neue Updates (Aktualisierungen) Ihrer Antiviren-Programme. Nur so können Sie auch gegen aktuelle Viren gewappnet sein. Alte Antiviren-Programme täuschen nur eine nicht vorhandene Sicherheit vor.
2. Fertigen Sie sich sofort nach Erwerb des Rechners eine Systemdiskette (Bootdiskette) an. Das ist eine Diskette, von der aus man den Rechner starten kann. Manche Viren übernehmen sofort nach dem Start des Rechners von der Festplatte die volle Kontrolle über das System und lassen sich so nur schwer auffinden.
3. Scannen Sie Ihren Datenbestand möglichst mit mehreren verschiedenen Antiviren-Programmen, da nicht alle Programme die gleichen Viren entdecken. So ist die Wahrscheinlichkeit, einen vorhandenen Virus zu entdecken, wesentlich größer. Benutzen Sie regelmäßig mindestens zwei solche Programme.
4. Führen Sie regelmäßig Sicherheitskopien Ihrer Daten durch. Heben Sie sich mehrere Generationen Ihrer Sicherheitskopien auf, es könnte ja sein, dass Sie infizierte Dateien speichern, ohne es zu bemerken.
5. Sichern Sie die Dateien um so häufiger, je wichtiger sie Ihnen sind.
6. Installieren Sie einen Virenwächter, um eine Vireninfektion schon im Anfangsstadium zu erkennen.
7. Benutzen Sie keine Software unbekannter Herkunft. Eine Downloadseite im Internet, auf der jeder anonym Software bereitstellen kann, ist ein ideales Sprungbrett für Trojaner und andere Störprogramme.
8. Benutzen Sie nach Möglichkeit nur Originalsoftware. Es stimmt zwar nicht, dass Raubkopien immer Computerviren enthalten, die Gefahr ist jedoch wesentlich größer als bei Originalsoftware.
9. Scannen Sie jedes neue Programm, das Sie sich aus dem Internet geladen oder von einem Bekannten erhalten haben. Scannen Sie auch jeden eigenen Datenträger, den Sie auf einem anderen als Ihrem eigenen Computer benutzt haben.
10. Lassen Sie beim Ausschalten des Rechners keine Diskette im Laufwerk. Bootsektorviren auf Disketten vermehren sich nur, wenn der Rechner von einer infizierten Diskette gestartet wird.
11. Stellen Sie, soweit das BIOS Ihres Rechners das zulässt, die Reihenfolge des Bootvorganges (Boot Sequenz) auf Laufwerk C: vor Laufwerk A:, so können Sie auch im Falle einer im Diskettenlaufwerk vergessenen Diskette sicherstellen, dass ein eventuell auf dem Bootsektor der Diskette vorhandenes Virusprogramm nicht gestartet wird.
12. Falls Sie fremde Programme in Form von gepackten Dateien erhalten, so scannen Sie auch die entpackten Dateien, falls Ihr Virenscanner keine gepackten Dateien scannen kann.
13. Wenn Sie nicht allein an Ihrem Rechner arbeiten, sondern ihn mit anderen Familienmitgliedern oder Bekannten teilen, so klären Sie auch diese über die Gefahr von Computerviren auf. Die meisten Infektionen geschehen nämlich nicht aus böser Absicht, sondern aus Unachtsamkeit oder Unwissen.
14. Sollten Sie mit modernen Programmen arbeiten, welche die Ausführung von Makros zulassen (Textverarbeitungen, Tabellenkalkulationen, ...), so aktivieren sie deren (hoffentlich vorhandenen) Makroschutz. So werden Sie beim Öffnen jedes Dokumentes, das ein Makro enthält, vor einer möglichen Gefahr gewarnt.
15. Es gibt bestimmte Antiviren-Programme, mit denen man seine Programme "impfen" kann. Dabei wird das Programm mit einem Zusatz versehen, der beim Programmstart die gespeicherte Programmgröße und eine vorher ermittelte Checksumme (Prüfsumme, mit der die Originalbeschaffenheit der Datei geprüft werden kann) überprüft und bei Programmveränderungen Alarm schlägt.
16. Benennen Sie "gefährliche" Programme, wie z.B. *format.com*, *deltree.exe*, *debug.exe* und *fdisk.exe* um (z.B. in *format1.com*, ...), viele Makroviren zerstören gerade mit Hilfe dieser Programme Ihre Daten.

## 2.13 Anzeichen für eine Virusinfektion

Das sicherste Zeichen für eine Virusinfektion ist natürlich, dass ein Virenscanner oder ein Virenwächter beim Durchsuchen der Festplatte Alarm schlägt. Natürlich muss dies noch nicht unbedingt bedeuten, dass Sie wirklich einen Virus haben, aber die Chancen sind relativ hoch. Taucht der gleiche Virusalarm auch beim Überprüfen Ihrer Daten mit einem anderen Scanner auf, so kann man schon relativ sicher sein, dass das System infiziert ist.
Weitere Anzeichen für einen Computervirus sind Programme, die sich plötzlich abnormal verhalten oder gar nicht mehr ausführen lassen. So beansprucht etwa der *Jerusalem-Virus* die gleichen Ressourcen, die normalerweise das Netzwerksystem *Novell* benutzen würde, so dass es hier zum Konflikt kommt.
Werden Programme plötzlich merkbar langsamer gestartet, so kann ein Virus die Ursache sein, der jeweils vor dem Start des infizierten Programms andere Programme infiziert.
Weitere Anzeichen für eine Infektion sind natürlich aufgetretene Belästigungen oder bemerkte Schäden durch Viren und die Änderung der Dateilänge.
Unerklärliche oder gehäuft auftretende Fehlermeldungen können ihre Ursache in einem Computervirus haben, es gibt jedoch auch andere Uraschen für eine Fehlermeldung.

## 2.14 Wir haben einen Computervirus – was nun?

Trotz größter Vorsicht kann es doch einmal passieren, dass man seinen Computer mit einem Virus infiziert hat. Je nach Art des eingefangenen Virus und abhängig vom verwendeten Betriebssystem sind hier möglicherweise unterschiedliche Handlungen notwendig. Die folgenden Verhaltensregeln sollen einige allgemein gültige Hinweise geben:

1. Bewahren Sie als Erstes Ruhe, es könnte ein Fehlalarm sein. Fangen Sie jetzt auf keinen Fall an, alle infizierten Dateien zu löschen oder gar die Festplatte zu formatieren. Bestimmte Viren überstehen beide genannten Aktionen, nur Ihre Daten sind dann weg.
2. Starten Sie keine weiteren Programme mehr, sondern schalten Sie den Rechner möglichst bald aus (bzw. fahren ihn herunter), damit der Virus nicht doch noch zuschlägt. Legen Sie vorher von (sehr) wichtigen Daten noch eine (wenn auch verseuchte) Sicherheitskopie an.
3. Starten Sie den Rechner nur noch von einer sauberen Bootdiskette. Sie sollten sinnvollerweise ein Antiviren-Programm besitzen, dass sich von der Bootdiskette aus aktivieren lässt. Wenn Sie keine Bootdiskette besitzen, so müssen Sie diese auf einem anderen (!!) Rechner erstellen, der nicht infiziert ist, da Ihr Rechner (mit hoher Sicherheit) auch eine infizierte Bootdiskette erstellen würde.
4. Verteilen Sie keine Daten mehr, ehe Sie nicht sicher sind, dass Ihre Datenträger komplett virenfrei sind. Das gilt auch für Briefe im Internet (E-Mails).
5. Kontaktieren Sie alle Personen, mit denen Sie in der letzten Zeit Daten oder Programme ausgetauscht haben. Informieren Sie diese Personen über den Virenbefall, damit diese Leute ihre eigenen Daten überprüfen können. Es ist keine Schande, einen Computervirus zu haben, es ist aber grob fahrlässig, einen Virenbefall einfach zu ignorieren und weiter Daten zu verteilen.
6. Versuchen Sie herauszufinden, von wem Sie den Virus erhalten haben und informieren Sie diese Person oder Institution.
7. Wenn Sie von den infizierten Dateien Sicherheitskopien besitzen, so spielen Sie diese nach der Virenbeseitigung auf den Rechner zurück. Einige Antiviren-Programme reparieren ihre Dateien zwar, stellen aber nicht unbedingt den Originalzustand her.
8. Sollten Sie bei starkem Virenbefall Ihres Rechners und Ihrer Daten eine ältere Sicherheitskopie auf Ihren Rechner zurückspielen (siehe auch Punkt 7), so überprüfen Sie auch diese Daten vorher auf Virenbefall.
9. Bevor Sie selbst Ihren Rechner "kaputtreparieren", suchen Sie Hilfe bei Fachleuten oder lesen Sie vorher in einer Bibliothek oder im Internet über sinnvolle Rettungsschritte nach.
10. Überprüfen Sie nach einer Virenbeseitigung ihren kompletten Datenbestand auf Computerviren. Nur so können Sie sicher sein, dass Sie den Virus nicht wenige Tage später wieder auf Ihrem Rechner haben.

## 2.15 Entfernen von Computerviren und anderen Störprogrammen

Der einfachste Weg, einen Computervirus zu entfernen, ist das Zurückspielen einer (hoffentlich vorhandenen) Sicherheitskopie. Das funktioniert natürlich nur, wenn der Rechner nicht von einem TSR-Virus infiziert ist, da dieser auch die kopierte Datei sofort wieder infizieren könnte.
Die nächstbessere Variante ist die Zuhilfenahme eines Antiviren-Programms, welches natürlich von einer Bootdiskette aus gestartet werden sollte.
Wenn ein Computervirus nicht gerade eine Datei zerstört hat, so ist ein Antiviren-Programm häufig in der Lage, den Virus zu entfernen und den Zustand der Originaldatei vor der Infizierung wiederherzustellen.
Leider können die Hersteller solcher Antiviren-Programme immer nur auf Viren reagieren, die bereits existieren. Außerdem ist die Erkennung von Computerviren häufig sehr schwierig. Es kann deshalb vorkommen, dass ein Virensuchprogramm nicht alle auf Ihrem System vorhandenen Viren erkennen bzw. sogar beseitigen kann.
Sollte das Programm den Virus allerdings beseitigen können, so ist dieser Vorgang relativ einfach, wie das obere und das untere Bild zeigen sollen. Nach einer Abfrage des Programms wird der Virus automatisch entfernt.
Nach einer Beseitigung von Computerviren sollten Sie den Rechner unbedingt neu starten und die Suche wiederholen. Außerdem sollte, wie schon erwähnt, die Kontrolle mit einem zweiten Programm erfolgen.

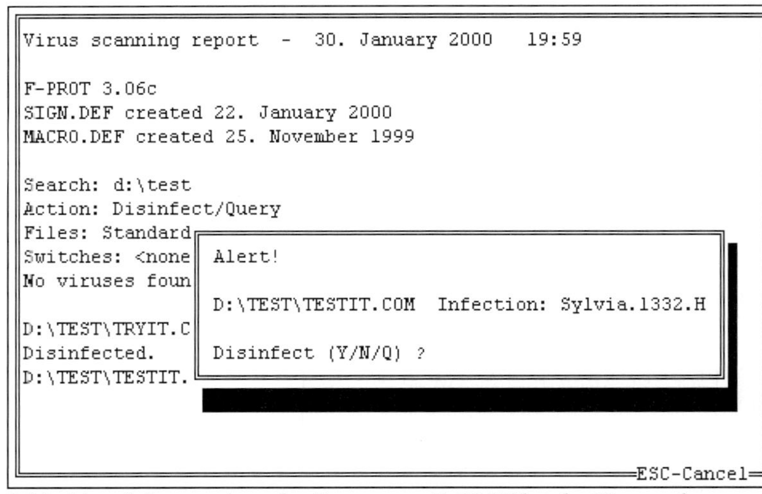


*Bildschirm-Schnappschuss des Programms F-PROT bei der Virenentfernung*

*Bildschirm-Schnappschuss des Programms AntiVir bei der Virenentfernung*

## 2.16 Wer programmiert eigentlich Viren?

Leider kann diese Frage nicht genau beantwortet werden, da nur ein kleiner Teil der Virenprogrammierer ermittelt werden konnte. Die bekannt gewordenen Programmierer sind in zwei große Gruppen einzuteilen.
Zur ersten Gruppe zählen Personen, die mit ihren Virenprogrammen gezielt Personenkreise treffen oder ansprechen wollen. So sind Beispiele bekannt, in denen gezielt Firmen geschädigt wurden oder in denen bestimmte gesellschaftliche Verhältnisse angeprangert wurden. Diese Gruppe der Virenprogrammierer ist jedoch in der Minderheit.
Die zweite Gruppe von Virenprogrammierern besteht aus Personen, die aus verschiedenen Gründen der Welt beweisen wollen, wie gut sie sind oder wie einfach sich die Sicherungsmechanismen bestimmter Programme austricksen lassen. Diese Programmierer sind häufig exzentrisch veranlagte "Computerfreaks" oder einfach nur Jugendliche, die aus Neugier, Jux, Faszination oder Spieltrieb das Ganze einfach mal probieren wollen, ohne dass ihnen die Tragweite ihrer Aktionen voll bewusst ist.
Nach Angaben der Polizei ist die Mehrheit der bisher ermittelten Virenprogrammierer männlich, im Alter von etwa 16-30 Jahren und weist ein teilweise gestörtes Sozialverhalten auf.

## 2.17 Computerviren aus rechtlicher Sicht

Abgesehen vom moralisch verwerflichen Tun der Programmierung von Computerviren oder anderen Störprogrammen, deren Verbreitung oder der Benutzung von Backdoors, macht sich der entsprechende Programmierer auch im rechtlichen Sinne strafbar.
Als Beispiel dafür sollen hier Auszüge aus einige Paragrafen des Strafgesetzbuches (StGB Fassung 1999) und des Bundesdatenschutzgesetzes (BDSG Fassung 1990/97) aufgezeigt werden, welche die Kriminalität der oben beschriebenen Handlungen verdeutlichen sollen.

Die mutwillige Zerstörung von Daten, also eine Aktion der meisten Computerviren, lässt sich durch das StGB klären. Hier heißt es konkret:

***§ 303 StGB -- Sachbeschädigung***

*(1) Wer rechtswidrig eine fremde Sache beschädigt oder zerstört, wird mit Freiheitsstrafe bis zu zwei Jahren oder mit Geldstrafe bestraft.*
*(2) Der Versuch ist strafbar.*

***§ 303a StGB -- Datenveränderung***

*(1) Wer rechtswidrig Daten (§ 202a Abs. 2) löscht, unterdrückt, unbrauchbar macht oder verändert, wird mit Freiheitsstrafe bis zu zwei Jahren oder mit Geldstrafe bestraft.*
*(2) Der Versuch ist strafbar.*

***§ 303b StGB -- Computersabotage***

*(1) Wer eine Datenverarbeitung, die für einen fremden Betrieb, ein fremdes Unternehmen oder eine Behörde von wesentlicher Bedeutung ist, dadurch stört, dass er*
*1. eine Tat nach § 303a Abs. 1 begeht oder*
*2. eine Datenverarbeitungsanlage oder einen Datenträger zerstört, beschädigt, unbrauchbar macht, beseitigt oder verändert, wird mit Freiheitsstrafe bis zu fünf Jahren oder mit Geldstrafe bestraft.*
*(2) Der Versuch ist strafbar.*

Wichtig an dieser gesetzlichen Regelung ist vor allem auch die Tatsache, dass sich der Programmierer schon strafbar macht, wenn er sein Programm verbreitet. Die Strafbarkeit der Handlung ist also nicht an entstandene Schäden geknüpft.
Auch das Ausspähen persönlicher Daten, wie dies teilweise von Backdoor-Programmen oder Trojanern praktiziert wird, geht laut StGB nicht straffrei aus.

***§ 202a StGB -- Ausspähen von Daten***

*(1) Wer unbefugt Daten, die nicht für ihn bestimmt und die gegen unberechtigten Zugang besonders gesichert sind, sich oder einem anderen verschafft, wird mit Freiheitsstrafe bis zu drei Jahren oder mit Geldstrafe bestraft.*
*(2) Daten im Sinne des Absatzes 1 sind nur solche, die elektronisch, magnetisch oder sonst nicht unmittelbar wahrnehmbar gespeichert sind oder übermittelt werden.*

***§ 206 StGB – Verletzung des Post- oder Fernmeldegeheimnisses (Auszüge)***

*(4) Wer unbefugt einer anderen Person eine Mitteilung über Tatsachen macht, die ihm ... auf Grund eines ... unbefugten Eingriffs in das Post- oder Fernmeldegeheimnis bekanntgeworden sind, wird mit Freiheitsstrafe bis zu zwei Jahren oder mit Geldstrafe bestraft.*
*(5) Dem Postgeheimnis unterliegen die näheren Umstände des Postverkehrs bestimmter Personen sowie der Inhalt von Postsendungen. Dem Fernmeldegeheimnis unterliegen der Inhalt der Telekommunikation und ihre näheren Umstände, insbesondere die Tatsache, ob jemand an einem Telekommunikationsvorgang beteiligt ist oder war.*

Möglicherweise dehnbar ist die Passage *"... die gegen unberechtigten Zugang besonders gesichert sind ..."*.
Es ist also im Sinne des Gesetzgebers sicherlich sinnvoll, seinen Rechner mit einer Zugriffsberechtigung und einem Passwort zu versehen, Passwörter nicht auf der Festplatte zu speichern (wenn dies nicht unbedingt notwendig ist) und wichtige Daten auf dem Rechner zu verschlüsseln.

Außer dem Strafgesetzbuch greift im erwähnten Fall aber auch noch das Bundesdatenschutzgesetz (BDSG), auch wenn dieses eigentlich für den Schutz personenbezogener Daten gedacht ist:

***§43 BDSG – Strafvorschriften (Auszüge)***

*(1) Wer unbefugt von diesem Gesetz geschützte personenbezogene Daten, die nicht offenkundig sind,*
*1. speichert, verändert oder übermittelt,*
*2. zum Abruf mittels automatisierten Verfahrens bereithält oder*
*3. abruft oder sich oder einem anderen aus Dateien verschafft, wird mit Freiheitsstrafe bis zu einem Jahr oder mit Geldstrafe bestraft.*

*(2) Ebenso wird bestraft, wer*
*1. die Übermittlung von durch dieses Gesetz geschützten personenbezogenen Daten, die nicht offenkundig sind, durch unrichtige Angaben erschleicht ...*

*(3) Handelt der Täter gegen Entgelt oder in der Absicht, sich oder einen anderen zu bereichern oder einen anderen zu schädigen, so ist die Strafe Freiheitsstrafe bis zu zwei Jahren oder Geldstrafe.*

Ein drittes Gesetz, welches Aussagen über die Erstattung der bei einem Virenbefall möglicherweise entstandener Schäden macht, ist das Bürgerliche Gesetzbuch (BGB):

***§ 823 BGB – Schadenersatz (Auszüge)***

*(1) Wer vorsätzlich oder fahrlässig ... das Eigentum oder ein sonstiges Recht eines anderen widerrechtlich verletzt, ist dem anderen zum Ersatze des daraus entstehenden Schadens verpflichtet.*

Sicherlich lassen sich auch weitere Gesetze auf die angesprochenen Vorgänge der Virenprogrammierung und -verbreitung anwenden, es sollte hier nur eine kleine Auswahl genannt werden. Die immer stärkere Durchdringung aller Bereiche des täglichen Lebens durch Computer lässt erwarten, dass es bald auch konkretere Gesetze zu Datenmissbrauch und -sabotage gibt.

Gerade die Kenntnis der Möglichkeit auf Schadenersatz sollte den Computernutzer aber nicht davon abhalten, ein regelmäßiges Backup seiner Daten anzufertigen und seinen Rechner regelmäßig auf Viren zu untersuchen. Die aktuelle Rechtsprechung hat in den vergangenen Jahren mehrfach eine vollständige Entschädigung von Benutzern abgelehnt, die durch Computerviren geschädigt wurden und keine ausreichenden (oder gar keine!) Sicherheitskopien ihrer Daten hatten.
In solchen Fällen, so die Gerichte, liegt auch ein grob fahrlässiges Verhalten der Computernutzer vor, so dass eine Mitschuld am entstandenen Schaden besteht.

## 2.18 Was keine Viren sind

Es gibt eine Reihe von vermeintlichen Viren, die aber gar keine sind, da ihre Verbreitung durch Menschen durchgeführt wird. Da sind zum einen die so genannten Hoaxes (hoax=Täuschung). Dies sind E-Mails, die vor Viren warnen und den Empfänger der E-Mail auffordern, die Warnung an möglichst viele Bekannte weiterzugeben. Ein Beispiel soll dies zeigen:

> *Beware! if someone named  asks you to check out his page. DO NOT!*
> *It is at www.geocities.com/vienna/6318.  This page hacks into your C:\drive.*
> *DO NOT GO THERE...FOWARD THIS MAIL TO EVERYONE YOU KNOW.*

📖 *Quelle: http://www.symantec.com/avcenter/hoax.html*

Neuere Hoaxes sind sogar noch etwas unverschämter. Sie warnen vor bestimmten Viren, stellen aber gleichzeitig im Anhang ein Programm zur Verfügeng, das den Virus angeblich beseitigt. Diese Programme sind dann häufig Trojaner!
Weitere Störfaktoren, die sich nur durch Zutun des Menschen verbreiten, sind Kettenbriefe in der schon von schriftlichen Briefen bekannten Form ("Sende 5 Dollar an den ersten Eintrag in der Liste ..., setze Deine Adresse dann an die letzte Stelle ..., und Du erhältst innerhalb weniger Wochen mindestens 100 000 Dollar.").
Senden Sie weder Hoaxes noch Kettenbriefe weiter, das Netz wird nur unnötig belastet.

## 2.19 Ein Virus, Milliarden Dollar Schaden

### Der Virus schlägt zu

Es war ein schwarzer Tag in der Geschichte des Internets, es war Donnerstag, der 4. Mai 2000.
Etwa zwischen 8.30 und 10 Uhr Ortszeit berichteten einige europäische Firmen von erhöhten Aktivitäten auf den Rechnern, die für die Verteilung der elektronischen Post (E-Mail) zuständig waren. In den nächsten 1-2 Stunden brachen dann die Rechnernetze vieler großer Computerfirmen, Verlagshäuser, Fernsehanstalten und anderer Firmen komplett unter der immer größer werdenden Flut des Datenaufkommens zusammen. Ähnliches war in Asien schon etwas früher passiert und geschah an anderen Orten der Welt zur gleichen Zeit oder etwas später. Was war passiert?
Der Loveletter-Virus hatte zugeschlagen.

### Wie der Virus aktiviert wurde

Pünktlich zu Beginn der Arbeitszeit öffneten viele Angestellte ihren elektronischen Briefkasten und fanden dort eine oder mehrere E-Mails mit der Betreffzeile *ILOVEYOU* und einer Absenderangabe vor, die ihnen bekannt war.
Die E-Mail enthielt nur den einzigen Satz: *"kindly check the attached LOVELETTER coming from me."*, in dem der Nutzer aufgefordert wurde, sich doch einmal den Anhang der E-Mail näher anzuschauen.
Erklärend muss hierzu gesagt werden, dass man mit einer E-Mail beliebige Daten als so genannten Anhang verschicken kann (Näheres dazu dann im Kapitel *"Die Dienste des Internets"*).
Die angehängte Datei hatte den Namen *"LOVE-LETTER-FOR-YOU.TXT.vbs"* und der Programmierer des Virus spekulierte darauf, dass der Nutzer seinen Explorer so eingestellt hat, dass die Erweiterungen der registrierten Dateinamen nicht mit angezeigt werden. In diesem Fall wurde nur der Dateiname *"LOVE-LETTER-FOR-YOU.TXT"* angezeigt und viele Nutzer erkannten gar nicht, dass es sich bei dieser Datei um eine VBS-Datei handelte, sondern nahmen an, dass sie ein Textdokument vor sich hätten.
Dateien mit der Endung VBS sind so genannte Visual-Basic-Script-Dateien, enthalten ausführbaren Quelltext und können von dem Windows Scripting Host (einem Windows-Programm) direkt ausgeführt werden.
Ein unachtsamer Doppelklick auf die vermeintliche Textdatei startete also nicht die Ansicht der Textdatei in einer Textverarbeitung, sondern die Abarbeitung der Script-Datei, und brachte damit die Lawine ins Rollen.

### Die Funktion des Virus

Die Tätigkeiten, die der aktivierte Virus auf der Festplatte des Opfers ausführte, sind äußerst vielschichtig. Einige der Stör- und Vervielfältigungsroutinen sollen im Folgenden beschrieben werden:

- Zuerst kopiert sich der Virus unter wichtig klingenden Namen (Win32DLL.vbs, MSKernel32.vbs) in das Windows- bzw. das Systemverzeichnis und richtet den Rechner so ein, dass diese beiden Dateien beim nächsten Windows-Start automatisch ausgeführt werden.
  Die Nutzer mit der schon oben angesprochenen Explorereinstellung erkennen so nicht einmal, dass es sich bei diesen Dateien um VBS-Dateien handelt.
- Nach dem Erzeugen einer Zufallszahl wählt der Virus eine von 4 vorgegebenen Internetadressen aus und stellt diese Adresse als Startadresse für den Internet-Browser (Programm zum Betrachten von Internetseiten im World Wide Web) ein.
  Als Ergebnis dieser Aktion versucht der Browser beim nächsten Internetstart, von der angegebenen Adresse eine EXE-Datei herunterzuladen. Je nach Einstellung des Browsers wird die Datei nun sofort auf den Rechner des Nutzers geladen oder der Nutzer wird vorher noch gefragt, ob diese Datei geladen werden soll. Bei positiver Beantwortung der Frage wird eine Datei mit dem Namen *"WIN-BUGSFIX.exe"* auf den Rechner des Nutzers geladen.
  Diese Datei enthält einen Trojaner, der das Ausspähen von Passwörtern ermöglichen soll.

- Wenn der Virus feststellt, dass die Datei *"WIN-BUGSFIX.exe"* heruntergeladen wurde, stellt der Virus den Rechner so ein, dass auch diese Datei beim nächsten Windows-Start aktiviert wird. Außerdem wird in diesem Fall die Startadresse des Browsers wieder auf eine leere Seite zurückgesetzt.
- Nun überprüft der Virus, ob das E-Mail-Programm *Outlook* auf dem Rechner installiert ist. Wenn das der Fall ist, verschickt sich der Virus mit dem gleichen Text, dem gleichen Anhang und der gleichen Betreffzeile an alle Personen, die im Outlook-Adressbuch verzeichnet sind. Diese Aktion war es übrigens, die den großen "Datenstau" im Netz verursachte.
- Anschließend untersucht der Virus die Dateien der Festplatte. Dabei löscht er alle Dateien mit den Erweiterungen VBS, VBE und ersetzt sie durch den Virusquellcode. Außerdem löscht er die Dateien mit der Erweiterung JS, JSE, CSS, WSH, SCT, HTA, JPG und JPEG und schreibt jeweils eine Virusdatei mit dem gleichen Namen und der zusätzlichen Erweiterung VBS auf die Festplatte.
  Alle Dateien mit der Erweiterung MP2 und MP3 werden zwar nicht gelöscht, dafür aber mit dem Hidden-Attribut versehen (Datei versteckt). Auch hier werden gleichnamige Dateien mit der zusätzlichen Erweiterung VBS erzeugt, die den Virus enthalten.
- Als nächstes testet der Virus, ob das Chat-Programm MIRC (Programm zum "Quatschen" im Internet, Näheres dazu dann im Kapitel "*Die Dienste des Internets*") installiert ist. In diesem Fall installiert der Virus dann ein Script, das den Virus beim nächsten Chat an alle Teilnehmer der Chat-Runde verschickt.

## Die Folgen von LOVELETTER

Die zwei größten Gruppen von Schäden, die durch den Loveletter-Virus angerichtet wurden, war erstens die totale Überlastung der Rechnersysteme vieler großer Firmen und zweitens das Löschen der Dateien.
Viele große Firmen waren deshalb stundenlang nicht erreichbar bzw. konnten stundenlang keine Transaktionen tätigen. Außerdem entstand durch das Löschen, besonders bei den JPG-Dateien (Grafikdateien für hochauflösende Bilder) enormer Sachschaden, vor allem bei Firmen aus dem Design-, Foto- und Verlagsgeschäft.
Die international entstandenen Schäden wurden bereits wenige Tage nach der Verbreitung des Virus auf zweistellige Milliardenbeträge geschätzt!

## Die vermutlichen Programmierer

Die beiden Quelltextzeilen

```
rem barok -loveletter(vbe)  <i hate go to school>
rem by: spyder/ ispyder@mail.com/ @GRAMMERSoft Group/ Manila,Philippines
```

ließen bereits die Vermutung zu, dass es sich beim Programmierer des Virus um einen philippinischen Schüler handelte. Außerdem wurden die von dem Trojaner ermittelten Passworte an eine philippinische E-Mail-Adresse geschickt.
Die internationalen Ermittlungen der nächsten Tage erhärteten diesen Verdacht, so dass nach einigen Tagen ein 23-jähriger philippinischer Informatikstudent verhaftet wurde.
Nähere Untersuchungen ergaben, dass der Student ein Programm mit ähnlichem Inhalt als Examensarbeit abgegeben hatte. Diese Arbeit wurde jedoch als illegal abgelehnt. Bei einer Hausdurchsuchung des Studenten wurden mehrere Virenprogramme sichergestellt. Außerdem ergab sich bei der Sichtung der Datenträger die Vermutung, dass eine Reihe weiterer Personen an der Entwicklung des Virus beteiligt gewesen sein könnten.
Die Philippinen verfügten zum Zeitpunkt der Virenausbreitung noch über keine gesetzlichen Grundlagen, nach denen die Verdächtigen verurteilt werden könnten. So werden die Verantwortlichen, wenn Sie denn jemals mit Sicherheit ermittelt werden, trotz weltweiter Milliardenschäden relativ glimpflich davonkommen.

## 2.20 Schlussfolgerungen

**Sichern Sie Ihre Daten regelmäßig!**

**Überprüfen Sie Ihren Rechner regelmäßig auf Virenbefall!**

**Seien Sie bei fremden Daten generell misstrauisch und vorsichtig!**

## 2.21 Kontrollfragen

☛ Frage 1: Welche Arten von Störprogrammen auf Computern kennen Sie? Nennen Sie außerdem die wichtigsten Merkmale dieser Programme bzw. die entscheidenden Unterschiede.

☛ Frage 2: Im Abschnitt *"Würmer"* wurde der Störangriff eines Computerwurms beschrieben. Welche persönlichen Schlussfolgerungen können Sie aus dieser Beschreibung ziehen?

☛ Frage 3: Wie können sich Computerviren verbreiten? Nennen Sie mindestens 3 Beispiele.

☛ Frage 4: Beschreiben Sie, auf welche zwei Arten ein Dateivirus eine Datei infizieren kann. Erklären Sie diese beiden Arten näher.

☛ Frage 5: Was versteht man unter einem Bootsektor?

☛ Frage 6: Welcher Unterschied besteht zwischen dem Bootsektor und dem MBR einer Festplatte?

☛ Frage 7: Was versteht man unter Makroviren? Welche Dateien werden von ihnen infiziert?

☛ Frage 8: Was ist ein TSR-Virus?

☛ Frage 9: Warum können polymorphe Viren von Scannern schlechter erkannt werden als andere Viren?

☛ Frage 10: Wie schützen sich Stealth-Viren vor ihrer Erkennung?

☛ Frage 11: Nennen Sie mindestens 6 prinzipiell unterschiedliche Schäden, die durch Computerviren und andere Störprogramme hervorgerufen werden können. Beurteilen Sie die Konsequenzen für einen betroffenen Nutzer.

☛ Frage 12: Welche Gemeinsamkeiten haben biologische Viren und Computerviren? Nennen Sie mindestens 4 Beispiele.

☛ Frage 13: Beschreiben Sie die 3 behandelten Arten von Virenschutzprogrammen und deren Funktionsweise. Geben Sie Vor- und Nachteile der Programme an.

☛ Frage 14: Geben Sie mindestens 8 verschiedene Verhaltensregeln an, wie man seinen Computer vor der Infektion mit Computerviren schützen kann. Begründen Sie diese Regeln.

☛ Frage 15: Nennen Sie mindestens 3 Anzeichen für eine mögliche Virusinfektion Ihres Rechners.

☛ Frage 16: Wie sollte man sich verhalten, wenn man eine Virusinfektion auf seinem Computer feststellt? Nennen Sie mindestens 6 verschiedene Verhaltensregeln und begründen Sie diese.

☛ Frage 17: Was ist eine Bootdiskette und wozu ist sie gut?

☛ Frage 18: Wie erstellt man eine Bootdiskette?

☛ Frage 19: Nach ihrer Erstellung sollte eine Bootdiskette immer mit einem Schreibschutz versehen werden. Warum eigentlich?

☛ Frage 20: Warum ist die bewusste Verbreitung von Computerviren strafbar?

# 3 Internet – Aufbau und Funktion

## 3.1 Historisches

### Das ARPANET, ein Vorfahre des Internets

Ein genaues Datum für den Beginn der Entwicklung des Internets kann mit Sicherheit keiner sagen. Allgemein geht man heute jedoch davon aus, dass eine Hauptursache für die Entwicklung des Internets im Start des ersten Satelliten ("Sputnik 1") durch die damalige UdSSR im Jahr 1957 liegt. Im damaligen so genannten "kalten Krieg" der Supermächte brachte eine solche technologische Leistung in der Weltraumforschung führende Politiker und Militärs der USA in große Konflikte, da die UdSSR die Vorherrschaft über das Weltall übernommen hatte. In Geschichtsbüchern werden die Folgen dieses Ereignisses oft auch als "Sputnikschock" bezeichnet.
Als Reaktion auf den Sputnikstart wurde in der USA im Jahr 1958 die Advanced Research Projects Agency (ARPA) gegründet. Mit der Entwicklung der ARPA wurde das Ziel verfolgt, die Entwicklung neuer Techniken und Technologien in allen Bereichen zu fördern, die der USA einen wissenschaftlichen und technologischen Vorsprung vor der UdSSR verschaffen könnten.
Dabei unterhielt die ARPA keine eigenen Labors oder andere Forschungseinrichtungen, sondern finanzierte wissenschaftliche Arbeiten in der Wirtschaft und an Universitäten.
Der "konkret" umrissene Auftrag der ARPA ist auch heute noch auf der Internet-Seite der ARPA zu finden, wie der folgende Textausschnitt zeigen soll. DoD bedeutet dabei Verteidigungsministerium (Department of Defense).

> *ARPA - DoD directive 5105.15 establishing the Advanced Research Projects agency (ARPA) was signed on February 7, 1958. The directive gave ARPA the responsibility "for the direction or performance of such advanced projects in the field of research and development as the Secretary of Defense shall, from time to time, designate by individual project or by category".*

📖 *Quelle: http://www.arpa.mil/*

Es muss sicherlich nicht extra erwähnt werden, dass die Bedeutung von Computern (wenn auch bei weitem nicht in der heute existierenden Form) als Hilfsmittel für Rechenaufgaben und als Kommunikationsmedium auch schon von den damaligen Militärs erkannt wurde. Die Entwicklung von Computeranlagen und damit zusammenhängenden Entwicklungen wurde gefördert und dazu ermutigt.
Als einer der Wissenschaftler, die sich zur damaligen Zeit mit der Kommunikation von Computern beschäftigten, ist *J.C.R. Licklider* zu nennen. Er entwickelte ab ca. 1960 Visionen eines "Galactic Networks", unter dem er sich eine weltweite Verbindung von Computern vorstellte, mit deren Hilfe jeder schnell Zugriff auf Daten und Programme anderer Rechner weltweit haben würde. Er übernahm 1962 die Führung eines ARPA-Projektes zur Entwicklung einer solchen Verbindung von Computern.
Seit 1961 beschäftigte sich auch *Leonard Kleinrock* intensiv mit der Kommunikation von Computern und veröffentlichte mehrere Arbeiten über ein so genanntes paketorientiertes Übertragungsprotokoll. In diesem Protokoll sollten die zu übertragenden Daten in kleinere Datenpakete aufgeteilt, diese dann einzeln übertragen und am Zielort wieder zusammengesetzt werden. Der Vorteil eines solchen Verfahrens bestand unter anderem darin, dass bei einem Fehler in der Datenübertragung nicht die komplette Datei, sondern nur das verloren gegangene Datenpaket erneut übermittelt werden musste.
Die Rechenanlagen der damaligen Zeit funktionierten in der Art, dass von einem zentralen leistungsfähigen Computer sternförmig Leitungen zu allen angeschlossenen Terminals ausgingen. Im Fall einer Zerstörung des Zentralrechners war natürlich keine der angeschlossenen Anlagen mehr funktionsfähig. Im Jahr 1964 schlug *Paul Baran* eine andere Art der Verbindung von Computern vor, indem er eine netzförmige Art der Verbindung zwischen mehreren Computern ohne zentrale Stelle vorsah. Alle Rechner des Netzwerkes sollten gleichzeitig mit mehreren anderen Rechnern des Netzwerkes verbunden sein, so dass der Ausfall eines Rechners oder einiger Verbindungsleitungen nicht das ganze Netzwerk lahm legen würde.
Mit dieser Struktur war die Datenübertragung über das Netzwerk wesentlich zuverlässiger als die Kommunikation z.B. in einem Telefonnetz, wo die Daten immer über feste Leitungen und zentrale Vermittlungsstellen transportiert wurden. Die Kommunikation konnte so, und das interessierte die Militärs besonders, auch dann

noch aufrechterhalten werden, wenn ein großer Teil des Netzwerkes auf Grund damals befürchteter kriegerischer Auseinandersetzungen nicht mehr funktionieren würde.
Auch *Baran* tendierte zu einem paketorientierten Datenübertragungsprotokoll. Er sah weitere Vorteile darin, dass die einzelnen Datenpakete so verteilt werden könnten, dass es zu einer gleichmäßigen Auslastung des Netzes kommen sollte und dass die Datenpakete bei langsamen Verbindungen (z.B. durch Störungen oder erhöhte Datenübertragung) den Weg über eine schnellere Verbindung nehmen würden.
Im Jahr 1965 verbanden *Lawrence G. Roberts* und *Thomas Merrill* einen TX-2-Computer in Massachusetts mit einem Q-32-Rechner in Kalifornien. Diese Verbindung zeigte zum einen die Machbarkeit der Verknüpfung von Computern über größere Strecken, zeigte zum anderen aber auch die Nachteile einer normalen nicht paketorientierten Verbindung bei der Datenübertragung.
Seit 1966 wurden unter Leitung von *Larry Roberts* praktische Experimente mit größeren Computernetzwerken durchgeführt, der Plan eines ARPA-Netzwerkes entstand.
Ende 1969 wurde das erste Netzwerk, das mehr als zwei Computer über große Entfernungen verband, in Betrieb genommen. Es wurden die University of California at Los Angeles (UCLA), die University of California at Santa Barbara (UCSB), das Stanford Research Institute (SRI) und die University of Utah (UTAH) durch ein paketorientiertes Netzwerk miteinander verbunden. Das ARPANET, der Vorläufer des Internets, war geboren.
Schon im Jahr 1971 war die Anzahl der Netzwerkknoten auf 15, die Anzahl der angeschlossenen Rechner sogar auf 23 gewachsen.
Schon zur damaligen Zeit wurde eines der auch heute noch wesentlichen Merkmale des Internets sichtbar: Die vier miteinander vernetzten Rechner waren von völlig unterschiedlicher Bauart und funktionierten mit unterschiedlichen Betriebssystemen. Die Einigung auf ein gemeinsames Protokoll zur Datenübertragung machte diese Zusammenarbeit möglich.

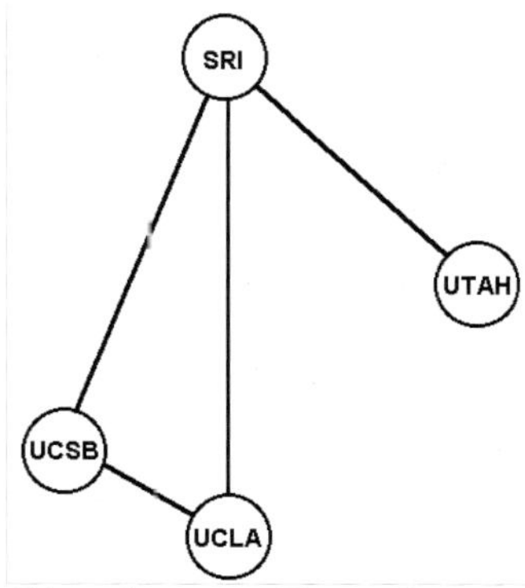

*Skizze des ersten Netzwerks*

Im Jahr 1970 wurden dann die Arbeiten an einem paketorientierten Netzwerkprotokoll für das ARPANET abgeschlossen und das Network Control Protocol (NCP) wurde als Standard etabliert.
Zur gleichen Zeit entwickelten sich auch andere Rechnernetze, so z.B. das ALOHANET, ein Zusammenschluss von Rechenanlagen auf Hawaii, und das PRNET, ein Netz, das eine Datenübertragung mit Hilfe von Funksignalen (CB-Funk-Bereich) vornahm.
Nachdem 1972 auf der Internationalen Computerkonferenz ICCC (International Conference on Computer Communication) in Washington eine erfolgreiche Demonstration des ARPANET mit 40 angeschlossenen Rechnern durchgeführt werden konnte, wuchs das internationale Interesse an Vernetzung und natürlich auch das Interesse an einer Vernetzung mit dem ARPANET gewaltig. Das bisher verwendete Protokoll NCP war jedoch den Anforderungen größerer Netzwerke und teilweise anderer Plattformen und Übertragungsarten nicht gewachsen.

## Das Protokoll TCP/IP wird entwickelt

Unter der Leitung von *Robert Kahn* und *Vinton Cerf* wurde deshalb seit 1973 ein Programm zur internationalen Vernetzung von Computern und zur Erarbeitung eines dafür geeigneten Protokolls ins Leben gerufen. Zu dieser Zeit tauchte auch erstmals der Begriff Internet als ein Zusammenschluss mehrerer Netzwerke auf.
Nachdem *Kahn* und *Cerf* 1974 erstmals Details zu dem von ihnen TCP (Transmission Control Protocol) genannten Protokoll veröffentlichten, wurden bereits 1975/76 die 4 Netze ARPANET, SATNET, PRNET und ALOHANET mittels TCP vernetzt.
Schon damals wurden die verschiedensten Medien zur Datenübertragung verwendet, es kam zur Datenübertragung über Kabel, Kurzwelle und Satellitenfunkverbindung. Auch wurden die ersten beiden europäischen Netze in England und Norwegen an das ARPANET angeschlossen.
Während das Protokoll TCP anfangs sowohl für die gleichmäßige Verteilung und das sichere Versenden der Daten im Netz als auch für die Adressierung der einzelnen Rechner im Internet zuständig war, fand um 1978 eine Trennung des Protokolls in ein neues TCP und ein so genanntes IP (Internet Protocol) statt. In diesem neuen Protokoll IP wird jedem Rechner im Internet eine spezielle einmalige Adresse (die so genannte IP-

Adresse) zugewiesen. Da diese Protokolle weiterhin meist gemeinsam benutzt wurden, spricht man seit dieser Zeit auch vom Protokoll TCP/IP.
Da die ARPA die TCP/IP-Spezifikationen veröffentlichte und auch andere Netzwerkbetreiber aufforderte, TCP/IP zum Betrieb ihrer Netzwerke zu verwenden und da für TCP/IP keine Lizenzgebühren verlangt wurden, entwickelte sich TCP/IP in den nächsten Jahren immer mehr zum Standardprotokoll vieler Netzwerke.
Nach einer Entscheidung des amerikanischen Verteidigungsministeriums zur ausschließlichen Verwendung von TCP/IP im ARPANET war die komplette Umstellung auf TCP/IP 1983 abgeschlossen.
Unterschiedliche Interessen zwischen Wissenschaftlern und Militärs, aber auch das gestiegene Sicherheitsbedürfnis des Militärs an das mittlerweile sehr "offene" ARPANET, führte 1983 zu einer Aufteilung des ARPANETs in das MILNET (68 Knotenrechner), das der militärischen Kommunikation und anderen militärischen Aufgaben dienen sollte, und in das ARPANET (45 Knotenrechner), das als Teil des früheren Netzes unter seinem alten Namen weitergeführt wurde.

## Weitere Netze entstehen

In den Jahren ab ca. 1980 entwickelten sich weltweit eine Reihe weiterer Computernetze. Als Beispiele sollen hier folgende Netze genannt werden:

- 1979/80 Netzwerk zwischen Unix-Rechnern, erste Kommunikationsplattform für Studenten (USENET),
- 1979/80 Netzwerk zur Verbindung der Computerzentren der Universitäten "Computer Science Network" (CSNET),
- 1981 Netzwerk zur Verbindung von IBM-Großrechnern (BITNET),
- 1982 europäisches Netzwerk der Unixrechner "European UNIX Network" (EUnet),
- 1983 Netzwerk der PC-Anwender (FidoNet),
- 1984 Wissenschaftsnetzwerk der amerikanischen National Science Foundation (NSFNET),
- 1984 japanisches Netzwerk der Unixrechner "Japan Unix Network" (JUNET).

Während die ersten Verbindungsleitungen des NSFNET Daten mit einer Geschwindigkeit von bis zu 56 Kilobits pro Sekunde transportieren konnten, wurde 1988 durch das NSFNET die erste Hochgeschwindigkeitsleitung zur Datenübertragung mit rund 1,5 Megabits pro Sekunde in Betrieb genommen.
In den Folgejahren wurden die oben genannten und auch andere Netzwerke immer weiter ausgebaut und miteinander vernetzt. Im Jahr 1990 wurde das inzwischen in die Jahre gekommene ARPANET Schritt für Schritt abgebaut, da seine Funktion als Forschungsnetzwerk der ARPA nicht mehr notwendig war.
Seine Aufgaben zur Datenübertragung wurden zum Großteil vom wesentlich moderneren und schnelleren NSFNET übernommen.

## WWW, das Internet wird populär

Vom Beginn seiner Entstehung bis in die heutige Zeit entwickelte sich das Internet kontinuierlich weiter, viele Teilnetze wurden angeschlossen, eine Reihe von Diensten wie z.B. elektronische Post, Nachrichtengruppen, Dateitransfer, Informations- und Suchsysteme (genaueres siehe Kapitel "*Die Dienste des Internets*") wurden entwickelt, trotzdem blieb das Internet eine Domäne für Wissenschaftler und Studenten und war den Privatanwendern nicht zugänglich. Zum einen fehlten die technischen Voraussetzungen, zum anderen war die Bedienung der einzelnen Programme relativ kompliziert.
Das änderte sich in den Jahren von ca. 1993-1995, als das von *Tim Berners-Lee* entwickelte World Wide Web (WWW) den Weg aus den Instituten und Universitäten an die Öffentlichkeit fand. Mit einem Mal waren Programme im Internet auch für Anfänger bedienbar, das Internet hielt in den folgenden Jahren auch Einzug in die Haushalte.

## Was verstehen wir unter dem Begriff Internet?

Wir haben nun vieles gelesen, was das Internet kann und woraus es sich entwickelt hat. Aber was ist das Internet denn nun genau. Um die doch stellenweise weit auseinander gehenden Meinungen, was genau man unter dem Begriff Internet versteht, wieder zusammenzuführen, veröffentlichte das Federal Networking Council (FNC) im Jahr 1995 einstimmig einen Entschluss, der den Ausdruck Internet definiert:

> "Internet" refers to the global information system that –
> (i) is logically linked together by a globally unique address space based on the Internet Protocol (IP) or its subsequent extensions/follow-ons;
> (ii) is able to support communications using the Transmission Control Protocol/Internet Protocol (TCP/IP) suite or its subsequent extensions/follow-ons, and/or other IP-compatible protocols; and
> (iii) provides, uses or makes accessible, either publicly or privately, high level services layered on the communications and related infrastructure described herein.

🕮 *Quelle: http://www.fnc.gov/Internet_res.html*

Die sinngemäße Übersetzung lautet etwa so:

> Der Begriff "Internet" bezeichnet das weltweite Informationssystem, das
> (i) logisch verbunden ist durch einen weltweit eindeutigen Adressraum, der auf dem Internet Protokoll (IP) bzw. seinen nachträglichen Erweiterungen beruht,
> (ii) fähig ist, Kommunikationen zu unterstützen, die das Transmission Control Protocol/Internet Protocol (TCP/IP) bzw. seine nachträglichen Erweiterungen und/oder andere IP-kompatible Protokolle benutzen und
> (iii) höhere, auf der hier beschriebenen Kommunikations- und verwandten Infrastruktur aufbauende Dienste öffentlich oder privat bereitstellt, nutzt oder zugänglich macht.

## Ausblick

Mittlerweile beeinflusst das Internet unser tägliches Leben mehr, als sich das die Pioniere des Internets je hätten vorstellen können. Die Anzahl der übertragenen Bits je Sekunde wird nicht mehr in Tausenden, sondern in Milliarden gemessen, ein Ende ist nicht abzusehen.
Das Internet wird in den nächsten Jahren immer weiter ausgebaut, so dass auch multimediale Daten (Musik, Fernsehen, Videos auf Bestellung, ...) in immer besserer Qualität übertragen werden können.
Fast jeder hat heutzutage ein Handy, die Anzahl der Handys mit Internetanschluss ist ständig steigend. Haushaltsgeräte mit Internetanschluss, wie der Kühlschrank, der sich seine Ware selbst nachbestellt, oder die Waschmaschine, deren Arbeitsfortschritte man per Telefon mit Internetanschluss überwachen kann, sind schon Realität oder werden es bald sein.

Der vorangegangene Abschnitt sollte nur einen kleinen Einblick in die Geschichte des Internets geben. Ausführlichere Informationen finden Sie z.B. unter den folgenden Internet-Adressen:

🕮 *http://www.arpa.mil/ (Die Homepage der ARPA – wo alles begann)*
🕮 *http://www.isoc.org/internet/history/index.shtml(A Brief History of the Internet) von den "Machern" des Internets*
🕮 *http://www.psychologie.uni-bonn.de/sozial/staff/musch/musch.htm (Die Geschichte des Netzes: ein historischer Abriss)*
🕮 *http://info.isoc.org/guest/zakon/Internet/History/HIT.html(Hobbes" Internet Timeline v5.0 by Robert H'obbes" Zakon)*
🕮 *http://members.tripod.de/rapidwien/intges.htm (Geschichte des Internets in 10 Kapiteln)*
🕮 *http://www.ocean.ic.net/ftp/doc/nethist.html (A Timeline of Network History by Stan Kulikowski)*
🕮 *http://www.ocean.ic.net/ftp/doc/nethist.html (The History of the Net)*

## 3.2 Technischer Aufbau

### Vernetzung der Rechner im Internet

Wie bereits im ersten Abschnitt besprochen, ging man im Internet von einer stern- oder ringförmigen Verkabelung der einzelnen Rechner, wie dies noch in lokalen Netzen üblich war, zu einer netz- oder maschenartigen Verkabelung der einzelnen Knotenrechner über. Das erklärte Ziel war, dass im Falle einer Rechner- oder Verbindungsstörung oder -überlastung das Datenpaket einen anderen Weg nehmen konnte und dass das Netz somit weniger störungsanfällig sein sollte.
Auf den folgenden Bildern sind die Verbindungen von 4 führenden Internetanbietern Deutschlands dargestellt. Dabei wurden nicht alle Verbindungen gezeichnet, sondern nur Leitungen mit einer Übertragungskapazität von mehreren Millionen Bit je Sekunde, die so genannten *Backbones* (Backbone = Rückgrat).
Zur besseren Übersichtlichkeit wurden die Städtenamen weggelassen und einige Städte nicht ganz maßstabgetreu dargestellt. Außerdem wurden auch Leitungen mit "niedriger" Übertragungskapazität weggelassen.

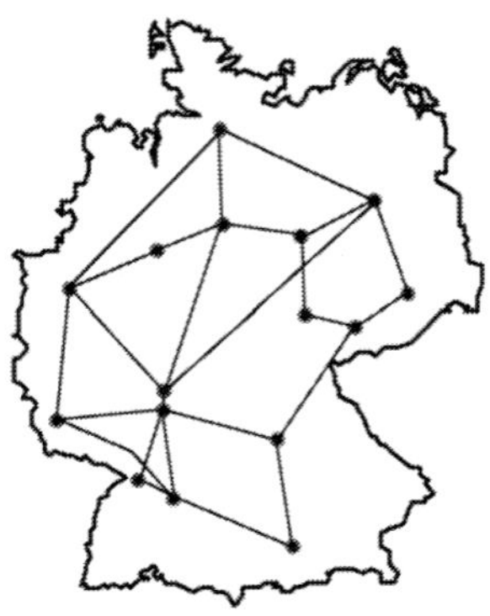
*Backbones Nacamar*

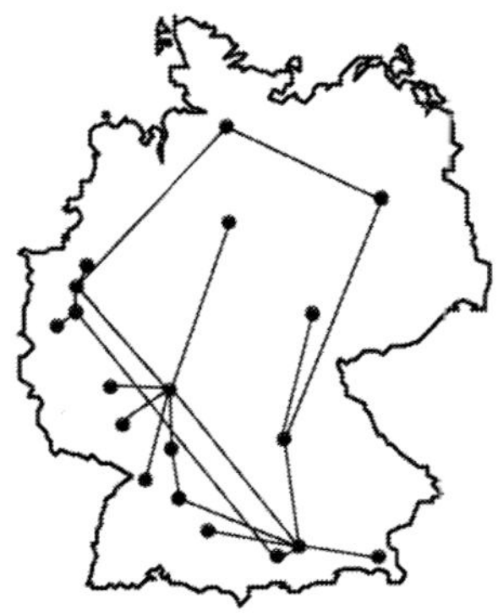
*Backbones C&W ECRC*

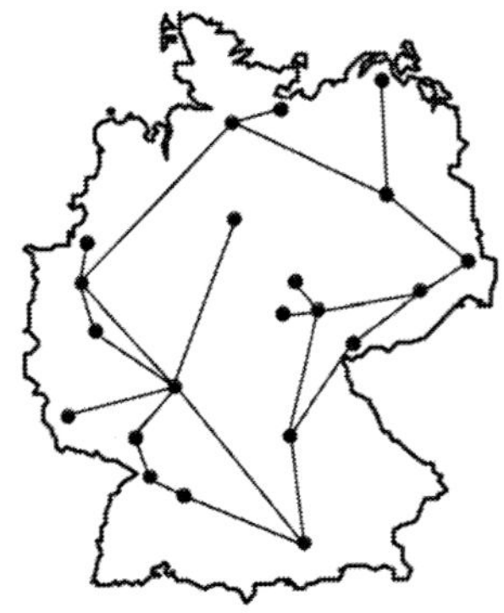
*Backbones Spacenet*

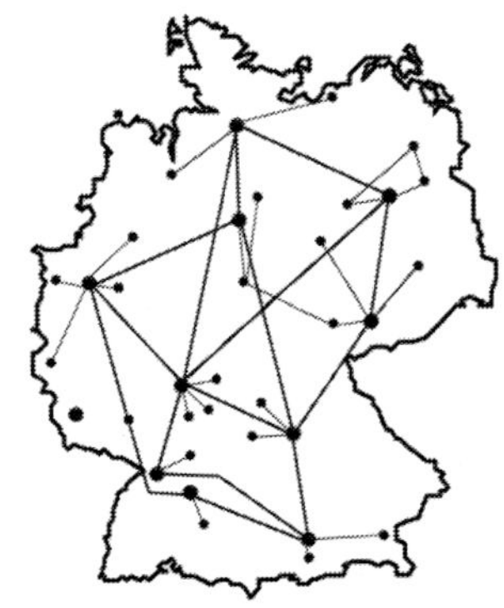
*Backbones Wissenschaftsnetz*

🕮 *Quelle: gezeichnet nach Angaben auf den Internetseiten der jeweiligen Anbieter, Stand ca. 1999/2000*

Beim Betrachten dieser Bilder sollte man nicht vergessen, dass es sich hier nur um 4 von mindestens 15 bedeutenden Internetanbietern innerhalb von Deutschland handelt und dass auch nur die leistungsstärksten Verbindungen dargestellt wurden. Die Gesamtheit dieser ganzen Netze, und das natürlich nicht nur in Deutschland, sondern auf der ganzen Welt, lässt die gigantischen Dimensionen des Internets erahnen.

### Adressierung der Rechner über IP-Adressen

Mit der Einführung des Internet-Protokolls IP bekam jeder am Internet angeschlossene Rechner eine weltweit eindeutige und einmalige Adresse, die so genannte IP-Adresse, zugewiesen. Die IP-Adresse ist eine 4 Byte große Zahl, wobei zur besseren Lesbarkeit die 4 Zahlen jeweils durch einen Punkt voneinander getrennt werden.
So bezeichnet z.B. die Adresse 128.183.243.36 einen Rechner der NASA, die Adresse 194.95.246.252 einen Rechner des deutschen Wissenschaftsnetzes, 141.20.1.45 einen Rechner der Berliner Humboldt-Universität und 192.166.192.140 einen Rechner des Cornelsen-Verlages.

### Adressierung der Rechner über Domainnamen

Da sich diese Zahlen der eben genannten IP-Adressen für Menschen nur sehr schwer merken lassen, entschloss man sich 1984, ein zweites System zur Benennung der Computer, das so genannte *Domain Name System* (DNS) einzuführen. Hier wurde jedem Rechner, dessen Betreiber daran interessiert war, zusätzlich zur IP-Adresse noch eine für Menschen besser zu merkende Domainadresse gegeben.
So lassen sich doch z.B. die Namen *www.hu-berlin.de* für einen Rechner der Humboldt-Universität Berlin oder *www.cornelsen.de* für einen Rechner des Cornelsen-Verlages wesentlich besser merken als die IP-Adressen 141.20.1.45 und 192.166.192.140.

Dass das Interesse an diesen Domainnamen anfangs nicht sehr groß war, zeigt die Tatsache, dass z.B. im Januar 1986 von den ca. 80000 am Internet angeschlossenen Rechnern nur ca. 2600 einen Domainnamen hatten. Während anfangs noch die Datenbank aller verfügbaren Domainnamen und der dazugehörenden IP-Adressen in bestimmten Zeitintervallen an alle Rechner des Internets verbreitet wurde, nahm im Lauf der Zeit die Größe dieser Datei und die Anzahl der zu bestückenden Rechner immer mehr zu, so dass nach einiger Zeit spezielle Rechner dazu bestimmt wurden, eine Art Adress- oder Telefonbuchfunktion für Domainnamen zu übernehmen. Diese Rechner bekamen den Namen *Domain Name Server*. Obwohl als Abkürzung auch die drei Buchstaben DNS verwendet wurden, ist aus dem Zusammenhang des Auftauchens der Abkürzung meist leicht zu erkennen, ob der Rechner (Domain Name Server) oder die Art der Adressierung (Domain Name System) gemeint ist.
Das Internet Software Consortium ISC führt zweimal jährlich eine Ermittlung der Anzahl der Rechner des Internets mit einem Domainnamen durch. Die folgende Tabelle zeigt als Beispiel das Wachsen der Anzahl der Domainnamen in den 6 Jahren von 1995-2000:

| | |
|---|---|
| Januar 1995 | 4,852,000 |
| Januar 1996 | 9,472,000 |
| Januar 1997 | 16,146,000 |
| Januar 1998 | 29,670,000 |
| Januar 1999 | 43,230,000 |
| Januar 2000 | 72,398,092 |

📖 *Quelle: http://www.isc.org/ (Internet Software Consortium)*

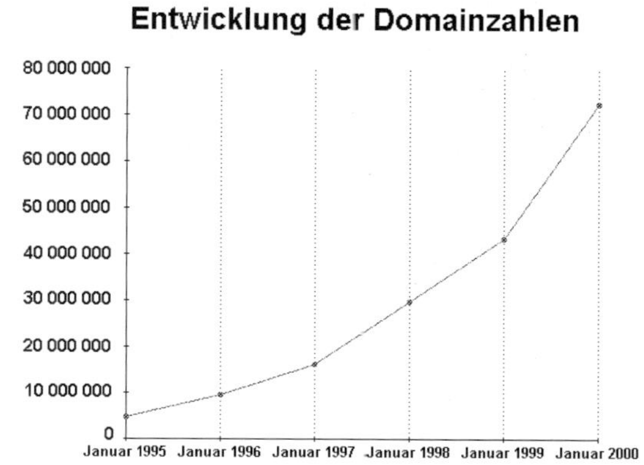


## Aufbau von Domainnamen

Jeder Domainname besteht aus mehreren Teilen, so genannten Domain-Levels, die durch Punkte voneinander getrennt werden. Die Bezeichnung der Domain-Level geschieht von rechts nach links. Ein Domainname besteht üblicherweise aus drei Teilen, es gibt aber auch Domainnamen, die nur aus zwei oder sogar aus vier Teilen bestehen.
Wir wollen nun den Domainnamen *www.cornelsen.de* näher betrachten. Der rechte Teil des Namens (*de*) ist die so genannte *Top-Level-Domain*. Sie gibt Auskunft über die Organisationsform, in welcher der Internetrechner benutzt wird, oder über das Land, in welchem der Internetrechner registriert ist. Das *de* steht hier für Deutschland.
Der mittlere Teil des Namens (*cornelsen*), die so genannte *Second-Level-Domain*, kennzeichnet häufig den Eigentümer der Domain (Firmen- oder Produktname, Name einer Person, anderer in Grenzen frei wählbarer Name), hier steht er für den Cornelsen-Verlag.
Der vordere Teil des Domainnamens (*www*), auch *Hostname* genannt, gibt den Namen des Rechners innerhalb der Firma oder Institution an. Häufig wird hier der Name www verwendet, es sind aber auch andere Namen möglich (z.B. mail, router, ftp, www2, gateway, proxy, news, home).

Bei den Top-Level-Domains unterscheiden wir drei Arten. Die ersten beiden Arten, die so genannten generischen Top-Level-Domains (generisch = die Gattung betreffend) sind Organisationen, Institutionen und anderen Einrichtungen vorbehalten.

Die erste Art von generischen Top-Level-Domains wird nur innerhalb der USA vergeben, es sind dies:

- *gov* bundesstaatliche Behörden in den USA (government),
- *mil* US-Militär (military organization),
- *int* Internationale Organisationen mit Sitz in den USA (international organization).

Die zweite Art von generischen Top-Level-Domains ist weltweit verfügbar, es sind dies:

- *com* kommerzielle Anbieter, Firmen (commercial organization),
- *edu* Bildungseinrichtungen (educational institution),
- *net* Netzwerkanbieter,
- *org* anderweitige nicht profitorientierte Organisationen.

Die dritte Art von Top-Level-Domains sind die Country Codes, also die Abkürzungen für einzelne Länder. Die folgende Aufstellung soll nur eine kleine Auswahl aus der großen Anzahl der Ländercodes zeigen:

- *de* Deutschland
- *jp* Japan
- *uk* Großbritannien
- *us* USA
- *ca* Kanada
- *au* Australien
- *nl* Niederlande
- *fr* Frankreich
- *it* Italien
- *at* Österreich
- *ch* Schweiz
- *ru* Russland

Seit Anfang 1998 waren Bestrebungen im Gange, weitere generische Top-Level-Domains bereitzustellen. Geplant waren *arts* (Künstler), *firm* (Firmen), *info* (Informationsdienstleister), *nom* (Privatpersonen), *rec* (Unterhaltungsindustrie), *store* (Geschäfte) und *web* (Web-Dienstleister).
Im November 2000 wurden dann doch teilweise andere Top-Level-Domains beschlossen:

- *aero* für Unternehmen der Lufttransportindustrie,
- *biz* für kommerzielle Unternehmen (Firmen - *business*),
- *coop* für Kooperativen (Firmen-Zusammenschlüsse; näheres siehe *www.coop* bzw. *www.nic.coop*),
- *info* für beliebige Verwendung,
- *museum* für Museen,
- *name* für private Internetbenutzer,
- *pro* für Buchhalter, Rechtsanwälte, Ärzte und andere Fachleute (*professionals*).

⇨ Aufgabe 1: Informieren Sie sich im Internet, welche Top-Level-Domains derzeit aktuell sind und welche in Zukunft geplant sind. Sinnvolle Quellen für eine Internetsuche sind das Deutsche Network Information Center DENIC (*www.denic.de*), die Internet Corporation for Assigned Names and Numbers ICANN (*www.icann.org*) sowie die Domain Name Supporting Organization of ICANN (*www.dnso.org*).

## Das Transport-Protokoll TCP/IP

Im Abschnitt 3.1 (*"Historisches"*) haben wir bereits einiges über TCP/IP kennen gelernt. In diesem Abschnitt folgen nun einige technische Erläuterungen, die uns helfen sollen, den Sinn und die Vorteile dieses Protokolls zu verstehen.
Das Internet Protokoll ist das grundlegende Protokoll, das für den Transport der Daten im Internet zuständig ist. Seine Hauptaufgaben sind das Zerteilen (Fragmentieren) der zu übertragenden Daten in einzelne Datenpakete (sowie das Zusammensetzen beim Empfänger) und das Adressieren der Rechner über ihre IP-Adresse. Dabei kann das Internet-Protokoll nicht sicherstellen, dass die Daten fehlerfrei übertragen werden oder überhaupt ankommen.
Die Aufgabe des Transportprotokolls TCP besteht in der Bereitstellung einer sicheren Datenübertragung vom Sender zum Empfänger.
Im Einzelnen sieht der Transport von Daten (z.B. von einer Grafik-Datei) wie folgt aus:

- Von TCP werden die zu übertragenden Daten in so genannte Segmente zerteilt, die eine maximale Größe von 64 KB (Standard sind ca. 1500 Byte) besitzen dürfen. Diese auch IP-Datengramme (datagrams) genannten Datensegmente werden dann mit Hilfe von IP verschickt.
- Innerhalb von IP können die zu übermittelnden Daten nun in weitere Datenpakete zerlegt werden. Das kann notwendig sein, wenn die Netzwerkverbindung, die zur Übertragung benutzt wird (Ethernet, Glasfaserkabel, Satellitenverbindung, ...) nur kleinere Datenpakete zulässt.
- Mit Hilfe von IP erfolgt nun der Transport der Daten vom Sender zum Empfänger.

- Beim Empfänger werden die Datenpakete wieder zusammengesetzt und gegebenenfalls in die richtige Reihenfolge sortiert.
- Das Protokoll TCP kontrolliert nun, ob die Daten unversehrt übertragen wurden. Ist dies nicht der Fall, wird das defekte Datensegment erneut übertragen.

Die Aufgabenteilung zwischen TCP und IP wird noch deutlicher, wenn man den Aufbau der einzelnen Datenpakete unter TCP und IP betrachtet.
Jedes IP-Datenpaket hat einen vorangestellten Datenkopf (Header), der aus mindestens 20 Byte an verschiedenen Informationen über das Datenpaket besteht. Eine Auswahl dieser Informationen soll hier vereinfacht beschrieben werden:

| Information | Bemerkungen |
|---|---|
| Headerlänge<br>(Internet Header Length) | Außer einer festgelegten Anzahl von Informationen kann ein Datenpaket noch weitere optionale Informationen enthalten. Die Headerlänge gibt an, wo der Header endet und wo die Daten beginnen. |
| Paketlänge<br>(Total Length) | Hier steht die Länge des gesamtem Datenpaketes (Header und Daten), da auch die Länge der Einzelpakete variieren kann. |
| Datenidentifikation<br>(Identification) | Alle zu übertragenden Daten erhalten vor ihrem Versand eine eindeutige Identifikationsnummer. So kann beim Empfänger sichergestellt werden, dass die Daten auch beim Empfang mehrerer Datensegmente wieder zum jeweils richtigen Datensegment zusammengesetzt werden. |
| Paketnummer<br>(Fragment Offset) | Die Paketnummer stellt sicher, dass die empfangenen Datenfragmente auch wieder in der richtigen Reihenfolge zusammengesetzt werden können. |
| Lebenszeit<br>(Time to Live) | Diese Headerinformation enthält die Zeit, die ein Datenpaket maximal "zu leben hat". So kann sichergestellt werden, dass ein Datenpaket nicht ewig im Internet "herumirrt". |
| Protokoll<br>(Protocol) | Hier wird angegeben, an welches Protokoll die übertragenen Daten weitergeleitet werden sollen. In unserem besprochenen Fall ist das natürlich TCP, es sind aber auch andere Protokolle möglich. |
| Sender- und Empfängeradresse<br>(Source-, Destination Address) | Die Angabe der IP-Adressen des Senders und Empfängers der Daten sind notwendig, um eine Übertragungsroute für das Datenpaket ermitteln zu können. |

*Auswahl von Informationen des IP-Headers*

Auch ein TCP-Paket hat einen mindestens 20 Byte großen Header. Einige Informationen daraus sollen auch hier wieder dargestellt werden:

| Information | Bemerkungen |
|---|---|
| Headerlänge<br>(Header Length/Offset) | Auch bei TCP kann der Header außer den feststehenden eine Reihe von optionalen Informationen enthalten. Die Headerlänge gibt auch hier an, wo der Header endet und wo die Daten beginnen. |
| Portnummer des Senders und des Empfängers<br>(Source Port, Destination Port) | Um gleichzeitig mehrere TCP-Verbindungen zwischen Sender und Empfänger aufbauen zu können (z.B. beim Laden einer Internetseite mit mehreren Bildern), stellt TCP insgesamt $2^{16}$ Adressen auf jedem Rechner zur Verfügung (so genannte Ports), zwischen denen jeweils eine TCP-Verbindung aufgebaut werden kann.<br>Die Portnummern der aktuellen Datenübertragung werden hier angegeben. |
| Sequenznummer<br>(Sequence Number) | Die Sequenznummer ist eine Nummer, die einmalig beim Beginn einer Datenübertragung festgelegt wird. Im Verlauf der Datenübertragung wird sie jeweils um den Betrag der Anzahl der gesendeten Bytes erhöht. |
| Bestätigungsnummer<br>(Acknowledgement Number) | Mit der Bestätigungsnummer quittiert der Empfänger, bis zu welchem Byte er die Daten bereits korrekt empfangen hat. |
| Checksumme<br>(Checksum) | Der Sender generiert aus den zu sendenden Daten eine Prüfsumme, die gemeinsam mit den Daten übermittelt wird. Der Empfänger der Daten vergleicht diese Prüfsumme auf Unversehrtheit. Im Falle eines Übertragungsfehlers wird das Paket nicht quittiert und muss erneut gesendet werden. |

*Auswahl von Informationen des TCP-Headers*

## RFCs – die Bauanleitungen fürs Internet

Der vorangegangene Abschnitt über TCP/IP sah zwar schon etwas kompliziert aus, war aber im Gegensatz zur Realität noch stark vereinfacht.
Genauere Informationen über technische und andere Fragen des Internets wurden schon von Anfang an über das Internet selbst veröffentlicht. Diese technischen Informationen, Spezifikationen, Vorschläge, Probleme, Ideen und Beschreibungen waren von Anfang an dazu gedacht, zur Mitarbeit aufzufordern und zur Diskussion anzuregen.
Sie erhielten deshalb den Titel RFC (Requests for Comments, sinngemäß etwa Aufforderungen zu Kommentaren) und wurden in fortlaufender Reihenfolge verteilt und archiviert.
Das RFC mit der Nummer 1 stammt von *Steve Crocker* und wurde am 7.April 1969 mit dem Titel "Host Software" verteilt, bis Mitte 2000 existierten knapp 2900 dieser RFCs. Als Auswahl hier nur einige RFCs, die sich mit Themen beschäftigen, die wir schon behandelt haben oder noch behandeln werden:

- RFC 0791 Beschreibung des Internet-Protokolls IP,
- RFC 0793 Beschreibung des Transportprotokolls TCP,
- RFC 0854 Beschreibung des Internet-Dienstes Telnet (siehe nächstes Kapitel),
- RFC 0921 Beschreibung des Domain Name System,
- RFC 0959 Beschreibung des Internet-Dienstes FTP (siehe nächstes Kapitel),
- RFC 1035 Beschreibung der Implementierung des Domain Name System,
- RFC 1296 Zahlen über das Wachstum des Internets,
- RFC 1630 Beschreibung Universal Resource Identifiers im WWW (Rechneradresse+Dokumentenadresse).

Eine Sammlung aller bisher erschienen RFCs findet man z.B. unter der Adresse *ftp://ftp.denic.de/pub/rfc/*.

## Wie kommt man ins Internet?

Um selbst ins Internet zu kommen, benötigt man eine Reihe von Voraussetzungen, die hier beschrieben werden sollen:

- Die Grundvoraussetzung ist ein Computer mit einer ausreichenden Leistung zur Darstellung der Internet-Inhalte. Dieser Computer z.B. kann ein PC, eine Internetbox zum Anschluss an den Fernseher, eine Spielkonsole oder ein modernes Telefon sein.
- Als nächste Voraussetzung ist ein Anschluss an das Internet zu nennen. Dieser Anschluss kann z.B. über das Telefonnetz, über das Kabel des Kabelfernsehens, über eine Satellitenantenne, über ein Glasfaserkabel oder über die elektrische Stromleitung erfolgen. Der Anschluss an die jeweilige Leitung kann dabei z.B. über ein Modem (beim Telefon) oder über andere speziell dafür vorgesehene Geräte geschehen.
- Die dritte Voraussetzung ist ein so genannter Internet-Provider. Dieser Provider ist eine Institution oder eine Firma, die ständig mit dem Internet verbunden ist und uns den Anschluss an das Internet ermöglicht.
- Als letzte Voraussetzung muss noch geeignete Software vorhanden sein, um die Inhalte des Internets auch anzeigen zu können. Zur Anzeige von Inhalten des WWW dient dazu ein Programm, das Browser genannt wird. Moderne Browser beherrschen auch die Arbeit mit weiteren Internetdiensten.
  Für andere Internetdienste (z.B. elektronische Post) gibt es außerdem eine Reihe von Spezialprogrammen.

Bei der Benutzung des Internets treten häufig noch laufende Kosten auf. Einige typische Kostenmodelle sollen hier genannt werden:

- Einige Provider verlangen von ihren Kunden eine monatliche Grundgebühr und zusätzlich eine zeitabhängige Nutzungsgebühr.
- Bei so genannten Internet-by-call-Providern zahlt man keine Grundgebühren, sondern nur eine zeitabhängige Nutzungsgebühr. Die Nutzungskosten werden häufig gleich mit der Telefongebühr erhoben.
- Kostenlose Provider finanzieren sich häufig über Werbung, für den Kunden fallen dann lediglich die Telefonkosten an.
- Bei einer so genannten *Flatrate* zahlt der Nutzer monatlich nur eine einmalige Kostenpauschale. Alle weiteren Gebühren (Telefonkosten, Grundgebühr, Providergebühr) sind in dieser Pauschale enthalten.

### Wichtige Internet-Begriffe

Bei der Arbeit im Internet tauchen häufig Begriffe auf, die man aus dem alltäglichen Leben nicht kennt. Einige der bisher noch nicht behandelten Begriffe sollen hier genannt und erläutert werden:

| Begriff | Erläuterung |
|---|---|
| Account | Der Name, mit dem sich der Internet-Benutzer bei seinem Provider einwählt und identifiziert, wird häufig auch als Account bezeichnet. |
| Server | Ein Server ist ein Programm oder ein Rechner, der anderen Programmen oder Rechnern Daten zur Verfügung stellt. Dabei gibt es z.B. Server zur Übersetzung der Domainadressen in IP-Adressen (Domain-Name-Server), zur Verwaltung der Post (Mail-Server) und noch zu vielen anderen Anwendungen. |
| Client | Als Client bezeichnet man ein Programm, das Informationen von einem Server anfordert. Dabei können gleichzeitig mehrere Clients (z.B. Internetnutzer) auf einen Server (z.B. den Mail-Server des Providers) zugreifen. |
| Homepage | Die Begrüßungs- oder Startseite eines Angebots im WWW wird auch als Homepage bezeichnet. |
| LAN | Ein räumlich begrenztes Netzwerk, wie z.B. das Netzwerk einer Schule oder eines Betriebes, wird als Local Area Network (LAN) bezeichnet. |
| MAN | Zusammenschlüsse kleinerer lokaler Netzwerke unter inhaltlichen (z.B. das Netz mehrerer Schulen) oder geographischen (z.B. der Zusammenschluss von lokalen Netzen einer Stadt) bezeichnet man als Metropolitan Area Network (MAN). |
| WAN | Als Wide Area Network (WAN) bezeichnet man den Zusammenschluss mehrerer lokaler oder regionaler Netze. Beispiele für WANs sind das Internet oder die Netze großer Provider. |
| URI, URL | Als Universal Ressource Identifier (URI) oder Uniform Ressource Locator (URL) bezeichnet man die genaue Adressierung einer Datei im Internet. Der URI bzw. URL besteht aus der Angabe des Übertragungsprotokolls (z.B. http), der Adresse des Rechners, auf dem sich die Datei befindet, und aus der Angabe des Pfades zur Datei auf dem angegebenen Rechner.<br>Durch die Angabe eines URI/URL kann die Position einer Datei im Internet eindeutig beschrieben werden. |

## 3.3 Kontrollfragen

- ☛ Frage 1: Welche historischen Ursachen hatte die Entwicklung des Internets? Was war das Hauptziel?
- ☛ Frage 2: Welche Hauptziele verfolgte die ARPA?
- ☛ Frage 3: Nennen Sie eine inhaltliche Definition des Begriffs Internet.
- ☛ Frage 4: Erklären Sie die Bedeutung des Begriffs Backbone im Internet.
- ☛ Frage 5: Was versteht man unter der IP-Adresse eines Computers und wie ist diese Adresse aufgebaut?
- ☛ Frage 6: Welcher Zusammenhang besteht zwischen dem Domainnamen und der IP-Adresse eines Rechners? Was ist ein DNS?
- ☛ Frage 7: Wie ist ein Domainname aufgebaut?
- ☛ Frage 8: Welche 3 generellen Arten von Top-Level-Domains unterscheiden wir? Nennen Sie zu jeder Art mindestens 2 Beispiele und erklären Sie die Bedeutung der genannten Beispiele.
- ☛ Frage 9: Im Header eines IP-Datenpaketes sind eine Reihe von Informationen gespeichert. Nennen Sie mindestens 5 Informationen des IP-Headers und geben Sie an, wozu diese Informationen notwendig sind.
- ☛ Frage 10: Geben Sie mindestens 3 Informationen an, die im Header eines TCP-Datenpaketes gespeichert sind. Beschreiben Sie, wozu diese Informationen notwendig sind.
- ☛ Frage 11: Welche Vorteile hat das paketorientierte Transportprotokoll TCP/IP gegenüber nicht paketorientierten Transportprotokollen?
- ☛ Frage 12: Was versteht man unter einem URL? Wie ist ein URL aufgebaut?
- ☛ Frage 13: Welche Hardware-, Software- und organisatorischen Voraussetzungen müssen für einen Zugang zum Internet vorhanden sein?

# 4 Die Dienste des Internets

## 4.1 E-Mail – die elektronische Post

### Allgemeines

Ähnlich wie bei der "gelben" Post, im Internet oft auch als "snail mail" (Schneckenpost) bezeichnet, besteht auch im Internet die Möglichkeit, Briefe zu verschicken. Die elektronische Post wird auch als E-Mail (e-mail, email) bezeichnet.
Um eine E-Mail schicken zu können, benötigt man eine eigene E-Mail-Adresse. Solch eine Adresse bekommt man entweder von seinem Provider oder von einem der vielen kostenlosen Anbieter von E-Mail-Adressen im Internet (z.B. bieten fast alle Suchmaschinen kostenlose E-Mail-Adressen an).
Eine E-Mail-Adresse besteht aus zwei Teilen. Der erste Teil ist der Name des Benutzers und kann häufig frei gewählt werden, der zweite Teil ist die Domainadresse des Providers oder der Institution, welche die E-Mail-Adresse vergeben hat. Beide Teile werden durch das @-Zeichen ("at"-Zeichen) verbunden.
Beispiele für gültige E-Mail-Adressen sind:

- Gudrun.Mustermann@t-online.de
- Rudi-Meier@Mail.com
- James_Bond_007@web.de

Um eine E-Mail zu verschicken, benötigt man außerdem die E-Mail-Adresse der Person, welche die E-Mail erhalten soll. Im Gegensatz zur normalen Post ist es bei der E-Mail üblich, den Brief mit einer Betreff-Zeile (manchmal auch als Subject-Zeile bezeichnet) zu versehen. In dieser Zeile sollte kurz und prägnant stehen, worum es sich in dem folgenden Brief eigentlich handelt (siehe nebenstehendes Bild).
Nach Eingabe von Adresse und Betreff-Zeile folgt der eigentliche Text. Genau wie im normalen Brief kann man hier schreiben, was man dem Empfänger des Briefes mitteilen möchte (siehe nebenstehendes Bild).
Bei der E-Mail hat man außerdem noch die Möglichkeit, zusätzlich zur normalen Mitteilung eine oder mehrere Dateien als Anhang (siehe nebenstehendes Bild bei *Einfügen*) zu verschicken.
Dieser Anhang wird oft auch als *Attachment* (attachment = Anfügung) bezeichnet.
Um Online-Gebühren zu sparen, werden diese angehängten Dateien meist in einer komprimierten Form (man sagt dazu auch gepackte Dateien) verschickt. Mehr dazu im Abschnitt "*Umgang mit gepackten Dateien*".

*Beispiel für das Senden einer E-Mail mit einem speziellen E-Mail-Programm*

### Schreiben von E-Mails

Das Schreiben von E-Mails erfolgt normalerweise mit einem speziell dafür vorgesehenen Mail-Programm (siehe auch oberes Bild), das meist im Browser integriert ist oder gemeinsam mit dem Browser installiert werden kann, aber auch separat erhältlich ist (z.B. Netscape Messenger, Microsoft Outlook, Pegasus Mail). Bei diesen Programmen schreibt man seine Briefe offline (das heißt, man ist nicht mit dem Internet verbunden) und stellt eine Online-Verbindung erst her, wenn die Briefe abgeschickt werden sollen.
Diese Möglichkeit hat den Vorteil, dass weniger Onlinekosten anfallen, hat aber auch den Nachteil, dass man zum Empfangen der Post immer ein spezielles Programm benötigt und dieses Programm jeweils bei seinem ersten Einsatz konfigurieren muss.

Man setzt deshalb diese Möglichkeit hauptsächlich ein, um Post von zu Hause oder von der Arbeitsstelle aus zu versenden und zu empfangen.

Die zweite Möglichkeit zum Schreiben von E-Mails funktioniert ohne die Verwendung spezieller Zusatzprogramme und benötigt lediglich einen Internet-Browser.
Nach dem Aktivieren der Online-Verbindung wählt man die entsprechende Seite des Providers (oder Mail-Anbieters) an und hat dort die Möglichkeit, seine Briefe in ein spezielles Formular des Browsers einzugeben (siehe Bild).
Der Vorteil dieses Verfahrens besteht darin, dass man seine Briefe von jedem beliebigen Rechner mit Internet-Anschluss verschicken oder abholen kann.
Der Nachteil besteht in den größeren Online-Kosten, da man das Eingabe-Formular ja nur erreichen kann, wenn man online ist.

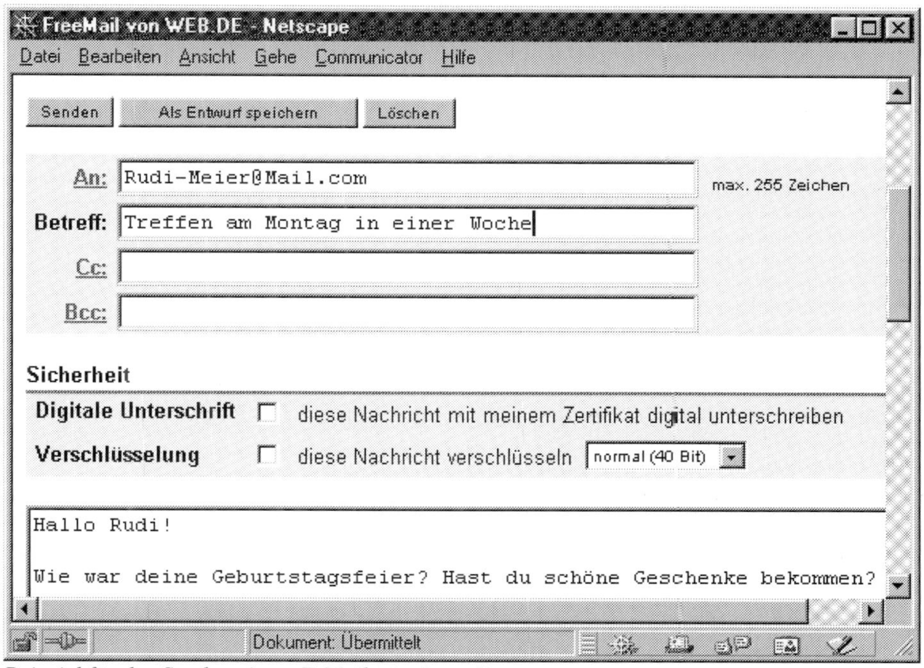

*Beispiel für das Senden einem E-Mail mit einem Browser*

➢ Hinweis 1: Viele Provider oder andere Anbieter von E-Mail-Diensten bieten nur eine der beiden Möglichkeiten zum Senden (und Empfangen) von E-Mail an.

## Empfangen von E-Mails

Beim Empfangen von E-Mails gibt es wieder die beiden schon im vorangegangenen Abschnitt genannten Möglichkeiten, ein spezielles Mail-Programm oder einen Browser zu verwenden.

Wenn man zum Empfangen von E-Mails spezielle Programme verwendet, unterscheidet man außerdem 2 generell verschiedene Möglichkeiten, wie die Mail empfangen werden kann.
Bei der ersten Möglichkeit verbindet man sich mit dem Internet und lädt sich (automatisch) alle angekommenen E-Mails auf den eigenen Rechner, um diese dort zu lesen.
Die zweite Variante (auch Remote-Mail genannt) besteht darin, sich vom Mail-Server des Providers (Rechner im Internet, auf dem die Post gespeichert wird) zuerst einmal eine Übersicht übermitteln zu lassen, in der unter anderem folgende Informationen vorhanden sind:

- Absender der E-Mail,
- Inhalt der E-Mail (Betreff-Zeile),
- Größe der E-Mail.

Ehe man sich nun die ganze Post auf den eigenen Rechner lädt, kann man sich vorher entscheiden, ob man

- die Briefe auf den eigenen Rechner laden und vom Server löschen möchte (das ist der Normalfall),
- die Briefe vom Mail-Server auf den eigenen Rechner kopieren und dabei auf dem Server lassen möchte (z.B., um die E-Mail noch von einem anderen Rechner aus abrufen zu können),
- die einzelnen Briefe gleich auf dem Server löschen möchte (z.B. bei unerwünschter Werbung).

➢ Hinweis 2: Die meisten E-Mail-Programme beherrschen nur eine der beiden Arten, Mail zu empfangen.

## Umgang mit empfangener Mail

Als Erstes ist eine empfangene Mail natürlich dazu da, gelesen zu werden. Je nach verwendetem E-Mail-Programm kann man mit einem empfangenen Brief aber auch noch folgende Dinge tun:

- Brief beantworten (dabei wird die Antwort automatisch an den Absender adressiert),
- Brief weiterleiten (dabei wird die E-Mail an eine andere Person geschickt, deren Adresse man bestimmen kann),
- Brief löschen (wenn Sie die Information nicht mehr benötigen),
- Brief speichern (dabei wird die E-Mail als einzelne Datei auf der Festplatte gespeichert),
- Anhang der Mail speichern (dabei wird der Anhang der E-Mail jeweils als einzelne Datei auf der Festplatte gespeichert),
- aktuellen Brief ausdrucken,
- Absender des Briefes in das (elektronische) Adressbuch aufnehmen (dabei wird automatisch die E-Mail-Adresse des Absenders in das Adressbuch aufgenommen, ohne dass man die Daten manuell eingeben muss).

## Verhalten beim Schreiben von E-Mails

Der weltweit ständig wachsende Umgang mit E-Mails erfordert es, einige grundlegende Regeln einzuhalten, um sich bei seinen Mail-Partnern nicht unbeliebt zu machen.

- Die erste Regel versteht sich eigentlich schon von selbst: Seien Sie höflich zu Ihrem Mail-Partner. Schreiben Sie nichts, was Sie dem Mail-Partner nicht auch ins Gesicht sagen würden.
- Achten Sie in Ihren Dokumenten auf richtige Rechtschreibung und guten Ausdruck.
- In manchen Benutzergruppen bürgert sich bei der elektronischen Kommunikation ein richtiger Internet-Slang ein (es werden spezielle Begriffe benutzt, die "modern" sind bzw. die nicht jeder Außenstehende versteht). Verwenden Sie diese Art des Ausdrucks nur, wenn Sie sicher sind, dass Ihr Gegenüber diese Art auch versteht bzw. toleriert.
- Sehen Sie Ihre Mailbox regelmäßig auf aktuelle Mail durch. Die elektronische Post wurde unter anderem erfunden, um eine schnelle Möglichkeit der Kommunikation zu besitzen. Ein monatliches Öffnen der Mailbox würde dem sehr widersprechen.
- Versehen Sie Ihre E-Mail immer mit einer aussagekräftigen Betreff-Zeile. Das ist zum einen höflich gegenüber dem Empfänger und schützt zum anderen Ihre Mail vor dem versehentlichen Löschen beim Empfänger (viele Leute löschen solche Briefe gleich, ohne sie zu lesen).
- Zitieren Sie beim Antworten auf eine erhaltene Mail immer die Frage, auf die sich Ihre Antwort bezieht. Das Zitieren geschieht meist durch ein vorangestelltes "größer als"-Zeichen (">"). Häufig kommuniziert Ihr Mail-Partner auch noch mit vielen anderen Personen, so dass er sich nicht unbedingt vollständig an jeden geschriebenen Brief erinnern kann.
  Die meisten E-Mail-Programme zitieren von allein den kompletten Text der erhaltenen Mail, wenn sie auf den Knopf *Antworten* drücken. Zitieren Sie bei Ihrer Antwort jedoch nicht den kompletten Brief, sondern nur die wesentlichen Teile und schreiben Sie dort jeweils Ihre Antwort dazu.
- Bedenken Sie beim Schreiben, dass Ihre E-Mail auf dem Weg vom Sender zum Empfänger von sehr vielen Personen gelesen werden kann. Übermitteln Sie wichtige und geheime Informationen nur verschlüsselt.
- Verschicken Sie nicht ungefragt Mails bzw. Mail-Anhänge mit einer Größe von mehreren hundert KB oder sogar einigen MB. Der Empfänger der nicht gewollten Datenflut wird nicht sehr begeistert sein, wenn seine Internetleitung für längere Zeit mit dem Transport von unerwünschten Daten beschäftigt ist, die anschließend gelöscht werden.
- Antworten Sie auf ungewollte Werbemails (so genannte "spam-mail") nur, wenn sich die Mails von einem Absender häufen. Oft senden Internet-Hacker Werbemails mit gefälschtem Absender an willkürliche Adressaten, deren erboste Beschwerden dann den Mail-Server des Anbieters des gefälschten Absenders total überlasten und "in die Knie zwingen".

## Umgang mit gepackten Dateien

Viele Dateien enthalten Zeichen, Zeichenfolgen oder Zahlenfolgen, die im gesamten Dokument mehrfach vorkommen. Was liegt also näher, als die mehrfach auftauchende Sequenz nur einmal zu speichern und bei ihrem zweiten Auftreten nur auf die schon gespeicherte Sequenz zu verweisen. Ähnliches könnte man bei Grafiken durchführen.

Das nebenstehende Bild soll dies demonstrieren.
Die erste Zeile besteht aus 200 weißen Punkten (Pixeln). Im BMP-Format (Windows-Standardformat für Grafiken) würde das Bild Pixel für Pixel mit seiner Farbinformation gespeichert werden, also [weiß],[weiß],[weiß],[weiß],[weiß], ... und das Ganze 200-mal (wobei natürlich für [weiß] jedes mal eine bestimmte Zahl gespeichert wird).
Eine Möglichkeit zum Packen wäre die Folgende: [Wdh.],[200],[weiß], wobei der Zahlenwert [Wdh.] ankündigt, dass jetzt eine Wiederholung folgt, der nächste Wert, also [200] gibt an, wie oft wiederholt werden soll, und der dritte Wert [weiß] gibt an, welche Farbe wiederholt werden soll.
Wir sehen also, dass von 200 übertragenen Zahlenwerten auf einmal ganze drei übrig geblieben sind!
Was wir hier betrachtet haben, war natürlich nur ein ganz primitiver Packalgorithmus, die heute verwendeten Algorithmen sind wesentlich komplizierter zu erklären, packen dafür aber auch wesentlich besser.

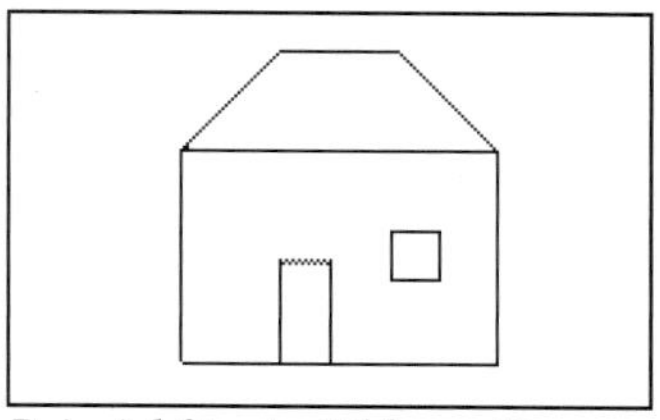

*Beispiel für ein Bild zum Komprimieren*

Im Moment sind mehrere Packverfahren verbreitet, von denen hier nur einige genannt werden sollen. Es sind dies die Verfahren:

- ZIP,
- ARJ,
- RAR,
- CAB (Windows-Installationsprogramme),
- GZ (im Linux-Bereich),
- UC2,
- ACE.

In der Effizienz (beim normalen Packen) sind alle Algorithmen etwa gleich gut, bei speziellen Einstellungen können sich die Ergebnisse unterscheiden. Die ersten beiden Verfahren sind die im Internet am häufigsten benutzten, so dass man nur diese benutzen sollte, wenn man nicht weiß, ob der Empfänger der Dateien einen anderen Packer/Entpacker besitzt.

Packprogramme gibt es in großen Mengen kostenlos im Internet (Freeware, Shareware), so dass man sich hier zum Probieren keine teuren Programme kaufen muss.
Dabei gibt es Programme mit Windows-Oberfläche (z.B. WinZip, Windows Commander), aber auch Kommandozeilen-Programme (z.B. PKZIP, PKUNZIP und ARJ), die z.B. in der DOS-Box funktionieren.
Im rechts dargestellten Bild ist das Packprogramm WinZip mit dem Inhalt der gepackten Datei 'iview317g.zip' dargestellt (siehe Kopfzeile des Fensters). In der gepackten Datei sind 7 einzelne Dateien gepackt. Der Komprimierungsgrad der Dateien ist in der Spalte "Komprimierungsgrad" zu sehen.

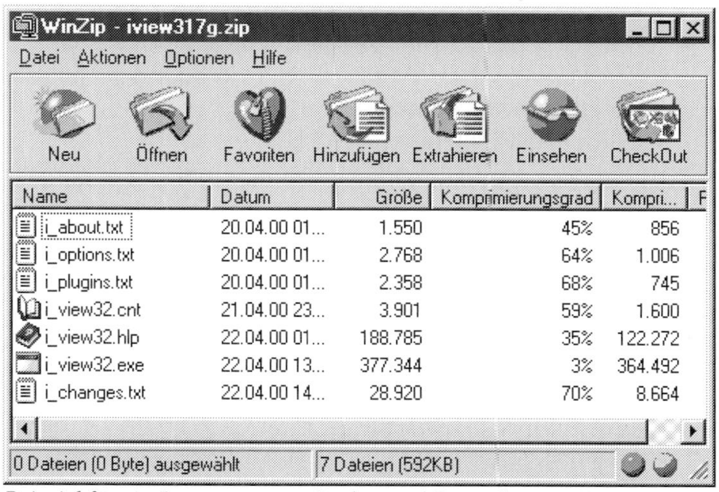


*Beispiel für ein Programm zum Packen und Entpacken von Dateien*

➢ Hinweis 3: Untersuchen Sie alle aus dem Internet erhaltenen Dateien nach dem Entpacken sofort auf Computerviren. Nur so können Sie die Gefahr eines Virenbefalls des eigenen Rechners minimieren. Näheres dazu finden Sie im Kapitel "*Computerviren und andere Störprogramme*".

➢ Hinweis 4: Nicht alle Dateien lassen sich gleich gut komprimieren. Besonders gut funktioniert das Packen bei Textdateien (z.B. *.txt, *.doc), besonders schlecht bei Dateien, die schon mit anderen Verfahren gepackt sind (z.B. *.gif, *.jpg).

⇨ Aufgabe 1: Von Ihrem Kursleiter erhalten Sie ein geeignetes Packprogramm. Bestimmen Sie den durchschnittlichen Kompressionsgrad verschiedener Arten von Dateien (z.B. Texte, Programme, Bilder in verschiedenen Grafikformaten).

⇨ Aufgabe 2: Entpacken Sie die in der vorangegangenen Aufgabe gepackten Dateien in ein spezielles Verzeichnis. Überprüfen Sie, ob die Dateigrößen mit denen der Ausgangsdateien (vor dem Packen) übereinstimmen.

## Ausblick, Hinweise

Moderne E-Mail-Programme bieten die Möglichkeit, den geschriebenen Text zu formatieren (Schriftart, Schriftgröße, Schriftfarbe, ...) oder Grafiken (siehe Bild) Tabellen, Sound, Videos und andere Objekte einzubinden.
Einige Mail-Programme bieten zum Schutz vor unerwünschten Briefen so genannte Mail-Filter an.
Hier kann man z.B. folgende Briefe herausfiltern (nicht anzeigen bzw. nicht laden):

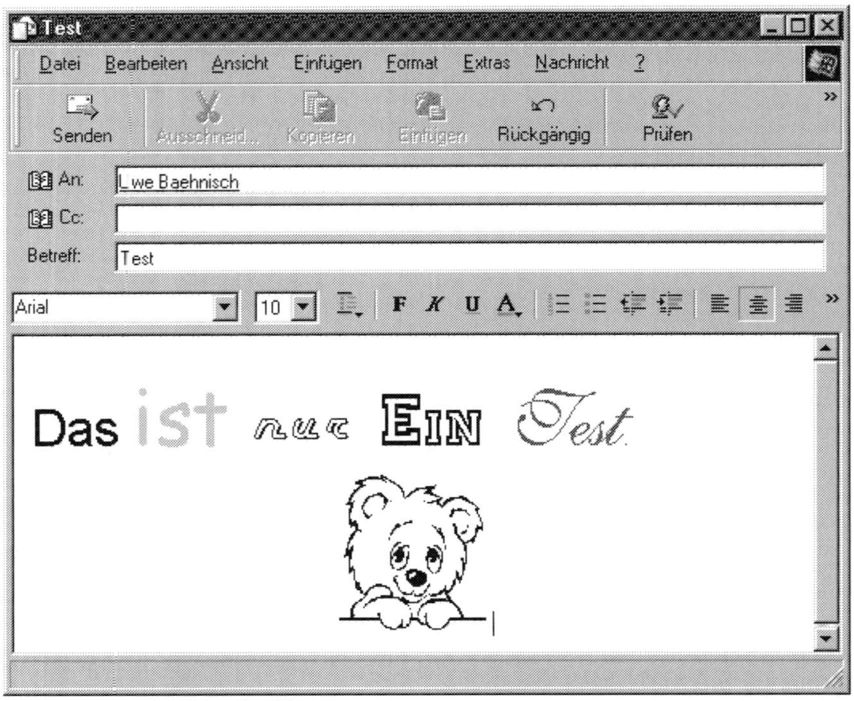

*Formatierte E-Mail mitGrafik*

- Briefe eines bestimmten Anwenders (z.B. eines Absenders von Werbemails),
- Briefe von Kunden eines bestimmten Providers,
- Briefe mit einem bestimmten Wort in der Betreff-Zeile,
- Briefe mit einem bestimmten Wort im Nachrichtentext,
- Briefe, deren Anhang eine bestimmte Größe übersteigt.

➢ Hinweis 5: Verschicken Sie nur formatierte Mails, wenn Sie sicher sind, dass der Empfänger der Mail Ihre Briefe auch lesen kann.

## 4.2 Newsgruppen – die Anschlagbretter im Internet

### Allgemeines

Im Zeitungsladen können Sie sich Zeitschriften kaufen, die sich mit Themen beschäftigen, die Sie interessieren. In Clubs oder anderen Einrichtungen können Sie mit Leuten über gemeinsam interessierende Themen diskutieren.
Im Internet steht Ihnen mit dem Dienst News eine ähnliche Möglichkeit zur Verfügung. In der Art von "schwarzen Brettern" veröffentlichen hier interessierte Nutzer ihre Mitteilungen, um mit anderen interessierten Nutzern in Kontakt zu treten. Technisch gesehen sind diese "schwarzen Bretter" mit Mitteilungen auf Rechnern im Internet, den so genannten News-Servern, organisiert. Solche Mitteilungen können z.B. sein:

- Hilfeersuchen zu verschiedenen Themen (Computer, Reisen, Freizeit, ...),
- Mitteilungen an andere Leser zu Themen, bei denen man allgemeines Interesse vermutet,
- Antwort auf ein Hilfeersuchen oder eine Mitteilung eines anderen Lesers,
- Diskussion über gemeinsame Interessen (Sport, Freizeitangebote, Fernsehserien, Literatur, Musik, ...),
- und vieles, vieles mehr ...

Natürlich würde es nichts bringen, wenn weltweit Hunderttausende Leute ihre Mitteilungen an ein "großes schwarzes Brett" hängen würden, das Chaos wäre riesig. Deshalb gibt es eine Vielzahl von Diskussionsforen, so genannte Newsgruppen, in denen man über bestimmte, jeweils eingegrenzte Themen diskutieren kann. Newsgruppen gibt es zu wirklich jedem Thema. Sollten Sie so ein ausgefallenes Hobby haben, dass es dazu bisher noch keine Gruppe gibt, so ist dies nicht weiter tragisch. In solchen Fällen kann man einfach eine neue Newsgruppe einrichten (lassen). Wenn sich in der Folgezeit viele Leute an der Diskussion in dieser Gruppe beteiligen, wird diese Gruppe auf Dauer "am Leben" bleiben.
Wie viele Newsgruppen es weltweit gibt, weiß sicherlich niemand so genau. Das amerikanische MIT (Massachusetts Institute of Technology) verbreitet auf seinen FTP-Seiten eine Liste der "offiziellen" englischsprachigen Newsgruppen. Im März 2000 waren dies genau 6198 Gruppen. Allein auf deutschsprachigen News-Servern sind aber oft mehr als dreimal so viele englische Newsgruppen im Angebot. Hinzu kommen die einzelnen landessprachlichen Newsgruppen, Gruppen von Firmen, Stadtnetzen und anderen Interessengemeinschaften.
Deutsche Provider haben im Durchschnitt 5000-35000 Newsgruppen im Angebot, die Anzahl aller weltweit verfügbaren Newsgruppen dürfte bei weit über 70000 liegen.

Man schreibt also eine solche Mitteilung, schickt sie an eine Newsgruppe und wartet einige Zeit (Minuten, Stunden oder Tage, je nach Gruppe). Andere Newsgruppen-Benutzer, welche die gleiche Newsgruppe lesen, schauen nach, welchen Inhalt Ihre Mitteilung hat (dazu gibt es, wie bei der E-Mail, eine Betreffzeile), lesen Ihre Mitteilung, wenn die Betreffzeile deren Interesse gefunden hat, und antworten Ihnen eventuell in der Newsgruppe.

### Funktion des News-Dienstes

Eigentlich war der News-Dienst ursprünglich gar kein Dienst des Internets, sondern ein eigener Verbund von Rechnern, die Informationen austauschen, das so genannte USENET. In den vergangenen Jahren wurden die Rechner des Internets und des USENET so stark miteinander vernetzt, dass die Trennlinie zwischen beiden Netzen nur schwer (wenn überhaupt) beschrieben werden kann.
Damit Sie Zugriff auf die News-Dienste haben, muss Ihr Provider einen News-Server besitzen (preiswerte Anbieter scheuen sich manchmal vor diesen Kosten). Dieser News-Server ist mit den Servern anderer Provider und Institute verbunden, welche wiederum mit anderen News-Servern verbunden sind. Diese Server tauschen untereinander ständig Daten (News) aus. So kommt es, dass Ihr Beitrag in einer Newsgruppe innerhalb kürzester Zeit weltweit verteilt wird und gelesen werden kann.
Nicht alle News-Server bieten jedoch auch alle weltweit verfügbaren Newsgruppen an. Das kann politische, religiöse, rechtliche, technische, interessenmäßige oder auch noch andere Gründe haben.

## Hierarchie der Newsgruppen

Damit man sich in der Vielzahl der Newsgruppen noch zurechtfindet, ist der Titel der jeweiligen Newsgruppe hierarchisch aufgebaut. Ganz links im Namen steht normalerweise, zu welchem allgemeinen Gebiet die Newsgruppe gehört. Die bekanntesten Abkürzungen der großen Themen von Newsgruppen sind:

**comp** In dieser Kategorie sind alle Gruppen rund um das Thema Computer (Hardware, Betriebssysteme, Anwenderprogramme, Programmiersprachen, ...) vertreten.

**misc** Misc steht als Abkürzung für *miscellaneous* (Verschiedenes). Hier sind Themen vertreten, die sich in anderen Bereichen nur schwer einordnen lassen.

**news** Hier sind Themen rund um die Newsgruppen selbst vertreten.

**rec** Rec steht als Abkürzung für *recreation* (Erholung). Hier sind alle Themen vertreten, die rund um den Bereich Hobby, Freizeit angesiedelt sind.

**sci** Der Bereich sci als Abkürzung für *science* (Wissenschaft) beschäftigt sich mit wissenschaftlichen Themen, z.B. aus den Bereichen Geografie, Mathematik, Weltraumforschung, Archäologie, Naturwissenschaften, Psychologie, Technik und Medizin.

**soc** Im Bereich soc (social = gesellschaftlich) werden gesellschaftswissenschaftliche Themen diskutiert, so z.B. Kultur, Geschichte, Politik und Religion.

**alt** Die Themengruppe alt wurde als Alternative zu den anderen bestehenden Themengruppen ins Leben gerufen. In den anderen Gruppen der Hierarchie ist es recht schwierig, neue Newsgruppen zum Laufen zu bringen. Das geht i.A. den langen Weg über eine Vorstellung, Diskussion und Abstimmung zu der gewünschten Newsgruppe. In der alternativen Gruppe wurde dieser Weg stark vereinfacht, so dass es hier allerdings auch manchmal etwas chaotisch zugehen kann.

Abweichend davon kann am Anfang des Gruppennamens auch die Abkürzung des Landes stehen, in dem die Newsgruppe vorzugsweise gelesen wird, oder der Name einer Institution oder eines Netzes, wo die Newsgruppe normalerweise verwaltet wird. In diesem Fall folgt die weitere Unterteilung entsprechend den oben genannten Gruppen dann weiter rechts, jeweils durch einen Punkt getrennt.
Beispiele für solche Gruppenbezeichnungen (nur eine Auswahl!) sind:

| | |
|---|---|
| **de, at, es, fr, uk** | Hier finden wir landessprachliche Gruppen der Länder Deutschland, Österreich, Spanien, Frankreich und Großbritannien. |
| **bremnet, saar, hamburg, hannover** | Hinter diesen Namen verbergen sich lokale Netze (Städte, Gebiete). |
| **borland, microsoft, stardivision** | Einige Softwarefirmen stellen Diskussions- und Hilfeforen zu ihren Programmen ins Netz, links nur eine Auswahl. |
| **fido, z-netz, maus** | Andere Netze, die historisch parallel zum Internet entstanden sind, haben natürlich auch ihre Newsgruppen. Hier einige Beispiele für deutsche Netze. |

Zum Abschluss noch einige Beispiele für Newsgruppen aus einigen genannten Bereichen. Mit etwas Fantasie werden Sie erkennen, worüber in diesen Gruppen diskutiert wird.

- alt.animals.horses.icelandic
- alt.fan.rowan-atkinson
- alt.rock-n-roll.metal.metallica
- comp.lang.pascal.delphi.databases
- comp.os.linux.answers
- misc.transport.rail.americas
- news.groups.questions
- rec.arts.books.childrens
- rec.bicycles.racing
- rec.food.cooking
- rec.music.country.western
- de.comp.office-pakete.misc
- de.rec.sf.startrek.enterprise
- de.sci.medizin.physiotherapie
- de.sci.raumfahrt
- de.soc.recht.datennetze
- fido.ger.urlaub
- maus.computer.mac.kommunikation
- saar.soc.politik
- borland.public.delphi.graphics
- microsoft.public.win95.setup
- z-netz.alt.windows.treiber

## Bedienung eines Newsreaders

Programme zum Lesen von Newsgruppen werden auch als Newsreader bezeichnet. Newsreader gibt es entweder als eigenständige Programme oder als Teile von größeren Programmen (Office-Pakete, Browser-Pakete). Von der Anwendung her unterscheidet man Newsreader hauptsächlich in Online-Reader und Offline-Reader. Bei einem Online-Reader kann man die Nachrichten nur lesen, wenn man während des Lesens mit dem Internet verbunden ist (online), bei Offline-Readern können die (heruntergeladenen) Nachrichten auch gelesen werden, wenn keine Verbindung zum Internet mehr vorhanden ist (offline).
Da die Offline-Reader somit wesentlich preisgünstiger zu handhaben sind (man zahlt ja nur die Zeit, während der die Daten heruntergeladen werden), nehmen sie immer mehr an Bedeutung zu und es gibt kaum noch aktuelle Online-Reader.
Die Bedienung ist bei allen Newsreadern in den wesentlichen Schritten identisch. Diese Schritte sollen nun beschrieben werden.

➢ Hinweis 6: Da es sehr viele verschiedene Newsreader gibt, werden die folgenden Bilder und Beschreibungen geringfügig von denen Ihres Newsreaders abweichen, die prinzipielle Vorgehensweise ist aber immer gleich.

### Herunterladen aller verfügbaren Gruppen

Beim ersten Start des Newsreaders erkennt das Programm dies und fordert den Nutzer auf, die Adresse des News-Servers Ihres Providers einzugeben.
Nachdem man dies getan hat und nachdem eine Online-Verbindung hergestellt ist, nimmt der Newsreader Verbindung mit dem News-Server des Providers auf und lädt eine Liste aller vom Provider verteilten Newsgruppen herunter.
Je nach Provider können dies von mehreren Hundert bis zu einigen Zehntausend Newsgruppen sein.
Nachdem dieser Download beendet ist, kann man die Online-Verbindung erst einmal trennen, die folgende Arbeit kann nämlich offline erledigt werden.

*Herunterladen der Gruppenliste*

### Auswahl der interessierenden Newsgruppen

Aus der Vielzahl der bereitgestellten Newsgruppen kann man sich nun die Gruppen auswählen, die einen besonders interessieren. Dazu hat man mindestens 3 verschiedene Möglichkeiten:

- Man kennt den Namen der Gruppe schon (aus Zeitschriften, von Bekannten, aus anderen Newsgruppen).
- Man sucht nach der hierarchischen Struktur (siehe vorangegangener Absatz). Im rechten Bild ist eine solche Suche im Bereich der deutschsprachigen Gruppen dargestellt.

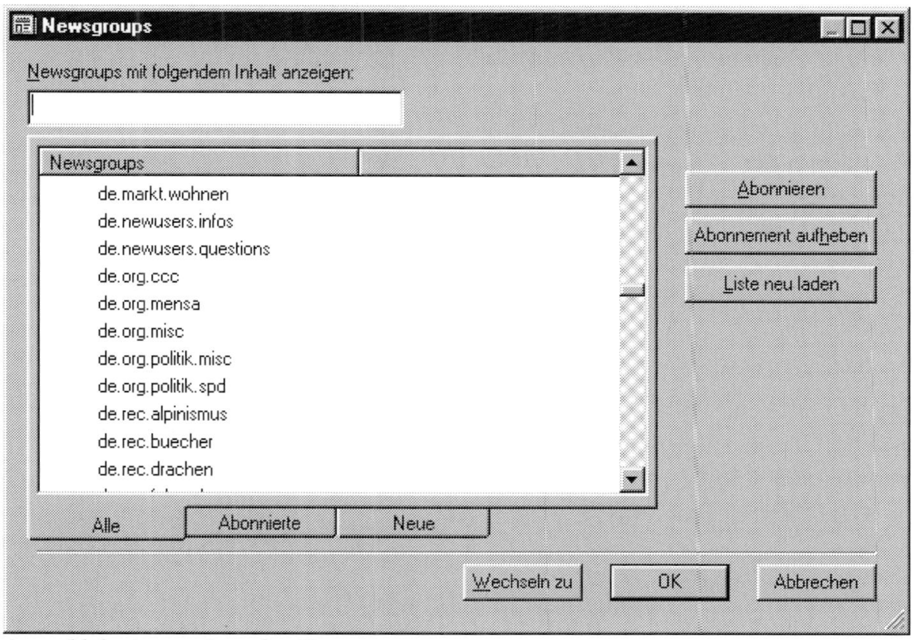

*Auswahl der interessierenden Newsgruppen*

- Man sucht über Sachgebiete oder Begriffe zum interessierenden Thema. Im nächsten dargestellten Bild wurden alle Gruppen herausgesucht, in deren Titel das Wort Biologie vorkommt. Um auch die englischsprachigen Gruppen (biology = Biologie) zu erfassen, wurde die Suche mit dem Wortteil *biolog* durchgeführt.

Wenn man die interessierenden Gruppen gefunden hat, so muss man diese Gruppen nur noch abonnieren. Im Gegensatz zu normalen Zeitschriften heißt das allerdings nicht, dass man irgendwelche Verpflichtungen eingeht, sondern lediglich, dass man später nur noch die abonnierten (ausgewählten) Gruppen und nicht alle Gruppen zu Gesicht bekommt. Im nebenstehenden Bild kann dies durch Drücken des Knopfes mit der Aufschrift *Abonnieren* geschehen. Durch den Knopf *Abonnement aufheben* kann dieser Vorgang wieder rückgängig gemacht werden.

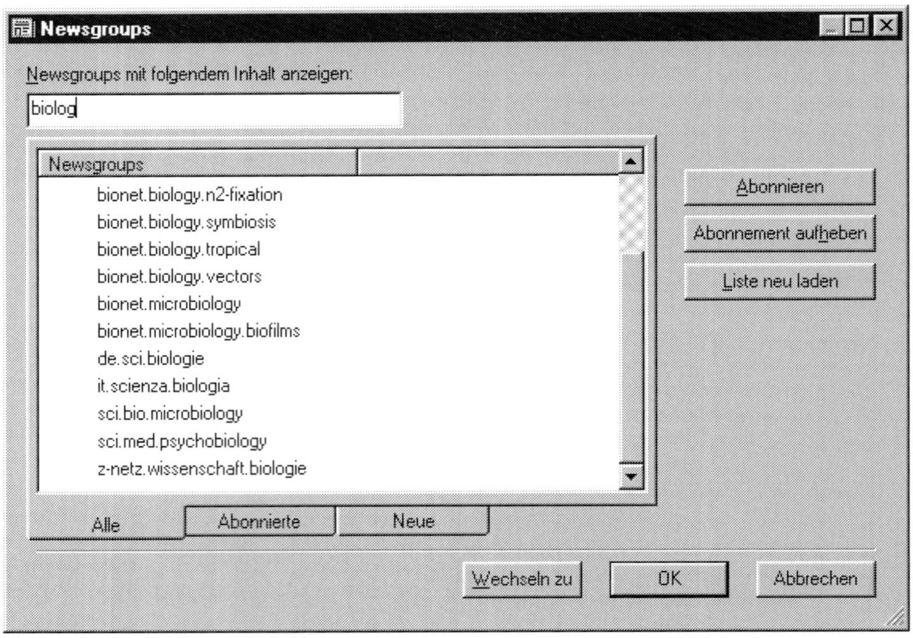

*Suchen von Gruppen nach Schlagworten*

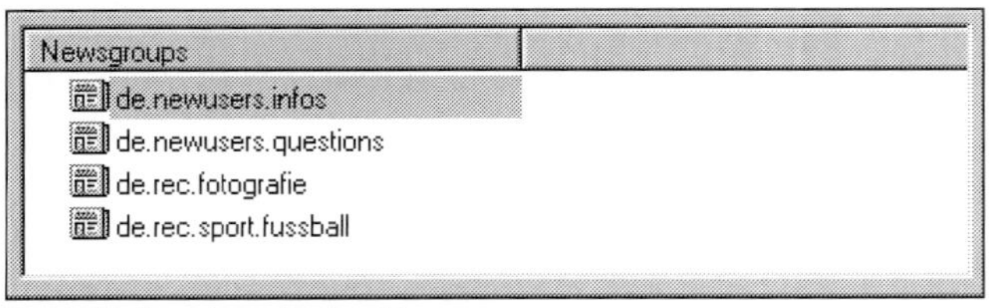

*Ansicht der abonnierten Gruppen*

Wenn man sich seine interessierenden Gruppen ausgewählt hat, sollte man in der Ansicht von allen Newsgruppen auf die abonnierten Gruppen umschalten. Wie im linken Bildausschnitt zu sehen ist, werden dann nur noch die abonnierten Gruppen angezeigt, der Rest nicht mehr.

**Herunterladen der Kopfzeilen der abonnierten Gruppen**

Nachdem man sich seine interessierenden Gruppen ausgewählt hat, kann man sich von allen oder auch nur von ausgewählten abonnierten Newsgruppen die Kopfzeilen herunterladen.
Im rechten Bild wurden die ersten beiden abonnierten Gruppen ausgewählt, um ihre Kopfzeilen herunterzuladen.
Zum Herunterladen der Kopfzeilen muss man natürlich wieder online gehen. Im Anschluss kann die Verbindung allerdings wieder getrennt werden.
Je nach Newsreader kann man nun z.B. noch einstellen, wie alt die zu ladenden Kopfzeilen maximal sein dürfen.
Damit kann man unter anderem Material ausschließen, das nicht mehr aktuell ist.

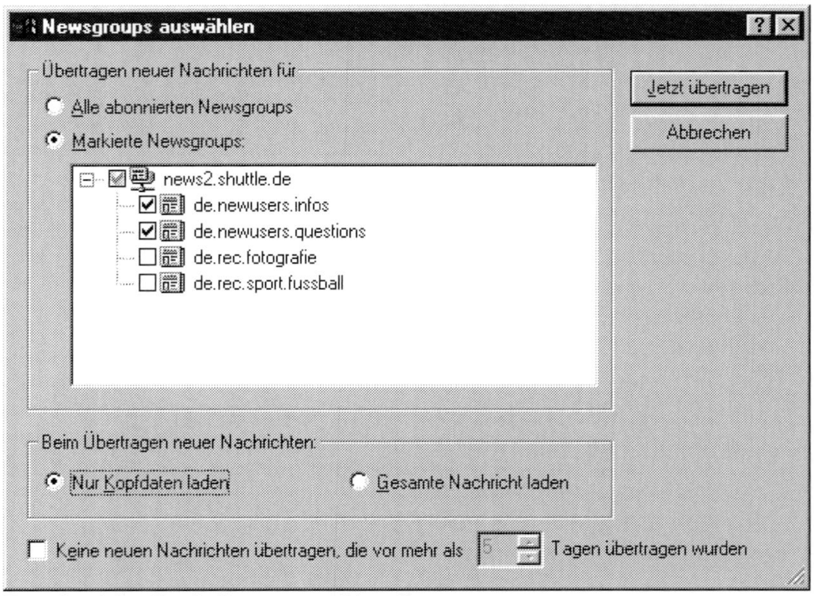

*Download der Kopfzeilen ausgewählter Gruppen*

➢ Hinweis 7: Es werden immer nur die Kopfzeilen übertragen, die seit der letzten Verbindung neu hinzugekommen sind.

### Auswahl der interessierenden Meldungen

Häufig interessieren einen nicht alle Diskussionen zu einem bestimmten Themenkreis. Um hier eine Vorauswahl treffen zu können, kann man sich jetzt alle heruntergeladenen Kopfzeilen einer Newsgruppe ansehen und anhand der Betreff-Zeile (siehe rechtes Bild) entscheiden, welche der Mitteilungen man wirklich lesen möchte und welche nicht.

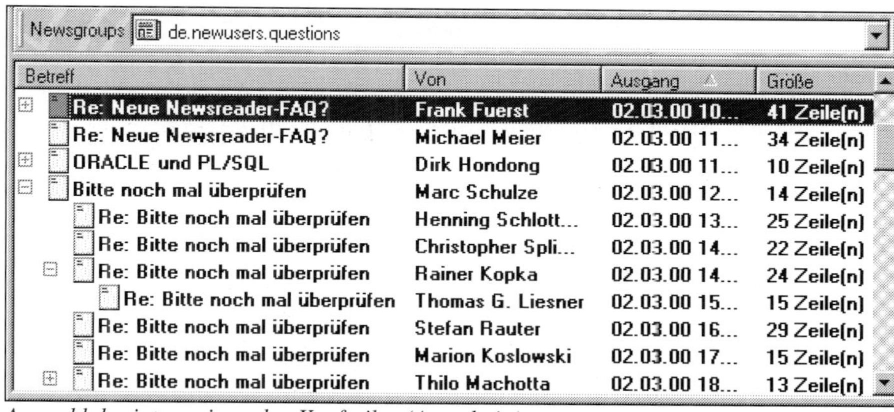

*Auswahl der interessierenden Kopfzeilen (Ausschnitt)*

Bei der Entscheidung sollte man sich außerdem noch von der Größe der Mitteilung leiten lassen (im Bild auf der rechten Seite zu sehen), da eine Mitteilung mit 3 Zeilen sicherlich nicht sehr informativ ist, eine Mitteilung mit 5000 Zeilen möglicherweise nur eine binäre Datei (Grafik, Sound) enthält, die man eventuell gar nicht haben möchte, die aber lange Zeit zum Download benötigt.
Bei den einzelnen Beiträgen unterscheidet man zwei verschiedene Gruppen. Das sind zum einen Beiträge, auf die noch niemand geantwortet hat (im Bild z.B. die zweite Mitteilung) und Mitteilungen, die schon eine Diskussion ausgelöst haben (im Bild z.B.die obere Mitteilung, an einem Pluszeichen von der Betreff-Zeile zu erkennen). Einige Newsreader zeigen hier sogar noch an, wie viele Leute sich an der Diskussion beteiligt haben. Durch ein Anklicken des Pluszeichens werden auch die Antworten auf den ursprünglichen Diskussionsbeitrag gezeigt (wie im Windows-Explorer beim Aufzeigen der Baumstruktur). Im oberen Bild ist dies in der vierten Zeile zu erkennen. Die Antworten auf diesen Beitrag sind jeweils etwas eingerückt und finden sich in den folgenden Zeilen, wobei z.B. der Beitrag in Zeile acht eine direkte Antwort auf den Beitrag in Zeile sieben ist.
Alle interessierenden Nachrichten können nun über ein Menü (meist ist dies über ein Kontextmenü möglich) zum späteren Download markiert werden.

### Herunterladen und Lesen der interessierenden Meldungen

Wenn man sich seine interessierenden Mitteilungen markiert hat, geht man wieder online und lädt sich die markierten Mitteilungen herunter. Je nach Anzahl der markierten Mitteilungen kann dies relativ schnell gehen oder auch einige Minuten dauern.
Nach dem Download der gewünschten News kann man die Internet-Verbindung wieder trennen und anschließend in aller Ruhe die eben geladenen Mitteilungen lesen.
Dazu klickt man nur in der gewünschten Newsgruppe die interessierende Kopfzeile an (siehe rechtes Bild) und kann in einem weiteren Fenster den Inhalt (man sagt auch *body*) der markierten Mitteilung lesen.

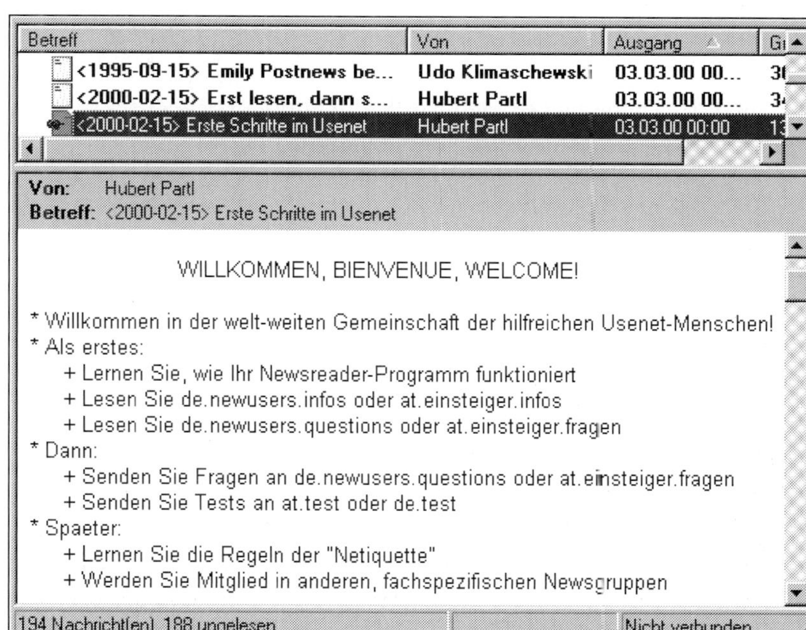

*Lesen der News*

➢ Hinweis 8: Bei allen Mitteilungen, deren Inhalt man noch nicht heruntergeladen hat, erscheint im Inhaltsfenster ein entsprechender Hinweis.

### Alternatives Vorgehen

Wenn man längere Zeit eine Newsgruppe gelesen hat und weiß, dass sich die Teilnehmer an dieser Gruppe "diszipliniert" verhalten, oder wenn man eine sehr schnelle Internetanbindung hat, kann man natürlich auch immer gleich alle Mitteilungen einer Newsgruppe mit deren Inhalten herunterladen (siehe nebenstehendes Bild) und sich danach die interessierenden Inhalte heraussuchen. Dann hat man allerdings möglicherweise Mitteilungen auf dem Rechner, die man gar nicht haben wollte. Das können z.B. folgende Arten von Mitteilungen sein:

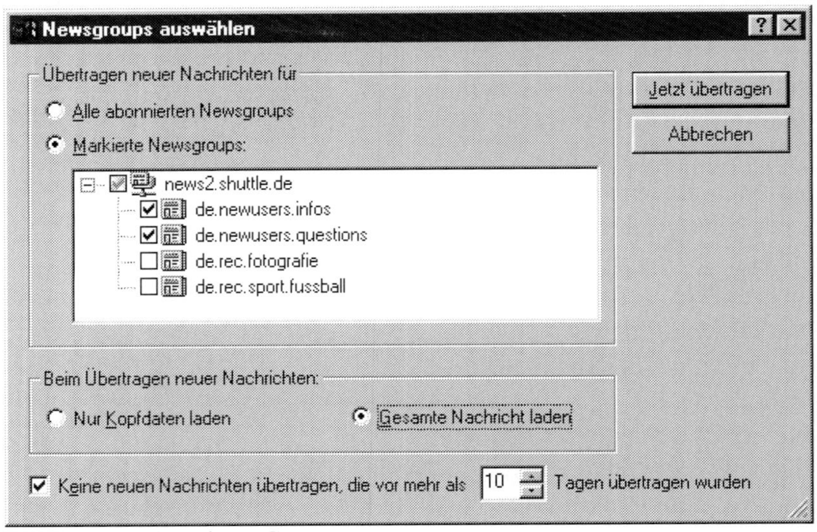


*Herunterladen kompletter Gruppen*

- unerwünschte Werbung von Firmen, die leider immer wieder in Newsgruppen auftauchen,
- Postings von Binärdateien in Newsgruppen, die nicht dafür vorgesehen sind und die dann meist den Umfang von mehreren Tausend Zeilen haben,
- Mitteilungen, die periodisch verschickt werden (beispielsweise alle 14 Tage) und die z.B. neuen Nutzern den Einstieg erleichtern sollen (siehe konkrete Mitteilung im letzten Bild der vorangegangenen Seite),
- Mitteilungen, die in die falsche Gruppe geschickt wurden und dort eigentlich nichts zu suchen haben.

### Beteiligung an der Diskussion

Wenn man sich mit den Gepflogenheiten der jeweiligen Newsgruppe vertraut gemacht hat und die *Netiquette* (siehe nächster Abschnitt) studiert hat, kann man sich auch an der Diskussion beteiligen. Das kann auf drei verschiedene Arten geschehen:

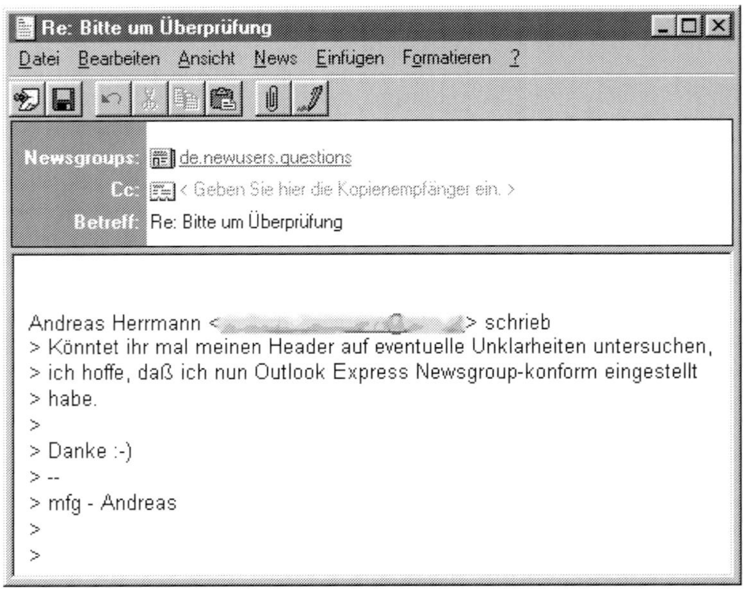


*Antwort auf eine Mitteilung*

- Man hat ein eigenes Anliegen, das in keiner vorhergehenden Mitteilung und keiner FAQ behandelt wurde (FAQ steht für *frequently asked questions = häufig gestellte Fragen* und behandelt oft schon einen Großteil der in dieser Newsgruppe auftretenden Probleme). Dann schreibt man einen neuen Diskussionsbeitrag und schickt ihn an die entsprechende Newsgruppe. Alle Newsreader haben dazu einen entsprechenden Menüpunkt (z.B. *Neue Nachricht*), der die neue Mitteilung gleich richtig an die aktuell gelesene Newsgruppe adressiert.
- Man antwortet auf einen vorhandenen Diskussionsbeitrag. Das geschieht, indem man im Newsreader den Beitrag anklickt, auf den man antworten möchte, und den entsprechenden Menüpunkt des Newsreaders (z.B. *Newsgroup antworten*) wählt.
  Die Betreffzeile wird vom Newsreader mit einem zusätzlichen Re: (reply = Antwort, Erwiderung) versehen und im Mitteilungsfenster erscheint nun meist die Angabe des Autors der ursprünglichen Mitteilung (E-Mail-Adresse hier vom Buchautor entfernt) und der Originaltext mit einem zeilenweise vorangestellten ">"-Zeichen. Man bezeichnet dies auch als Zitat des Originaltextes (siehe Bild).

- Dieses Originalzitat sollte man nun so weit kürzen, wie es für die Verständlichkeit der Antwort notwendig ist, da zum einen nicht zu viele Daten transportiert werden sollen, zum anderen die Antwort aber auch für Leute verständlich bleiben soll, die das Original nicht kennen (viele Provider nehmen aus Kapazitätsgründen alle News vom Server, die ein Alter von z.B. 4 Wochen haben).
- Newsgruppen leben vor allem davon, dass jeder Teilnehmer sein Wissen allen anderen kundtut. Oft gibt es aber auch Gründe, die Antwort nicht öffentlich zu geben, z.B. um den Autor der Originalnachricht nicht öffentlich bloßzustellen. In diesem Fall ist eine persönliche Mail an den Autor angebracht. Auch für diesen Fall stellt jeder Newsreader wieder einen entsprechenden Menüpunkt (z.B. *Verfasser antworten*) bereit.

**Signaturen**

Viele Leute möchten den Lesern ihrer Mitteilungen noch weitere Informationen mitteilen, so z.B. ihre Telefonnummer oder die Adresse ihrer Homepage oder der Homepage ihrer Schule, Universität bzw. Firma.
Damit man diese Informationen nicht in jeder Mitteilung aufschreiben muss, gibt es bei fast allen Newsreadern die Möglichkeit, eine kleine Textdatei mit den Informationen des Nutzers automatisch an jede Mitteilung anzuhängen. Diese Textdatei wird auch Signatur genannt und sollte nicht übermäßig groß sein.
Leider benutzen einige Leute die Signaturen dazu, um größere "Kunstwerke" an Ihre Mitteilungen anzuhängen, die zwar beim ersten Anschauen möglicherweise erbaulich sind, auf Dauer jedoch ganz schön nerven, da sie auch das Datenvolumen (und damit die Telefonkosten) in die Höhe treiben.
Beschränken Sie Ihre eigenen Signaturen auf ein Minimum, 4-5 Zeilen sollten reichen!

➢ Hinweis 9: Achten Sie beim Entwurf Ihrer (kurzen!) Signaturen darauf, dass Sie eine dicktengleiche Schrift (Courier, Courier New) verwenden. In Newsreadern werden i.A. solche Schriften benutzt.

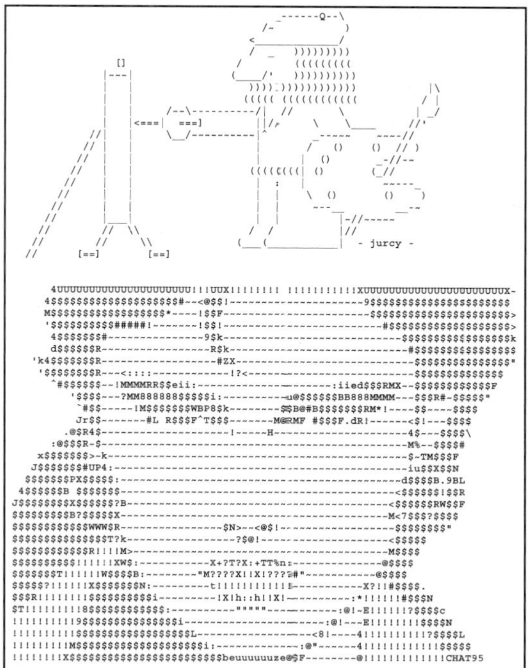

*2 Beispiel für mehr oder weniger "künstlerische" Signaturen*

## Verhalten in Newsgruppen – die Netiquette

Als Netiquette bezeichnet man eine Aufstellung von Verhaltensregeln zur Benutzung von Newsgruppen. In deutschsprachigen Newsgruppen hat sich eine Reihe von Regeln herausgebildet bzw. eingebürgert, die man bei Diskussionen in Newsgruppen beachten sollte. Aktuelle Fassungen dieser Verhaltensregeln werden von einigen Nutzern in bestimmten Intervallen z.B. in der Gruppe *de.newusers.infos* veröffentlicht (man sagt auch "gepostet").
Hier nun eine Auswahl aus diesen Regeln, versehen mit kleineren Kommentaren:

- Höflichkeit und gegenseitige Rücksichtnahme sollten auch im Usenet oberste Priorität besitzen. Schreiben Sie nur das, was Sie anderen Menschen auch persönlich sagen würden.
- Lesen Sie als Erstes einige Zeit die Gruppen *de.newusers.info* und *de.newusers.questions*. Dort finden Sie wichtige Hinweise zum Verhalten im Usenet und zu häufig auftretenden "Anfängerproblemen".
- Nehmen Sie nicht sofort an Diskussionen teil, sondern lesen Sie erst eine Zeit lang in einer Gruppe mit, um die dort oft herrschenden Verhaltensregeln und Umgangsformen kennen zu lernen.
- Achten Sie auf die Form Ihrer Mitteilungen. Bedenken Sie, dass Ihre Mitteilung weltweit verbreitet wird und dass Form-, Ausdrucks-, Rechtschreib- und inhaltliche Fehler kein gutes Licht auf Ihre Person werfen. Lesen Sie sich Ihre Mitteilung nochmals durch, bevor Sie diese absenden. Eine einmal abgeschickte Mitteilung kann man nicht mehr zurücknehmen.

- Bevor Sie eine Frage stellen, lesen Sie erst einmal in der Gruppe, ob die Frage nicht schon vor kurzer Zeit gestellt und beantwortet wurde. Lesen Sie außerdem die FAQ-Postings.
- Sollten Sie Fragen zur Bedienung von Geräten oder Programmen haben, so schauen Sie zuerst einmal in Ihr Handbuch, ehe Sie weltweit andere Leser dazu befragen. Zu "primitive" Fragen werden oft mit dem Slogan RTFM (read the f***ing manual) beantwortet. Das ist der freundliche Hinweis darauf, dass Sie doch zuerst einmal in das Handbuch zu Ihrem Gerät oder Programm schauen sollten.
- Achten Sie auf eine aussagekräftige Subject- Zeile (Betreff-Zeile). Der Leser sollte schon vor dem Lesen Ihres Artikels erahnen, was ihn erwartet. Artikel mit aussagekräftigen Subject-Zeilen werden häufiger gelesen als Artikel ohne einen sinnvollen Titel.
- Posten Sie nur in Newsgruppen, die thematisch mit Ihrem Problem verwandt sind. Gerade die thematische Aufteilung ist ein Sinn der Newsgruppen und so wird z.B. in einer Computer-Newsgruppe kaum jemand Interesse an Ihrer neuesten Kurzgeschichte haben.
- Posten Sie eine Meldung nicht in alle zu einer bestimmten Thematik existierenden Newsgruppen. Außer Ihnen werden sicherlich auch andere Leute diese Newsgruppen gleichzeitig lesen. Diese sind dann nicht sehr erbaut, Ihre Meldung in jeder Gruppe zu finden.
- Schicken Sie keine Binärdateien (Bilder, Programme, Musikdateien) in Newsgruppen, die nicht dafür vorgesehen sind. Binärdateien sind i.A. sehr groß, so dass Sie damit die Downloadzeit vieler Leser unnötig in die Höhe treiben. Newsgruppen für Binärdateien enthalten meist den Begriff binaries in ihrem Namen (z.B. *alt.binaries.music.the-doors*, *alt.binaries.pictures.astro*, *alt.binaries.sounds.midi.beatles*).
- Sollte sich der Inhalt eines Diskussionspfades im Lauf einiger Diskussionsbeiträge gravierend verändern, so ändern Sie bitte die Subject-Zeile. Verweisen Sie allerdings auf den vorherigen Inhalt der Diskussion. Eine anfangs zutreffende Subject-Zeile "Neues Kuchenrezept" könnte dann z.B. umbenannt werden in "Kekse zum Weihnachtsfest (was: Neues Kuchenrezept)". Das "was" steht hier für die englische Bedeutung des deutschen Wortes "war".
- Antworten Sie dem Verfasser einer Nachricht per E-Mail, wenn dies sinnvoll erscheint (persönliche Hinweise, Kritik). Benutzen Sie eine Newsgruppe nur dann, wenn Sie sich einen Vorteil für eine größere Leserschaft davon versprechen.
- Wenn Sie auf eine Mitteilung in einer Newsgruppe antworten oder sich an einer Diskussion beteiligen, so zitieren Sie den Teil des Textes, auf den sich Ihre Antwort bezieht und der für das Verständnis Ihrer Antwort notwendig ist, da nicht alle Leser die Diskussion von Anfang an verfolgt haben. Zitieren Sie allerdings nicht mehr, als unbedingt notwendig ist, da sonst wieder unnötig viele Textzeilen geladen und gelesen werden müssen.
- Helfen Sie anderen Lesern in Newsgruppen. Das Usenet lebt von der aktiven Teilnahme der Leser. Das, von dem Sie als unerfahrener Leser in einer Gruppe anfangs profitierten, sollten Sie später einmal anderen unerfahrenen Lesern "zurückgeben".
- Beachten Sie die gesetzlichen Regelungen. Verfassen Sie keine Mitteilungen, die in irgendeiner Art und Weise gegen gesetzliche Regelungen verstoßen (Beachtung des Urheberrechts, keine Beleidigungen und Diffamierungen, keine kriminellen Handlungen).
- Kennzeichnen Sie lustige oder sarkastisch gemeinte Bemerkungen als solche (mit Smileys, siehe Seite 69), nicht alle Menschen haben den gleichen Humor wie Sie.
- Senden Sie keine geschäftlichen Mitteilungen wie z.B. Werbung für Firmen oder Produkte ins USENET. Das USENET als nicht kommerzielles Netz ist nicht für Werbung gedacht. Die Adresse einer Firma als Antwort auf eine Frage nach der Vertriebsquelle eines bestimmten Artikels wird hingegen gern angenommen.
- Reduzieren Sie die Länge der Signatur auf ein Minimum (max. 4-5 Zeilen). Es macht einen schlechten Eindruck, wenn Ihre Signatur länger (oder sogar aussagekräftiger) als der Inhalt Ihrer Mitteilung ist.

## 4.3 WWW – die Revolution im Internet

Noch um 1990 war das Internet nur ein Arbeitsmittel für Wissenschaftler und Techniker und dem Großteil der Bevölkerung weder bekannt noch für ihn nutzbar. Das lag zum einen an der damals noch nicht genug entwickelten Infrastruktur, zum anderen besonders daran, dass das Internet nur mit speziellen Programmen und Vorkenntnissen (Programmbefehle, Kommandozeilen-Parameter) zu bedienen war. Dies sollte sich jedoch in kürzester Zeit ändern.

### Tim Berners-Lee, der unbekannte Erfinder des WWW

*Tim Berners-Lee*

Im März 1989 verfasste der damals am europäischen Kernforschungszentrum (European Laboratory for Particle Physics) CERN in Genf arbeitende *Tim Berners-Lee* ein Dokument, in dem er die Schwachstellen des bisherigen Informationsmanagements aufzeigt, und gleichzeitig einen Vorschlag für ein neues Informationssystem vorstellte.
Wesentliche Inhalte dieses Dokuments waren:

- Das Institut CERN umfasst einige Tausend Wissenschaftler, die für kurze oder lange Zeit an verschiedensten Projekten zusammenarbeiten. Der Informationsfluss zwischen den Mitarbeitern ist auf verschiedenste Arten geregelt. Es wird immer schwieriger, den Überblick über größere Projekte zu behalten.
- Da die typische Aufenthalts- und Arbeitszeit eines Mitarbeiters an einem Projekt im CERN etwa zwei Jahre beträgt (danach wechselt der Mitarbeiter an ein anderes Institut), ist es ständig notwendig, neue Mitarbeiter einzuarbeiten und mit den Inhalten der Projekte vertraut zu machen. Das kostet sowohl Zeit für die alten als auch für die neuen Mitarbeiter.
  Mit der Zeit entwickelte sich eine "vernetzte" Informationsstruktur über gelegentliche Rundschreiben, Flurgeschwätz und Hinweise von Kollegen. Ironisch bemerkt Berners-Lee, dass dieses alte System der Informationsübermittlung trotz einiger Hürden und Missverständnisse bemerkenswert erfolgreich ist.
- Resultate alter Projekte sind durch den Mitarbeiterwechsel und durch eine unzureichende Dokumentation oft verloren, lassen sich nur schwer finden oder sind zwar dokumentiert, werden aber nicht gefunden.
- Ein großes Buch als Festschreibung der Forschungsergebnisse wäre zu unpraktisch, da sich ständig Teile der Forschung ändern, so z.B. andere Versuchsaufbauten, neue Versuchsziele und neue Messgeräte. Außerdem würden die Änderungen immer nur einen Teil der Mitarbeiter betreffen, der dann benachrichtigt werden müsste. Es müssten außerdem immer einige weitere Dokumente geändert werden, die mit dem aktuellen Dokument im Zusammenhang stehen.
- Alle bisher genannten Punkte belegen, dass die bisherige Informationsverteilung und -archivierung zu einem Informationsverlust führt, der die praktische Arbeit erschwert und in Zukunft immer größer wird. Damit treten im Kernforschungszentrum Probleme auf, die auch "den Rest der Welt" bald betreffen werden. Ein neues System der Informationsaufbereitung muss her!
- Tim Berners-Lee schlägt hier ein vernetztes Informationssystem vor, bei dem die Dokumente zum einen hierarchisch geordnet bzw. strukturiert sein können und zum anderen miteinander verknüpft sein sollen, so dass sie sich untereinander aufrufen lassen (man spricht hier von so genannten Hypertexten).
- Außerdem soll eine einfache Einbindung von Grafiken (z.B. Bilder, Diagramme) und multimedialen Dokumenten wie Sound und Video in diesen Dokumenten (Berners-Lee benutzt hier das Wort Hypermedia) möglich sein.
- Die Suche nach Informationen sollte sowohl über die hierarchische Struktur als auch über spezielle Suchalgorithmen (z.B. über die Suche nach Schlüsselwörtern) möglich sein.
- Das neue System sollte eine dezentrale Datenspeicherung und einen Zugriff auf bereits existierende Datenbestände zulassen, weiterhin soll eine Erweiterung auf neue Datenformate möglich sein.
- Die Speicherung der Dokumente und die Arbeit an dem neuen System sollte auf verschiedenen Computerplattformen (zur damaligen Zeit waren das z.B. VM/CMS, Macintosh, VAX/VMS, Unix) möglich sein.
- Das System sollte auch von unerfahrenen Nutzern leicht zu bedienen sein, eine Verknüpfung mit anderen Dokumenten sowohl auf dem gleichen Computer als auch auf anderen Rechnern sollte nicht per Adresseneingabe, sondern per Mausklick möglich sein.

Das anfangs "*Mesh*" genannte Informationsprojekt wurde im Mai 1990 von Berners-Lee in WWW (world wide web) "umgetauft", weil er damals bereits die weltweiten Möglichkeiten der Informationsvernetzung voraussah. Die Sprache zur Beschreibung der Seiten wurde HTML (HyperText Markup Language) genannt (im nächsten Kapitel mehr davon).
Das Schreiben von HTML-Dokumenten ist auf jedem Rechner möglich und erfordert lediglich einen primitiven Texteditor. Zur Übertragung der HTML-Dateien im Internet wurde ein neues Protokoll entwickelt, das den Namen HTTP (Hypertext Transfer Protocol) trägt.
Tim Berners-Lee programmierte 1990 den ersten Browser (Programm zum Betrachten der WWW-Seiten) und nannte ihn *WorldWideWeb*. Um Verwechslungen mit dem gleichnamigen Informationssystem zu vermeiden, benannte er das Browser-Programm später in *Nexus* um.

## Das WWW wird bekannt, der Siegeszug des Internets beginnt

Seit Ende 1990 fand das neu geschaffene Informationssystem im Institut CERN und später auch in anderen Forschungseinrichtungen Anwendung. Durch die freie Verfügbarkeit des HTTP-Protokolls und die engagierte Arbeit vieler Programmierer fand HTML sehr schnell Verbreitung unter Internet-Enthusiasten.
Artikel führender Zeitschriften wie z.B. der New York Times führten 1993 dazu, dass HTML schneller bekannt und bald auch bei sehr vielen Leuten beliebt wurde. Viele Neugierige betrachteten die in den Zeitungen beschriebenen Seiten und fingen bald darauf selbst an, eigene HTML-Seiten ins Internet zu stellen.
Während 1994 der Anteil des transportierten HTML-Datenvolumens im Internet noch weniger als ein Zehntel Prozent betrug, ist heute (2000) der Anteil des HTML-Datenverkehrs (WWW) auf mehr als die Hälfte der insgesamt transportierten Daten angewachsen.
Da jeder Teilnehmer am WWW die Möglichkeit hat, eigene Daten im Internet zu publizieren, und viele davon auch rege Gebrauch machen, wächst das WWW im Moment noch lawinenartig an.
Das WWW hat das Internet erst richtig bekannt und erfolgreich gemacht, da das Aussehen der Dokumente durch die grafische Oberfläche wesentlich gefälliger wurde als die vormalige Nur-Textdarstellung. Außerdem war im WWW eine Bedienung vormals komplizierter Vorgänge per Mausklick möglich; es wurde kein Spezialwissen mehr benötigt. Deshalb denken viele Menschen auch heute noch, dass die Begriffe Internet und WWW den gleichen Sachverhalt beschreiben.
Viele Dienste des Internets (Mail, News, teilweise FTP) sind heute bereits in WWW-Browser integriert bzw. es existieren WWW-Schnittstellen zu diesen Diensten (Archie, Gopher, IRC).

⇨ Aufgabe 3: Informieren Sie sich auf der Internet-Seite des World Wide Web-Consortiums (*www.w3c.org*) über die aktuelle HTML-Version und schauen Sie nach Neuigkeiten in der Entwicklung des WWW.

## 4.4 Suchen und Suchstrategien im Internet

### Gopher und WAIS – die ersten Suchdienste

Gopher wurde 1991 an der Universität von Minnesota entwickelt. Die Idee von Gopher war, beliebige Dokumente der Universität über eine einheitliche Schnittstelle im Netz der Universität zur Verfügung zu stellen. Das Wort Gopher steht für die Art der Suchfunktionalität (*gopher = Maulwurf, Wühlmaus*), man kann sich wie ein Maulwurf durch die Daten des Internets "wühlen".
In Gopher wird versucht, mit Hilfe einer hierarchischen Menüführung (siehe Bild) eine benutzerfreundliche Suche von Informationen anzubieten. Dabei kann es dem Nutzer egal sein, wo auf der Welt sich die Daten befinden, da Gopher die Daten aller öffentlichen Gopher-Server (vom Menü her) zu einer einzigen großen Datenbank zusammenfasst.

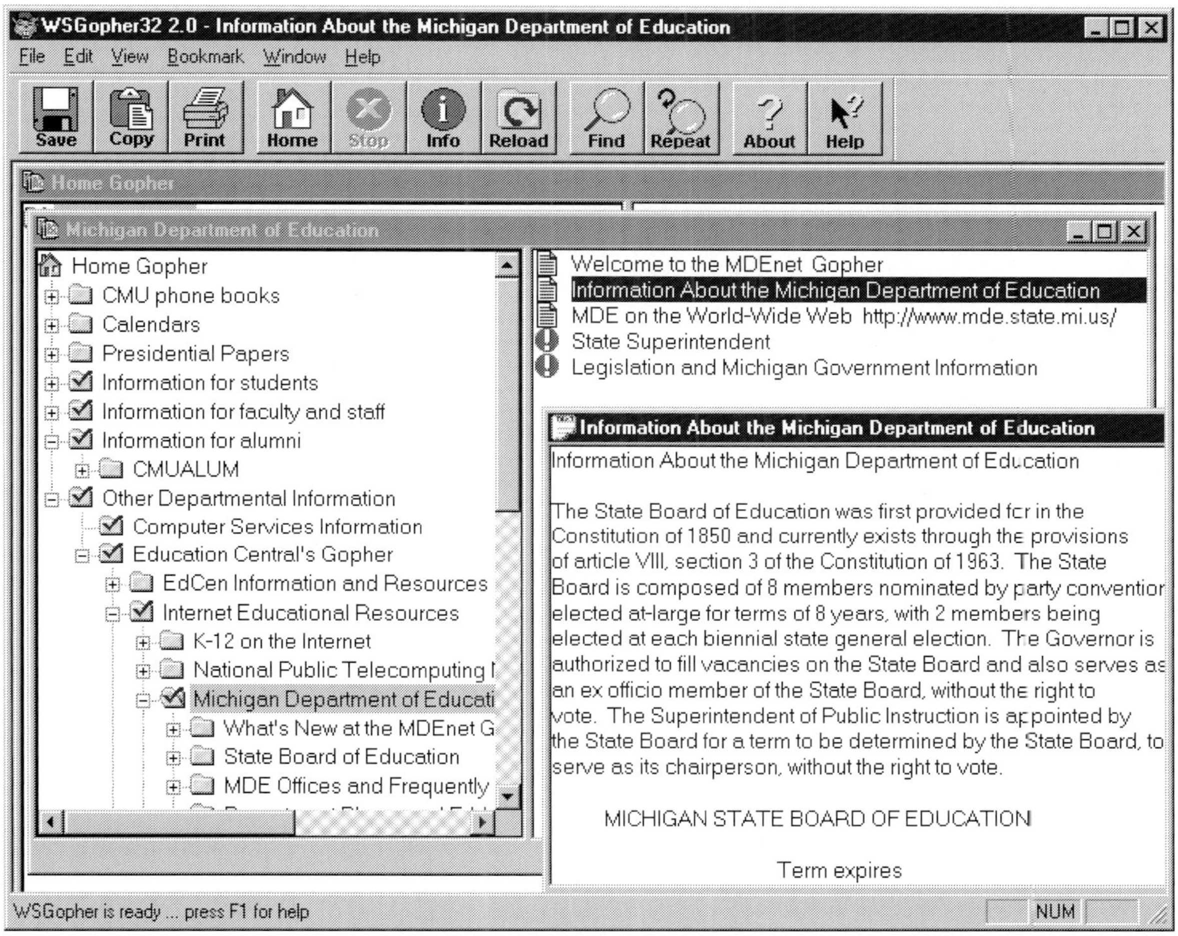

*Gopher der Central Michigan University (gopher.cmich.edu)*

Mittlerweile werden die Gopher-Server (bis auf wenige Ausnahmen) kaum noch aktualisiert, ihre Funktion wurde immer mehr von den Suchmaschinen im WWW übernommen.
Die Darstellung im oberen Bild zeigt den Gopher-Server der Central Michigan University (CMU) mit dem Programm *WSGopher32*, das im Internet kostenlos geladen werden kann (Dateiname *WSGopher20.exe*). Mittlerweile unterstützen auch die Internet-Browser den Gopher-Dienst, die hierarchische Struktur der Informationen ist dort aber nicht so gut zu erkennen wie im oben dargestellten Bild.

WAIS ist die Abkürzung für "Wide Area Information Server". Mit WAIS kann bzw. konnte man verschiedene Datenbanken von Rechnern, die am Internet angeschlossen sind, über einen Index gezielt nach Informationen durchsuchen.
Der Dienst WAIS wurde heute von den modernen Suchdiensten weitgehend ersetzt und hat nur noch lokal, z.B. in Firmen- oder Universitätsnetzen Bedeutung.

Während man vor einigen Jahren mit Gopher und WAIS noch vor der Frage stand, wo man Informationen zu einem bestimmten Thema erhalten konnte, besteht heute viel mehr das Problem, dass man zu einem Thema zu viele Informationen findet, die dann erst sortiert werden müssen. Einige sinnvolle Suchmöglichkeiten und Suchstrategien sollen im Folgenden aufgezeigt werden.

## Suchen über Suchmaschinen

Nach Art der Datenaufbereitung unterscheidet man die folgenden Arten von Suchmaschinen (oft auch als Mischvariante möglich):

### Suchmaschinen mit Suchrobotern

In diesen Suchmaschinen werden die Daten aufbereitet, indem zuerst automatische Suchroboter das Internet "durchsurfen" und die gefundenen Seiten anschließend automatisch in einzelne Indexworte zerlegt, welche dann in einer großen Datenbank gespeichert werden.
Diese Art der Datensammlung gestattet es, schnell sehr viele Seiten in den Index aufzunehmen. Die Qualität der aufgenommenen Dateien kann dabei allerdings nicht bewertet werden. Häufig findet die Suchmaschine Dokumente, in denen die angegebenen Suchworte zwar vorkommen, allerdings in einem völlig anderen als dem gewünschten Zusammenhang stehen.

**Beispiele**

- Google (*www.google.de*)
- Lycos (*www.lycos.de*)
- Altavista (*www.altavista.de*)
- Hotbot (*www.hotbot.com*)

### Katalogisierte Suchmaschinen

Andere Suchmaschinen setzen eine größere Anzahl von Redakteuren daran, manuell von Benutzern angemeldete oder automatisch erfasste Seiten in einen hierarchisch gegliederten Katalog einzuordnen. Die Suche der Suchmaschine findet dann nur in diesem Katalog bzw. in den manuell eingegebenen Suchwörtern statt.
Die Aufnahme von Seiten in eine katalogisierte Suchmaschine geht auf Grund des "menschlichen Faktors" langsamer vonstatten, es werden demzufolge i.A. auch weniger Seiten gefunden. Dafür ist allerdings die Qualität der Treffer oft eine bessere und entspricht häufiger den gesuchten Themen.
Viele katalogisierte Suchmaschinen arbeiten heute mit Roboter-Suchmaschinen zusammen und leiten die Abfrage an diese weiter, wenn im Katalog nichts gefunden wurde.

**Beispiele**

- Yahoo (*www.yahoo.de*)
- Web.de (*www.web.de*)
- Dino (*www.dino-online.de*)

### Kataloge/Verzeichnisse von Suchmaschinen

Viele Suchmaschinen (auch Suchmaschinen mit Robotern) bauen mittlerweile parallel zu ihren Suchmaschinen hierarchisch gegliederte Kataloge bzw. Verzeichnisse auf. In diesen Katalogen kann man nun nicht über ein Suchwort (das geht auch), sondern über die hierarchische Einordnung des Begriffs suchen.
Die Übereinstimmung der gefundenen Seiten mit den gesuchten Themen ist hier häufig noch besser, hängt allerdings von der Kenntnis bzw. vom Verständnis des hierarchischen Katalogaufbaus ab.

**Beispiele**

- alle bisher genannten Suchmaschinen

### Metasuchmaschinen

Metasuchmaschinen bieten keine wirklich eigenen Suchmaschinen bzw. Datenbanken an, sondern fragen die von Ihnen eingegebenen Begriffe bei einer Reihe von "normalen" Suchmaschinen ab. Die von dort zurückgelieferten Ergebnisse werden aufbereitet, Mehrfachnennungen werden gestrichen und die Ergebnisse werden dem Anwender präsentiert.
Vor allem dann, wenn die Suche bei einer oder mehreren "normalen" Suchmaschinen keine Erfolge bringt, sind Metasuchmaschinen empfehlenswert, da hier in kürzester Zeit eine Vielzahl eigenständiger Suchmaschinen abgefragt wird.

**Beispiele**

- MetaGer (*metager.de*)
- MetaCrawler (*www.metacrawler.de*)
- Suchen.com (*suchen.com*)

⇨ Aufgabe 4: Testen Sie die verschiedenen Arten von Suchmaschinen und ihre Bedienung, indem Sie jeweils nach den gleichen Informationen suchen. Vergleichen Sie auch die Suchzeiten und die Anzahl der gefundenen Ergebnisse.

⇨ Aufgabe 5: Suchen Sie gezielt in Katalogen. Machen Sie sich dabei mit dem hierarchischen Aufbau verschiedener Kataloge vertraut.

➢ Hinweis 10: Die Adressen der angegebenen Suchmaschinen bieten nur eine kleine Auswahl von mehreren hundert Suchmaschinen an, die im Internet ihre Suchdienste anbieten. Da sich das Internet sehr schnell verändert, besteht die Möglichkeit, dass einige der angegebenen Adressen nicht mehr aktuell sind.

⇨ Aufgabe 6 Suchen Sie nach weiteren Suchmaschinen im Internet, die jeweils in die angegebenen Kategorien passen.

## Suchstrategien

Als oberster Grundsatz des Suchens sollte gelten, dass man nicht nur nach einem Wort sucht, sondern den Inhalt der Suche durch Eingabe mehrerer zum Suchthema gehörender Begriffe eingrenzt. So liefert z.B. die Eingabe eines einzigen Suchworts oft mehrere Tausend positive Suchergebnisse (so genannte Hits bzw. Treffer). Die Eingabe von zwei oder mehr Wörtern, die in einem Dokument vorkommen sollen, reduziert die Anzahl der Hits oft schon auf ein überschaubares Maß. Zur weiteren Eingrenzung bieten viele Suchmaschinen im Internet bei der Eingabe mehrerer Suchwörter z.B. folgende Möglichkeiten an:

- alle genannten Worte sollen im Dokument vorkommen,
- die genannten Worte sollen in dieser Reihenfolge im Dokument vorkommen,
- Worte sollen genau wie eingegeben (als Zeichenkette) im Dokument vorkommen,
- bestimmte Worte sollen im Dokument vorkommen, andere hingegen nicht.

Angenommen, Sie suchen eine grafische Darstellung des menschlichen Skeletts, so wird die Eingabe des Suchbegriffs *Mensch* eine unüberschaubare Anzahl von Treffern bieten. Verfeinerungen der Suche wären zum Beispiel die gleichzeitige Suche nach den Wörtern *Skelett* und *Mensch* oder die Suche nach den Zeichenketten "*Das menschliche Skelett*" bzw. "*Das Skelett des Menschen*".
Eine weitere Möglichkeit der Ergebnisfindung würde in der Eingabe artverwandter Begriffe bestehen, in unserem Fall also statt *Skelett* z.B. die Suchbegriffe *Anatomie* oder *Knochenbau.*

⇨ Aufgabe 7: Testen Sie bei mehreren Suchmaschinen, an welcher Stelle sich die genannten Verknüpfungsmöglichkeiten für mehrere Suchbegriffe einstellen lassen.

## Weitere Suchmöglichkeiten

### Suche über Domainnamen

Manchmal hilft auch schon ein "Schuss ins Blaue" bei der Suche nach bestimmten Kriterien. Oft existieren Domains, die genau die Bezeichnung des gesuchten Wortes beinhalten. Versuchen Sie doch für den von Ihnen gesuchten Namen einmal Folgendes:

- www.suchname.de
- www.suchname.com
- www.suchname.net
- www.suchname.org
- www.suchname.info
- www.suchname-online.de
- www.suchname.at (Österreich)
- www.suchname.ch (Schweiz)

### Suche über dem Suchbegriff nahe liegende Institutionen

Oft hilft auch eine Suche bei einer Firma oder Institution, bei der wir einen Zusammenhang zu den gesuchten Themen vermuten. Bleiben wir beim Beispiel des menschlichen Skeletts. Hier könnte man z.B. zuerst die Adresse einer Universität suchen, dort den Fachbereich Biologie oder Medizin.
Mit etwas Glück findet man hier weiterführende Informationen über die gesuchten Themen.

### Fragen in Newsgruppen

Wenn wir die Information zu einem bestimmten Thema nicht sofort benötigen, sondern dazu etwas mehr Zeit haben, so besteht die Möglichkeit, andere Benutzer des Internets in Newsgruppen zu fragen. Dazu wählen wir eine oder mehrere Newsgruppen, die im Zusammenhang mit den gewünschten Informationen stehen. Oft finden wir hier Leser, die uns geeignete Hinweise auf Seiten im Internet geben können oder uns sogar persönlich helfen (Hinweis: Netiquette beachten, sinnvolle Subject-Zeile wählen).
Für unsere oben genannten Suchwünsche wären z.B. geeignet:

- de.sci.biologie
- z-netz.wissenschaft.biologie

### Fragen in Chaträumen

Den Wissensfundus anderer können wir uns natürlich auch schneller zunutze machen, wenn wir unsere Fragen statt in den Newsgruppen direkt im Chat (siehe Abschnitt 4.9) stellen. Allerdings sollten wir hier schon Chaträume aufsuchen, die sich speziell mit Themen beschäftigen, die unseren gesuchten Informationen nahekommen.
Es ist sicherlich nicht sehr ergiebig, Leute im *Feierabend-Chat* oder bei der *Flirtline* nach dem menschlichen Skelett zu fragen, in einem Chat über wissenschaftliche Ergebnisse könnten wir aber eventuell brauchbare Ergebnisse erzielen.
Im Gegensatz zu Newsgruppen ist beim Chat der Erfolg allerdings stark davon abhängig, wer sich gerade mit uns im Chat befindet, bei Newsgruppen kann sich der Zeitraum des Lesens und des Antwortens auf unsere Frage auf mehrere Tage oder Wochen verteilen.

➢ Hinweis 11: Denken Sie daran, dass nicht alle beschriebenen Suchstrategien automatisch zu einem positiven Suchergebnis führen müssen, die Chance wird aber mit jeder neuen Suchstrategie größer.

⇨ Aufgabe 8: Testen Sie die genannten Suchmöglichkeiten mit selbst gewählten Suchbeispielen.

Ausführliche Informationen zum Thema Suchen finden Sie z.B. auch an den folgenden Internet-Adressen:

🕮 *http://www.klug-suchen.de, http://www.suchfibel.de*

## 4.5 Suchen konkret – ein Beispiel mit Bildern

Im folgenden Abschnitt sollen einige Suchstrategien des vorangegangenen Abschnitts anhand konkreter Beispiele und Suchergebnisse demonstriert werden.
Angenommen, wir suchen für ein Projekt in der Schule (Geschichtsunterricht, Projekttage, ...) Informationen über das Leben der Ritter im Mittelalter, so könnte man unter anderem die im Folgenden beschriebenen Wege gehen:

### Suchen im Katalog einer Suchmaschine (Lycos)

Der erste Schritt soll der Katalog einer Suchmaschine sein. Im konkreten Beispiel wurde die deutsche Seite der Suchmaschine *Lycos* angewählt.
Im nebenstehenden Bild ist ein Ausschnitt aus der erscheinenden Startseite zu sehen.
Dort wähl man einen Bereich, in welchem man Informationen über das gesuchte Thema vermutet.
In unserem Fall wäre dies der Bereich *Wissenschaft und Technik* und dort der Bereich *Geschichte* (siehe Pfeil).

🕮 *Quelle: http://www.lycos.de (Ausschnitt, bearbeitet)*

🕮 *Quelle: http://www.lycos.de (Ausschnitt)*

Nach Anklicken dieses Bereiches erscheint das nebenstehende Bild, welches jetzt nur noch Verweise zum Thema Geschichte beinhaltet.
Die Zahlen in Klammern geben hier an, wie viele Verweise zu den jeweiligen Themen unter den aufgeführten Gliederungspunkten zu finden sind.
Der Bereich Mittelalter (siehe Pfeil) beschreibt unser gesuchtes Thema am besten, so dass man als Nächstes diesen Verweis anklickt.

Als Ergebnis erscheint das nächste dargestellte Bild, in dem eine Reihe von kommentierten Verweisen konkrete Seiten zu dem von uns gesuchten Thema beschreiben. Das Anklicken der entsprechenden Verweise führt dann zu den gewünschten bzw. beschriebenen Informationen.

- **Virtuelle Bibliothek - Mittelalterliche Geschichte** - In der Virtuellen Bibliothek gibt es Seiten zu Folgendem: Allgemeines, Forschung und Netz, Quellentexte, Lehre, Inhaltsverzeichnisse mediävistischer Zeitschriften, Aktuelles (Tageszeitungen, Ausstellungen, etc.), Mittelalterliche Forschungsinstitute, Hilfswissenschaften, Homepages und Forschungsberichte der Universitäten, Elektronische Zeitschriften u.v.m.
- Das Mittelalter im Internet - Etwas ältere Linksammlung zu Mittelalter-Seiten nach Ländern geordnet.
- Das Mittelalter lebt... - Umfangreiche Homepage von Mittelalter-Fans, die sich auch für die Begebenheiten des alltäglichen Lebens von damals interessieren.
- Deutsches Historisches Institut in Rom - Das Deutsche Historische Institut in Rom dient der Erforschung der italienischen und deutschen Geschichte, insbesondere der deutsch-italienischen Beziehungen, vom frühen Mittelalter bis zur jüngsten Vergangenheit.
- Die mittelalterliche Ketzerinquisition - Website zu Geschichte und Etymologie von Häresie, Inquisition und Ketzertum, Einführung zu bekannten Häretikern, einem interaktiven Inquisitionsprozeß, Literatur etc.

*Quelle: http://www.lycos.de (Ausschnitt)*

## Suchen im Katalog einer Suchmaschine (Yahoo)

Ähnlich wie im ersten Beispiel soll die Suche im Katalog einer anderen Suchmaschine wiederholt werden. Diesmal wurde die deutsche Seite der Suchmaschine *Yahoo* ausgewählt.
Hier ist die Gliederung etwas anders als in der ersten Suchmaschine, wir finden die von uns gesuchten Informationen diesmal im Bereich der *Geisteswissenschaften* und dort wieder unter *Geschichte*.

| | |
|---|---|
| **Bildung & Ausbildung**<br>Hochschulen, Schulen, Berufseinstieg... | **Nachrichten & Medien**<br>Spezial, TV, Zeitschriften, Zeitungen... |
| **Computer & Internet**<br>Internet, WWW, Software, Chat... | **Nachschlagewerke**<br>Bibliotheken, Telefonnummern, Zitate... |
| **Geisteswissenschaften**<br>Psychologie, Geschichte, Sprachen... | **Naturwiss. & Technik**<br>Tiere, Telekommunikation, Biologie... |
| **Gesellschaft & Soziales**<br>Umwelt, Religion, ... | **Sport & Freizeit**<br>Autos, F1, Fußball, Spiele, Reisen... |
| **Gesundheit**<br>Medizin, Krankheiten, Psyche... | **Staat & Politik**<br>Politik, Behörden, Recht, Steuern... |
| **Handel & Wirtschaft**<br>Firmen, Finanzen, Jobs, Immobilien... | **Städte & Länder**<br>Dt. Städte, Österr., Schweiz, Länder... |
| **Kunst & Kultur**<br>Kunst, Literatur, Theater... | **Unterhaltung**<br>Coole Links, Kino, Musik, Humor... |

*Quelle: http://www.yahoo.de (Ausschnitt)*

- Alte Geschichte *(47)*
- Altertumskunde@
- Archäologie@
- Archive *(15)*
- Bildung und Ausbildung *(59)*
- Bücher@
- Christentum@
- Denkmalschutz *(25)*
- Deutsche Geschichte *(246)* NEU!
- Europäische Geschichte *(13)*
- Fachzeitschriften *(10)*
- Fernsehsendungen@
- Filme@
- Frauengeschichte *(20)* NEU!
- Genealogie *(225)*
- Institute *(18)*
- Königshäuser@
- Kunstgeschichte@
- Militärgeschichte *(13)*
- Mittelalter *(73)*
- Museen und Ausstellungen *(50)*
- Musik@
- Nachschlagewerke *(3)*
- Neuzeit *(48)* NEU!
- Organisationen *(24)*
- Persönlichkeiten *(21)*
- Rechts- und Verfassungsgeschichte@
- Seefahrtsgeschichte *(36)* NEU!
- Themen und Schwerpunkte *(4)*
- Ur- und Frühgeschichte@
- Veranstaltungen *(3)*
- Verzeichnisse *(8)*
- Weltgeschichte *(9)*
- Wirtschafts- und Sozialgeschichte *(13)* NEU!
- Wissenschaft und Technik *(5)*

*Quelle: http://www.yahoo.de (Ausschnitt)*

Nach Anklicken des Verweises *Geschichte* erscheint das im nebenstehenden Bild dargestellte Auswahlmenü, in welchem man sich wieder den Punkt *Mittelalter* auswählen würde.
Auch hier gibt die Zahl in Klammern die Anzahl der unter den einzelnen Schwerpunkten zu findenden Verweise an.

Nach Anklicken des Menüpunktes Mittelalter erscheint wieder eine Sammlung von Verweisen zum gesuchten Thema (siehe Bild).
Ein Anklicken der entsprechenden Verweise würde uns auch wieder zu Seiten mit Informationen über unser gewünschtes Thema führen.

Kreuzzüge, Die - Darstellung der verschiedenen Kreuzzüge.
Living History - Schulprojekt über das Mittelalter.
Mittelalter - kurze Informationen zum Leben während dieser Zeit.
Mittelalter im Internet - Zusammenstellung von interessanten Web-Sites i
Mittelalter im Internet, Das - Linksammlung zum Thema Mittelalter; listet
Mittelalter, Das - Zusammenfassung über Themen des Mittelalters wie K
Mittelalter, Das [Dombrowsky, Rainer] - Linksammlung zum Mittelalter
Mittelalter-Marktfotos - Bildergalerie zu verschiedenen Veranstaltungen.
Mittelalter.de - Lexikon, Zeittafeln, Mythen und Sagen, Veranstaltungen
Mittelalterforschung in Südwestfalen - über Burgen, Städte und Stätten ir

🕮 *Quelle: http://www.yahoo.de (Ausschnitt)*

## Suche über Domainnamen

🕮 *Quelle: http://www.mittelalter.de, http://www.rittertum.de*

Der "Schuss ins Blaue", also die Suche über artverwandte Domainnamen könnte uns z.B. zu folgenden Versuchen veranlassen:

- www.ritter.de
- www.ritterleben.de
- www.mittelalter.de
- www.mittelalter-online.de
- www.burgen.de

Außerdem sollten natürlich auch die entsprechenden Links in Österreich und in der Schweiz probiert werden.
Als erfolgreich erwiesen sich (im September 2000) die Domains:

- www.mittelalter.de
- www.burgen.ch
- www.mittelalter.at
- www.mittelalter-online.de

Die erste Adresse führt uns zu einer umfangreichen Sammlung von Material rund ums Mittelalter (Startseite siehe mittleres Bild), die zweite Seite stellt eine Übersicht Schweizer Burgen und viele Verweise zu mittelalterlichen Themen zur Verfügung.
Bei der dritten Adresse findet man die Homepage einer Agentur, die mittelalterliche Markttreiben veranstaltet und viele Hinweise zu solchen Veranstaltungen bietet.
Die vierte Adresse (siehe unteres Bild) führt uns wieder zu einer Seite mit Informationen rund ums Mittelalter und zeigt viele weitere Verweise, unter anderem zu den Themen *mittelalterliche Musik und Tanz*, *Burgen und Schlösser* sowie *Vereine und Gruppen*.

🕮 *Quelle: http://www.mittelalter-online.de*

## Suche in Newsgruppen

Die Informationssuche in deutschen Newsgruppen ist nicht sehr ergiebig, anbieten würde sich höchstens die Gruppe *de.sci.geschichte*. Im englischsprachigen Bereich sieht es da schon besser aus, hier beschäftigt sich die Gruppe *soc.history.mediaval* (mediaval = mittelalterlich) direkt mit Themen rund um das Mittelalter.

## Webringe – miteinander verbundene Seiten zu einem bestimmten Thema

Eine weitere Informationsquelle zu beliebigen gesuchten Themen sind häufig die Verweise (Links) auf schon gefundenen Internetseiten zu artverwandten Seiten im Internet.
Ein Spezialfall dieser Verweise sind die so genannten Webringe. Hier haben sich die Betreiber von Internetseiten mit gleichen oder ähnlichen Inhalten zu Gruppen zusammengeschlossen, deren Seiten aufeinander verweisen.
Die Startseite eines Webrings mit mittelalterlichen Themen ist im rechten Bild zu sehen.

🕮 *Quelle: http://www.mittelalter-ring.de*
🕮 *allgemeine Webringsuche bei: http://www.webring.de, http://www.webringe.de*

## Suche über Suchmaschinen

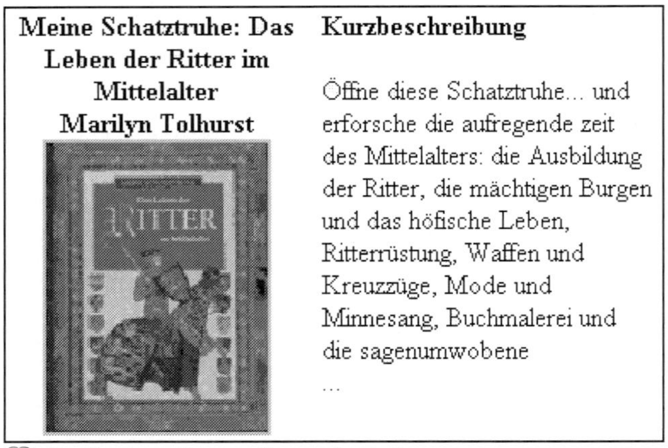


🕮 *Quelle: http://www.allscout-buch.de*

Neben der Suche in Katalogen bietet sich natürlich auch die direkte Suche mit Hilfe von Suchmaschinen an. Hier könnte man wieder einzelne Suchmaschinen benutzen, aber auch die Suche mit Hilfe von Metasuchmaschinen ist sehr sinnvoll, da man sich so die mehrfache Anzeige der gleichen Verweise in verschiedenen Suchmaschinen erspart.
Als Suchbegriffe würden sich z.B. anbieten:

- *Das Leben der Ritter* (als zusammenhängender Suchbegriff), dabei wurde unter anderem das nebenstehende Buch gefunden,
- *Leben* und *Mittelalter*, *Ritter* und *Mittelalter* oder *Leben*, *Ritter* und *Mittelalter* als Suchbegriffe, die gleichzeitig in den zu findenden Dokumenten vorkommen sollen,
- *Burgen* und *Ritter* (Burgen als artverwandtes Thema), die natürlich auch wieder beide im Dokument vorkommen sollten.

Gesucht wurde im unserem konkreten Beispiel auf der deutschen Metasuchmaschine *Metager.de*, es wären natürlich auch alle anderen Suchmaschinen möglich.
Die genannten Suchbegriffe brachten eine große Anzahl von Verweisen, von denen einige in den folgenden Bildern dargestellt werden sollen.

🕮 *Quelle: http://www.kitzingen.de/schulz/burg4.html*

📖 *Quelle: http://www.restena.lu/primaire/bourscheid/Burg_Txt.htm*

📖 *Quelle: members.tripod.de/ritterburgen/page4.html*

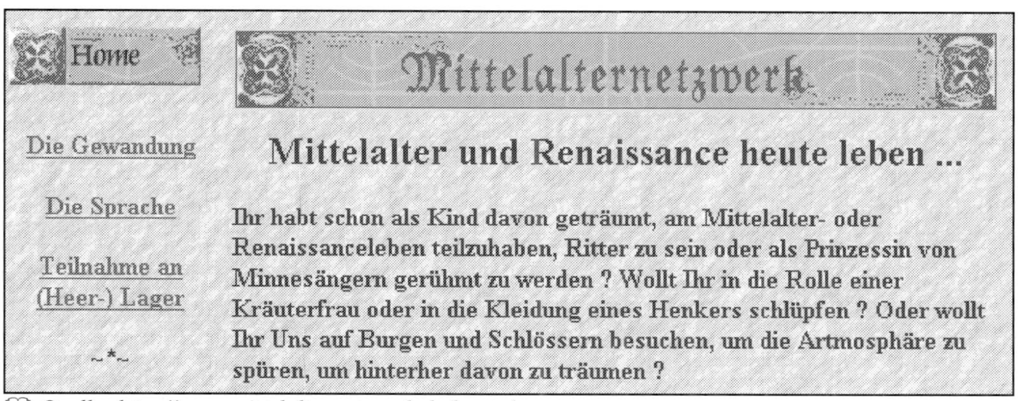


📖 *Quelle: http://www.mittelalternetzwerk.de/heute.htm*

## Suche über artverwandte Institutionen

Eine weitere Suche nach Quellen (Bücher, Internetlinks, Bilder, ...) zu unserem Thema sind die Fachbereiche für Geschichte der Universitäten. Die Auflistung nacheinander anzuwählender Links von zwei willkürlich ausgewählten Universitäten (Regensburg und Hamburg) soll dies verdeutlichen. Aufgezählt sind jeweils die Punkte, auf die nacheinander geklickt wurde:

- Anwahl von *www.uni-regensburg.de,*
- Organe und Einrichtungen,
- Philosophische Fakultät III - Geschichte, Gesellschaft und Geographie,
- Institut für Geschichte,
- Lehrstuhl Mittelalterliche Geschichte,
- eigene Homepage des Lehrstuhls für Mittelalter liche Geschichte,
- Interessante Links für's Mittelalter.

- Anwahl von *www.uni-hamburg.de,*
- Fachbereiche,
- Geschichtswissenschaft,
- Wissenschaftliche Einrichtungen,
- Arbeitsbereich Mittelalter,
- Forschungsschwerpunkte und Veröffentlichungen (auf Logo klicken),
- Linksammlung,
- Mittelalterforschung im Internet.

## 4.6 FTP – Transport von Daten

FTP ist die Abkürzung für *file transfer protocol* und kennzeichnet außerdem einen Dienst im Internet zum effektiven Transport von Daten. Der Dienst FTP wird in zwei Richtungen benutzt:

### Laden von Dateien aus dem Internet – Download

Der Download wird benötigt, um Dateien aus dem Internet auf den eigenen Rechner zu laden.
Das kann z.B. beim Herunterladen von Programmen, Treibern oder Updates notwendig sein.
Moderne Browser unterstützen den Download, indem man einfach die gewünschte (meist unterstrichen dargestellte) Datei anklickt.
Es erscheint dann ein Fenster, in dem man auswählen kann, wohin die Datei gespeichert werden kann (siehe nebenstehendes Bild).

*Dialog zum Speichern einer Datei beim Download*

- Hinweis 12: Um die Dateien nach dem Download wiederzufinden, sollte man die Dateien immer in einem speziellen Ordner speichern (z.B. *C:\Download*).
- Hinweis 13: Überprüfen Sie die Dateien nach dem Download immer erst auf Viren, ehe Sie die Dateien verwenden! Wenn Ihr Anti-Viren-Programm das Überprüfen gepackter Dateien nicht unterstützt, müssen Sie die Dateien nach dem Entpacken nochmals überprüfen.

### Laden von Dateien in das Internet – Upload

Beim Upload speichert man selbst Dateien auf einem Rechner im Internet.
Das kann z.B. das Speichern der eigenen Homepage auf einen Homepage-Server des Providers oder das Hochladen eigener Programme zur Bereitstellung zum Download für andere Personen sein.
Zum effektiven Download und Upload von Dateien gibt es spezielle FTP-Programme, die den gleichzeitigen Transport mehrerer Dateien mit einem Arbeitsschritt ermöglichen. Die Einrichtung einer eigenen Seite soll im Folgenden mit dem Programm *Windows-Commander* demonstriert werden. Die Arbeit mit anderen FTP Programmen verläuft ähnlich.
Als Voraussetzung wollen wir Folgendes annehmen:

- Der Ersteller der Homepage hat von seinem Provider mitgeteilt bekommen, dass sein Nutzername (account) *rudi_meier* ist und dass er die Server-Adresse *themen01.exit.de* benutzen soll. Außerdem ist dem Nutzer natürlich sein Passwort bekannt.
- Die Homepage des Anwenders besteht aus zwei Dateien (ein Text und eine Grafik), die sich beide im Ordner *homepage* auf Laufwerk *E:* befinden.

Als ersten Schritt wählt man den Menüpunkt *Befehle/FTP verbinden* und dort den Menüpunkt *Neue Verbindung*.
Im erscheinenden Fenster trägt man dann die oben genannten Informationen entsprechend dem dargestellten Bild ein. Der Titel der Verbindung ist dabei frei wählbar.

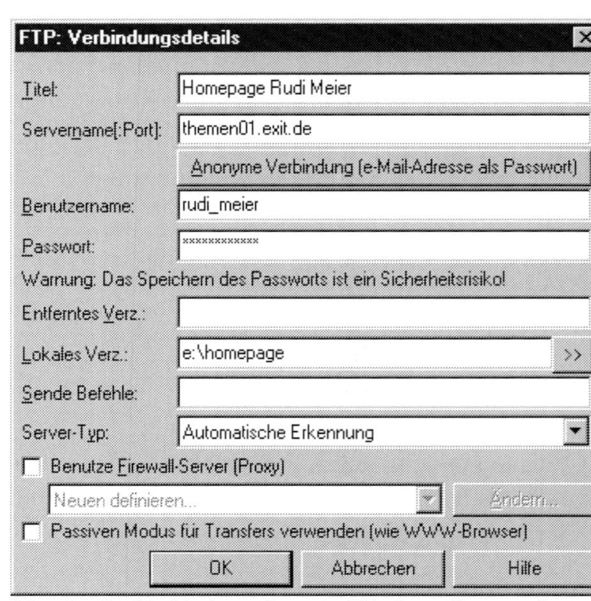

*Eingabe der Verbindungsdaten im Windows-Commander*

Nach Eingabe der notwendigen Daten betätigt man den Menüpunkt *Verbinden* und wird (bei einer bereits bestehenden Internetverbindung) mit dem Homepage-Server des Providers verbunden.
Dabei ist die Adresse des FTP-Servers oberhalb des linken Fensters zu sehen, den Ordner mit den Dateien der Homepage auf dem eigenen Rechner (*E:\homepage*) sieht man im rechten Fenster.

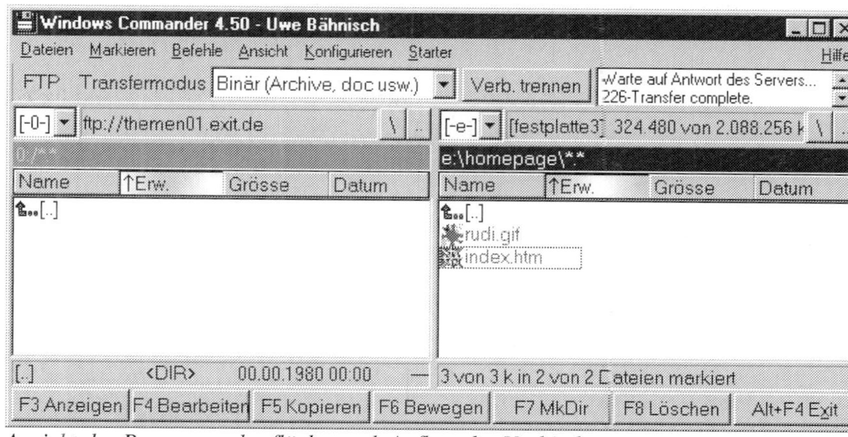

*Ansicht der Programmoberfläche nach Aufbau der Verbindung*

Die beiden zu übertragenden Dateien müssen nun im rechten Fenster markiert werden. Das geschieht wie im Windows-Explorer mit Hilfe der Kombination *Shift*+Maustaste oder *Strg*+Maustaste.
Das Übertragen der Dateien vom eigenen Rechner auf den Rechner des Providers wird durch Drücken der Funktionstaste *F5* oder durch Anklicken des Knopfes *F5-Kopieren* (am unteren Bildschirmrand sichtbar) eingeleitet.

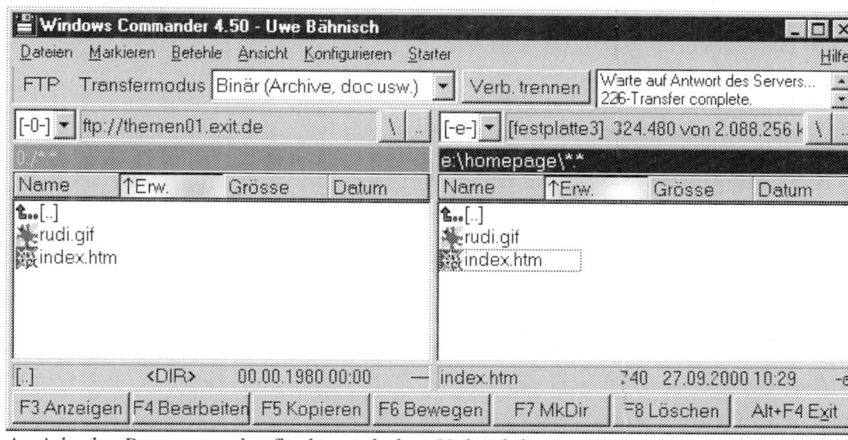

*Ansicht der Programmoberfläche nach dem Upload der Dateien*

Nach kurzer Zeit sind die Daten übertragen, der Erfolg ist im linken Fenster des zweiten Bildes zu sehen.

*Aufruf der übertragenen Homepage im Browser*

Häufig sind der Domainname des FTP-Servers und der Name des WWW-Servers, über den die Daten später betrachtet werden können, unterschiedlich.
Dies war auch in unserem Beispiel der Fall. Der Nutzer bekam mitgeteilt, dass seine Seite nach dem Upload über die Domainadresse *rudi_meier.exit.de* erreichbar sei. Dass dies wirklich der Fall ist, sehen wir im links dargestellten Bild.

- ➢ Hinweis 14: Die Datei mit der Endung *htm* ist der eigentliche Text der Homepage. Die *gif*-Datei ist die Grafik. Die genauere Programmierung von Seiten im WWW wird im Kapitel 6 (*HTML – Die Sprache des World Wide Web*) behandelt.
- ➢ Hinweis 15: Wenn die anzusprechende Datei den Namen *index.htm* oder *index.html* besitzt, muss man ihren Namen bei der Verbindungsanwahl nicht mit eingeben, die Seite wird automatisch gesucht.

## 4.7 Archie – die Suche nach Daten

Der Dienst Archie ist ein Suchdienst für Dateien, deren Dateinamen (oder Teile davon) man kennt.
Im Internet bieten viele Rechner Dateien speziell für den Download an (so genannte FTP-Server). Archie sucht nun auf diesen Servern nach der speziellen Datei und zeigt dem Nutzer eine Liste aller FTP-Server, auf denen diese Datei gefunden wurde.
Leider wurden in den letzten Jahren wegen Lizenz-Streitigkeiten mit der Entwicklerfirma der Archie-Software fast alle der weltweit existierenden Archie-Server geschlossen. Die Suchfunktion nach Dateien auf FTP-Servern wurde von anderen Seiten im Internet übernommen.
Die momentan besten Suchergebnisse (Stand Oktober 2002) liefern Suchmaschinen auf folgenden Adressen:

- *http://www.lycos.de*
  (Unterpunkt "Suche & Themen", dort "FTP-Server" anklicken; siehe rechtes Bild)

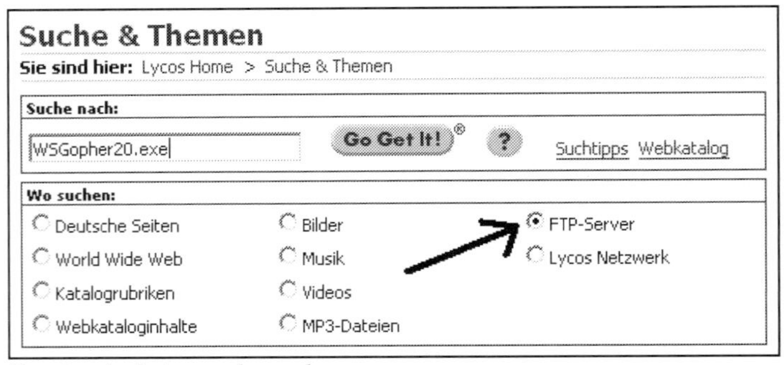


*Dateisuche bei www.lycos.de*

Da sich das Layout aktueller Suchmaschinen häufig ändert, kann sich die FTP-Dateisuche später eventuell an einer anderen Stelle befinden.

Die Benutzung von Archie soll an einem konkreten Beispiel demonstriert werden:

➢ Problem: Zum Probieren des Internet-Dienstes Gopher möchte man das Programm *WSGopher32* aus dem Internet downloaden. Man weiß, dass der Dateiname der entsprechenden Installationsdatei *WSGopher20.exe* ist, kennt aber keine Adresse, an der das Programm zu finden ist.

Zuerst verbindet man sich im Internet mit dem Rechner *www.lycos.de* und sucht das oben genannte Menü auf.
Hier gibt man nun den Namen der gesuchten Datei ein und startet die Suchanfrage.
Nach einiger Zeit erscheint das Suchergebnis, das z.B. die rechts dargestellte Form haben kann.
Bevor man nun einen Dateinamen anklickt, sollte man sich zuerst überlegen, wo sich der FTP-Server mit der zu ladenden Datei befindet.

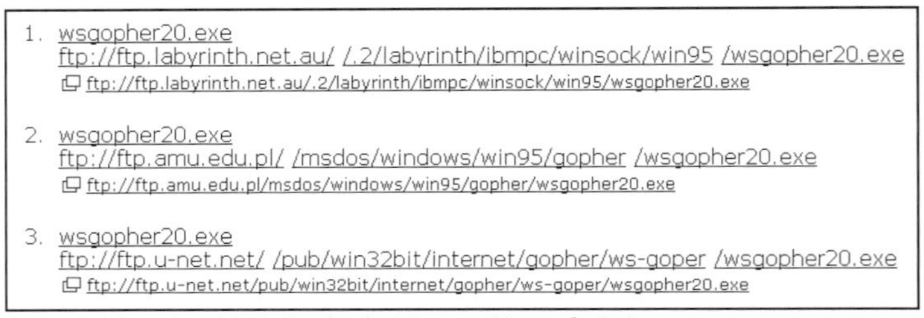


*Beispiel für eine FTP-Suche bei Lycos (Ausschnitt)*

Hier sollte man einen Server wählen, der sich in der Nähe befindet (ein Server in Deutschland bzw. Europa ist erfahrungsgemäß besser zu erreichen als ein Server in Australien oder Chile), oder von dem man (aus Erfahrung) weiß, dass er eine schnelle Verbindung ermöglicht.
Nach der Wahl des Servers klickt man den Dateinamen in der gewünschten Zeile an und der Download beginnt (wie im Kapitel *FTP* beschrieben).

- *http://www.alltheweb.com*
  (dort Unterpunkt "FTP-FILES" anklicken)

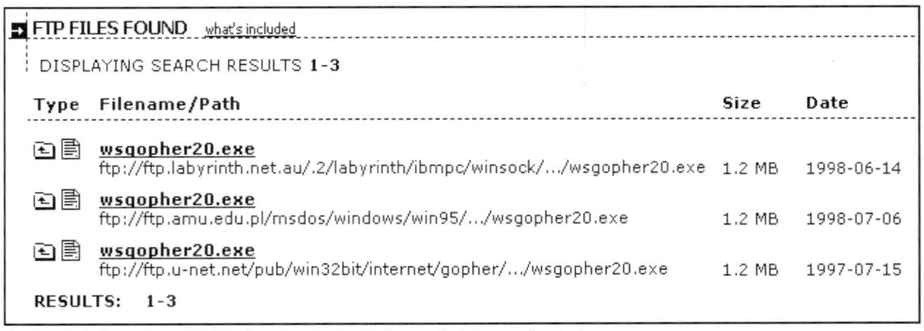


*Beispiel für eine FTP-Suche bei alltheweb (Ausschnitt)*

Ein Suchergebnis von *alltheweb* für die Datei *WSGopher20.exe* ist im rechten Bild zu sehen.
Diese Suchmaschine gibt außer dem Fundort der Datei auch noch die Dateigröße und das Erstellungsdatum der Datei an.

➢ Hinweis 16: Je nach gewähltem Archie-Rechner bzw. je nach Suchmaschine kann das Ergebnis der Suchanfrage natürlich etwas anders aussehen, die inhaltliche Bedienung bleibt jedoch gleich.

Eine weitere Anwendungsmöglichkeit von Archie ergibt sich, wenn man z.B. im Internet auf einer häufig besuchten Seite eine Datei downloaden möchte und der besuchte Rechner nicht ausreichend Übertragungskapazität bieten kann.
Erfahrungsgemäß ist so etwas immer der Fall, wenn eine Internetadresse mit interessanten Themen im Fernsehen oder in einer Tageszeitung veröffentlicht wird. In den folgenden Stunden bzw. Tagen besuchen häufig viele Tausend Internetbenutzer die Seite mit der veröffentlichten Adresse und die Übertragungsrate sinkt oft auf wenige Byte je Sekunde statt der möglichen rund 8 Kilobyte je Sekunde (bei ISDN).
In einem solchen Fall könnte man auf der veröffentlichten Seite den Namen der interessierenden Datei ermitteln und über einen Archie-Rechner einen schnelleren Server suchen.

⇨ Aufgabe 9: Suchen Sie nach der oben angegebenen Datei (*WSGopher20.exe*), beginnen Sie aber keinen Download.
Welchen der bei Ihrer Suche angezeigten FTP-Server würden Sie verwenden? Warum?
⇨ Aufgabe 10: Weiten Sie die Suche aus, indem Sie den Suchbegriff *WSGopher* verwenden. Laden Sie eine FAQ-Datei zu WSGopher.

## 4.8 Telnet – Fernsteuerung von Computern

Telnet ist ein Internet-Dienst, mit dem man fremde Rechner über das Internet "fernsteuern" kann. Mit Hilfe eines Telnet-Programms (ist im Betriebssystem meist vorhanden), loggt man sich auf dem fremden Rechner ein und steuert ihn mit Befehlen oder einem Benutzermenü.

Zum Einloggen benötigt man einen Benutzernamen und ein Passwort, diese werden i.A. bekanntgegeben.
Anwendungsbeispiele für den Dienst Telnet sind :

- Fernsteuerung von fremden Computern zu Zwecken der Wartungs,
- Recherche in Bibliotheken (siehe Bild),
- Recherche in öffentlichen Datenbanken,
- Bedienung von WAIS-Servern (Wide-Area Information Server, siehe Abschnitt *Suchen*).

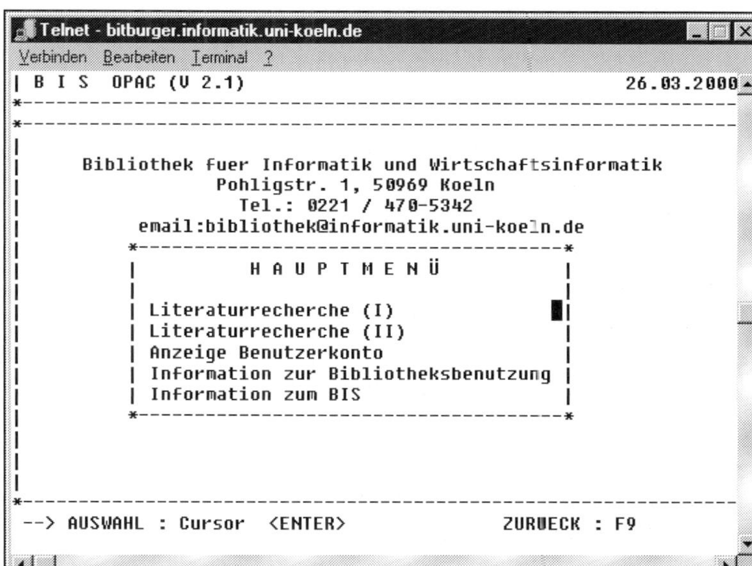

*Beispiel für eine Telnet-Recherche in einer Bibliothek*

## 4.9 IRC – Quatschen über Tastatur (Chat)

### Was ist IRC?

IRC steht als Abkürzung für Internet Relay Chat. Es ist ein Internetdienst, bei dem mehrere Nutzer zur gleichen Zeit miteinander kommunizieren können. Die heute gebräuchliche Abkürzung ist *Chat*, die Tätigkeit nennt man *chatten*.
Normalerweise benötigt man zum Chatten ein spezielles Programm, einen so genannten IRC-Client, mit dem man sich dann mit einem IRC-Server verbinden kann. In letzter Zeit sind aber immer mehr Anbieter dazu übergegangen, die IRC-Server mit einem WWW-Interface zu versehen, so dass man auch mit einem normalen Browser am Chat teilnehmen kann.

## Wie kann man am Chat teilnehmen?

Zur Teilnahme am Chat benötigt man natürlich zuerst einmal die Adresse eines Chat-Servers. Heutzutage bieten z.B. fast alle Fernsehsender, Tageszeitungen oder Illustrierte einen solchen Service an. Weitere Chatadressen findet man z.B. unter *www.chat.de* und *www.focus-online.de.*
Wenn man nun einen Chat-Server anwählt, hat man bei vielen Servern die Möglichkeit, sich einen so genannten Chat-Kanal auszuwählen. Hier entscheidet man sich, zu welchem Interessengebiet man diskutieren möchte. Typische Themen sind z.B. Computer, Autos , Reisen, Theater, Kino, Sport, Spiele, Politik, Regionales und natürlich die Flirtline.
Nach der Wahl des Chat-Kanals wird man aufgefordert, sich einen so genannten Nickname (nickname = Spitzname) auszuwählen, unter dem man sich im Chat einloggen möchte. Ein lustiger oder zumindest origineller Name ist hier üblich.

➢ Hinweis 17: Es kann vorkommen, dass der von Ihnen gewünschte Nickname bereits vergeben ist. Superman, Tarzan, Cat-Woman und ähnlich "tolle" Namen sind oft als erste weg. Wenn Sie den Namen trotzdem verwenden wollen, so hängen Sie doch einfach eine zufällige Ziffernfolge an den Namen (z.B. Cleopatra395 oder Schlumpf71).

Nach dem Einloggen erscheint ein Bildschirm ähnlich der dargestellten Abbildung.
Dabei dient der untere Teil zur Eingabe der eigenen Mitteilung, im oberen Teil werden die Mitteilungen aller "Chatter", versehen mit ihrem Nickname, angezeigt.

➢ Hinweis 18: Die Teilnahme am Chat ist für Anfänger zumindest gewöhnungsbedürftig. Oft unterhält man sich nur mit einer Person, in der gleichen Zeit unterhalten sich aber auch viele andere Personen miteinander und die Mitteilungen aller Personen werden natürlich in fortlaufender Reihenfolge auf dem Bildschirm angezeigt.

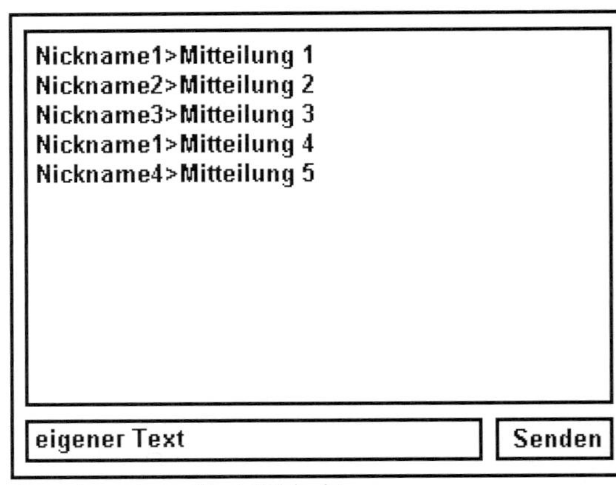

*Aussehen eines Chat-Bildschirms*

## Möglichkeiten im Chat

Je nach Art des IRC-Servers bzw. des benutzten Programms ergeben sich in der Diskussion noch eine Reihe weiterer Möglichkeiten. Unter anderem können das folgende Optionen sein:

- Anzeige aller Personen (Nicknames), die am Chat teilnehmen,
- Anzeige näherer Informationen (Steckbrief) zu einer bestimmten Person,
- Wechsel des Chat-Kanals,
- Senden einer privaten Mitteilung an einen bestimmten Teilnehmer, die von den anderen nicht gelesen werden kann,
- Eröffnen eines eigenen Chatraums, über den man dann die volle Kontrolle hat (Nutzer aussperren, Raum abschließen),
- Nachrichten eines bestimmten Benutzers (Störenfried) nicht mehr anzeigen,
- Farbe der eigenen Mitteilungen festlegen,
- Dateien an andere Personen im Chat versenden.

## Smileys

Häufig tauchen im Chat Zeichenfolgen wie z.B. ;-) oder :-(( auf, deren Bedeutung dem Anfänger vollkommen unklar sind. Diese Zeichenfolgen werden Smileys genannt, ihre Bedeutung wird besser sichtbar, wenn man sich die Zeichen einmal von rechts aus betrachtet (Seite um 90° gedreht).
Im Internet haben die Smileys mittlerweile Kultstatus erlangt, es gibt Seiten, auf denen Hunderte solcher Zeichenfolgen gesammelt sind. Wenn diese große Anzahl auch wenig Sinn ergibt (der Gegenüber soll die Smileys ja auch erkennen), sollte man zumindest die grundlegenden Smileys kennen:

| Smiley | Bedeutung |
|---|---|
| `:-)` | Standard-Smiley, wird häufig nach einem Witz oder einer ironisch gemeinten Bemerkung benutzt |
| `:)` | Spar-Smiley (wie oben, nur für Faule) |
| `;-)` | Zwinker-Smiley, ähnlich dem Standard-Smiley, etwas nicht ganz ernst nehmen |
| `:-o` | Staun-Smiley, über etwas staunen, von etwas überrascht sein |
| `:-(` | Trauer-Smiley, wenn man etwas nicht schön oder traurig findet |
| `:-)), :-(((` | Steigerung der Standard-Smileys (beliebig erweiterbar) |
| `:->` | Sarkasmus-Smiley, wird nach sarkastischen Bemerkungen benutzt |
| `:-<` | Ärger-Smiley, wird benutzt, wenn man sehr traurig ist oder sich über etwas ärgert |

➢ Hinweis 19: Die Sache mit den Smileys sollten Sie nicht all zu ernst nehmen ☺.

## Abkürzungen, Internet-Slang

Außer den Smileys haben sich noch eine Reihe weiterer Abkürzungen im Chat, aber auch in anderen Bereichen des Internets entwickelt. Eine Reihe solcher Abkürzungen stammen aus der englischen Umgangssprache, so dass sie für deutsche Benutzer nur schwer verständlich sind, einige Abkürzungen sind allerdings auch gebräuchlich oder entstammen der deutschen Sprache.

| Abkürzung | Bedeutung |
|---|---|
| `cu` | *see you*, zu Deutsch etwa: "Man sieht sich." Die englischen Buchstaben werden einfach einzeln gelesen und klingen dann so ähnlich wie "see you". |
| `thx` | Abkürzung für *"thanx"*, Slang für *thank you = danke* |
| `4u` | *for you*, für dich |
| `cul8r` | *see you later*, ich sehe dich später wieder |
| `cul` | siehe *cul8r* |
| `FAQ` | *frequently asked questions*, häufig gestellte Fragen |
| `btw` | *by the way*, ganz nebenbei |
| `asl, a/s/l` | *age/sex/location*, die kürzeste Frage, wenn man viele Informationen (Alter, Geschlecht, Wohnort) über eine Person erhalten möchte |
| `afaik` | *as far as I know*, soweit ich weiß |
| `FF` | *Fiel Fergnügen*, sorry :-))) |
| `dau` | *dümmster anzunehmender User*, kennzeichnet Personen, die sich sehr dumm anstellen, Ableitung der Abkürzung GAU (größter anzunehmender Unfall) aus der Atomwirtschaft |
| `dg` | *dumm gelaufen* |

Wenn man für seine derzeitige Gemütsregung keinen passenden Smiley findet, bastelt man sich einfach ein entsprechendes "Emoticon" selbst. Beispiele dafür:

- *grins*, <g> (für grins), *schluchz*, *schmelz* (Eine Erklärung soll hier mal unterbleiben ...)

➢ Hinweis 20: Verwenden Sie nur Abkürzungen, von denen Sie annehmen, dass Ihr Gegenüber sie versteht, sonst unterhalten Sie sich nur "mit sich selbst".

### Grafik-Chat im Cyberkosmos

Außer dem Chat im normalen Text-Modus gibt es auch eine Reihe von Servern, auf denen man im Grafik-Modus chatten kann (siehe nebenstehendes Bild).
Dabei erstellt man sich zuerst eine Figur mit bestimmten Eigenschaften (Statur, Haarfarbe, Kleidung, Geschlecht, ...) und nimmt dann mit dieser Figur am Chat teil.
Zu den normalen Gesprächen kommt hier der räumliche Effekt hinzu; man nähert sich seinem Gesprächspartner, die interessierenden Texte sind immer in der Nähe, andere Texte stören nicht so.
Natürlich gibt es auch hier wieder bestimmte Chat-Kanäle, wo man sich jeweils über verschiedene Themen unterhalten kann.

*Grafik-Chat bei www.cycosmos.de*

### Chatten, eine Sucht?!

In den letzten Jahren hat sich die Beteiligung einzelner Leute an Chat-Runden so weit gesteigert, dass man schon von einer Sucht sprechen kann.
Die nebenstehende Tabelle stammt von einem Chat-Server und stellt eine Auswahl aus der Top-50-Liste der Besucher dar, die sich die längste Zeit im Chat aufgehalten haben. Beachten Sie die Online-Zeiten der ersten beiden Chatter, die Liste wurde 19.00 Uhr erstellt!
Der Spitzenreiter im Februar hat im Durchschnitt täglich über 11 Stunden im Chat zugebracht.

| | Top 50 vom: 18.02.2000 | Online Zeit | | Top 50 Februar 2000 | Online Zeit | | Top 50 seit 1996 | Online Zeit |
|---|---|---|---|---|---|---|---|---|
| 1 | topgungk | 16.7 | 1 | diddl-maus. | 199.1 | 1 | biggi | 3234.1 |
| 2 | diddl-maus. | 15.9 | 2 | lena1 | 147.8 | 2 | kira | 2139.1 |
| 3 | missaigon | 11.1 | 3 | topgungk | 144.0 | 3 | nettl | 2008.2 |
| 4 | lena1 | 9.7 | 4 | 2hard4you | 141.2 | 4 | topgungk | 1996.8 |
| 5 | jiggle | 9.2 | 5 | ti'alc | 134.5 | 5 | schlumpf | 1944.2 |
| 6 | einsamerreiter | 8.7 | 6 | jiggle | 125.2 | 6 | alf | 1937.9 |
| 7 | sachse21 | 8.4 | 7 | moods | 120.9 | 7 | nett | 1893.8 |
| 8 | dingdong | 8.3 | 8 | wildcat-m | 120.4 | 8 | nicki" | 1677.4 |
| 9 | selina20 | 7.8 | 9 | selina20 | 119.4 | 9 | chaos | 1650.8 |
| 10 | michelle17 | 7.8 | 10 | blaubartt | 107.0 | 10 | kleinerfreund | 1605.1 |

*Die TOP - Chatter von Focus-Online*

⇨ Aufgabe 11: Nehmen Sie die aktuellen Gebühren für Ortsgespräche als Maßstab und berechnen bzw. schätzen Sie die täglichen, monatlichen bzw. jährlichen Telefongebühren der Spitzen-Chatter. Diskutieren Sie die ermittelten Werte.

## 4.10 Online-Shopping und E-Commerce

### Einführung

In dem gleichen Umfang, in dem sich das Internet, besonders aber das WWW im privaten Bereich verbreitete, rückte es auch in den Blickpunkt des Handels als Medium zum Abschluss von Geschäften.
Anfangs war das Internet nur ein Medium zum Angebot von Waren und zu deren Bestellung. Die Zahlung erfolgte auf herkömmliche Weise (Nachnahme, Kreditkarte, Banküberweisung usw.). Man spricht in diesem Zusammenhang auch vom *Online-Shopping* .

Die einzelnen Teilbereiche des Online-Shoppings sind:

- Produkt- und Firmenwerbung,
- Produktinformation,
- Preisangebot,
- Bestellung.

Später wurde auch der Vorgang der Bezahlung in die geschäftliche Transaktion integriert, man spricht jetzt auch vom *E-Commerce*.

Als wichtigstes Problem des E-Commerce hat sich die Durchführung eines sicheren Zahlungsvorganges gezeigt. Da die Daten über das Internet geschickt werden, bieten sich hier eine Reihe von Möglichkeiten, diese Daten auszuspionieren und zu missbrauchen. Aus diesem Grund wurden verschiedene Zahlungsmittel entwickelt, die diesen Missbrauch verhindern sollen.

Folgende Probleme waren bei der Entwicklung solcher Zahlungsmittel zu überwinden:

- Elektronische Daten, egal ob verschlüsselt oder unverschlüsselt, werden als Folge elektrischer Signale übermittelt. Das Vervielfachen solcher elektronischen Signale, auch wenn man deren Bedeutung nicht kennt, ist relativ einfach. Es muss also sichergestellt werden, dass von elektronischem Geld keine Kopien erstellt werden können.
- Beim Geschäftsverkehr übertragene Daten (Kundendaten, Produktdaten) sollen geheim bleiben und müssen deshalb verschlüsselt werden.
- Jeder Kunde sollte im Rahmen der Geschäftsabwicklung eindeutig identifizierbar sein, da sonst im fremden Namen Bestellungen ausgelöst werden könnten. Wünscht der Kunde Anonymität gegenüber seiner Bank (z.B. bezüglich seines Kaufverhaltens), so sollte auch dies möglich sein.
- Die übertragenen Dateien, z.B. der Wert des Geldes, sollten sich nicht verändern lassen. Dazu müssen Sie mit geeigneten Verfahren (z.B. Checksumme) vor Veränderungen geschützt werden.

## Zahlungssysteme

Die beiden 1995 bzw. 1996 eingeführten Zahlungssysteme eCash™ von der (damaligen) Bank24 und SET™ (Secure Electronic Transaction™) von der (damaligen) Deutschen Bank waren aus Sicht des Datenschutzes und der Datensicherheit als äußerst positiv einzuschätzen. Beide Systeme scheiterten jedoch an der Akzeptanz der Kunden (sowohl Käufer als auch Verkäufer).
Bei beiden Verfahren musste sich der Kunde jeweils eine spezielle Software auf dem eigenen Rechner installieren, über die dann der Zahlungsverkehr abgewickelt wurde.
Die Installation und Bedienung der angegebenen Software war den Kunden offensichtlich zu umständlich bzw. kompliziert, so dass viele aktuelle Zahlungssysteme (2002) ohne zusätzliche Software zu bedienen sind.

Als erstes Zahlungssystem soll das *paybox*-Verfahren genannt werden. Dieses Verfahren setzt darauf, dass die meisten Personen heute ein Handy besitzen. Möchte man nun eine Zahlung im Internet durchführen (und ist bei *paybox* angemeldet), so gibt man auf der entsprechenden Händlerseite beim Bezahlvorgang lediglich seine Handy-Nummer oder seine *paybox*-Nummer (Alias-Name zur Wahrung der Anonymität) ein.
Der Rechner des Verkäufers setzt sich nun mit dem *paybox*-Rechner in Verbindung und übermittelt die Handy- oder *paybox*-Nummer des Kunden sowie den zu zahlenden Betrag. Anschließend ruft der *paybox*-Rechner beim Handy des Kunden an und sagt den zu zahlenden Preis an.
Der Kunde quittiert die Transaktion mit einer speziellen Geheimzahl (selbst wählbare *paybox*-PIN), worauf der *paybox*-Rechner den Verkäufer von der erfolgreichen Transaktion unterrichtet. Parallel erfolgt eine Abbuchung des Betrags vom Konto des Kunden und eine Überweisung auf das Konto des Verkäufers.
Eine Bestätigung der Transaktion erhält der Kunde per E-Mail und/oder per SMS.
Die Sicherheit dieses Verfahrens ist sehr hoch, da man selbst bei Verlust des Handys sowohl die Handy- als auch die *paybox*-PIN besitzen muss, um Transaktionen durchführen zu können.

🕮 *Quelle: http://www.paybox.de*

Als zweite Art von Zahlungsverfahren sollen die so genannten Prepaid-Karten vorgestellt werden. Wie beim Handy hat man auch hier die Möglichkeit, Karten mit einem bestimmten Geldwert (z.B. 15, 25 oder 50 Euro) zu kaufen und den Gesamtwert in kleineren Beträgen im Internet zu Zahlungszwecken einzusetzen.
Jede gekaufte Karte hat eine versteckte, meist 16-stellige PIN, die freigerubbelt werden muss. Diese PIN kann dann im Internet in ein dafür vorgesehenes Feld eingegeben werden. Der Zahlbetrag wird danach über den Rechner der Prepaid-Karten-Firma maximal bis zum Geldwert der Karte abgebucht. Sollte der zu zahlende Betrag das Guthaben auf der Karte überschreiten, kann mit mehreren Karten gleichzeitig bezahlt werden.
Als Beispiel sollen hier die Bezahlsysteme *MicroMoney* und *paysafecard* genannt werden.
Beim *paysafecard*-Verfahren können alle PINs der Karten zusätzlich im Internet mit einem Passwort geschützt werden. Dann kann die Karte auch nicht missbraucht werden, wenn eine fremde Person die Karte mit der aufgedruckten PIN in die Hände bekommt.

📖 *Quelle: http://www.micromoney.de, http://www.paysafecard.de*

Als drittes Zahlungsverfahren soll das Verfahren *FIRSTGATE click&buy*™ genannt werden. Beim Aufruf einer kostenpflichtigen Seite oder beim Kauf von Artikeln wird dem Kunden eine Information zum Anbieter und zu den anfallenden Kosten angezeigt. Nach Eingabe einer Nutzernummer aud eines Passworts kann die Seite dann betrachtet werden bzw. ist die Zahlung für den Artikel erfolgt.

📖 *Quelle: http://www.firstgate.de*

Da die Bezahlung über das Internet noch ein im Aufbau befindliches Gebiet ist, wird es hier in den nächsten Jahren sicherlich noch Änderungen und Weiterentwicklungen geben.

⇨ Aufgabe 12: Besuchen Sie die Internet-Seiten verschiedener Banken und Online-Kaufhäuser. Informieren Sie sich dort über Art und Funktionsweise der aktuell angebotenen Zahlungsverfahren.

## 4.11 Communities

Communities, auch Web Communities genannt, sind virtuelle Gemeinschaften im Internet, deren Mitglieder ein gemeinsames Interesse oder ein gemeinsames Hobby besitzen oder die auf sonstige Weise miteinander verbunden sind. Im Unterschied zu realen Gemeinschaften können sich die Mitglieder einer Community an völlig verschiedenen Punkten der Welt befinden und müssen sich nicht einmal zur gleichen Zeit treffen.
Es gibt verschiedene Organisationsformen von Communities, von denen besonders zwei Formen hervorgehoben werden sollen: Die erste Communityform wird von Privatpersonen aufgebaut, ist nicht gewinnorientiert und dient vor allem der Beschäftigung mit einem bestimmten Hobby. Im Gegensatz dazu dient die zweite Art von Communities kommerziellen Zwecken (auch wenn dies vom Benutzer nicht sofort zu erkennen ist) und wird oft von Firmen betrieben.
Virtuelle Communities funktionieren auf verschiedenen Ebenen, von denen hier einige genannt werden sollen. Der erste Anlaufpunkt einer Community ist meist eine Seite im WWW (Community-Start, Portal-Seite), von der aus die einzelnen Angebote der Community gewählt werden können. Diese Angebote können z.B. Chat-Foren, Mailing-Listen, Download-Bereiche, Internetseiten mit Informationen, Newsletter, Hilfe-Bereiche, Grafiksammlungen oder andere kostenlose Angebote sein.
Communities existieren zu (fast) allen Themenbereichen, die folgenden Beispiele sollen nur eine kleine Auswahl zeigen:

- Communities zu Hobby-Themen (Sportarten, Musik, Fernsehserien, Kochen, Basteln, Sammeln, ...),
- Virtuelle Gemeinschaften von Personen, die als reale Gemeinschaften existieren oder existiert haben (ehemalige Klassen- oder Studiengemeinschaften, Vereine, Familien- oder Freundeskreis),
- produktorientierte Communities von Firmen, die auf diesen Seiten Informationen rund um ihre Produkte bereitstellen und den Anwendern eine Diskussions- und Hilfe-Plattform bieten,
- Communities zu Beratungs- und Hilfezwecken (Diskussionen und Hilfe zur Bewältigung von Problemen des täglichen Lebens, Partnerschaftsberatung, Hilfe bei der Erstellung von Hausaufgaben, Ausarbeitungen und Vorträgen, ...),
- Plattformen für den Austausch bestimmter Lebensphilosophien und -anschauungen (Communities nur für Frauen, Girl-Power, Vegetarier, verschiedene Glaubensrichtungen, ...).

Kommerzielle Communities bieten den betreibenden Firmen eine Reihe von Vorteilen gegenüber einer undifferenziert platzierten Werbung. In einer Community zu einem bestimmten Thema kann der Anbieter davon ausgehen, dass die Mitglieder der Community an Werbung zu diesem Thema interessiert sind oder wie die Werbefachleute sagen, dass "die Zielgruppe erreicht wird". Außerdem kann der Anwender durch den direkten Kontakt (Produkt-Feedback) mit seinen potenziellen Kunden sein Angebot besser auf die Bedürfnisse der Kunden abstimmen.
Ist die virtuelle Gemeinschaft groß genug, bieten sich weitere Verdienstmöglichkeiten durch die bezahlte Werbung von Drittanbietern.
Die kommerziellen Communities funktionieren alle nach einem ähnlichen Schema:

- Zuerst baut man durch kostenlose und attraktive Angebote (Downloads, Bilder-Sammlungen, kostenlose E-Mail-Adresse, Bereitstellung von Homepage-Speicherplatz, kostenlose SMS-oder Faxdienste, ...) und durch die Bereitstellung von Kommunikationsplattformen (Chat, Mailinglisten, Gästebuch, Diskussionsforen ähnlich Newsgruppen, ...) einen Mitglieder- bzw. Kundenstamm auf.
- Danach fördert man die Kommunikation zwischen den Mitgliedern und versucht das Engagement der einzelnen Mitglieder zu steigern. Dies dient dazu, das Zusammengehörigkeitsgefühl der Mitglieder und die Loyalität gegenüber der Community zu steigern. Später angebotene Werbung wird dann nicht mehr als teilweise unerwünschte Information verstanden, sondern mehr als Teil der Community akzeptiert.
- Wenn die Community hinreichend funktioniert und gewachsen ist, kann an das Erzielen von Profiten gedacht werden. Werbung für eigene Produkte und (bezahlte) Werbung von Fremdanbietern kann interessenspezifisch platziert werden und verspricht eine hohe Akzeptanz und gute Umsatzzahlen. Außerdem können in dieser Phase der Community-Entwicklung weitere Dienste angeboten werden, für die dann allerdings Kosten anfallen (z.B. Zugang zu speziellen Informationen oder Datenbanken, Bereitstellung von interessenspezifischer Software, ...).

Die Community bringt aber nicht nur deren kommerziellen Betreibern Vorteile, sondern auch den Mitgliedern der Community:

- Die Mitglieder finden hier oft eine große Sammlung von qualitativ hochwertigen Materialien, die sich mit ihrem Interessengebiet beschäftigen (Software, Bilder, Informationen, Tipps, ...).
- In der Community treffen sich nur Personen, die an bestimmten gemeinsamen Themen interessiert sind, der interessierte Nutzer muss nicht das ganze Internet nach Informationsquellen und Diskussionspartnern durchsuchen.
- Durch die Diskussion mit anderen Mitgliedern der Community können aktuelle Informationen erhalten bzw. bereitgestellt werden. Die Mitglieder der Community können eigene Informationen und Materialien innerhalb der virtuellen Gemeinschaft publizieren.
- Es werden viele Angebote kostenlos oder zumindest kostengünstig bereitgestellt, wofür man an anderen Stellen eine Menge Geld bezahlen müsste.
- Kaufinteressierte Community-Benutzer bekommen hier Angebote für ihre Interessengebiete, nach denen sie an anderen Stellen erst suchen müssten.

*Ausschnitt aus der Startseite von www.spotlight.de*

Als Beispiele für reale und funktionierende Communities sollen hier nur einige genannt werden:

- Unter der Internet-Adresse *www.spotlight.de* findet man eine riesige Auswahl von Diskussions- und Hilfeforen zu verschiedenen Themen (siehe Bild).
  Hauptsächlich sind jedoch Computerthemen vertreten.

- Die "virtuelle Stadt" unter der Adresse *www.fortunecity.de* bietet Diskussionsforen und andere Leistungen zu sehr vielen speziellen Themen an. Diese Themen gliedern sich unter anderem in die Bereiche Kunst und Kultur, Computer und Internet, Unterhaltung, Heim und Familie, Erholung und Sport, Internationales sowie Reise und Verkehr.
- Eine Community, speziell für Schüler, bietet der Cornelsen-Verlag unter *www.learnetix.de* (siehe rechtes Bild). Hier erhalten Schüler Hilfe bei der Erledigung ihrer Hausaufgaben, können miteinander chatten, Neuigkeiten erfahren und austauschen oder (natürlich nur zur Entspannung) auch mal eine kleine Runde spielen.

*Ausschnitt aus der Startseite von www.learnetix.de*

- Unter *communities.msn.de* findet man eine riesige Plattform zur Teilnahme an Communities aus sehr vielen Bereichen, aber auch die Möglichkeit zum Erstellen eigener Communities.
- Eine weitere Möglichkeit, an Communities aus vielen Bereichen teilzunehmen, findet man unter *www.tripod.de*.
  Der rechts dargestellte Bildschirmausschnitt zeigt eine Übersicht über die zur Verfügung stehenden Communities.

*Ausschnitt aus der Startseite von www.tripod.de*

⇨ Aufgabe 13: Besuchen Sie einige der angegebenen oder auch andere Communities im Internet. Stellen Sie fest, ob Sie Communities für Ihre Interessengebiete finden.

## 4.12 Online-Spiele

Mit dem Fortschreiten der internationalen Vernetzung kam es auch zu einer Ausweitung der Computerspiele auf den Netzwerkbereich. Dabei gab es anfangs noch hauptsächlich textorientierte Spiele, da hier die Übertragung der Daten sehr schnell ging, mittlerweile gibt es auch zu immer mehr grafikorientierten Spielen Netzwerkversionen, bei denen man weltweit miteinander oder gegeneinander spielen kann.
Eine relativ alte Form der Netzwerkspiele sind textorientierte Rollenspiele, die auch unter dem Namen MUD (multi user dungeon, multi user domain) bekannt sind.
Die folgenden Ausschnitte stammen aus einem solchen textorientierten Spiel und sollen einige Eindrücke von dieser virtuellen Welt vermitteln. Verlassen wir also das reale Leben oder das RL (real life), wie die echten MUDder das wirkliche Leben nennen, und tauchen ein in die Welt des virtuellen Abenteuers.
Nach dem Einloggen bei einem bestimmten Spiele-Server im Internet erscheint das folgende Bild:

*Hi! Schoen, dass du wieder da bist.*

*Du stehst auf einer Lichtung mitten im Wald. Der Weg kreuzt sie von Nord nach Sued. Bunt gefaerbte Blumen saeumen den Wegrand, und die Straeucher tragen erste Fruechte. Ein Schmetterling flattert durch das Gras.*

*Ein Schmetterling.*
*Ausgaenge: Nord, Sued.*

Betritt man einen Raum im MUD, so erscheint auf dem Bildschirm zunächst eine Raumbeschreibung, gefolgt von Gegenständen, anderen Spielern, NPCs und Ausgängen, die in diesem Raum sind. NPC (non player characters) ist eine weitere MUD-Abkürzung. Es werden damit alle vom Computer gesteuerten Figuren gemeint. Mit Anweisungen wie "sued", "nord", "hoch" usw. bewegt man sich auf der virtuellen Landkarte. Früher zeichnete man sich mit Bleistift und kariertem Papier die Landkarte der virtuellen Welt, später gab es auch Programme, die solche Karten automatisch erstellten.
Die Raumbeschreibungen enthalten so manch versteckten Hinweis, dem man nachgehen sollte:

>untersuche straeucher

*Du erkennst bekannte Straucharten: Eine junge Haselnuss, Heckenrosen und andere. Doch halt, ein Strauch faellt dir besonders auf.*

>untersuche strauch

*Hmm, seltsam. Irgendwas stimmt hier nicht. Ja, das ist es: Der Strauch laesst die Zweige haengen und hat welke Blaetter, obwohl alles herum gruent und blueht. Ob das am Boden liegt?*

>untersuche boden

*Du bewegst dich auf den Busch zu. Es sieht aus, als wuerde auch das Gras in einem Kreis um den Busch sehr trocken sein. Doch als du diesen Kreis betrittst, knackt es auf einmal unter dir: Du faellst in eine Fallgrube! Autschi, das ging ja gerade noch einmal gut. Jetzt bist du im Loch!*
*Es ist dunkel.*

>zuende fackel an

*Es wird hell.*

>schau

*Du befindest dich in einer etwa fünf Schritt tiefen Grube. Das Loch, durch das du gefallen bist, hat sich gleich wieder wie von Geisterhand geschlossen.*
*Keine Ausgänge.*

Normalerweise wäre unser Spiel jetzt schon zu Ende, da unsere Spielfigur keine Gegenstände dabei hat, um mit eigener Kraft aus der Fallgrube zu gelangen.
Aber halt, wir sind ja nicht allein im Spiel, vielleicht kann uns jemand helfen:

>rufe Hilfe!

*Gandalf meldet sich.*
*Gandalf teilt dir mit: was ist denn los?*

>teile gandalf mit ich bin in der fallgrube, westlich der stadt

*Gandalf teilt dir mit: na, da ist ja jeder schon mal reingefallen ;-) ich komm vorbei*

>teile gandalf mit hey, danke

*Gandalf tritt aus einer leuchtenden Wolke.*

>sage hi!

*Gandalf holt eine magische Strickleiter hervor.*
*Gandalf sagt: hallo! hier ist die treppe, viel glueck!*

>knuddel gandalf ganz dolle

*Du knuddelst Gandalf ganz dolle.*
*Gandalf wuschelt dir die Haare.*

Na, das ging ja gerade noch mal gut. Das Leben gerettet und einen neuen Freund gefunden. Gandalf spielt das MUD schon etwas länger und kennt eine Reihe von Tricks. Schön, dass er unserer Spielfigur geholfen hat. Als Anfänger hat man es schwer im virtuellen Leben. Man muss wagemutig, aber auch vorsichtig sein. Abenteuer, Monster, Zaubertränke – alles das gibt es zu entdecken.
Aber zum Glück ist man nicht allein. MUDs sind auch ein Kommunikations-Medium zwischen den Spielern, anders als im Chat schlüpft man hier aber in eine Rolle und kommuniziert über seine Spielperson. Man kann gemeinsam ins Abenteuer ziehen, es werden virtuelle Hochzeiten gefeiert und MUD-Partys im RL.
Trotz aller Abenteuer in der Virtualität sollte man eines beachten, nämlich nicht das RL aus den Augen zu verlieren. ;-))

## 4.13 Kontrollfragen

☛ Frage 1: Nennen Sie mindestens 3 Gemeinsamkeiten und 3 Unterschiede zwischen E-Mail und "Gelber Post".

☛ Frage 2: Wie sollte man vorgehen, um möglichst kostensparend E-Mails zu versenden?

☛ Frage 3: Nennen Sie mindestens 5 Regeln, die man beim Schreiben von E-Mails beachten sollte. Begründen Sie diese Regeln.

☛ Frage 4: Was versteht man unter dem Vorgang des Packens von Dateien? Welche Vorteile bringt das Packen von Dateien?

☛ Frage 5: Welches Packverfahren sollte man benutzen, wenn man nicht weiß, welches Packprogramm der Empfänger der Nachricht besitzt?

☛ Frage 6: Welche Dateien (Dateiformate) lassen sich besonders gut packen, welche nicht?

☛ Frage 7: Nennen Sie mindestens 3 Gemeinsamkeiten und 3 Unterschiede zwischen Newsgruppen und Fachzeitschriften.

☛ Frage 8: Was versteht man unter der Netiquette? Nennen Sie mindestens 8 Regeln der Netiquette und begründen Sie diese kurz.

☛ Frage 9: Nach welcher Hierarchie ist die Benennung von Newsgruppen aufgebaut?

☛ Frage 10: Wie findet man möglichst schnell die passende Newsgruppe für seine persönlichen Interessen?

☛ Frage 11: Was versteht man unter dem Begriff *Abonnieren einer Newsgruppe*?

☛ Frage 12: Wie kann man möglichst preisgünstig Newsgruppen lesen?

☛ Frage 13: Was versteht man unter einer Signatur? Wo wird sie verwendet? Was sollte man beim Erstellen von Signaturen beachten?

☛ Frage 14: Ein Computerbesitzer kauft sich für seinen PC eine Soundkarte. Nach Einstecken der Soundkarte und Anschalten des Computers funktioniert die Sound-Ausgabe in Spielen und Musikprogrammen trotzdem nicht.
Daraufhin schreibt er in der Newsgruppe *de.comp.lang.pascal* folgende Mitteilung:

| |
|---|
| Subject: Ich brauche Hilfe!<br><br>Halo Mitteinander!<br>Meine Sounkarte funktioniert nicht, wer kann mir helfen? |

Welche Fehler hat der Computerbenutzer gemacht? Beschreiben Sie, wie Sie an seiner Stelle vorgegangen wären.

☛ Frage 15: Welche Eigenschaften verhalfen dem Internet-Dienst WWW zum Siegeszug?

☛ Frage 16: Was ist ein Internet-Browser? Nennen Sie mindestens zwei bekannte Internet-Browser.

☛ Frage 17: Welche prinzipiell verschiedenen Arten von Suchmaschinen im Internet gibt es? Nennen Sie mindestens 3 Arten und zu jeder Art ein konkretes Beispiel (Name oder WWW-Adresse).

☛ Frage 18: Beschreiben Sie mindestens 5 prinzipiell verschiedene Strategien, wie man im Internet kurz- oder längerfristig Informationen erhalten kann.

☛ Frage 19: Ein Internetbenutzer möchte seinen nächsten Urlaub in den Dolomiten verbringen, um dort seinen Hobbys Bergwandern und Bergsteigen zu frönen. Nun sucht er über das Internet Informationen über sein Reisegebiet und möchte außerdem Kontakte zu Gleichgesinnten herstellen. Geben Sie mindestens 6 verschiedene Wege (möglichst konkret) an, wie man mit Hilfe des Internets die gewünschten Informationen erlangen kann.

☛ Frage 20: Welche zwei prinzipiell verschiedenen Möglichkeiten der Nutzung von FTP gibt es?

☛ Frage 21: Welcher Zusammenhang besteht zwischen Archie und FTP?

☛ Frage 22: Wann ist es sinnvoll, Archie zu benutzen?

☛ Frage 23: Wozu dient der Internet-Dienst Telnet? Beschreiben Sie kurz ein Einsatzbeispiel.

☛ Frage 24: Was versteht man unter Smileys? Wozu werden Sie benutzt?

☛ Frage 25: Was versteht man unter FAQ? Wozu benutzt man FAQ?

☛ Frage 26: Erklären Sie den Unterschied zwischen WWW und Internet.

☛ Frage 27: Welche Probleme können bei elektronischen Zahlungsvorgängen im Internet auftreten? Wie versuchen die Banken, diesen genannten Problemen zu begegnen?

☛ Frage 28: Was versteht man unter einer Web-Community?

☛ Frage 29: Welche Vorteile bieten kommerziell betriebene Communities für die Betreiber, welche Vorteile bieten Sie für die Nutzer?

☛ Frage 30: Welche Suchmaschine bevorzugen Sie? Begründen Sie Ihre Antwort.

☛ Frage 31: Welche Vorteile bieten Metasuchmaschinen gegenüber "normalen" Suchmaschinen, welche Nachteile haben sie?

☛ Frage 32: Nennen Sie mindestens eine Adresse eines Archie-Rechners.

# 5 Rechtliche Probleme im Internet

Beim Surfen im Internet, aber auch bei der Erstellung und Publikation eigener Seiten im Internet gerät man schnell in die Gefahr, sich bewusst oder unbewusst strafbar zu machen. Die Hauptprobleme, die dabei auftreten können, sollen im Folgenden behandelt werden.

## 5.1 Urheberrecht

Das deutsche Urheberrechtsgesetz (UrhG 1965), welches seit seiner Verabschiedung fast jährlich Neuerungen und Ergänzungen erhalten hat, regelt den Schutz der Urheberrechte von Werken aus Literatur, Wissenschaft und Kunst.
Ein Auszug aus dem UrhG macht dies besonders deutlich.

***§2 UrhG – Geschützte Werke***

*(1) Zu den geschützten Werken der Literatur, Wissenschaft und Kunst gehören insbesondere:*

1. *Sprachwerke wie Schriftwerke, Reden und Computerprogramme;*
2. *Werke der Musik;*
3. *pantomimische Werke einschließlich der Werke der Tanzkunst;*
4. *Werke der bildenden Künste einschließlich der Werke der Baukunst und der angewandten Kunst und Entwürfe solcher Werke;*
5. *Lichtbildwerke einschließlich der Werke, die ähnlich wie Lichtbildwerke geschaffen werden;*
6. *Filmwerke einschließlich der Werke, die ähnlich wie Filmwerke geschaffen werden;*
7. *Darstellungen wissenschaftlicher oder technischer Art wie Zeichnungen, Pläne, Karten, Skizzen, Tabellen und plastische Darstellungen.*

*(2) Werke im Sinne dieses Gesetzes sind nur persönliche geistige Schöpfungen.*

Als Urheber wird im UrhG der Schöpfer des Werkes bezeichnet (§ 7). Dem Urheber stehen sowohl das so genannte Urheberpersönlichkeitsrecht (§§ 12 ff.) als auch die Verwertungsrechte (§§ 15 ff.) an seinem Werk zu. In Deutschland ist es nicht möglich und auch nicht nötig, das Urheberrecht an einem Werk bei einem bestimmten Amt anzumelden, da das Urheberrecht automatisch mit der Schaffung des Werkes entsteht.

Mit der öffentlichen Verbreitung von Werken, deren Urheberrecht man nicht besitzt, kommen besonders die Autoren von Homepages in Konflikt, die unerlaubt Fotos, Musikstücke, Texte, ... veröffentlichen. Das UrhG sagt dazu aus:

***§ 96 UrhG – Verwertungsverbot (Auszug)***

*(1) Rechtswidrig hergestellte Vervielfältigungsstücke dürfen weder verbreitet noch zu öffentlichen Wiedergaben benutzt werden.*

Vielfach ist die Meinung verbreitet, dass man ein nach UrhG geschütztes Werk trotzdem verwenden kann, wenn man es etwas verändert, so dass der Urgeber nicht mehr genau zu erkennen ist. Diese Auffassung ist jedoch falsch, das heißt, man muss ein Werk schon in wesentlichen Zügen und im großen Umfang verändern, damit das ursprüngliche Urheberrecht für dieses Werk nicht mehr gültig ist:

***§ 3 UrhG – Bearbeitungen***

*Übersetzungen und andere Bearbeitungen eines Werkes, die persönliche geistige Schöpfungen des Bearbeiters sind, werden unbeschadet des Urheberrechts am bearbeiteten Werk wie selbstständige Werke geschützt. Die nur unwesentliche Bearbeitung eines nicht geschützten Werkes der Musik wird nicht als selbstständiges Werk geschützt.*

Das UrhG geht hier sogar noch weiter. Vor einer umfassenden Bearbeitung eines Werkes ist eine Erlaubnis des Autors einzuholen (§23), wir kennen dies z.B. aus der Musikszene Deutschlands, wo das Nachsingen (Covern) eines Liedes nur mit Zustimmung des Originalautors erlaubt ist.

Gleiches gilt auch für unerlaubte Bearbeitungen eines Werkes, die den ursprünglichen Charakter verfälschen:

***§ 14 UrhG – Entstellung des Werkes***
*Der Urheber hat das Recht, eine Entstellung oder eine andere Beeinträchtigung seines Werkes zu verbieten, die geeignet ist, seine berechtigten geistigen oder persönlichen Interessen am Werk zu gefährden.*

## Dauer des Urheberrechts

Das Urheberrecht für ein veröffentlichtes Werk gilt i.A. 50 Jahre nach dessen Erstveröffentlichung (§§72, 82, 85) bei Bildern und Videos, bei literarischen Werken gilt es 70 Jahre nach dem Tod des Autors.

***§ 64 UrhG – Dauer des Urheberrechts – Allgemeines (Auszug)***
*Das Urheberrecht erlischt siebzig Jahre nach dem Tode des Urhebers.*

Laut §§ 28 und 29 kann das Urheberrecht allerdings auch vererbt oder an andere Personen übertragen werden, so dass es dann auch 70 Jahre nach dem Tod des Autoren noch nicht verlischt.
Es ist davon auszugehen, dass auch die Fristen für alle anderen Werke in den nächsten Jahren innerhalb der Europäischen Union in einer vereinheitlichten Regelung auf 70 Jahre angeglichen werden.

## Raubkopien von Software

Wie im § 2 schon erwähnt, fällt auch Software unter das Urheberrecht. Das gilt prinzipiell für jedes größere Programm, auch wenn es nicht speziell als "urheberrechtlich geschützt" gekennzeichnet ist.
Ausnahmen von dieser Regel bilden Mini-Programme (wie z.B. unser Programm zur Berechnung von Flächeninhalten aus dem Delphi-Kapitel) oder Programme, die vom Autor ausdrücklich als so genannte Public-Domain-Programme (zur "öffentlichen Verfügung") herausgegeben werden.
Strafbar ist hier sowohl der Vertrieb von Raubkopien (nicht erlaubten Vervielfältigungen) als auch die Benutzung solcher Kopien (welche noch dazu die Gefahr einer Infektion mit Computerviren birgt).
Viele Hersteller von Software schützen zum Erhalt ihrer Rechte ihre Software mit einem so genannten Kopierschutz (hardware- oder softwaremäßig). Auch die Entfernung dieser Kopierschutzmechanismen ist strafbar (z.B. nach §14, siehe oben).

## Musikdaten

Das Problem mit raubkopierter Musik war im Internet bis ca. 1997 kaum vorhanden, da ein einfaches Lied auf CD von ca. 3 Minuten Spieldauer eine Datenmenge von etwa 25-30 Megabyte beansprucht. Eine Übertragung nur eines solchen Liedes hätte mit den damals üblichen Übertragungskapazitäten eine Zeit von ein bis zwei Stunden benötigt.
Dann wurden jedoch Verfahren zur Datenkompression veröffentlicht und allgemein verbreitet (das bekannteste davon ist sicherlich das MP3-Format), welche die Daten bei kaum hörbarer Qualitätsänderung auf etwa den zwölften Teil ihrer Ursprungsgröße komprimieren konnten.
Eine Steigerung der Übertragungsgeschwindigkeit war ein zweiter Grund für die wachsende Verbreitung solcher Raubkopien im Internet. Sollte diese Musik nicht ausdrücklich von den Gruppen oder Einzelinterpreten für den Vertrieb im Internet freigegeben sein (dies tun besonders unbekannte Künstler, um populärer zu werden), gilt auch hier wieder das UrhG.

***§ 85 UrhG – Vervielfältigungs- und Verbreitungsrecht (Auszug)***
*(1) Der Hersteller eines Tonträgers hat das ausschließliche Recht, den Tonträger zu vervielfältigen und zu verbreiten.*

## Bilder, Grafiken

Leider läuft die Erstellung von eigenen Internetseiten bei vielen Nutzern noch so ab: Man surft durch das Internet, findet ein interessantes Bild, speichert es auf seiner Festplatte und verwendet es später auf seiner eigenen Homepage. Dieses Vorgehen ist nicht erlaubt, da man ja selbst nicht das Recht an der Veröffentlichung der Bilder besitzt.
Es ist auch nicht erlaubt, das Bild "selbst zu erzeugen", indem man es z.B. aus einer Zeitung oder aus einem Buch mit Hilfe eines Scanners in den Computer einliest. Dieser Vorgang, verbunden mit der anschließenden Veröffentlichung, stellt eine unerlaubte Vervielfältigung eines Werkes dar.

## Noten

Das für Musikstücke schon Genannte gilt natürlich in abgewandelter Form auch für deren Noten. So ist es nicht einfach erlaubt, die Noten bekannter Musikstücke zu erstellen und im Internet zu verbreiten. Hier haben die Komponisten häufig Firmen oder Verlage mit der Wahrung ihrer Rechte beauftragt.

## Videos

Die Verbreitung raubkopierter Videos im Internet begann im großen Maße erst 1999. Hier konnte man sich z.B. schon vor der Premiere in Deutschland die mehrere hundert Megabyte großen englischsprachigen Versionen einiger Filme herunterladen. Obwohl diese Möglichkeit damals nur von Leuten genutzt wurde, die eine sehr schnelle Internetanbindung hatten (Rechenzentren, Universitäten), wird das Problem in den nächsten Jahren entsprechend der Steigerung der Übertragungskapazität der Internetanbindungen wachsen.

## Texte (Bücher, Ausarbeitungen)

Im Sinne des UrhG ist jedes schriftliche Werk eines bestimmten Umfangs urheberrechtlich geschützt. Es ist deshalb sowohl verboten, fremde Werke im Internet zu veröffentlichen, als auch dort veröffentlichte Werke herunterzuladen und zu verbreiten. Als schützenswert gilt hier schon eine Internetseite, das Werk muss keine riesigen Ausmaße besitzen:

***§ 106 UrhG – Unerlaubte Verwertung urheberrechtlich geschützter Werke (Auszug)***

*(1) Wer in anderen als den gesetzlich zugelassenen Fällen ohne Einwilligung des Berechtigten ein Werk oder eine Bearbeitung oder Umgestaltung eines Werkes vervielfältigt, verbreitet oder öffentlich wiedergibt, wird mit Freiheitsstrafe bis zu drei Jahren oder mit Geldstrafe bestraft.*

Vielfach verbreitet, besonders auch unter Schülern, ist der (wenn auch oft unbewusste) "Diebstahl geistigen Eigentums". So ist es schon mal üblich, bei einem Kurzvortrag oder einer Hausaufgabe mal schnell aus dem Internet etwas Passendes herunterzuladen, dies eventuell noch etwas zu bearbeiten und dann als eigene Arbeit abzugeben. Dies ist in der genannten Form allerdings nicht zulässig. Möglich ist aber eine Angabe der verwendeten Quellen und eine Gestaltung der Arbeit, aus der genau hervorgeht, welche Teile der Ausarbeitung Zitate sind und woher diese Zitate stammen:

***§ 107 UrhG – Unzulässiges Anbringen der Urheberbezeichnung (Auszug)***

*(1) Wer*

1. *auf dem Original eines Werkes der bildenden Künste die Urheberbezeichnung ohne Einwilligung des Urhebers anbringt oder ein derart bezeichnetes Original verbreitet,*
2. *auf einem Vervielfältigungsstück, einer Bearbeitung oder Umgestaltung eines Werkes der bildenden Künste die Urheberbezeichnung ... auf eine Art anbringt, die ... der Bearbeitung ... den Anschein eines Originals gibt, ... wird mit Freiheitsstrafe bis zu drei Jahren oder mit Geldstrafe bestraft ...*

### Schutz von Seiten-Layouts

Beim Surfen im Internet findet man häufig Seiten, deren optische Aufmachung (Layout) einem besonders gut gefällt. Im Sinne des UrhG ist auch dieses Layout (sogar schon ohne konkrete Inhalte) ein schützenswertes Werk, wenn es Gestaltungselemente enthält, die so nicht üblich oder verbreitet sind.
So mussten in den vergangenen Jahren schon einige Betreiber von Internetseiten, die einfach fremde Seite kopiert und mit eigenen Inhalten versehen hatten, ihre Inhalte wieder aus dem Netz nehmen.

### Was ist in der Schule erlaubt?

Wie wir gesehen haben, sind unsere Möglichkeiten zum Einbinden fremden Materials in unsere Internetseiten ziemlich beschränkt. Jedoch macht hier der Gesetzgeber für Schulen eine kleine Ausnahme:

> ***§ 46 UrhG – Sammlungen für Kirchen-, Schul- oder Unterrichtsgebrauch (Auszug)***
> *(1) Zulässig ist die Vervielfältigung und Verbreitung, wenn Teile von Werken, Sprachwerke oder Werke der Musik von geringem Umfang, einzelne Werke der bildenden Künste ... in eine Sammlung aufgenommen werden, die ... nach ihrer Beschaffenheit nur für den Kirchen-, Schul- oder Unterrichtsgebrauch bestimmt ist.*

Es dürfen also bestimmte Werke in Auszügen in der Schule benutzt werden. Dies gilt allerdings nicht mehr, wenn Sie diese dann wieder außerhalb der Schule verwenden, also z.B. im Internet auf der Homepage Ihrer Schule veröffentlichen.
Was für die Homepage der Schule benutzt werden kann, sind also im Wesentlichen selbst gestaltete Grafiken, eigene Texte sowie Auszüge aus fremden Werken mit Quellenangabe. Aber sie wollten ja sowieso eine **eigene** Homepage gestalten ...

## 5.2 Markenschutz

Ein weiteres Recht, das bei unseren Veröffentlichungen im Internet zu beachten ist, ist das so genannte Markenrecht. Es ist im 1995 in Kraft gesetzten Markengesetz (MarkenG), früher Warenzeichengesetz, dargestellt. Besonders problematisch wird der Sachverhalt dadurch, dass so ziemlich alle Begriffe markenrechtlich geschützt werden können.

> ***§ 3 MarkenG – Als Marke schutzfähige Zeichen***
> *(1) Als Marke können alle Zeichen, insbesondere Wörter einschließlich Personennamen, Abbildungen, Buchstaben, Zahlen, Hörzeichen, dreidimensionale Gestaltungen einschließlich der Form einer Ware oder ihrer Verpackung sowie sonstige Aufmachungen einschließlich Farben und Farbzusammenstellungen geschützt werden, die geeignet sind, Waren oder Dienstleistungen eines Unternehmens von denjenigen anderer Unternehmen zu unterscheiden.*

Der Schutz eines Markennamens entsteht in erster Linie durch die Eintragung der Marke beim zuständigen Patent- oder Markenamt. In Deutschland ist dieses das Deutsche Patent- und Markenamt (DPMA) in München. Weitere Möglichkeiten für geschützte Markennamen resultieren z.B. aus einem übermäßigen Bekanntheitsgrad einer bestimmten Marke.
Gemäß *MarkenG* ist auch die Benutzung von Bezeichnungen verboten, die eine Verwechslungsgefahr mit einer geschützten Marke enthalten. Die Verwechslungsgefahr kann dabei optischer Natur sein (z.B. bei Logos), schriftlicher Art (ähnliche Schreibweisen) oder akustischer Art (ähnlicher Klang).
Vor Benutzung eines Namens, z.B. für eine Schülerzeitschrift, oder eines Logos für Schule, Schulverein oder Schülerzeitschrift sollten genaue Recherchen vorgenommen werden, ob damit nicht geltende Markenrechte verletzt werden.

## 5.3 Vertrieb strafrechtlich relevanter Medien

### Beispiele

Der Vertrieb von Medien, der im täglichen Leben strafbar ist, oder das Begehen von Aktionen, die im täglichen Leben nicht erlaubt sind, ist natürlich auch im Internet strafbar. Neben dem Strafgesetzbuch finden wir konkrete Beispiele für unzulässige Veröffentlichungen z.B. im Mediendienste-Staatsvertrag (MDStV 1997):

***§ 8 MDStV – Unzulässige Mediendienste, Jugendschutz (Auszug)***

*(1) Angebote sind unzulässig, wenn sie*

1. *zum Hass gegen Teile der Bevölkerung oder gegen eine nationale, rassische, religiöse oder durch ihr Volkstum bestimmte Gruppe aufstacheln, zu Gewalt- oder Willkürmaßnahmen gegen sie auffordern oder die Menschenwürde anderer dadurch angreifen, dass Teile der Bevölkerung oder eine vorbezeichnete Gruppe beschimpft, böswillig verächtlich gemacht oder verleumdet werden (§ 130 StGB),*
2. *grausame oder sonst unmenschliche Gewalttätigkeiten gegen Menschen in einer Art schildern, die eine Verherrlichung oder Verharmlosung solcher Gewalttätigkeiten ausdrückt oder die das Grausame oder Unmenschliche des Vorgangs in einer die Menschenwürde verletzenden Weise darstellt (§ 131 StGB),*
3. *den Krieg verherrlichen,*
4. *pornographisch sind (§ 184 StGB),*
5. *offensichtlich geeignet sind, Kinder oder Jugendliche sittlich schwer zu gefährden,*

### Verantwortlichkeit für Vertrieb des Materials

In erster Linie verantwortlich für die Veröffentlichung des oben genannten Materials ist natürlich der Besitzer der Internetseite. Er hat durch geeignete Maßnahmen abzusichern, dass sich keine andere Person Zugriff auf seine Webseite verschaffen und dort Material veröffentlichen kann. Geeignete Maßnahmen hierfür sind z.B. eine Passwortabsicherung des Zugriffs. Außerdem sollte man sein Passwort natürlich nicht auf der Festplatte speichern oder anderweitig leicht zugänglich machen.

Eine weitere Verantwortung liegt im Bereich des Providers. Sobald er Kenntnis von strafbaren Inhalten auf von ihm verwalteten Seiten hat, muss er diese sofort entfernen bzw. sich mit dem Besitzer der Seiten in entsprechender Weise auseinandersetzen. Dazu finden wir entsprechende Ausführungen im Teledienstegesetz (TDG 1997) und im Mediendienste-Staatsvertrag (MDStV 1997):

***§ 5 MDStV – Besondere Pflichten und Rechte der Anbieter/Verantwortlichkeit (Auszug)***

*(2) Anbieter sind für fremde Inhalte, die sie zur Nutzung bereithalten, nur dann verantwortlich, wenn sie von diesen Inhalten Kenntnis haben und es ihnen technisch möglich und zumutbar ist, deren Nutzung zu verhindern.*

*(3) Anbieter sind für fremde Inhalte, zu denen sie lediglich den Zugang zur Nutzung vermitteln, nicht verantwortlich. Eine automatische und kurzzeitige Vorhaltung fremder Inhalte aufgrund Nutzerabfrage gilt als Zugangsvermittlung.*

## 5.4 Domainrecht

Mit dem beginnenden Aufschwung des WWW um 1994 begann der Wettlauf um "gute" Domains. Da ein einprägsamer Domainname ein schnelles Auffinden des Internetangebotes gewährleistet, waren viele Firmen, aber auch Privatanwender daran interessiert, aussagekräftige und einprägsame Domainnamen zu erwerben. Viele Privatleute versuchten nun in Erwartung kommender Profite Domainnamen "einzuheimsen", die sie eigentlich (z.B. laut Markenrecht) gar nicht besitzen dürften, und hofften auf den "rechtsfreien" Raum Internet. Diese Hoffnung stellte sich jedoch relativ schnell als falsch heraus, da fast alle größeren Firmen, deren Name als Domainname bereits vergeben war, versuchten, ihren Domainnamen über das Markenrecht einzuklagen.

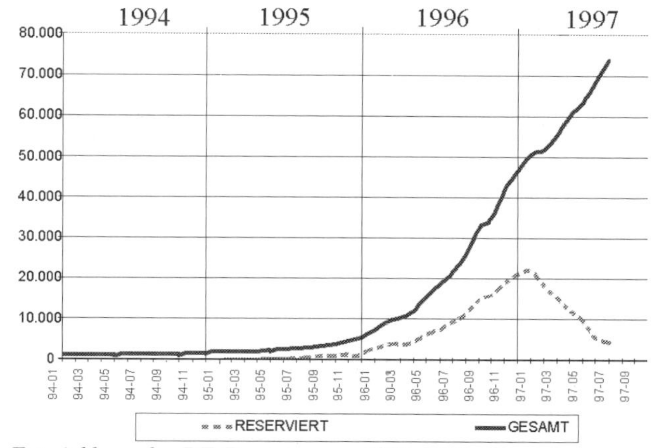


*Entwicklung der DE-Domains von 1994-1997*
*Quelle: Internet-GmbH Weinheim, www.inet.de (bearbeitet)*

Ein Großteil dieser Prozesse in Deutschland wurde in der Zeit von Mitte 1996 bis Mitte 1997 geführt und fast ausnahmslos von den Domaingrabbern verloren. Die oben abgebildete Grafik zeigt eine Übersicht der reservierten (unten) und der Gesamtanzahl der DE-Domains in den Jahren 1994-1997. In der unteren Kurve ist gut zu erkennen, wie schnell sich die entsprechenden Urteile herumsprachen und wie plötzlich die Anzahl der (zumeist aus Spekulationszwecken) reservierten Domains abnahm.
Außerdem ist natürlich zu sehen, in welcher Geschwindigkeit die Entwicklung des WWW in Deutschland voranschritt. Diese Tendenz ging natürlich auch später mit gleicher Geschwindigkeit weiter, so dass im April 1999 die millionste DE-Domain vergeben wurde.

*Internet-Tipp: www.denic.de (DENIC eG Domain Verwaltungs- und Betriebsgesellschaft) – Vergabestelle für DE-Domains*

### Domain-Grabbing

Nachdem mit einigen Grundsatzurteilen dem Hamstern von markenrechtlich und anderweitig geschützten Domainnamen ein Riegel vorgeschoben wurde, begann eine zweite Phase des Domain-Grabbings. Jetzt versuchten einige Leute, sich Namen auszudenken, die gut klingen und eine gute Merk- bzw. Wiedererkennungsfunktion haben. Diese "Markennamen" ließ man sich dann registrieren und bot sie im Internet zum Verkauf an. Das folgende Beispiel zeigt Beispiele für solche Angebote im Internet, die bei 3 verschiedenen Domainhändlern im Internet (siehe Quellenangabe) zum Verkauf angeboten wurden:

| Angebotene Domain | Geforderter Preis |
|---|---|
| praxen.de | 75.000 DM |
| livesat.de | 25.000 DM |
| wohnung.com | 14.000 DM |
| geschenkehandel.de | 10.000 DM |
| homepageerstellung.de | 7.500 DM |

| Angebotene Domain | Geforderter Preis |
|---|---|
| e-shop.com | 350,000 $ |
| antibiotic.com | 250,000 $ |
| banksoft.com | 150,000 $ |
| hyperdoctor.com | 100,000 $ |
| familyfun.net | 100,000 $ |

*Quellen: www.domainhandel.de, www.domainnet.net, www.bestdomain.com*

Es ist natürlich fraglich, ob alle genannten Gebote für den geforderten Preis verkauft werden. Sie können jedoch deutlich den spekulativen Charakter dieser Geschäfte erkennen.

➢ Hinweis 1: Zum Zeitpunkt der Angebote wurden die Preise auf den genannten Seiten noch in DM angegeben. Ein Euro entspricht 1,95583 DM.

### Markenrecht geht vor Namensrecht

Nachdem in der Anfangszeit des WWW einige Privatleute Prozesse gegen Firmen verloren hatten, deren Domainnamen sie widerrechtlich reserviert hatten, wurden später auch Urteile gegen Personen gesprochen, die eine Domain mit ihrem Familiennamen reserviert hatten. Das Verfahren soll an einem Beispiel belegt werden:

Ein gewisser Herr Krupp besitzt ein Unternehmen für Kommunikations- und Medientechnik. Er hatte ca. 1995 die Idee, sich den Domainnamen *krupp.de* für seine Firma reservieren zu lassen, und trat fortan im Internet unter diesem Namen auf.
Die bekannte Firma Krupp AG Hoesch-Krupp merkte nun erst einige Zeit später, als sie sich auch im Internet präsentieren wollte, dass der Domainname *krupp.de* bereits vergeben ist. Die Firma klagte nun gegen Herrn Krupp auf Herausgabe des Domainnamens und berief sich auf das Markengesetz § 15:

> ***§ 15 MarkenG – Ausschließliches Recht des Inhabers einer geschäftlichen Bezeichnung***
> *(2) Dritten ist es untersagt, die geschäftliche Bezeichnung oder ein ähnliches Zeichen im geschäftlichen Verkehr unbefugt in einer Weise zu benutzen, die geeignet ist, Verwechslungen mit der geschützten Bezeichnung hervorzurufen.*

Ergänzend sei zu bemerken, dass sich die Firma Krupp AG Hoesch-Krupp bereits 1920 die Marke *KRUPP* beim Deutschen Patentamt schützen ließ.
Herr Krupp seinerseits berief sich auf das Bürgerliche Gesetzbuch (BGB), das ihm die Rechte am Gebrauch seines Namens zusagt:

> ***§ 12 BGB***
> *Wird das Recht zum Gebrauch eines Namens dem Berechtigten von einem anderen bestritten oder wird das Interesse des Berechtigten dadurch verletzt, dass ein anderer unbefugt den gleichen Namen gebraucht, so kann der Berechtigte von dem anderen Beseitigung der Beeinträchtigung verlangen. Sind weitere Beeinträchtigungen zu besorgen, so kann er auf Unterlassung klagen.*

In seinem Urteil vom 24. April 1997 entschied das Landgericht Bochum gegen Herrn Krupp und für die Firma Krupp AG Hoesch-Krupp. Begründet wurde das Urteil mit dem *MarkenG* und dem wesentlich höheren Bekanntheitsgrad der großen Firma gegenüber dem kleineren Unternehmen des Herrn Krupp. In diesem Zusammenhang wurde eine Verwechslungsgefahr mit der Marke der Firma festgestellt und Herr Krupp aufgefordert, sich einen anderen Domainnamen zuzulegen.

📖 *Quelle: LG Bochum,Urteil vom 24.4.1997 (14 O 33/97)*

### Unbefugter Namensgebrauch (z.B. absichtlich herbeigeführte Verwechslungsgefahr)

Außer der Benutzung bekannter Marken ist auch eine Benutzung von Namen verboten, bei denen Verwechslungsgefahr zu bekannten Marken besteht.
So wurde z.B. die Benutzung des Angebotes "Die Blauen Seiten" für ein Branchenverzeichnis im WWW gerichtlich untersagt, da Verwechselungsgefahr zu dem Angebot "Gelbe Seiten" für das Branchenfernsprechverzeichnis bestehen würde. Außerdem würde es sich bei dem Begriff "Gelbe Seiten" um eine Marke handeln, die sich im Sprachgebrauch und im geschäftlichen Verkehr durchgesetzt hätte.

📖 *Quelle: OLG Frankfurt, Urteil vom 15.7.1996 (Az. 6 W 73/96)*

### Namensrecht von Städten ist ungeklärt

Eine Reihe findiger Geschäftsleute reservierten sich schon in den Anfangszeiten des WWW Domainnamen von Städten, in denen sie geschäftlich tätig waren. Auf diesen Seiten stellten sie dann interessierte Unternehmen der Region vor, die für diese Werbemöglichkeit auch entsprechend bezahlten.
Eine Reihe von Städten wollte unter dem Domainnamen ihrer Stadt allerdings die Stadt selbst vorstellen und klagte gegen die Benutzer des ihrer Meinung nach unrechtmäßig angeeigneten Domainnamens.
Wie jung dieser Teil der Rechtsprechung in Deutschland noch ist, zeigen die folgenden Urteile:

Den Städten Celle und Heidelberg wurden von den zuständigen Landesgerichten die Rechte an ihren Städtenamen als Domain zuerkannt, das LG Köln stellte hingegen fest, dass die Stadt Kerpen kein Recht auf ihren Namen als Domainname im Internet besitze.

📖 *Quelle: LG Lüneburg, Urteil v. 29.1.97 (celle.de, 2 O 336/96), LG Mannheim, Urteil vom 8.März 1996 (heidelberg.de, 7-O-60/96), LG Köln, Urteil vom 17.Dezember 1996 (kerpen.de, 3 O 477/96)*

## 5.5 Datenschutz/Persönlichkeitsrechte

### Benutzerprofil durch Provider

Inwieweit ein Provider Daten über einen von ihm verwalteten Benutzer erheben darf, ist im Teledienstedatenschutzgesetz (TDDSG 1997) geregelt. Hier heißt es:

***§ 4 TDDSG – Datenschutzrechtliche Pflichten des Diensteanbieters (Auszüge)***

*(2) Der Diensteanbieter hat durch technische und organisatorische Vorkehrungen sicherzustellen, dass*

*1. ...*

*2. die anfallenden personenbezogenen Daten über den Ablauf des Abrufs oder Zugriffs oder der sonstigen Nutzung unmittelbar nach deren Beendigung gelöscht werden, soweit nicht eine längere Speicherung für Abrechnungszwecke erforderlich ist,*

*3. ...*

*4. die personenbezogenen Daten über die Inanspruchnahme verschiedener Teledienste durch einen Nutzer getrennt verarbeitet werden; eine Zusammenführung dieser Daten ist unzulässig, soweit dies nicht für Abrechnungszwecke erforderlich ist.*

*(4) Nutzungsprofile sind nur bei Verwendung von Pseudonymen zulässig. Unter einem Pseudonym erfasste Nutzungsprofile dürfen nicht mit Daten über den Träger des Pseudonyms zusammengeführt werden.*

Prinzipiell ist also sichergestellt, dass die Daten eines Nutzers nach endlicher Zeit gelöscht werden, der § 4, Abs. 2.2 ist allerdings relativ dehnbar. Für Abrechnungszwecke, im Allgemeinen erfolgt die Abrechnung monatlich, ist also eine Speicherung erlaubt. Erfolgt die Zahlung über eine Abbuchung von einem Konto, so kann jeder Kontoinhaber Buchungen im Verlauf von 6 Wochen zurückrufen, wenn er der Meinung ist, dass diese zu Unrecht erfolgt sind. Jeder Telediensteanbieter wird also die Daten zu Beweiszwecken mindestens 6 weitere Wochen aufbewahren (legal sind sogar 80 Tage nach § 6 Abs. 2.2 TDDSG), falls ein Internetnutzer den Betrag einklagt.
Außerdem gestattet der § 4, Abs. 4 des TDDSG eine Erstellung von Nutzungsprofilen, wenn auch unter einem Pseudonym. Diese Nutzungsprofile werden dann für die Gestaltung des eigenen Angebotes genutzt, häufig aber auch z.B. an Werbeagenturen verkauft, die mit diesen Nutzungsprofilen ihre eigenen Angebote gestalten.
Ein Beispiel:
Bei einigen Nutzern, die im Internet eine Seite mit Bildern von Katzen betrachteten, wurde festgestellt, dass diese Benutzer im Anschluss auch noch die Adressen verschiedener Firmen aufsuchten, die Kleintierbedarf im Angebot haben. Außerdem wurde festgestellt, dass einige Benutzer weiterhin elektronische Buchläden aufsuchten. Der Provider gestaltete daraufhin sein Angebot derart um, dass er eine Seite über Katzen im Angebot hatte, von der aus man andere Angebote (Bücher über Katzen, Katzenfutter, Zubehör für Katzenpflege, ...) ohne weiteres Suchen direkt aufrufen konnte. Die Anbieter der genannten Produkte im Internet waren natürlich erfreut und ließen sich die Aufnahme ihrer Internet-Adresse auf diese Seiten einiges kosten.

So weit bleibt das Ganze ja noch anonym und Sie werden sich eventuell sagen "Ist doch gut so ein Angebot.", leider lauern hier aber weitere Gefahren für den Nutzer:

***§ 5 TDDSG – Bestandsdaten (Auszug)***

*(2) Eine Verarbeitung und Nutzung der Bestandsdaten für Zwecke der Beratung, der Werbung, der Marktforschung oder zur bedarfsgerechten Gestaltung technischer Einrichtungen des Diensteanbieters ist nur zulässig, soweit der Nutzer in diese ausdrücklich eingewilligt hat.*

Wie Sie sehen, kann der Telediensteanbieter Informationen über Ihre Person also sogar legal nutzen, wenn Sie dazu Ihre Zustimmung erteilt haben. Häufig tut man dies, indem man den Nutzungsvertrag nicht gründlich genug studiert und nicht genau auf das "Kleingedruckte" achtet.
Der Großteil der renommierten Provider wird hier natürlich auch in seinen *Allgemeinen Geschäftsbedingungen* das BDSG und das TDDSG in seinem Wortlaut einhalten, in der Vergangenheit gab es aber immer mal wieder "schwarze Schafe" und die Nutzer erhielten dann sogar Werbesendungen entsprechend ihrer Surf-Gewohnheiten, die durch ihren Provider initiiert waren.
Das Protokollieren der Nutzungsgewohnheiten kann in mehreren Stufen erfolgen. In der einfachsten Stufe wird nur die Zeit der Nutzung protokolliert, in der zweiten Stufe kommt die Speicherung der angewählten Domains hinzu. Die dritte Stufe speichert sogar noch die Namen der geladenen Dokumente und Bilder. Die Möglichkeit dazu bieten fast alle der von den Providern eingesetzten Programme zur Gewährleistung des Internet-Aufrufs.
Das folgende Bild zeigt einen Auszug eines Log-Protokolls der zweiten Stufe aus dem privaten Netz des Autors (3 Rechner mit der Möglichkeit des gleichzeitigen Anschlusses an das Internet).

*11/11/1999 20:26:29.830 - 192.168.0.2:1273 - DNS query for meta.rrzn.uni-hannover.de*
*11/11/1999 20:26:47.520 - 192.168.0.3:1278 - DNS query for mserv.rrzn.uni-hannover.de*
*11/11/1999 20:27:10.040 - 192.168.0.4:1288 - DNS query for ads.lycos.com*
*11/11/1999 20:27:16.850 - 192.168.0.2:1298 - DNS query for webcounter.goweb.de*
*12/11/1999 17:04:22.230 - 192.168.0.2:1049 - DNS query for www.www.metager.de.com*
*12/11/1999 17:05:02.100 - 192.168.0.4:1106 - DNS query for members.aol.com*
*12/11/1999 17:06:35.150 - 192.168.0.2:1131 - DNS query for www.geocities.com*
*12/11/1999 17:06:59.700 - 192.168.0.3:1141 - DNS query for geo.yahoo.com*
*12/11/1999 17:07:00.850 - 192.168.0.3:1143 - DNS query for cgi.netscape.com*
*12/11/1999 17:09:25.890 - 192.168.0.2:1259 - DNS query for tools.puretec.de*
*12/11/1999 17:10:21.910 - 192.168.0.4:1350 - DNS query for home.t-online.de*

*Auszug aus einem Log-Protokoll*

Die vom TDDSG zugesicherte Anonymität bei der Benutzung des Internets sollte einzelne Nutzer jedoch nicht dazu verführen, im Schutz der Anonymität vermeintlich ungestraft Straftaten begehen zu können. Bei Verdacht auf solche Straftaten kann von den ermittelnden staatlichen Behörden (unter bestimmten Voraussetzungen) auch gezielt ohne Wahrung der Anonymität auf diese Daten zugegriffen werden. Dazu sagt das Telekommunikationsgesetz (TKG 1996) folgendes aus:

***§ 90 TKG – Auskunftsersuchen der Sicherheitsbehörden (Auszüge)***

*(3) Auskünfte aus den Kundendateien ... werden*

1. *den Gerichten, Staatsanwaltschaften und anderen Justizbehörden sowie sonstigen Strafverfolgungsbehörden,*
2. *den Polizeien des Bundes und der Länder für Zwecke der Gefahrenabwehr,*
3. *den Zollfahndungsämtern ... sowie dem Zollkriminalamt ... und*
4. *den Verfassungsschutzbehörden des Bundes und der Länder, dem militärischen Abschirmdienst und dem Bundesnachrichtendienst*

*jederzeit unentgeltlich erteilt, soweit dies zur Erfüllung ihrer gesetzlichen Aufgaben erforderlich ist.*

## Benutzerprofil durch Cookies

Beim Surfen im Internet erhält man häufig eine Meldung der im nebenstehenden Bild dargestellten Art.
Jetzt werden Sie sich sicher fragen, warum fremde Leute irgendwelche Kekse in Ihrem Rechner verkrümeln wollen, aber Cookies im Internet sind etwas anderes:

Cookies sind kleine Textdateien, in denen ein von Ihnen angewählter Rechner im Internet mit Hilfe Ihres eigenen Browsers Informationen auf einer genau definierten Stelle Ihrer Festplatte ablegen kann.

*Cookie eines Buchhändlers im Internet*

Bei Benutzung des Internet-Explorers ist dies der Ordner *Cookies* innerhalb Ihres Windows-Ordners, beim Netscape Navigator ist es die Datei *Cookies.txt* im Netscape-Ordner.

Ursprünglich wurden Cookies eingerichtet, um elektronischen Warenhäusern zu ermöglichen, einen Kunden auch nach Ablauf einer Internet-Sitzung wiederzuerkennen und mit ihm besser kommunizieren zu können. Ein Cookie kann eine Reihe von Informationen enthalten, die wir an einem Beispiel aus dem Netscape-Navigator einmal näher betrachten wollen:

| | | | | | | |
|---|---|---|---|---|---|---|
| www.alternate.de | FALSE | / | FALSE | 945265379 | Firsttime | TRUE |

*Beispiel für einen Cookie-Eintrag*

Der erste Eintrag gibt den Server an, der das Cookie gesetzt hat, in diesem Fall ein Computerhändler, der zweite Teil (FALSE) sagt, dass nur der gleiche Rechner das Cookie auch wieder lesen darf. Im dritten Teil steht die Pfadangabe des Servers (hier nur das Wurzelverzeichnis "/"), von wo die Information abgerufen werden kann. Der vierte Teil (FALSE) gibt an, dass das Cookie immer übertragen werden darf, würde hier ein TRUE stehen, dürften nur abgesicherte Leitungen (HTTPS) verwendet werden. Die Zahl im fünften Teil gibt in verschlüsselter Form an, wann das Cookie abläuft, das heißt, wann es nicht mehr gültig ist und vom Browser gelöscht wird. Die beiden letzten Angaben schließlich geben den Namen des Cookies (Firsttime) und seinen gespeicherten Wert (TRUE) an.
Mit etwas Fantasie erraten wir also, dass dieses Cookie gespeichert wurde, als wir uns das erste Mal in diesem elektronischen Kaufhaus aufgehalten haben. Bei einem späteren Besuch könnte der Wert des Cookies möglicherweise verändert werden.
Natürlich könnten in einem Cookie auch komplette Texte wie Namen oder Adressen gespeichert werden.

Damit unser Rechner nicht nach einiger Zeit vor Cookies überquillt, wurden einige technische Einschränkungen vorgenommen:

- Pro Server dürfen maximal 20 Cookies abgelegt werden.
- Die Gesamtzahl der Cookies darf 300 nicht überschreiten.
- Die maximale Größe für eine Cookie-Datei ist 4KB.

Wie viele bzw. welche Cookies akzeptiert werden sollen, kann jeweils im Browser einstellt werden. Prinzipiell könnte man natürlich alle Cookies ablehnen, einige Angebote funktionieren allerdings ohne Cookies nicht.

Genau wie viele andere technische Entwicklungen können Cookies positiv oder auch negativ eingesetzt werden. Für den Nutzer sinnvolle Anwendungen von Cookies sind z.B.:

- Merken persönlicher Einstellungen bei häufig besuchten Internetseiten (z.B. bevorzugte Sprache),
- Bereitstellung einer Warenkorb-Funktion in elektronischen Kaufhäusern (Was habe ich beim letzten Besuch ausgewählt, aber noch nicht bestellt?),
- Speichern von Benutzerdaten, die dann nicht jedes Mal eingegeben werden müssen (z.B. Wiedererkennung in einem elektronischen Kaufhaus),
- Bereitstellung individueller Angebote nach Erkennung des Nutzers (Was hat sich seit dem letzten Besuch verändert? Welche Angebote werden bevorzugt besucht?).

Allerdings können Cookies auch missbraucht werden:

- Surfgewohnheiten (z.B. Verweildauer) und besuchte Seiten können protokolliert werden. Mit einem Datenabgleich von persönlichen Daten, die man z.B. im Rahmen eines Preisausschreibens eingegeben hat, können so personalisierte Nutzerprofile erstellt werden.
- Der Abgleich von Cookiedaten mehrerer Server einer Firma oder zwischen mehrerer Firmen kann die Profile noch weiter konkretisieren.
- Sollten in einem Cookie Nutzernamen oder Passwörter für einen Internetdienst gespeichert werden, so hat jeder Zugriff auf diese Daten, der auch Zugriff auf den Rechner hat.
- Nutzt ein Server die volle Bandbreite der erlaubten Cookie-Aktivitäten aus, können erhebliche Netzbelastungen auf Grund der zusätzlich transportierten Informationen auftreten.

## Mitlesen von E-Mails

Unverschlüsselte Kommunikation in Form von E-Mails kann prinzipiell auf jedem Rechner protokolliert oder mitgelesen werden, der auf dem Weg des Datenstroms liegt. So kann ein Rechner im Internet, über den E-Mails transportiert werden, jeden übertragenen Brief auf bestimmte Schlüsselworte durchsuchen und die betroffenen Briefe in einem speziellen Ordner zur manuellen Bearbeitung speichern.
So könnte z.B. ein krimineller Systembetreuer eines Internetrechners alle Briefe speichern lassen, in denen die Schlüsselworte *Passwort*, *Kreditkarte* oder *Geheimzahl* vorkommen. Obwohl natürlich kein Geheimdienst der Welt dies zugeben würde, häufen sich im Internet die Gerüchte, dass von vielen Geheimdiensten die Kommunikation überwacht und auf verwertbare Nachrichten (z.B. Wirtschaftsinformationen) geprüft wird.
Abhilfe vor solchen Praktiken bietet hier nur die Verschlüsselung der E-Mail mit einem als relativ sicher eingestuften Programm (z.B. *PGP – Pretty Good Privacy*).

## Eindringen in fremde Datenbestände (Hacker)

Besonders im Internet ist man ständig in Gefahr, durch andere Internet-Benutzer mit kriminellen Ambitionen angegriffen oder ausspioniert zu werden. Auch die Benutzung von relativ neuen Programmen wie Testversionen oder neu auf den Markt gekommenen Produkten birgt immer das Risiko, dass fremde Nutzer über Schwachstellen der Software in den eigenen Computer eindringen.
Sie sollten deshalb keine sicherheitsmäßig bedenklichen Daten (Firmengeheimnisse, Passwörter, Kreditkartennummern) unverschlüsselt auf einem Rechner lagern, der einen Internetzugang besitzt. Auch ein Verschlüsseln der angesprochenen Daten ist nur sinnvoll, wenn ein anerkanntermaßen sicheres Programm verwendet wird. Dabei sollte man auch verschlüsselte Texte nicht mit solchen Namen wie *Passwortliste.txt* versehen, das weckt die Neugier von Datenschnüfflern ganz besonders.

## Fälschung von fremden Daten

Außer dem Mitlesen von fremder Post ist auch das Verfälschen von Daten für technisch versierte Internet-Benutzer problemlos zu realisieren. Besonders leicht geht dies bei unverschlüsselter Datenübertragung, da man ja den Klartext manipulieren kann. Bei verschlüsselter Datenübertragung ist dies nicht so einfach möglich, da ja der Schlüssel zum Lesen und damit auch zum Manipulieren der Daten unbekannt ist.
Trauen Sie also auch hochoffiziell aussehenden E-Mails nicht bedenkenlos, auch wenn die Absenderadresse einen amtlichen Eindruck macht, die Mail könnte gefälscht sein.

## Virengefahr

Die Gefahr von Computerviren und anderen über das Internet eingeschleusten Störprogrammen wurde bereits im Kapitel *"Computerviren"* ausführlich behandelt. An dieser Stelle soll nur noch einmal an die Gefahren erinnert werden.

## Werbemails nach Postings in Newsgruppen und nach Benutzung von bestimmten Diensten

Besonders nach eigenen Beiträgen in Newsgruppen kommt es häufig vor, dass der elektronische Briefkasten tagelang von Werbe-Mails nur so überquillt (so genannte Spam-Mail). Hier haben bestimmte Firmen die Idee gehabt, Sie zielgruppengerecht zu bewerben. Diese Firmen wenden dabei spezielle Programme an, welche die Newsgruppen gezielt nach E-Mail-Adressen durchsuchen und diese dann in Datenbanken erfassen.
Die in diesen Listen gespeicherten Personen werden dann gezielt mit Werbeinformationen "zugeschüttet", die dem Inhalt der jeweiligen Newsgruppe entsprechen.

Nach einem Beitrag in einer Newsgruppe zu Computerthemen erhielt der Autor 40 Werbebriefe zu Produkten aus dem Computerbereich, das beste Angebot war sicherlich, morgen doch mal schnell vorbeizukommen und im Sonderangebot eine neue Festplatte zu erwerben. Kleiner Nachteil: Die Firma hatte ihren Sitz in Ohio. Obwohl es der ursprünglichen Netiquette widerspricht, sind deshalb viele Nutzer von Newsgruppen dazu übergegangen, ihre E-Mail-Adresse mit zusätzlichen Zeichen zu versehen, die von Menschen erkannt und entfernt, von Suchprogrammen aber mit gespeichert werden. Auf solche Zeichen wird dann meist im Text hingewiesen, also z.B. geben Nutzer ihre Adresse in der Art rudi*.meier*@provider.de an und schreiben dann im Text, dass alle Sternchen in der Adresse zu entfernen sind. Andere Nutzer von Newsgruppen benutzen zwei Mail-Adressen, eine für die persönliche Post, eine nur für Newsgruppen.
Eine zweite Möglichkeit, sich sehr viele Werbebriefe einzuhandeln, ist die Benutzung von kostenlosen Diensten (z.B. SMS, Nachrichtendienste, Speicherplatz für Homepages, ...). Oft setzen diese Dienste dann voraus, dass Sie ihre E-Mail-Adresse eingeben, zu der dann die Zugangskennung für den entsprechenden Dienst geschickt wird. Hier müssen Sie also Ihre richtige Adresse eingeben, um die Zugangsdaten zu erhalten. Es ist deshalb häufig nichts so kostenlos, wie es auf den ersten Blick aussieht.
Die dritte Möglichkeit für Firmen, E-Mail-Adressen für zukünftige Werbekunden zu erwerben, besteht in der Veranstaltung von Preisausschreiben. Viele Nutzer geben hier voller Freude ihre ganzen persönlichen Daten ein und hoffen auf den großen Gewinn. Nun, sie bekommen zumindest viel Post.

## 5.6 Kontrollfragen

☛ Frage 1: Welche Werke sind durch das Urheberrecht geschützt? Nennen Sie mindestens 6 verschiedene Beispiele.

☛ Frage 2: Bei welchem Amt muss in Deutschland das Urheberrecht für ein Werk angemeldet werden?

☛ Frage 3: Ein Schüler kopiert sich aus dem Internet ein Bild von einem Bauwerk. Anschließend ändert er die Größenverhältnisse und die Farben des Gebäudes und speichert das neue Bild auf seiner eigenen Homepage ab. Ist diese Handlung legal? Begründen Sie Ihre Entscheidung.

☛ Frage 4 Die Literatur-Interessengemeinschaft der Schule möchte Kurzgeschichten eines bekannten Schriftstellers auf ihrer Internetseite veröffentlichen. Darf Sie das? Begründen Sie auch hier wieder Ihre Entscheidung.

☛ Frage 5: Wann ist das Herunterladen von Software (Download) aus dem Internet erlaubt, wann nicht?

☛ Frage 6: Was versteht man unter dem MP3-Format?

☛ Frage 7: Welche Bedeutung hat das MP3-Format aus urheberrechtlicher Sicht?

☛ Frage 8: Viele Schüler informieren sich bei der Ausarbeitung von Hausaufgaben, Vorträgen und Belegarbeiten erst einmal im Internet. Wie ist das korrekte Vorgehen, wenn sie dort geeignetes Material finden?

☛ Frage 9: Welche Ausnahmeregelung trifft der Gesetzgeber betreffs des Urheberrechts für Schulen? Welche Konsequenzen hat dies für die Veröffentlichung selbst erstellter Arbeiten im Intranet der Schule und im Internet?

☛ Frage 10: Was sollte man bei der Wahl des Namens einer Schülerzeitung besonders beachten, wenn man diese Zeitung später auch im Internet veröffentlichen möchte?

☛ Frage 11: Nennen Sie mindestens 4 Beispiele für Veröffentlichungen im Internet, die zwar nicht dem Urheberrecht widersprechen, aber trotzdem strafbar sind.

☛ Frage 12: Welche Verantwortung haben der Besitzer einer Homepage und der entsprechende Provider bezüglich der Rechtmäßigkeit des veröffentlichten Angebotes?

☛ Frage 13: Seit ca. 1998 ist der Besitz einer eigenen Domain auch für Privatleute preiswert geworden. Was muss man bei der Wahl eines eigenen Domainnamens alles beachten?

☛ Frage 14: Was sagt der Gesetzgeber zur Zulässigkeit der Erfassung von Benutzerprofilen durch Provider aus? In welchem Gesetz ist dies formuliert?

☛ Frage 15: Was versteht man unter einem Cookie im Internet? Von wem wird es erzeugt und abgespeichert? Wo wird es abgespeichert?

☛ Frage 16: Nennen Sie 2 Vor- und 2 Nachteile bei der Benutzung von Cookies.

☛ Frage 17: Auf welche Grenzen trifft die Erzeugung von Cookies auf dem eigenen Rechner?

☛ Frage 18: Wann sollte man auch private E-Mail verschlüsseln?

# 6 HTML – Die Sprache des World Wide Web

## 6.1 Die ständige Entwicklung von HTML

Seit der Schaffung der ersten Grundlagen von HTML (HyperText Markup Language) durch Tim Berners-Lee (siehe Abschnitt 4.3) um 1990 hat sich die Sprache ständig weiterentwickelt. Dabei traten vor allem 3 verschiedene Entwicklungsrichtungen zu Tage:

1. Das Kernforschungszentrum CERN gründete in Zusammenarbeit mit verschiedenen weiteren Firmen das so genannte W3C (World Wide Web Consortium). Dieses W3C bemühte sich von Anfang an, die Sprache HTML zu standardisieren und entsprechend den Erfordernissen geregelt zu erweitern.
2. Viele engagierte Programmierer, Entwickler und Firmen gaben und geben ihre Wünsche an, welche Erfordernisse noch in den Sprachumfang von HTML aufgenommen werden sollten.
3. Führende Entwickler von Browsern (besonders Netscape und Microsoft) versahen ihre Browser mit der Möglichkeit, Befehle bzw. Formatierungen zu verarbeiten, die von den jeweils anderen Browsern nicht verarbeitet wurden. Man versprach sich dadurch Vorteile im Wettbewerb, da man annahm, dass die Benutzer den Browser mit dem größten Funktionsumfang benutzen würden.

So entwickelten sich im Lauf der Zeit verschiedene Versionen der Sprache HTML, so z.B.:

- Version 2.0 (1994-1996),
- Version 3.0 (nie offiziell beschlossen), 3.2 (1996, 1997),
- Version 4.0 (1998).

Jede dieser Versionen enthielt die Sprachelemente der vorhergehenden Versionen und außerdem eine Reihe von Neuerungen. So ist es z.B. erst ab der Version 3.2 (offiziell) möglich, Tabellen in HTML-Dokumenten darzustellen und Text in Hoch- oder Tiefschrift darzustellen.
Moderne Browser unterscheiden sich vor allem darin, welche Sprachelemente dargestellt werden können. Erwartungsgemäß können ältere Browser weniger Elemente von HTML darstellen, eine regelmäßige Aktualisierung (Update) des verwendeten Browsers ist also anzuraten.

## 6.2 Der grundlegende Aufbau einer HTML-Seite

HTML ist eine Sprache zur Beschreibung des Aufbaus eines Dokumentes. Im Gegensatz zu anderen Textdokumenten (z.B. Word-, Wordstar- oder Wordperfect-Dokumente) werden HTML-Dokumente im reinen Text-Format (nur ASCII-Zeichen) ohne jegliche landesspezifische Sonderzeichen oder Trennzeichen gespeichert. Damit sind die Dokumente problemlos zwischen verschiedenen Rechnerplattformen zu transportieren und auf ihnen zu verarbeiten. Ein HTML-Dokument besteht prinzipiell aus 3 Arten von Textinformationen:

1. Text, der angezeigt werden soll,
2. Formate, die der anzuzeigende Text besitzen soll (z.B. fett, kursiv, Schriftfarbe, ...),
3. Verweise auf andere Seiten oder Daten (z.B. Grafiken), die im Dokument zur Anzeige gebracht werden sollen.

Damit der normale Text von den anderen Informationen getrennt werden kann, schreibt man die Formatierungsbefehle und die Verweise auf andere Dokumente in spitzen Klammern (bzw. zwischen das "Kleiner als"- und das "Größer als"-Zeichen). Diese Anweisungen in spitzen Klammern werden *Tags* (tag = Kennzeichen, Marke, Etikett) genannt. Viele Formatierungsbefehle bestehen aus 2 Tags, dem ersten Tag, bei dem die Formatierung beginnt, und dem zweiten Tag, bei dem die Formatierung endet. Dabei besteht das zweite Tag aus den gleichen Buchstaben wie das erste, allerdings ist ein Schrägstrich ("/") vorangestellt. Die Beispielzeile

```
<B>Dieser Text wird fett geschrieben</B>
```

erzeugt die fett geschriebene Ausgabe des Textes "Dieser Text wird fett geschrieben". Das Tag `<B>` steht dabei für Fettschrift (bold = fett), das Tag `</B>` gibt an, dass hier die Fettschrift aufhört.

Der Minimalaufbau einer HTML-Seite sieht so aus:

```
<HTML>
  <HEAD>
    <TITLE>
      Titel der Seite
    </TITLE>
  </HEAD>
  <BODY>
    Inhalte der Seite, Verweise auf andere Seiten, ...
  </BODY>
</HTML>
```

Die verwendeten Tags sollen hier kurz erklärt werden:

| Tag | Bedeutung |
|---|---|
| <HTML> | Hier beginnt das HTML-Dokument. Dieses Tag steht immer am Anfang eines HTML-Dokuments. |
| </HTML> | Hier endet das HTML-Dokument. Dieses Tag steht immer am Ende eines HTML-Dokuments. |
| <HEAD> | Hier beginnt der Kopf des HTML-Dokuments. Im Dokumentenkopf steht normalerweise immer der Titel des Dokuments. Es können aber auch noch weitere Informationen, wie z.B. der Name des Seitenautors, im Kopfteil des Dokuments stehen. |
| </HEAD> | Hier endet der Kopf des HTML-Dokuments. |
| <TITLE> | Hier beginnt der Titel des Dokuments. Dieser Titel wird in der Kopfzeile des Browsers angezeigt und häufig von Internet-Suchmaschinen ausgewertet bzw. angezeigt. |
| </TITLE> | Hier endet der Titel des Dokuments. |
| <BODY> | Ab hier beginnt das eigentliche Dokument mit den anzuzeigenden Inhalten. Alle weiteren behandelten Tags beziehen sich immer auf den Bereich zwischen `<BODY>` und `</BODY>`. |
| </BODY> | Hier endet der Inhalt des HTML-Dokuments. |

Der angezeigte Bildschirm des beschriebenen Dokuments würde etwa das folgende Aussehen erzeugen:

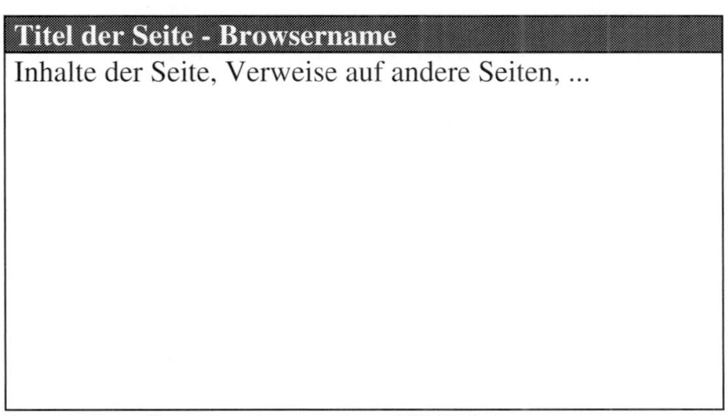


*Browserdarstellung der oben gezeigten HTML-Seite*

Dabei steht Browsername für den Namen des von Ihnen verwendeten Internet-Browsers, also z.B. *Netscape*, *Internet Explorer*, *Opera* oder *Mosaic*.

- Hinweis 1: Die Browser unterscheiden nicht zwischen Groß- und Kleinschreibung der Tags. Sie sollten sich aber trotzdem eine einheitliche Schreibweise (entweder nur groß oder nur klein) angewöhnen.
- Hinweis 2: Genau wie in anderen Programmiersprachen (z.B. Delphi) ist es üblich, zusammengehörige Tags (in Delphi zusammengehörende Anweisungen) gleich weit einzurücken. Verschiedene Tags in einer Zeile sollten Sie nur in Ausnahmesituationen benutzen. So wird Ihr Text übersichtlicher und eventuelle Fehler lassen sich besser lokalisieren.

## 6.3 Die Erweiterung des Body-Tags

Wenn Sie fertige HTML-Dokumente betrachten, werden Sie feststellen, dass das <BODY>-Tag in einer erweiterten Form Anwendung findet. Eine Zeile könnte etwa so aussehen:

```
<BODY BGCOLOR="#C0C0C0" TEXT="#000000" LINK="#0000FF" VLINK="#FF00FF" ALINK="#FF0000">
```

Wir sehen hier neben einer Reihe von Bezeichnern eine Anzahl (noch) mystischer Zeichenkombinationen. Die verschiedenen Angaben nach dem Wort BODY haben Bedeutung für die anzuzeigenden Farben innerhalb des Dokumentes. Im Einzelnen gelten folgende Bedeutungen:

| Wort | Bedeutung |
|---|---|
| BGCOLOR= | Hier wird die Farbe des Hintergrundes des anzuzeigenden Textes festgelegt. |
| TEXT= | Der Wert nach TEXT bestimmt die Farbe des anzuzeigenden Textes. |
| LINK= | Sollte Ihr Dokument Verweise auf andere Dokumente beinhalten (so genannte Links), so wird hier die Farbe dieser Links bestimmt. |
| VLINK= | Damit man zwischen schon besuchten Links (VLINK steht für visited links) und noch nicht besuchten Links unterscheiden kann, besteht hier die Möglichkeit, die schon besuchten Links durch eine andere Farbe zu kennzeichnen. |
| ALINK= | ALINK steht für "active link" und gibt die Farbe an, die ein Link beim Betätigen annimmt. |

Die Bedeutung der Zeichenkombinationen nach den Farbbefehlen soll im nächsten Abschnitt erklärt werden.

## 6.4 Das Farbmodell von HTML

Die Farben unter HTML sind im so genannten RGB-Modell angegeben. Dabei steht R für den Rotanteil, G für den Grünanteil und B für den Blauanteil der Farbe (entsprechend den 3 Kathodenstrahlen in einem Farbmonitor). Jeder der 3 Anteile kann einen Wert von 0 (Minimum) bis 255 (Maximum) annehmen. Damit zwischen den 3 Farbwerten keine zusätzlichen Trennzeichen gesetzt werden müssen, hat man sich entschlossen, die Zahlen für die einzelnen Farben in hexadezimaler (Zahlsystem mit der Zahlenbasis 16) Schreibweise anzugeben (siehe Buch 1, Kapitel 10 "*Zahlensysteme in Computern*").
Die ersten 2 Zeichen, oder besser gesagt, die ersten beiden Hexadezimalziffern geben also den Rotanteil, die nächsten beiden Ziffern den Grünanteil und die letzten beiden Ziffern den Blauanteil der Farbe an. In unserem konkreten Beispiel bedeutet das:

| Werte | Bedeutung |
|---|---|
| BGCOLOR="#C0C0C0" | Rot, Grün und Blau haben gleiche Anteile, die relativ groß sind. Der Hintergrund des anzuzeigenden Bildschirms wird hellgrau dargestellt. |
| TEXT="#000000" | Die Farbe des anzuzeigenden Textes ist schwarz, da weder ein Rot- noch ein Grün- noch ein Blauwert dargestellt wird. |
| LINK="#0000FF" | Die Links im Dokument werden in blauer Farbe dargestellt, da hier nur ein hoher Blauanteil angegeben ist. |
| VLINK="#FF00FF" | Besuchte Links werden in hellem Magenta (violett) dargestellt, dies wird durch einen gleichermaßen hohen Rot- und Blauanteil hervorgerufen. |
| ALINK="#FF0000" | Angeklickte Links nehmen im Moment des Anklickens eine rote Farbe an. |

➢ Hinweis 3: Da sich mit dem RGB-Farbmodell ca. 16 Millionen Farben darstellen lassen (256*256*256), ist es nicht möglich (bzw. sinnvoll), für jede einzelne Farbkombination einen speziellen Farbnamen zu definieren. Auch wird sich kaum jemand eine konkrete Farbe unter einer bestimmten Farbkombination vorstellen können (außer bei solchen wie den von uns angegebenen speziellen Werten). Für die Wahl bestimmter Farben gibt es deshalb Farbtabellen bzw. spezielle Programme zum Einstellen und Visualisieren der einzelnen Farbanteile.

⇨ Aufgabe 1: Geben Sie die Farbwerte für die Farben Grau, Dunkelgrau, Weiß, Dunkelrot, Hellgrün und Gelb an. Überprüfen Sie anschließend Ihre Werte mit Hilfe eines Browsers.

Außer der Darstellung von Farben mit Hilfe des RGB-Modells gibt es ab der HTML-Version 3.2 noch die Möglichkeit, bestimmte Farben durch vordefinierte Farbkonstanten darzustellen. Die 16 Grundfarben von Windows sind in der folgenden Tabelle dargestellt.

| Farbkonstante | Hex-Wert | Farbkonstante | Hex-Wert | Farbkonstante | Hex-Wert | Farbkonstante | Hex-Wert |
|---|---|---|---|---|---|---|---|
| BLACK | #000000 | NAVY | #000080 | SILVER | #C0C0C0 | BLUE | #0000FF |
| MAROON | #800000 | PURPLE | #800080 | RED | #FF0000 | FUCHSIA | #FF00FF |
| GREEN | #008000 | TEAL | #008080 | LIME | #00FF00 | AQUA | #00FFFF |
| OLIVE | #808000 | GRAY | #808080 | YELLOW | #FFFF00 | WHITE | #FFFFFF |

Die Anwendung der Farbkonstanten könnte dann z.B. so aussehen (jetzt allerdings mit anderen Farben als im ersten Beispiel):

```
<BODY BGCOLOR=WHITE TEXT=BLUE LINK=GREEN VLINK=LIME ALINK=AQUA>
```

Die Browser *Netscape* ab Version 2 und *Internet Explorer* ab Version 3 verstehen auch noch eine Reihe von weiteren Farbkonstanten. Aber wer kann sich schon weitere 256 Farbnamen merken und vor allen sich etwas unter den ganzen Namen vorstellen. Oder wissen Sie etwa auf Anhieb, wie die Farben *aliceblue* (#F0F8FF), *chartreuse* (#7FFF00), *coral* (#FF7F50), *cornsilk* (#FFF8DC), *crimson* (#DC143C), *moccasin* (#FFE4B5), *navajowhite* (#FFDEAD), *oldlace* (#FDF5E6), *peachpuff* (#FFDAB9) oder *peru* (#CD853F) aussehen? Der entsprechende Hexadezimalwert steht jeweils in Klammern.

➢ Hinweis 4: Im Interesse einer HTML-gerechten Notierung sollten Sie dem RGB-Farbmodell mit seinen hexadezimalen Werten den Vorzug geben.

➢ Hinweis 5: Verwenden Sie für Hintergrund und darauf befindliche Texte nur Werte, die zueinander in deutlichem Kontrast stehen und die ergonomisch vertretbar sind. So ist z.B. ein hellgrüner (LIME) Text auf einem lila (FUCHSIA) oder weißem (WHITE) Hintergrund auf Dauer sehr anstrengend für die Augen.

## 6.5 Überschriften in HTML-Dokumenten

In HTML-Dokumenten gibt es 6 verschiedene Möglichkeiten, eine Überschrift darzustellen und damit die hierarchische Gliederung eines Dokuments anzuzeigen. Alle Überschriften-Tags beginnen mit einem H (H für heading), gefolgt von einer Ziffer von 1 (groß) bis 6 (sehr klein), z.B. so:

```
<H1>Überschrift der 1. Ordnung</H1>
<H5>Überschrift der 5. Ordnung</H5>
```

Auch hier erfolgt der Abschluss einer Überschrift durch ein entsprechendes Tag mit einem vorgestelltem Schrägstrich.

➢ Hinweis 6: Die Ziffern beim einleitenden und beim abschließenden Überschriften-Tag müssen immer gleich sein, sonst wird die Überschrift nicht beendet.

Mit einer Erweiterung der eben kennen gelernten Tags kann man außerdem bestimmen, wie die Ausrichtung der Überschrift sein soll. Zur Auswahl stehen hier linksbündig (das ist der Standard), zentriert oder rechtsbündig. Erreicht wird dies durch eine der 3 möglichen Erweiterungen.

```
<H2 ALIGN=LEFT>Überschrift 2. Ordnung linksbündig</H2>
<H4 ALIGN=CENTER>Überschrift 4. Ordnung zentriert</H4>
<H6 ALIGN=RIGHT>Überschrift 6. Ordnung rechtsbündig</H6>
```

⇨ Aufgabe 2: Probieren Sie alle möglichen Überschriften-Größen im Vergleich zu normal großer Schrift aus. Testen Sie dabei auch unterschiedliche Ausrichtungen der Überschriften.

## 6.6 Textabsätze und Zeilenumbrüche

Wenn Sie im HTML-Quelltexteditor auf die *Enter*-Taste drücken, wird im Browser kein Zeilenumbruch angezeigt. Ein Zeilenumbruch bzw. ein Absatz muss unter HTML speziell angegeben werden.
Mit dem <P>-Tag wird ein vorhergehender Absatz beendet und ein neuer Absatz begonnen (p steht als Abkürzung für paragraph = Absatz). Zwischen den beiden Absätzen entsteht ein kleiner Zwischenraum:

```
Hier endet der erste Absatz.
<P>
Der zweite Absatz beginnt hier.
```

Normalerweise fordern viele Browser beim <P>-Tag keinen abschließenden </P>-Tag. Um HTML-gerecht zu programmieren, sollte man jedoch trotzdem jeweils ein abschließendes </P>-Tag setzen. Das vorhergehende Beispiel sollte also korrekterweise so aussehen:

```
<P>Hier endet der erste Absatz. </P>
<P>Der zweite Absatz beginnt hier. </P>
```

Genau wie Überschriften lassen sich natürlich auch Absätze ausrichten.

```
<P ALIGN=LEFT>Absatz ist linksbündig.</P>
<P ALIGN=CENTER>Absatz ist zentriert.</P>
<P ALIGN=RIGHT>Absatz ist rechtsbündig.</P>
<P ALIGN=JUSTIFY>Absatz ist im Blocksatz.</P>
```

➢ Hinweis 7: Der Blocksatz macht natürlich nur Sinn, wenn der anzuzeigende Absatz länger als eine Zeile ist. Einige Browser verstehen noch keinen Blocksatz.

Eine weitere Möglichkeit des Zeilenumbruchs besteht in der Verwendung des <BR>-Tags (BR steht hier als Abkürzung für break = Pause, Unterbrechung). Im Unterschied zum <P>-Tag wird hier außer dem Zeilenumbruch kein weiterer Zwischenraum erzeugt. Es ist auch kein abschließendes Tag notwendig:

```
<P>Dummes Gedicht</P>
Was hier steht<BR>
ist ein Gedicht.<BR>
Ob Sie das wollen-<BR>
oder nicht.<BR>
```

⇨ Aufgabe 3: Probieren Sie alle möglichen Absatz-Ausrichtungen. Ermitteln Sie, ob der von Ihnen verwendete Browser Blocksatz unterstützt.

⇨ Aufgabe 4: Testen Sie den Zeilenumbruch mit Hilfe des <BR>-Tags. Vergleichen Sie mit dem <P>-Tag.

⇨ Aufgabe 5: Verwenden Sie sowohl das <BR>-Tag als auch das <P>-Tag mehrmals hintereinander. Was stellen Sie fest?

## 6.7 Formatieren von Texten

### Schriftstil

Die folgenden Tags sind für die Darstellung von Schriften mit verschiedenen Schriftstilen zuständig.

| Tags | Der zwischen den Tags stehende Text wird: |
|---|---|
| `<B>....</B>` | • fett geschrieben (b – bold). |
| `<I>....</I>` | • kursiv geschrieben (i – italic). |
| `<U>....</U>` | • unterstrichen dargestellt (u – underline).<br>Um Verwechslungen zu vermeiden, sollte dieses Tag nicht verwendet werden, da es im Allgemeinen üblich ist, Hyperlinks unterstrichen darzustellen. |

| Tags | Der zwischen den Tags stehende Text wird: |
|---|---|
| <SUP>....</SUP> | • hochgestellt dargestellt (sup – superscript) |
| <SUB>....</SUB> | • tiefgestellt dargestellt (sub – subscript) |
| <BLINK>....</BLINK> | • blinkend dargestellt<br><br>Dieses Tag sollte sehr sparsam verwendet werden, da blinkenden Text lesen- sehr anstrengend ist. |

⇨ Aufgabe 6: Versuchen Sie den folgenden Text (ohne Rahmen) mit Hilfe von HTML-Quelltext in einem Browser darzustellen.

> Die *Formel* für **Schwefelsäure** lautet: $H_2SO_4$.
> Auch in der Mathematik können wir **HTML** benutzen.
> Der ***Lehrsatz des Pythagoras*** lautet: $a^2+b^2=c^2$.

## Schriftgröße

Zur Darstellung der Schriftgröße in einem Dokument gibt es verschiedene Möglichkeiten:
Zum Ersten kann die Schriftgröße direkt in der Form

```
<FONT SIZE=5>darzustellender Text</FONT>
```

dargestellt werden. Dabei kann hinter SIZE eine Zahl von 1 bis 7 stehen, wobei 1 die kleinste, 7 die größte darzustellende Schrift ergibt. Die normalerweise (ohne spezielle Eingaben) dargestellte Schrift entspricht der Schriftgröße 3. Das folgende Quelltextbeispiel soll die Funktion von SIZE verdeutlichen:

```
Das ist normaler Text ohne Angabe von Size.
<BR>
<FONT SIZE=2>
  Jetzt wird der Text etwas kleiner (Size=2).
</FONT>
<BR>
<FONT SIZE=3>
  Dieser Text ist mit Size=3 geschrieben.
</FONT>
<BR>
<FONT SIZE=6>
  Jetzt hat Size einen <BR>Wert von 6.
</FONT>
<BR>
Hier geht es wieder normal weiter.
```

> Das ist normaler Text ohne Angabe von Size.
> Jetzt wird der Text etwas kleiner (Size=2).
> Dieser Text ist mit Size=3 geschrieben.
> Jetzt hat Size einen
> Wert von 6.
> Hier geht es wieder normal weiter.

*Ansicht des HTML-Textes im Browser*

Die zweite Möglichkeit besteht in einer Veränderung der Schriftgröße relativ zur aktuell dargestellten Schriftgröße. Dabei bedeutet ein Plus vor der Zahl eine Vergrößerung der Schrift, ein Minus vor der Zahl verkleinert die aktuelle Schrift entsprechend:

```
Das ist normaler Text ohne Angabe von Size.
<BR>
<FONT SIZE=+2>
  Text wird um 2 Stufen größer.
</FONT>
<BR>
<FONT SIZE=-1>
  Text wird um 1 Stufe kleiner.
</FONT>
<BR>
Hier geht es wieder normal weiter.
```

> Das ist normaler Text ohne Angabe von Size.
> Text wird um 2 Stufen größer.
> Text wird um 1 Stufe kleiner.
> Hier geht es wieder normal weiter.

*Ansicht des HTML-Textes im Browser*

Die dritte Möglichkeit der Schriftgrößenänderung besteht in der Angabe einer Basisschriftgröße (Standard ohne spezielle Einstellung ist immer die Schriftgröße 3) für einen größeren Textabschnitt. Dazu dient das Tag

`<BASEFONT SIZE=..>` ... Text ...

Zwischendurch kann mit den schon angegebenen anderen zwei Methoden die Schriftgröße kurzzeitig geändert werden, ohne die ursprüngliche Schriftgröße wiederherstellen zu müssen. Ein Beispiel soll dies verdeutlichen:

```
Das ist normaler Text ohne Angabe von Size.
<BR>
<BASEFONT SIZE=5>
Der Text ist etwas größer als normal, nur
<FONT SIZE=2>
  hier ist die Schrift sehr klein.
</FONT>
Jetzt geht es wieder
<FONT SIZE=7>
groß
</FONT>
weiter.
```

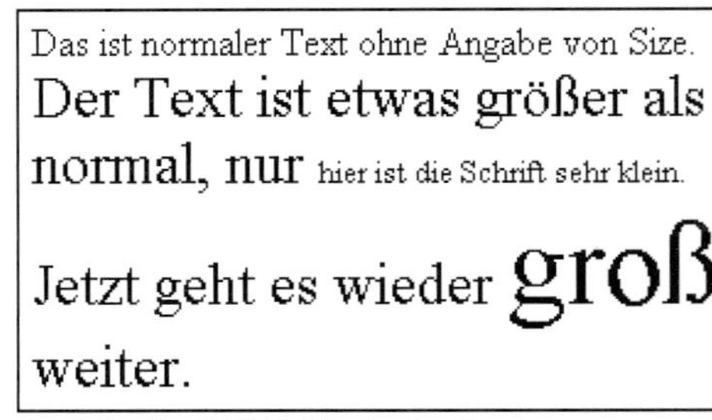

*Ansicht des HTML-Textes im Browser*

➢ Hinweis 8: Das Tag <BASEFONT SIZE=..> wird nur verwendet, wenn man für einen größeren Abschnitt (oder für den ganzen Text) eine andere als die normalerweise angezeigte Schriftgröße 3 verwenden möchte.

➢ Hinweis 9: Das Tag <BASEFONT SIZE=..> hat kein abschließendes </BASEFONT>-Tag. Die eingestellte Basisschriftgröße gilt bis zum Ende des Textes oder bis zum nächsten Auftauchen von <BASEFONT SIZE=..>.

➢ Hinweis 10: Innerhalb von Tabellen gilt (ohne spezielle Einstellungen) immer die Schriftgröße 3. Daran ändert auch eine Änderung der Basisschriftgröße vor der Tabelle bzw. ein Einklammern der Tabelle in die Tags <FONT SIZE=..> und </FONT> nichts.
Änderungen der Schriftgröße in der Tabelle müssen immer innerhalb einer Tabellenzelle erfolgen (siehe Abschnitt 6.13 "*Tabellen in HTML*").

Die vierte Möglichkeit, die Schriftgröße, wenn auch nur mit geringen Einstellungsmöglichkeiten, zu ändern, besteht in der Verwendung der Tags <BIG>größerer Text</BIG> und <SMALL>kleinerer Text</SMALL>.
Dabei ändert sowohl <BIG> als auch <SMALL> die Schriftgröße immer in Abhängigkeit von der aktuell eingestellten Schriftgröße, wie das folgende Beispiel zeigen soll:

```
Das ist normaler Text ohne Angabe von Size.
<BR>
<BIG>Hier wird der Text größer...</BIG>
<SMALL>und hier kleiner.</SMALL>
<BR>
<BASEFONT SIZE=5>
Das ist Text mit Größe 5.<BR>
<BIG>Hier wird der Text größer...</BIG>
<SMALL>und hier kleiner.</SMALL>
```

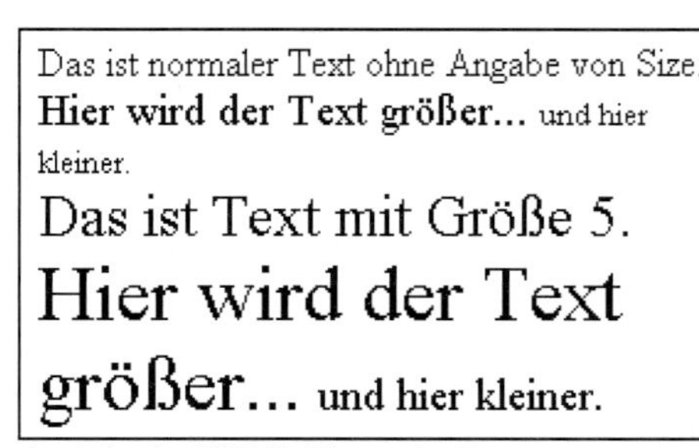

*Ansicht des HTML-Textes im Browse*

⇨ Aufgabe 7: Testen Sie die 4 angegebenen Möglichkeiten zur Einstellung der Schriftgröße. Probieren Sie dabei alle 7 Schriftgrößen aus.
Testen Sie auch die Fehlertoleranz Ihres Browsers bei Einstellungen der Schriftgröße wie 0, 8 oder 9.

### Schriftfarbe

Die Darstellung der Schriftfarbe benutzt auch das schon behandelte RGB-Farbsystem. Die Syntax soll an zwei Beispielen kurz dargestellt werden:

```
<FONT COLOR=#FF0000>Dieser Text ist rot.</FONT>
<BR>
<FONT COLOR=#008000>Jetzt ist der Text dunkelgrün.</FONT>
```

➢ Hinweis 11: Die eben angegebenen Textfarben können unabhängig von der im BODY-Tag eingestellten generellen Textfarbe benutzt werden.

⇨ Aufgabe 8: Schreiben Sie einen beliebigen Satz mit mindestens 10 Worten, bei dem jedes Wort in einer anderen Farbe geschrieben wird.

### Schriftarten

Mit der FACE-Erweiterung lassen sich ab HTML Version 4 sogar die Schriftarten definieren. Dabei lässt sich der Name der Schriftart eingeben, mit welcher der Text angezeigt werden soll. Alternativ lassen sich weitere Schriftarten angeben, die gewählt werden, wenn die jeweils vorhergehende Schriftart auf dem Rechner nicht vorhanden ist. Der Quelltext

```
<FONT FACE="Arial Narrow, Arial">
   Das ist Text in Schriftart Arial.
</FONT>
```

erzeugt eine Ausgabe des Textes in der Schriftart "Arial Narrow". Wenn diese Schriftart nicht vorhanden ist, wird der Text in der Schriftart "Arial" angezeigt. Ist auch diese Schrift nicht vorhanden, so erfolgt die Anzeige in der normalerweise vom Browser angezeigten Schriftart.

➢ Hinweis 12: Bedenken Sie beim Einsatz von Schriftarten, dass nicht alle Leute auf der Welt Ihr Betriebssystem besitzen. Außerdem ist dann immer noch nicht sichergestellt, dass diese Leute die gleichen Schriften auf Ihrem Rechner installiert haben.
Sie sollten Schriftarten nur verwenden, wenn Sie wissen, dass die Leser Ihrer Seiten auch über die von Ihnen verwendeten Schriftarten verfügen (z.B. innerhalb eines Intranets).

⇨ Aufgabe 9: Informieren Sie sich über die auf Ihrem Rechner installierten Schriftarten (Das kann z.B. innerhalb einer Textverarbeitung oder in der Systemsteuerung bei *Schriftarten* erfolgen.).
Erstellen Sie danach ein Dokument, in dem Sie verschiedene Schriftarten verwenden. Probieren Sie auch die Verwendung von Alternativschriften (d.h., wenn die erste eingestellte Schriftart nicht vorhanden ist).

### Und nun alles zusammen . . .

Alle bisher behandelten Tags zur Einstellung der Schriftgröße, Schriftfarbe und Schriftart können auch gemeinsam in einem Tag verwendet werden. Das folgende Beispiel soll dies verdeutlichen:

```
<FONT SIZE=5 COLOR=#0000FF>Das ist große blaue Schrift.</FONT>
<BR>
<FONT FACE="Arial" SIZE=4>Text in der Schriftart Arial, Größe 4.</FONT>
```

⇨ Aufgabe 10: Probieren Sie in einem Text die gleichzeitige Verwendung unterschiedlicher Schriftfarben, -größen und -arten aus.

**Spezielle Absatzformatierungen**

Besondere Anwendungsfälle erfordern manchmal auch spezielle Arten der Textformatierung. Für einige dieser Aufgaben gibt es spezielle Tags:

| Tags | Der zwischen den Tags stehende Text wird: |
|---|---|
| `<PRE>`<br>`...`<br>`</PRE>` | • präformatiert (vorformatiert) geschrieben.<br><br>Präformatierter Text wird immer in einer so genannten dicktengleichen Schrift dargestellt (Dicktengleich bedeutet, dass jeder Buchstabe die gleiche Breite aufweist, wie z.B. bei der Schriftart "`Courier New`".). Der Text wird in der Art ausgegeben, wie er im HTML-Quelltext dargestellt ist. Das gilt z.B. für die Einzüge von vorn und für alle Zeilenumbrüche. Ein spezielles <BR> ist hier nicht notwendig. Man wendet präformatierten Text vor allem zur Darstellung von Quelltexten innerhalb von HTML-Dokumenten an. |
| `<ADRESS>`<br>`...`<br>`</ADRESS>` | • meist kursiv dargestellt. Das ist jedoch vom verwendeten Browser abhängig.<br><br>Das Adress-Tag wird im Allgemeinen zur Formatierung von E-Mail-Adressen verwendet.<br><br>Beispiel: Das ist die E-Mail-Adresse des HTML-"Erfinders" Tim Berners-Lee: `<ADRESS>timbl@w3.org</ADRESS>` |
| `<BLOCKQUOTE>`<br>`...`<br>`</BLOCKQUOTE>` | • meist links eingerückt dargestellt.<br><br>Dieses Tag verwendet man zur Darstellung von Zitaten (quotation = Zitat). |

⇨ Aufgabe 11: Überprüfen Sie, wie Ihr Browser die einzelnen Tags darstellt. Sollten Sie die Möglichkeit haben, testen Sie die Tags mit verschiedenen Browsern.

## 6.8 Darstellung von Listen

### Nummerierte Listen

Nummerierte Listen dienen der Darstellung von Daten, die mit einer fortlaufenden führenden Zahl oder mit einem Buchstaben gekennzeichnet werden sollen. Bei dieser Liste (und bei anderen Listen auch) treten zwei verschiedene Arten von Tags auf.
Das erste Tag `<OL> .. </OL>` ist für die Art der Liste verantwortlich (OL – ordered list), das zweite Tag `<LI>..</LI>` dient der Kennzeichnung der einzelnen Listeneinträge.

Eine komplette geordnete Liste könnte z.B. so aussehen:

| Das Quelltextbeispiel | erzeugt die Ausgabe |
|---|---|
| `<OL>`<br>`  <LI>Tintenstrahldrucker</LI>`<br>`  <LI>Laserdrucker</LI>`<br>`  <LI>Nadeldrucker</LI>`<br>`</OL>` | <br>`1.Tintenstrahldrucker`<br>`2.Laserdrucker`<br>`3.Nadeldrucker` |

➢ Hinweis 13: Das `</LI>` am Ende jedes Listeneintrags ist nicht unbedingt notwendig, da alle aktuellen Browser die Listen auch so darstellen.
Im Interesse einer korrekten Syntax sollte man es jedoch jeweils mit angeben.

## Variationen nummerierter Listen

Abweichend von der "normalen" nummerierten Liste können auch Listen dargestellt werden, die mit großen und kleinen Buchstaben bzw. mit römischen Zahlen nummeriert sind. Dazu muss man lediglich das <OL>-Tag um die Art der Nummerierung ergänzen. Es gelten folgende Werte:

| Das Quelltextbeispiel | erzeugt eine |
|---|---|
| `<OL TYPE=A>` | • alphabetisch mit Großbuchstaben durchnummerierte Liste (A, B. C, ...). |
| `<OL TYPE=a>` | • alphabetisch mit Kleinbuchstaben durchnummerierte Liste (a, b, c, ...). |
| `<OL TYPE=I>` | • mit groß geschriebenen römischen Zahlen durchnummerierte Liste (I, II, III, ...). |
| `<OL TYPE=i>` | • mit klein geschriebenen römischen Zahlen durchnummerierte Liste (i, ii, iii, ...). |

Außerdem besteht die Möglichkeit, die Nummerierung an einer bestimmten Stelle zu beginnen. Dazu ist im <OL>-Tag die Erweiterung `START=Anfang` notwendig, wobei Anfang die Nummer des Elements angibt, mit dem die Nummerierung beginnen soll.

➢ Hinweis 14: Nach START steht immer eine Zahl, kein Buchstabe!

| Das Quelltextbeispiel | beginnt die Nummerierung mit |
|---|---|
| `<OL TYPE=A START=3>` | • dem Buchstaben C. |
| `<OL TYPE=a START=5>` | • dem Buchstaben e. |
| `<OL TYPE=I START=10>` | • der römischen Zahl X. |

⇨ Aufgabe 12: Testen Sie alle 5 Sorten von nummerierten Listen. Probieren Sie dabei auch, die Nummerierung der Listen von speziellen Startwerten aus zu beginnen.

## Aufzählungslisten

Aufzählungslisten dienen der Darstellung von Daten, die mit einem führenden Aufzählungszeichen (3 Zeichen stehen zur Auswahl) gekennzeichnet werden sollen. Wie schon bei der geordneten Liste treten auch hier zwei verschiedene Arten von Tags auf. Das erste Tag `<UL> .. </UL>` ist für die Art der Liste verantwortlich (UL – unordered list), das zweite Tag `<LI>..</LI>` dient wieder der Kennzeichnung der einzelnen Listeneinträge. Eine komplette Aufzählungsliste könnte z.B. so aussehen:

| Das Quelltextbeispiel | erzeugt die Ausgabe |
|---|---|
| `<UL>`<br>`  <LI>Tintenstrahldrucker</LI>`<br>`  <LI>Laserdrucker</LI>`<br>`  <LI>Nadeldrucker</LI>`<br>`</UL>` | • Tintenstrahldrucker<br>• Laserdrucker<br>• Nadeldrucker |

Bei Aufzählungslisten kann das Aussehen des Aufzählungszeichens noch innerhalb gewisser Grenzen verändert werden. Die folgende Tabelle soll dies zeigen:

| Das Quelltextbeispiel | beginnt die Aufzählung mit |
|---|---|
| `<UL TYPE=DISC>` | • einem etwas größeren Punkt (soll eine Diskette darstellen). |
| `<UL TYPE=CIRCLE>` | o einem Kreis. |
| `<UL TYPE=SQUARE>` | ■ einem ausgefüllten Quadrat. |

➢ Hinweis 15: Die Art der dargestellten Zeichen ist von der jeweils im Browser ausgewählten Schriftart abhängig und lässt sich daher im Voraus nicht genau bestimmen.

⇨ Aufgabe 13: Testen Sie die 3 Sorten von Aufzählungslisten.

### Definitionslisten

Zur Darstellung von Begriffserklärungen benutzt man die so genannten Definitionslisten. Dabei sind 3 verschiedene Tags notwendig.
Das erste Tag `<DL>..</DL>` ist für die Art der Liste verantwortlich (DL – definition list), mit dem zweiten Tag `<DT>..</DT>` wird der Begriff angegeben, der definiert werden soll (DT – definition term), und im dritten Tag `<DD>..</DD>` erfolgt die eigentliche Definition der gewählten Begriffe (DD – definition data). Eine komplette Definitionsliste könnte z.B. so aussehen:

| Das Quelltextbeispiel | erzeugt die Ausgabe |
|---|---|
| <DL><br><DT>Begriff 1</DT><br><DD>Definition des ersten Begriffs</DD><br><DT>Begriff 2</DT><br><DD>Definition des zweiten Begriffs</DD><br></DL> | Begriff 1<br>Definition des ersten Begriffs<br>Begriff 2<br>Definition des zweiten Begriffs |

⇨ Aufgabe 14: Wählen Sie mindestens 3 Begriffe aus dem Themenkreis Internet und fertigen Sie für diese Begriffe eine Definitionsliste an. Achten Sie darauf, dass mindestens einer der Begriffe eine Erklärung hat, die länger als eine Zeile ist.

## 6.9 Trennlinie, Sonderzeichen, Sonstiges

### Horizontale Trennlinien

Zur optischen Trennung von Texten kann man horizontale Trennlinien verwenden. Diese werden mit dem Tag <HR> erzeugt (HR – horizontal rule = horizontale Linie). Dabei geht die Linie über den ganzen Bildschirm, ist sehr schmal und wird mit einem Schatteneffekt dargestellt. Das <HR>-Tag tritt immer nur allein auf und benötigt kein abschließendes Tag.
Zur Änderung der Eigenschaften der horizontalen Linie gibt es die Zusätze `NOSHADE`, `WIDTH` , `SIZE` und `ALIGN`. Dabei wird `NOSHADE` ohne weitere Werte aufgerufen und bewirkt, dass die dargestellte Linie ohne Schatten angezeigt wird. Der Wert nach `WIDTH` gibt die Breite und der Wert nach SIZE die Dicke der Linie an (Standardbreite ist `SIZE=2`).
Die Breite und die Höhe können in der Einheit Pixel (Bildschirmpunkte) angegeben werden. Dabei erscheint die Linie so breit und so hoch (in Pixeln) wie angegeben. Die Breite kann außerdem noch in relativer Größe zur Fensterbreite angegeben werden. Dazu benutzt man die Angabe in Prozent. Der Wert nach `ALIGN` dient, wie bereits bei anderen Tags behandelt, zur Ausrichtung der Linie. Dabei sind wieder die Werte `LEFT`, `CENTER` (das ist der Standard) und `RIGHT` möglich.
An den folgenden Beispielen soll dies kurz erläutert werden.

| Das Quelltextbeispiel | erzeugt eine horizontale Trennlinie |
|---|---|
| <HR> | über den ganzen Bildschirm mit einem Schatten. |
| <HR NOSHADE> | über den ganzen Bildschirm ohne einen Schatten. |
| <HR WIDTH=200> | mit einer Länge von 200 Pixeln (zentriert). |
| <HR NOSHADE WIDTH=400> | einer Länge von 400 Pixeln (zentriert) ohne einen Schatten. |
| <HR WIDTH=50% ALIGN=LEFT> | über den halben Bildschirm, die linksbündig angeordnet ist. |
| <HR WIDTH=25% SIZE=5> | mit einer Breite von 5 Pixeln über ein Viertel des Bildschirms. |

⇨ Aufgabe 15: Probieren Sie verschiedene Darstellungsmöglichkeiten für horizontale Linien aus. Verwenden Sie dabei mehrere Linieneigenschaften gleichzeitig.
Ändern Sie auch die Größe des Browserfensters. Welchen Unterschied bemerken Sie zwischen den beiden verschiedenen Möglichkeiten für die WIDTH-Angabe?

## Umlaute und 'ß'

Wie wir bereits in Delphi kennen gelernt haben, besitzen die deutschen Umlaute und das 'ß' einen ASCII-Code über 127. Das bedeutet, dass zu ihrer Darstellung im Gegensatz zu "normalen" Buchstaben nicht mehr nur 7 Bit ausreichen, sondern 8 Bit notwendig sind.
Leider können einige Teilnetze des Internets und andere durch Gateways angeschlossene Netze nur Textdateien mit einer 7-Bit-Kodierung weiterleiten (für englische Texte reicht das ja auch aus), so dass dort alle Zeichen mit einem ASCII-Code größer als 127 "verstümmelt" werden.
Aus diesem Grund ist es für eine Veröffentlichung im Internet (im Intranet gibt es meist keine Probleme) notwendig, die Umlaute und andere Sonderzeichen mit speziellen Umschreibungen anzugeben, die nur aus 7-Bit-Zeichen bestehen.
Für deutsche Zeichen mit einem ASCII-Code über 127 gelten folgende Umschreibungen:

| Buchstabe | wird umschrieben durch |
|---|---|
| ä | `ä` |
| ö | `ö` |
| ü | `ü` |
| ß | `ß` |

| Buchstabe | wird umschrieben durch |
|---|---|
| Ä | `Ä` |
| Ö | `Ö` |
| Ü | `Ü` |

Beispiel: Den Satz *'Übermorgen wird es mächtig heiß.'* kodiert man so:

```
&Uuml;bermorgen wird es m&auml;chtig hei&szlig;.
```

➢ Hinweis 16: Für die sprachspezifischen Sonderzeichen in anderen Sprachen (z.B. Spanisch, Französisch) gibt es natürlich auch entsprechende Umschreibungen. Diese sollen hier jedoch nicht behandelt werden.

## Leerzeichen, Sonderzeichen, HTML-spezifische Zeichen

Wenn man im HTML-Quelltext mehrere Leerzeichen hintereinander eingibt, erscheint im Browser trotzdem nur ein normales Leerzeichen, der Rest wird vom Browser ignoriert. Wenn man trotzdem einen größeren Zwischenraum erzeugen möchte, so muss man dies mit Hilfe eines so genannten nichtumbrechbaren Leerzeichens (nonbreaking space) realisieren.
Dazu dient die Umschreibung ` `

Eine Reihe spezieller Zeichen, die sich über die normale Tastatur nicht eingeben lassen, wie z.B. © und ®, können so umschrieben werden wie in der folgenden Tabelle dargestellt.
Außer den beschriebenen Zeichen gibt es auch noch Zeichen, die speziell für HTML-Tags und -umschreibungen benutzt werden.
Das sind z.B. die spitzen Klammern und das &-Zeichen. Auch diese Umschreibungen finden wir in der folgenden Tabelle:

| Buchstabe | wird umschrieben durch |
|---|---|
| © | `©` |
| ® | `®` |
| ± | `±` |

| Buchstabe | wird umschrieben durch |
|---|---|
| < | `<` |
| > | `>` |
| & | `&` |

Natürlich gibt es noch eine Vielzahl weiterer Sonderzeichen, die man unter HTML anzeigen kann. Die kurze Auswahl sollte aber als Beispiel genügen.

⇨ Aufgabe 16: Testen Sie die verschieden Umschreibungen für die genannten Umlaute und für das 'ß'.
⇨ Aufgabe 17: Testen Sie auch die Umschreibungen für die anderen genannten Zeichen.
⇨ Aufgabe 18: Schreiben Sie einen Quelltext, der die folgende Zeile ausgibt:

```
<h1>Überschrift</h1>
```

### Kommentare

In HTML können Bemerkungen als Kommentare gekennzeichnet werden, indem man die folgende Schreibweise benutzt:

```
<!-- Kommentartext -->
```

Die so gekennzeichneten Zeilen bleiben zwar im Quelltext sichtbar, werden aber im Browser nicht angezeigt. Folgende Angaben könnten z.B. in Kommentarzeilen stehen:

- Hinweise zum HTML-Quelltext bzw. seiner Gliederung,
- Quelltextzeilen, die zeitweise "außer Betrieb" gesetzt werden sollen,
- Name des Autors,
- Originaladresse der Seite im Internet,
- Erstellungs- oder Änderungsdatum.

⇨ Aufgabe 19: Erweitern Sie Ihr Dokument um einige Kommentare. Testen Sie, ob diese Kommentare im Browser wirklich nicht angezeigt werden.

### Zentrierte Ausrichtung beliebiger Elemente

Zur zentrierten Ausrichtung beliebiger Elemente (Texte, Grafiken, ...) schreibt man die auszurichtenden Elemente innerhalb der Tags `<CENTER>` und `</CENTER>`.

## 6.10 Grafikformate im Internet

Zur Übertragung von Grafiken im Internet haben sich in den vergangenen Jahren vor allem zwei Formate als Standard entwickelt. Das sind die Formate GIF und JPG.
In letzter Zeit sind weitere Formate zur Anwendung gekommen, welche die wesentlichen Nachteile der beiden "alten" Formate nicht mehr aufweisen und stellenweise neue Optionen bieten.
Als Beispiel sollen hier die Formate PNG, MNG und LWF behandelt werden.

### Grafikdarstellung im Interlaced-Modus

Normalerweise baut sich eine Grafik von oben beginnend Zeile für Zeile auf. Ehe man bei einer großen Grafik also erkennen kann, welchen Inhalt diese Grafik besitzt, muss man häufig sehr lange warten.
Um dem Betrachter der Grafik trotzdem schon zeitiger eine Vorschau auf die Grafik zu gestatten, gibt es verschiedene Möglichkeiten, diese Vorschau schon mit einem Teil der gesendeten Grafikdaten zu realisieren. Eine dieser Möglichkeiten ist die Übertragung von Grafiken im so genannten *Interlaced-Modus*.
Dabei erfolgt die Übertragung der Grafiken in 4 Schritten:

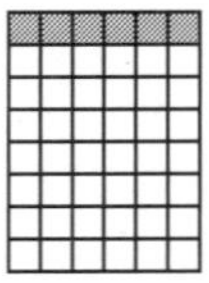
*Schritt 1*

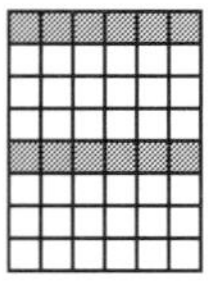
*Schritt 2*

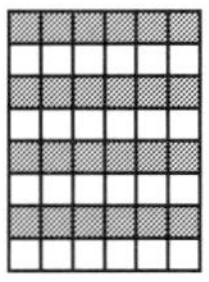
*Schritt 3*

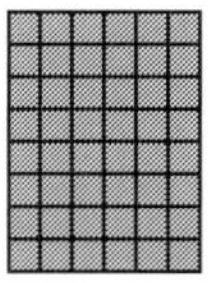
*Schritt 4*

- Im ersten Schritt wird nur der 8.Teil der Grafik übertragen, nämlich die Grafikzeilen 1, 9, 17, 25 usw.
- Der zweite Schritt überträgt ein weiteres Achtel der Daten, und zwar genau die Zeilen, die in der Mitte der bisher übertragenen Zeilen liegen. Das sind die Zeilen 5, 13, 21, 29 usw.
- Beim dritten Schritt wird ein Viertel der Daten übertragen, und zwar wieder die Zeilen, die in der Mitte der bisher übertragenen Zeilen liegen. Dies sind jetzt die Zeilen 3, 7, 11, 15, 19 usw.
- Im vierten und damit letzten Schritt werden alle Zeilen übertragen, die noch fehlen. Das sind genau die Zeilen mit den geraden Zeilennummern und damit die Hälfte der Daten.

Die folgenden 4 Bilder sollen das Prinzip der Interlaced-Übertragung an einem konkreten Bild demonstrieren.

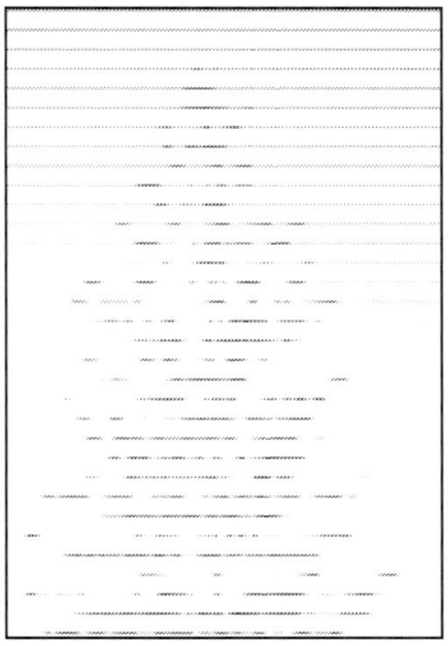
*Schritt 1*

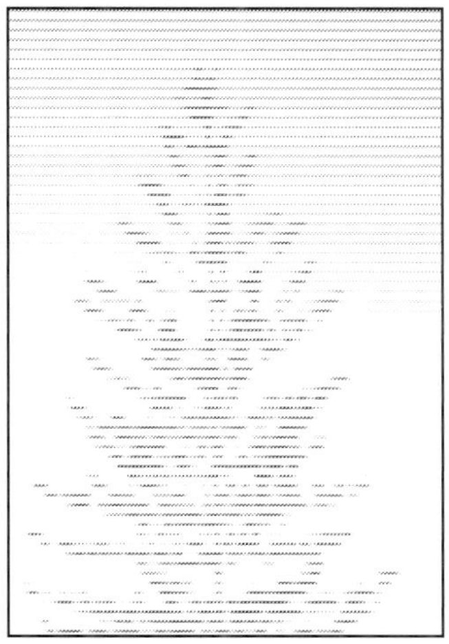
*Schritt 2*

*Schritt 3*

*Schritt 4*

Damit das Bild bei der Übertragung etwas kräftiger aussieht, geht man sogar noch einen Schritt weiter. Man kopiert alle übertragenen Punkte auf die darunter liegenden Zeilen, in denen noch keine Punkte übertragen wurden. Konkret sieht das für die ersten 8 Zeilen so aus:

- Im ersten Schritt werden die Punkte der Grafikzeile 1 in die Zeilen 2-8 kopiert.
- Der zweite Schritt überträgt die Grafikzeile 5 und kopiert danach deren Daten in die Zeilen 6-8.
- Beim dritten Schritt wird zuerst die Zeile 3 übertragen und deren Inhalt in Zeile 4 kopiert. Anschließend erfolgt die Übertragung der Zeile 7, deren Inhalt darauf in Zeile 8 kopiert wird.
- Im letzten Schritt erfolgt die Übertragung der Zeilen 2, 4, 6 und 8.

Die folgenden 4 Bilder sollen auch dieses Funktionsprinzip verdeutlichen. Beachten Sie, dass genauso viele Daten übertragen werden, wie im ersten Beispiel, dass jedoch die Qualität der Bilder durch das mehrfache Darstellen der übertragenen Daten deutlich besser ist.

*Schritt 1*

*Schritt 2*

*Schritt 3*

*Schritt 4*

Falls das Prinzip, besonders zwischen dem dritten und dem vierten Schritt, nicht vollständig erkennbar sein sollte, hier noch einmal 4 Bildschirmausschnitte des gleichen Gebietes in starker Vergrößerung:

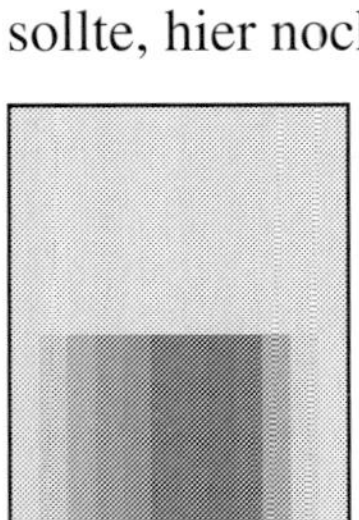
*Schritt 1*

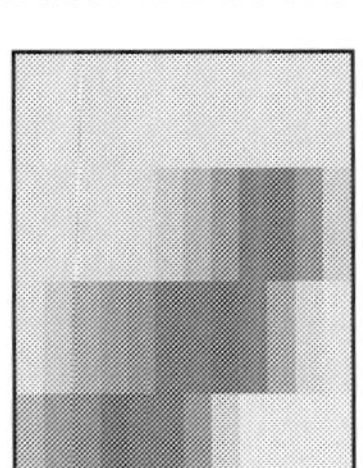
*Schritt 2*

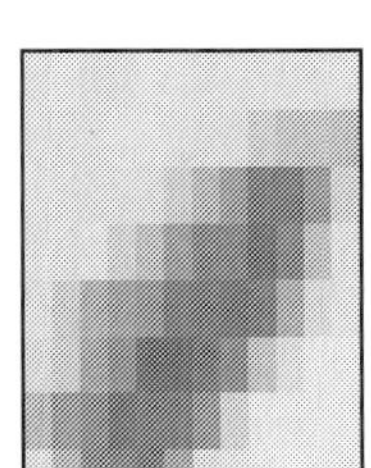
*Schritt 3*

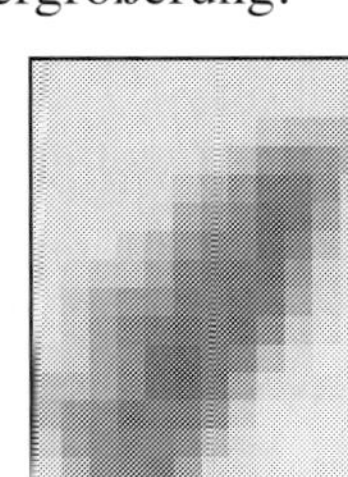
*Schritt 4*

## Grafikdarstellung im progressiven Modus

Im Interlaced-Modus wurden die Daten ja in x-Richtung sequentiell (hintereinander) übertragen, nur die Übertragung in y-Richtung erfolgte in 4 Schritten. Die progressive Datenübertragung geht hier einen Schritt weiter und versucht die schrittweise Übertragung in zwei Richtungen. Ein mögliches Verfahren, welches die Daten wieder in 4 Schritten überträgt, wäre das folgende Verfahren:

- Im ersten Schritt wird nur der 64.Teil der Grafik übertragen, nämlich die Punkte 1, 9, 17, 25 usw. der Grafikzeilen 1, 9, 17, 25 usw.
- Der zweite Schritt überträgt dann nicht mehr jeden 8. Punkt in zwei Richtungen, sondern jeden vierten. Da ein Viertel dieser Daten bereits im ersten Schritt übertragen wurde, überträgt der zweite Schritt 3/64 der Grafikdaten.
- Beim dritten Schritt wird jeder zweite Punkt in jeder zweiten Zeile übertragen, dabei müssen natürlich die bereits vorhandenen Punkte nicht mehr übertragen werden. Damit überträgt der dritte Schritt 12/64 bzw. 3/16 der Daten.
- Im letzten Schritt werden alle Punkte übertragen, die noch fehlen. Das sind genau 3/4 der gesamten Daten.

Damit das Bild von Anfang an kräftig erscheint, werden auch hier wieder die übertragenen Daten mehrfach kopiert, und zwar erzeugt im ersten Durchlauf jeder Punkt ein gleichfarbiges Quadrat der Seitenlänge 8*8, beim zweiten Durchlauf ist die Seitenlänge 4*4, dann 2*2 und im letzten Schritt kommen die restlichen Punkte ohne weitere Vervielfachung auf die ihnen zugehörigen Plätze. Die folgenden 4 Bilder sollen das Prinzip der progressiven Übertragung an unserem bereits bekannten Bild demonstrieren.

*Schritt 1* *Schritt 2* *Schritt 3* *Schritt 4*

Auch die progressive Grafikübertragung soll noch einmal an 4 gleichen Bildschirmausschnitte des gleichen Gebietes in starker Vergrößerung dargestellt werden:

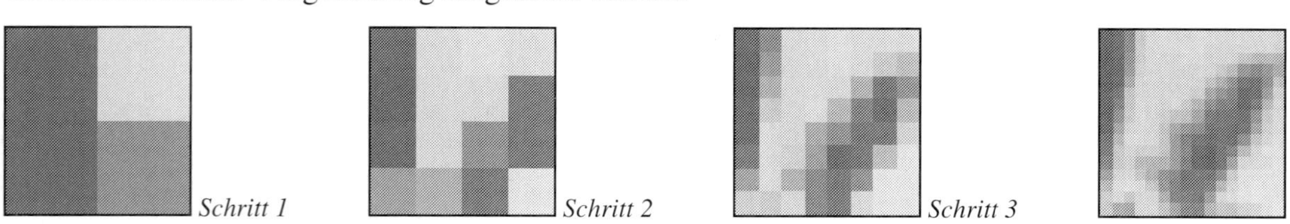

*Schritt 1* *Schritt 2* *Schritt 3* *Schritt 4*

Die Vorteile einer progressiven Datenübertragung liegen natürlich auf der Hand. Während man bei der Interlaced-Übertragung das erste Bild nach einem Achtel der Daten sehen kann, sieht man das erste Bild bei einer progressiven Übertragung bereits, nachdem 1/64 der Daten transportiert ist (siehe oben).

➢ Hinweis 17: Die in der Praxis verwendeten Verfahren zur progressiven Datenübertragung sind noch wesentlich komplexer als das hier beschriebene Verfahren, so findet z.B. bei der progressiven Übertragung nach dem so genannten *Adam7-Algorithmus* die Datenübertragung nicht in 4 (wie bei uns), sondern in 7 Schritten statt.

## Gegenüberstellung der verschiedenen Arten der Grafikübertragung

Wie bereits beschrieben, ist bei einer progressiven Grafikdaten-Übertragung bereits ein grobes Bild zu sehen, wenn nur 1/64 der Daten übertragen ist (siehe drittes Bild). Mit der gleichen Menge der übertragenen Daten sehen die beiden anderen Bilder wie folgt aus (erstes und zweites Bild):

*Sequentielle Übertragung*

*Interlaced-Übertragung*

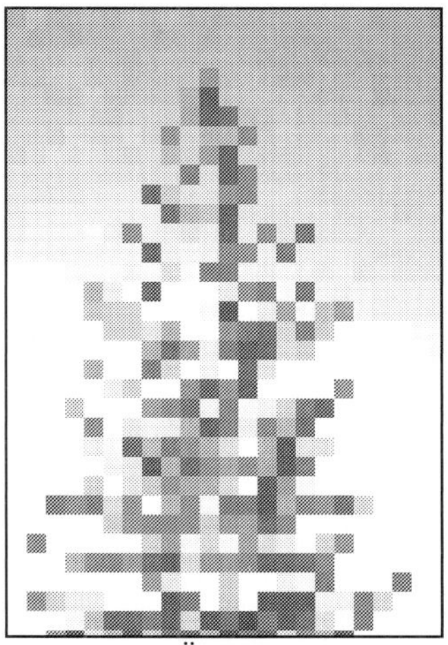
*Progressive Übertragung*

*Original*

Nach der Übertragung von 1/16 der Grafikdaten ergeben sich die folgenden Bilder. Damit sollte eindrucksvoll demonstriert sein, dass zumindest bei der Speicherung von größeren Grafiken für die Anwendung im Internet immer der progressive oder wenn nicht anders möglich der Interlaced-Modus gewählt werden sollte.

*Sequentielle Übertragung*

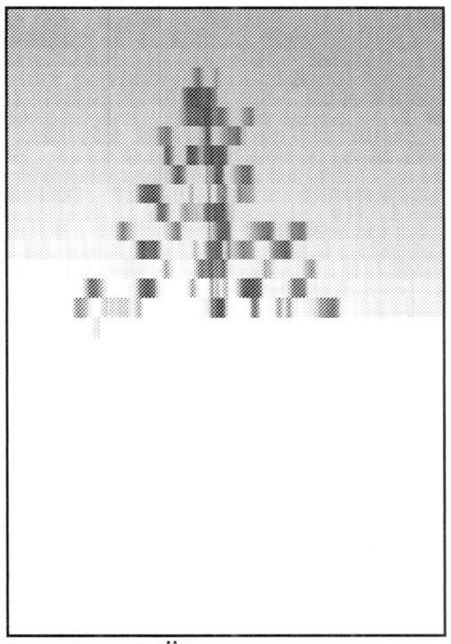
*Interlaced-Übertragung*

*Progressive Übertragung*

*Original*

## Transparente Grafiken

Bei der Gestaltung von Internetseiten gibt es die Möglichkeit, den Hintergrund einer Seite mit einer Grafik zu versehen.
Wenn man nun möchte, dass ein Bild im Vordergrund den Hintergrund nur teilweise bedeckt, so spricht man von einer transparenten Grafik (siehe rechte Figur im Bild).
Beim Abspeichern der Grafik in bestimmten Grafikformaten kann der Nutzer selbst entscheiden, ob eine Grafik transparent oder nicht transparent dargestellt wird. Außerdem kann der Nutzer bestimmen, welche Farbe transparent sein soll.
Nicht alle Grafikformate lassen transparentes Speichern zu.

*Grafik einmal nicht transparent (links) und einmal transparent (rechts)*

## Animierte Grafiken

Bestimmte Grafikformate erlauben das aufeinander folgende Anzeigen mehrerer Bilder nacheinander ähnlich einem "Daumenkino".
Dabei sind sowohl reine Grafiken (siehe Bild) als auch animierte Texte oder Verknüpfungen von Grafiken und Texteffekten möglich.

*Beispiel für 6 Einzelbilder einer animierten Grafik*

## GIF (Graphic Interchange Format)

Das GIF-Format wurde vom Online-Anbieter *CompuServe* und der Firma *Unisys* speziell für den Einsatz im eigenen Daten-Netz entwickelt.
Momentan existieren 2 verschiedene Versionen des GIF-Formates. Dies sind die Versionen "GIF87a" und "GIF89a". Dabei hat das neuere Format einige Optionen mehr und ist heute allgemein üblich.
Aktuelle Programme kommen mit beiden GIF-Versionen zurecht.

| Vorteile | Nachteile |
|---|---|
| • Übertragung interlaced möglich | • nur 256 verschiedenene Farben |
| • animierte GIFs möglich | • Komprimierungsgrad schlechter als bei JPG |
| • transparente Farbe möglich | • neuerdings (seit 1995) verlangt Compuserve Lizenzgebühren |
| • Komprimierung verlustfrei | |

**Haupteinsatzgebiete:**

- Knöpfe, Dots (farbige Punkte, Quadrate, ...), Balken (Trennlinien)
- Symbole, Cliparts

## JPG (JPEG)-Format

Das JPG-Format wurde von der Joint Photographic Expert Group entwickelt, nach welcher das Format auch benannt ist. Bei geringer Komprimierung werden zuerst die Bildunterschiede "weggerechnet", die man mit dem menschlichen Auge kaum erfassen kann (z.B. sehr ähnliche Farben und Muster). Bei weiterer Komprimierung nimmt die Qualität der Grafik auch sichtbar ab.
Da aus dem komprimierten Bild nicht mehr die Qualität der ursprünglichen Grafik rekonstruiert werden kann, spricht man auch von einer verlustbehafteten Komprimierung.

| Vorteile | Nachteile |
|---|---|
| • Übertragung progressiv möglich | • Komprimierung verlustbehaftet |
| • bis zu 16,7 Millionen Farben (24 Bit) | • keine Animation möglich |
| • bessere Komprimierung als bei GIF möglich | • Blockbildung bei hoher Komprimierung |

**Haupteinsatzgebiet:**

- hochauflösende Grafiken, Fotos (z.B. gescannte Bilder)
- Hintergrundbilder

➢ Hinweis 18: Das JPG-Format ist nicht zum Komprimieren von Grafiken geeignet, in denen scharfe Kanten vorkommen (z.B. Stiftgrafiken, technische Zeichnungen). In diesen Grafiken kommt es beim Komprimieren zum "Ausfransen" dieser Kanten.

Im Jahr 2001 wurde eine erste Spezifikation für das weiterentwickelte Grafikformat JPEG2000 (JP2/J2K) verabschiedet, das einige der JPG-Nachteile vermeiden und noch besser komprimieren soll; die vollständige Spezifikation ist jedoch (2002) noch nicht abgeschlossen. Aktuelle Informationen gibt es unter *www.jpeg.org*.

## PNG (Portable Network Graphic)-Format

Das PNG (sprich "Ping") wurde eigens für den Einsatz im WWW konzipiert (letzte Spezifikation vom W3C im Juli 1999). Es ist ein verlustfreies Komprimierungsformat, das einige wesentlichen Vorteile von GIF und JPEG vereinigt.

| Vorteile | Nachteile |
|---|---|
| • patentfreies Grafikformat<br>• PNG komprimiert verlustfrei (wie GIF)<br>• unterstützt 16,7 Mio. Farben (24 Bit, wie JPEG), aber auch 48 Bit Farbtiefe<br>• unterstützt transparente Hintergrundfarben (wie GIF), unterstützt aber auch Transparenz in verschiedenen Stufen für verschiedene Bereiche<br>• erlaubt das Abspeichern zusätzlicher Information in der Grafikdatei (z.B. Autor, Copyright, ...), bessere und schnellere integrierte Checksumme (Adler32 statt CRC32)<br>• schnellere Anzeige im Progressiv-Modus (8-mal schneller als GIF interlaced)<br>• bessere Graustufenunterstützung (16 Bit statt 8 Bit)<br>• Gamma-Korrektur (Farbwerte) zur geräteunabhängigen farbgetreuen Wiedergabe<br>• Unterstützung animierter Grafiken (wie GIF) bei besserer Datenreduktion ist geplant (allerdings nicht mit Extension PNG)<br>• bessere Kompression als GIF, verschiedene Kompressionsmethoden | • keine direkte Unterstützung animierter Grafiken, erst im neuen Format MNG (Multiple-Image Network Graphics) werden animierte Grafiken unterstützt |

**Haupteinsatzgebiet:**

- neues (universelleres) Grafikformat im WWW

Der bereits im Abschnitt "*Grafikdarstellung im progressiven Modus*" angesprochene progressive Übertragungsalgorithmus *Adler7* findet beim PNG-Format seine Anwendung.
Der Algorithmus *Adler7* wurde nach seinem Erfinder *Mark Adler* benannt, der auch Mitglied der PNG-Entwicklergruppe ist.
Die Übertragung erfolgt hier in 7 Schritten, wobei im Gegensatz zu dem bereits besprochenen Algorithmus noch zeitiger eine deutliche Struktur des späteren Bildes zu sehen ist.
Das wird dadurch erreicht, dass der zweite bis vierte Schritt der Datenübertragung jeweils noch einmal in zwei Einzelschritte aufgeteilt wird.
Die Übertragungsmatrix des Algorithmus ist im rechten Bild zu sehen. Dabei geben die Zahlen jeweils an, in welchem Schritt der entsprechende Punkt übertragen wird.

| | | | | | | | |
|---|---|---|---|---|---|---|---|
| 1 | 6 | 4 | 6 | 2 | 6 | 4 | 6 |
| 7 | 7 | 7 | 7 | 7 | 7 | 7 | 7 |
| 5 | 6 | 5 | 6 | 5 | 6 | 5 | 6 |
| 7 | 7 | 7 | 7 | 7 | 7 | 7 | 7 |
| 3 | 6 | 4 | 6 | 3 | 6 | 4 | 6 |
| 7 | 7 | 7 | 7 | 7 | 7 | 7 | 7 |
| 5 | 6 | 5 | 6 | 5 | 6 | 5 | 6 |
| 7 | 7 | 7 | 7 | 7 | 7 | 7 | 7 |

*Übertragunsmatrix beim Adler7-Verfahren*
*Quelle: www.libpng.org/*

Mit den so übertragenen Punkten wird dann wieder in den ungeraden Schritten ein Quadrat ausgefüllt (wie im schon besprochenen Algorithmus), in den geraden Schritten wird ein Rechteck ausgefüllt, dessen Breite halb so groß wie seine Höhe ist.
Die folgenden 7 Bilder mit vergrößerten Ausschnitten aus einem Bild sollen die einzelnen Schritte des Algorithmus verdeutlichen:

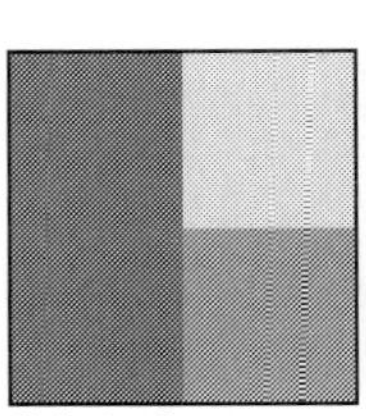
*Schritt 1*

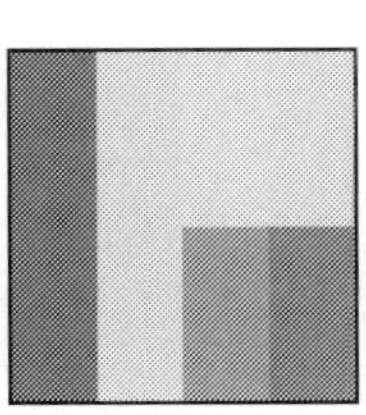
*Schritt 2*

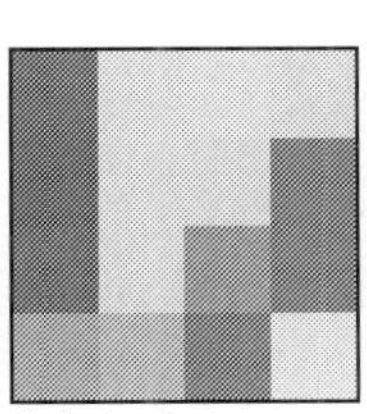
*Schritt 3*

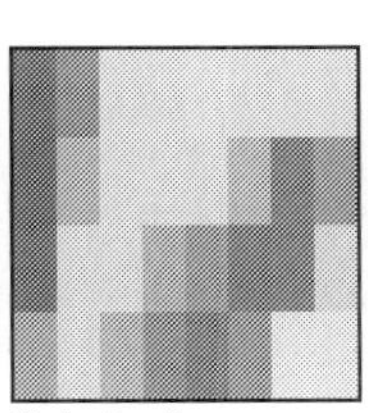
*Schritt 4*

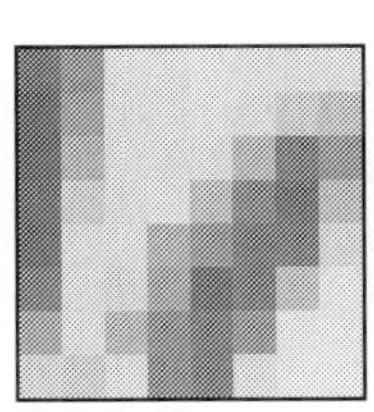
*Schritt 5*

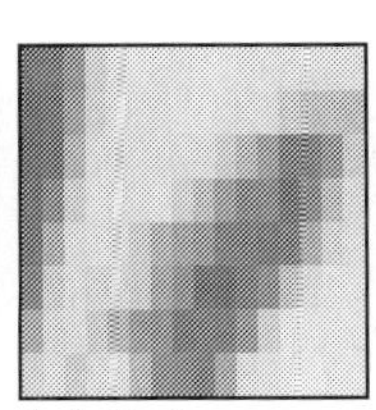
*Schritt 6*

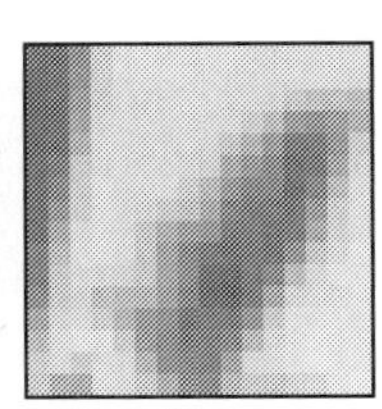
*Schritt 7*

## LWF (Lurawave®)-Format

Das LWF-Format wurde von der Firma *Luratech* (seit März 2002 *Algo Vision LuraTech*) ursprünglich für die Datenkompression in der Raumfahrttechnik entwickelt. Ähnlich der JPG-Komprimierung werden auch hier bei niedrigen Komprimierungsraten Bildeigenschaften entfernt, die für das menschliche Auge nicht bzw. kaum sichtbar sind. Auch in diesem Format sinkt die Qualität der Grafik mit steigender Komprimierung des Bildes, wenn auch nicht so stark wie beim JPG-Format.

Bei Grafiken im LWF-Format befinden sich am Dateianfang die Daten für einen groben Bildaufbau. Bei fortlaufendem Datenstrom verfeinern sich die Bilddetails immer mehr.

LWF-Dateien können deshalb skaliert geladen werden. Das bedeutet, dass der Ladevorgang jederzeit abgebrochen werden kann und dass man das Bild dann in Originalgröße in der momentan geladenen Qualität betrachten kann.

Eine weitere Anwendung dieser Technologie ist das Versehen einer Grafik mit einem Passwort. Wer das Passwort nicht kennt (siehe Bild), kann die Grafik nur mit einer niedrigen Qualität betrachten (z.B. zum groben Betrachten von Grafiken) während der Besitzer des Passworts (z.B. nach dem Kauf der Grafik) die volle Qualität betrachten kann.

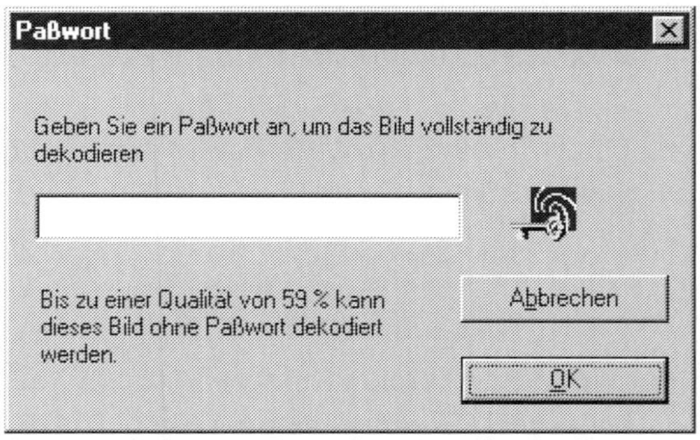

*Passwortdialog zum Betrachten in voller Qualität*

| Vorteile | Nachteile |
| --- | --- |
| • sowohl verlustfreie (wie GIF, PNG) als auch verlustbehaftete Komprimierung (ähnlich JPG) möglich.<br>• unterstützt 16,7 Mio. Farben<br>• bessere Qualität als JPG bei gleicher Kompression (Dateigröße)<br>• keine Blockbildung bei hoher Kompression<br>• bestimmbare Bildbereiche können von starker Komprimierung (und damit von Qualitätsverlust) ausgeschlossen werden<br>• Kompressionsrate bzw. Größe der Zieldatei einstellbar<br>• Bilder können mit Passwort geschützt werden und zeigen ohne Passwort nur eine verminderte Qualität an<br>• progressives Laden (ähnlich JPG) möglich<br>• Browserunterstützung durch Plugin (nachladbare Erweiterung) möglich<br>• skalierbares Laden möglich | • lizenzpflichtiges Grafikformat<br>• Bilder mit 256 Farben (8 Bit Farbtiefe) werden zuerst in 16,7 Mio. umgewandelt (24 Bit), deshalb ist der Komprimierungsgewinn bei 8 Bit-Bildern vergleichsweise geringer.<br>• noch relativ unbekannt |

**Haupteinsatzgebiet:**

- neues Grafikformat im WWW zur Speicherung hochauflösender Grafiken und zur "Pay-per-view-Nutzung" von Grafiken

Die Qualität von LWF-Dateien im Vergleich zu JPG-Dateien soll an den folgenden 4 Bildern verdeutlicht werden. Angegeben sind jeweils Dateiformat und Größe der Datei:

*LWF-Datei, 300 Byte*

*LWF-Datei, 500 Byte*

*LWF-Datei, 1950 Byte*

*JPG-Datei, 1950 Byte*

## MNG (Multiple-Image Network Graphic)-Format

Das MNG-Format (sprich "Ming") wurde genau wie das PNG-Format für den Einsatz im WWW konzipiert. Es sollte den wesentlichsten Nachteil des PNG-Formates beseitigen, nämlich die fehlende Unterstützung animierter Grafiken, ansonsten aber eine Verbesserung des GIF-Formates darstellen und natürlich lizenzfrei sein. Das neue Format besitzt eine Reihe interessanter Optionen und soll deshalb trotz seiner momentan nur geringen Verbreitung bzw. Bekanntheit als Grafikformat für zukünftige Animationen besprochen werden.
Aktuelle Browser (Oktober 2002) unterstützen das MNG-Format entweder direkt oder als Browser-Plugin bzw. als ActiveX-Komponente (beides sind Zusatztools zur Erweiterung der Browser-Funktionalität).

| Vorteile | Nachteile |
|---|---|
| • lizenzfrei<br>• bessere Kompression als animierte GIFs<br>• gleiche hohe Farbanzahl wie PNG (48 bit)<br>• besserer Test gegen Datenübertragungsfehler<br>• komplexere Animationen über verschachtelte Schleifen möglich<br>• größere Sicherheit gegen Fehler bei der Datenübertragung<br>• Sprite-ähnliche Bildbereiche (kleine Grafiken als eigenständige Objekte), die einmal definiert auf verschiedenen Animationsbildern auftauchen können und dabei nur einmal übertragen werden müssen<br>• unterstützt transparente Hintergrundfarben (wie GIF), unterstützt aber auch Transparenz für komplette Bereiche<br>• erlaubt das Abspeichern zusätzlicher Information in der Grafikdatei (z.B. Autor, Copyright, ...), komprimiert oder unkomprimiert | Nachdem die im Jahr 1999 "eingefrorene" Entwicklung wieder aufgenommen wurde, kann als einziger Nachteil die noch nicht so weite Verbreitung genannt werden. |

**Haupteinsatzgebiet:**

- mögliches neues Grafikformat im WWW zur Speicherung animierter Grafiken

📖 *Quelle und aktuelle Informationen: http://www.libpng.org/pub/mng/*

## Kompressionsraten

Das Grafikformat BMP speichert die Grafikdaten unkomprimiert. Deshalb sind Grafikdateien im BMP-Format häufig sehr groß. Bei der Komprimierung von Grafiken haben wir verlustfreie und verlustbehaftete Algorithmen kennen gelernt. Es kann keine pauschale Aussage getroffen werden, welcher Algorithmus der beste ist, da die Komprimierungsleistung und -qualität stark von der verwendeten Grafik, aber auch vom verwendeten Programm und der Qualifizierung des Benutzers abhängt.
Zur Datenübertragung im Internet muss man einen Kompromiss aus folgenden Tatsachen schließen:

- Verlustfreie Kompressionsalgorithmen erzeugen meist größere Grafikdateien (längere Ladezeit), die Ausgangsqualität bleibt jedoch erhalten.
- Verlustbehaftete Algorithmen erzeugen kleinene Grafikdateien (kürzere Ladezeit), dabei leidet jedoch die Qualität mit kleiner werdender Dateigröße.
- Neuere Verfahren (PNG, LWF, JP2, MNG) sind leistungsfähiger als alte (GIF, JPG), allerdings noch nicht so weit verbreitet.
- Nicht alle Verfahren sind für alle Grafikdateien anwendbar (z.B. kein JPG für Liniengrafiken).

Die folgende Tabelle soll trotzdem einen groben Vergleich zwischen den verschiedenen Grafikformaten ermöglichen, wobei das Bild der Katze auf der vorangegangenen Seite als Testbild verwendet wurde.
Bei den Dateien im JPG- und im LWF-Format wurde die Dateigröße angegeben, bei der noch keine deutlichen Qualitätsverluste sichtbar waren.
Ein eigenes Gespür für Grafikkomprimierung werden Sie im folgenden Abschnitt (Übungen) erhalten.

| BMP | GIF | PNG | JPG | LWF |
|---|---|---|---|---|
| 190218 | 45010 | 41721 | 7562 | 4461 |

## 6.11 Übungen zu Grafik-Formaten

Von Ihrem Kursleiter erhalten Sie ein Programm zum Umwandeln von Grafiken sowie einige Grafiken in verschiedenen Formaten.

⇨ Aufgabe 20: Speichern Sie eine hochauflösende Grafik im BMP-, im GIF-, im PNG- und im JPG-Format (bei geringer Komprimierung) ab. Vergleichen Sie anschließend die Dateigrößen und die Qualität der Grafiken.

⇨ Aufgabe 21: Speichern Sie eine hochauflösende Grafik (z.B. ein Landschafts- oder Tierbild) mit verschiedenen Kompressionsraten im JPG-Format ab. Vergleichen Sie die Dateigrößen und die Qualität der Grafiken.

⇨ Aufgabe 22: Speichern Sie eine Liniengrafik, die möglichst einige senkrechte bzw. waagerechte Linien besitzt, mit verschiedenen Kompressionsraten im JPG-Format ab. Vergleichen Sie auch hier wieder die Dateigrößen und die Qualität der Grafiken. Welchen wesentlichen Unterschied stellen Sie zu den Ergebnissen der vergangenen Aufgabe fest?

⇨ Aufgabe 23: Testen Sie, welche der besprochenen Grafikformate Ihr Browser verarbeitet. Ziehen Sie dabei die Grafiken per "Drag&Drop" aus dem Explorerfenster in den Browser oder benutzen Sie den Menüpunkt *Datei/Öffnen*.

⇨ Aufgabe 24: Speichern Sie eine hochauflösende Grafik mit verschiedenen Kompressionsraten im LWF-Format ab und vergleichen Sie Qualität und Dateigröße.
Vergleichen Sie die Qualität von LWF- und PNG-Grafiken bei gleicher Dateigröße.

⇨ Aufgabe 25: Suchen Sie im Internet nach Informationen zum MNG-Format. Stellen Sie fest, ob die offizielle Entwicklung wieder aufgenommen wurde.

⇨ Aufgabe 26: Untersuchen Sie, ob das von Ihnen verwendete Grafikprogramm die Reduzierung der Farbenanzahl zulässt. Sollte dies der Fall sein, so reduzieren Sie die Farbtiefe verschiedener Grafiken und vergleichen Sie Dateigröße und Qualität miteinander.

## 6.12 Arbeit mit Grafiken

### Grafik als Hintergrundbild

Wenn man statt der normalen Hintergrundfarbe lieber ein Bild als Hintergrund haben möchte, so genügt dazu die Einbindung der Grafik in den <BODY>-Tag. Die korrekte Syntax lautet z.B:

```
<BODY BACKGROUND="BILD.GIF">
```

Dabei ist 'BILD.GIF' der Name des anzuzeigenden Hintergrundbildes. Die Grafik kann natürlich ebenso im JPG-Format sein und müsste dann entsprechend gekennzeichnet sein.
Eine Eigenschaft der Hintergrundgrafik besteht darin, dass sie "gekachelt" angeordnet wird, wenn sie kleiner als das anzuzeigende Fenster ist. Es werden also so viele Grafiken nebeneinander und untereinander angeordnet, bis das gesamte Fenster gefüllt ist.
Bei der dargestellten Schreibweise muss sich die Grafikdatei im gleichen Verzeichnis befinden wie die aufrufende HTML-Datei. Die Anzeige von Grafiken aus anderen Verzeichnissen werden wir im übernächsten Abschnitt behandeln.

➢ Hinweis 19: Verwenden Sie nach Möglichkeit nur kleine Hintergrundgrafiken. So kann der Seitenaufbau beschleunigt werden und der Hintergrund wird durch den Kachel-Effekt trotzdem gefüllt.

⇨ Aufgabe 27: Sie erhalten von Ihrem Kursleiter eine Reihe von Hintergrundgrafiken. Betrachten Sie diese Grafiken zuerst mit einem normalen Grafikbetrachter. Überprüfen Sie dann im Browser, welche Effekte durch das "gekachelte" Anordnen der Grafiken entstehen.

## Einbinden normaler Grafiken

Die einfachste Art, eine Grafik in ein HTML-Dokument einzubinden, besteht in einer Anweisung der Art:

```
<IMG SRC="BILD.JPG">
```

Dabei ist 'BILD.JPG' der Name des anzuzeigenden Bildes, IMG ist die Abkürzung für Image (image = Bild). Das anzuzeigende Bild kann natürlich auch eine GIF-Datei sein und müsste dann die Endung GIF haben. Auch bei der hier dargestellten Schreibweise muss sich die Grafikdatei im gleichen Verzeichnis befinden wie die aufrufende HTML-Datei.
Das IMG-Tag kann außer der Angabe des Dateinamens noch eine Reihe von weiteren Zusätzen besitzen. Diese sollen in der folgenden Tabelle aufgezeigt werden:

| Erweiterung | Bedeutung |
|---|---|
| `WIDTH=`<br>`HEIGHT=` | Angabe der Grafikbreite in Pixeln<br>Angabe der Grafikhöhe in Pixeln<br>Mit Hilfe der Angaben WIDTH und HEIGHT kann die anzuzeigende Grafik nahezu beliebig vergrößert oder verkleinert werden.<br>Auch bei Beibehaltung der Grafikgröße ist die Angabe der beiden Werte sehr sinnvoll, da dann bereits beim Aufbau des Dokuments Platz für die Anzeige der Grafik reserviert wird und nicht erst nach dem Laden der Grafik "freigeschoben" werden muss. |
| `ALT=` | Angabe einer alternativen Grafikbeschriftung<br>Diese Beschriftung wird angezeigt, wenn die Grafik aus irgendeinem Grund nicht geladen wird, wenn der Benutzer die Grafikanzeige im Browser ausgeschaltet hat oder die Maus kurze Zeit über der Grafik stillsteht. |
| `BORDER=` | Breite des Rahmens um die Grafik in Pixeln<br>Wenn die anzuzeigende Grafik mit einem Rahmen angezeigt werden soll, so muss hier der Wert in Pixeln angegeben werden. Soll kein Rahmen angezeigt werden, so kann dafür der Wert 0 benutzt werden. |
| `ALIGN=` | Angabe der Ausrichtung der Grafik auf der Seite<br>Durch Angabe der Werte LEFT oder RIGHT kann angegeben werden, auf welcher Seite des Bildschirms die Grafik platziert werden soll. Der die Grafik umfließende Text wird dann entsprechend rechts (bei ALIGN=LEFT) bzw. links (bei ALIGN=RIGHT) neben der Grafik angezeigt. |
| `HSPACE=`<br>`VSPACE=` | Horizontaler Abstand der Grafik in Pixeln zu anderen Elementen der Seite<br>Vertikaler Abstand der Grafik in Pixeln zu anderen Elementen der Seite<br>Mit Hilfe der Werte hinter HSPACE und VSPACE kann angegeben werden, wie groß der Abstand der anzuzeigenden Grafik zu den anderen Elementen der Bildschirmseite sein soll. |

🖹 Beispiel 1:

```
<IMG SRC="BILD.GIF" WIDTH=150 HEIGHT=200 BORDER=5
 ALT="Computer">
```

Das angegebene Quelltextbeispiel zeigt das Bild 'BILD.GIF' mit einer Breite von 200 Pixeln und einer Höhe von 150 Pixeln an, wobei um das Bild ein Rahmen mit 5 Pixeln Breite angezeigt wird. Sollte die Grafik nicht angezeigt werden, erscheint in einem Rahmen mit der Größe 150*200 die Beschriftung 'Computer':

🖹 Beispiel 2:

```
<IMG SRC="BILD.JPG" VSPACE=10 HSPACE=20 ALIGN=RIGHT>
```

Der zweite Quelltext zeigt die Grafik 'BILD.JPG' mit einem vertikalen Abstand von 10 Pixeln und einem horizontalen Abstand von 20 Pixeln zur umgebenden Schrift bzw. zu anderen Grafiken an. Die Grafik befindet sich dabei rechts auf dem Bildschirm, umgebender Text fließt links vorbei.

⇨ Aufgabe 28: Sie erhalten von Ihrem Kursleiter eine Reihe von Grafiken in verschiedenen Formaten. Binden Sie diese Grafiken in ein HTML-Dokument ein und überprüfen Sie die Funktion der angegebenen Parameter des <IMG>-Tags.

## Anzeige von Grafiken aus anderen Verzeichnissen oder von anderen Rechnern

Bei den beiden gerade besprochenen Arten, eine Grafik anzuzeigen, hatten wir immer angenommen, dass sich die anzuzeigende Grafik im gleichen Verzeichnis befindet wie die aufrufende HTML-Datei.
Wenn sich die Grafik jedoch in einem anderen Verzeichnis befindet, muss der Pfad angegeben werden, auf dem man vom aktuellen Verzeichnis zum Verzeichnis mit der Grafik kommt. Dabei darf man keine direkte Adressierung der Art '*C:\bilder\bild1.gif*' angeben, da sich die Dateien auf dem Internetrechner sicherlich in einem anderen Verzeichnis befinden.
Deshalb verwendet man die so genannte indirekte bzw. relative Adressierung. Hier wird ein übergeordnetes Verzeichnis mit dem Namen '`..`' angegeben (zwei Punkte), ein untergeordnetes Verzeichnis mit seinem realen Namen. Zwischen den einzelnen Verzeichnisnamen steht ein '/' als Trennzeichen.

🖹 Beispiel 1: Die Grafikdatei hat den Namen '*computer.gif*' und befindet sich im Verzeichnis '*C:\homepage\pictures*', die HTML-Datei, in der die Grafik angezeigt werden soll, befindet sich im Verzeichnis '*C:\homepage\text*'. Man muss deshalb aus dem Verzeichnis '*text*' zuerst eine Verzeichnisebene nach oben gehen und befindet sich dann im Verzeichnis '*homepage*'. Von dort geht es in das Verzeichnis '*pictures*'. Der Quelltext zum Anzeigen der Grafik lautet also:

```
<IMG SRC="../pictures/computer.gif">
```

🖹 Beispiel 2: Die Grafikdatei '*backgr1.jpg*' befindet sich im Verzeichnis '*C:\homepage\pictures\backgr*', die HTML-Datei, in welcher diese Grafik als Hintergrundbild angezeigt werden soll, befindet sich im Verzeichnis '*C:\homepage\text\diverse*'.
Der Quelltext zum Anzeigen der Grafik als Hintergrundbild lautet also:

```
<BODY BACKGROUND="../../pictures/backgr/backgr1.jpg">
```

Die anzuzeigende Grafikdatei kann sich auch auf einem anderen Rechner im Internet befinden. In diesem Fall muss außer dem Pfadnamen noch der Domainname bzw. die IP-Adresse des gewünschten Rechners (das ist aber weniger verbreitet) angegeben werden.

🖹 Beispiel 3: Das Logo der Internetsuchmaschine Lycos befindet sich dort im Verzeichnis 'graphics/logo' und hat den Namen '*lycoslogo.gif*'. Wenn man dieses Logo von einer anderen Seite aus anzeigen möchte, lautet der Quelltext:

```
<IMG SRC="http://www.lycos.de/graphics/logo/lycoslogo.gif">
```

➢ Hinweis 20: Achten Sie bei der Angabe der Pfadnamen und der Dateinamen genau auf die Groß- bzw. Kleinschreibung. Einige Server im Internet unterscheiden (im Gegensatz zu Windows) genau zwischen der Groß- bzw. Kleinschreibung der Dateinamen und können falsch geschriebene Dateien nicht anzeigen.

⇨ Aufgabe 29: Erstellen Sie in Ihrem Arbeitsordner einen zusätzlichen Ordner "Grafik" und verschieben Sie einige Ihrer Grafikdateien in diesen Ordner. Binden Sie nun Grafiken aus diesem Ordner in Ihre HTML-Datei ein.

⇨ Aufgabe 30: Binden Sie auch Grafiken aus anderen Verzeichnissen Ihres Rechners in Ihre HTML-Datei ein. Beachten Sie dabei, dass Sie die Grafiken nicht direkt, sondern nur relativ adressieren.

⇨ Aufgabe 31: Schalten Sie in dem von Ihnen verwendeten Browser das Laden von Grafiken aus (fragen Sie dazu Ihren Kursleiter) und testen Sie die Bedeutung des ALT-Parameters. Probieren Sie dies einmal mit den realen Werten für WIDTH und HEIGHT aus, testen Sie aber auch das Aussehen, wenn Sie WIDTH und HEIGHT weglassen. Was schlussfolgern Sie?
Verwenden Sie nur Grafiken, die Sie bisher noch nicht im Browser betrachtet haben, sonst könnte es sein, dass die Grafiken noch im Browser-Cache (Zwischenspeicher) sind und trotzdem angezeigt werden.

# 6.13 Tabellen in HTML

## Grundlegender Aufbau

Der grundlegende Aufbau einer Tabelle in HTML besteht aus 3 bzw. 4 verschiedenen Tags. Dabei umschließt das TABLE-Tag jeweils die komplette Tabelle und das TR-Tag (table row = Tabellenzeile) ist jeweils für eine Zeile zuständig.
Die einzelnen Zellen der Tabelle werden jeweils durch ein TH-Tag (table header = Tabellenkopf) oder ein TD-Tag (table data = Tabellendaten) begrenzt. Eine 2*3 Felder große Tabelle mit Überschrift könnte also z.B. so aussehen:

```
<TABLE BORDER=1>
  <TR>
    <TH>Land</TH>
    <TH>Hauptstadt</TH>
  </TR>
  <TR>
    <TD>Deutschland</TD>
    <TD>Berlin</TD>
  </TR>
  <TR>
    <TD>Frankreich</TD>
    <TD>Paris</TD>
  </TR>
</TABLE>
```

| Land | Hauptstadt |
|---|---|
| Deutschland | Berlin |
| Frankreich | Paris |

*Bild der Tabelle ohne Border-Angabe*

| Land | Hauptstadt |
|---|---|
| Deutschland | Berlin |
| Frankreich | Paris |

*Bild der Tabelle mit BORDER=1*

| Land | Hauptstadt |
|---|---|
| Deutschland | Berlin |
| Frankreich | Paris |

*Bild der Tabelle mit BORDER=10*

Anhand der drei Bilder erkennen wir schon folgende Sachverhalte:

- Durch den Zusatz BORDER=1 zum TABLE-Tag kann die Tabelle mit einem Rahmen versehen werden.
- Die Breite der Tabelle passt sich automatisch den Erfordernissen an.
- Der TH-Tag formatiert die Zelle zentriert und fett.
- Die Standardausrichtung innerhalb der einzelnen Zellen ist linksbündig.
- Jede Zeile, egal ob Überschrift oder Datenzeile, benötigt ein TR-Tag.

➢ Hinweis 21: Beachten Sie beim Erstellen einer Tabelle, dass die Anzahl der Zellen in jeder Zeile gleich groß ist, da es sonst zu unschönen Effekten kommen kann (Wie man trotzdem mehrere Zellen zu einer Zelle zusammenfassen kann, werden wir später noch behandeln.).

➢ Hinweis 22: Da beim Erstellen von Tabellen doch eine erhebliche Menge Quelltext-Zeilen anfallen können, sollten Sie sich von Anfang an eine strukturierte Schreibweise (siehe eben gezeigtes Beispiel) angewöhnen.

Im TABLE-Tag sind eine Reihe von zusätzlichen Angaben möglich, die in der folgenden Tabelle beschrieben werden sollen:

| **Erweiterung** | **Bedeutung** |
|---|---|
| `WIDTH=Zahl`<br>`HEIGHT=Zahl` | Angabe der Tabellenbreite in Pixeln<br>Angabe der Tabellenhöhe in Pixeln<br>Mit Hilfe der Angaben WIDTH und HEIGHT kann die Größe der Tabelle (jeweils in Pixeln) angegeben werden. Sollte der angegebene Platz zur Darstellung der Tabelle nicht ausreichen, so "nimmt" sich die Tabelle den benötigten Platz. |
| `WIDTH=Zahl%`<br>`HEIGHT=Zahl%` | Angabe der Tabellenbreite in Prozent der aktuellen Fensterbreite<br>Angabe der Tabellenhöhe in Prozent der aktuellen Fensterhöhe<br>Mit Hilfe der Angaben WIDTH und HEIGHT in Prozent kann die relative Größe der Tabelle (bezogen auf das aktuelle Browserfenster) angegeben werden. Sollte der angegebene Platz zur Darstellung der Tabelle nicht ausreichen, so "nimmt" sich die Tabelle auch hier den benötigten Platz. |

| Erweiterung | Bedeutung |
|---|---|
| BORDER= | Breite des Rahmens um die Tabelle in Pixeln und Anzeige der Gitternetzlinien<br>Wenn keine Gitternetzlinien und kein Rahmen gezeigt werden sollen, ist der Wert hinter Border auf 0 zu setzen. |
| CELLSPACING= | Breite der Gitternetzlinien in Pixeln<br>Wenn man sich die Bilder der Tabellen auf der vorhergehenden Seite genauer ansieht, stellt man fest, dass jede Tabellenzelle mit einem kleinen grauen Rahmen versehen ist. Zwischen diesen Rahmen ist jeweils ein weißer Zwischenraum. Die Breite dieses Zwischenraums wird mit CELLSPACING näher beschrieben. Bei der Angabe CELLSPACING=0 erhält man demzufolge die dünnsten Gitternetzlinien. |
| CELLPADDING= | Abstand der Zellinhalte von den Zellumrandungen in Pixeln<br>Über den Wert hinter CELLPADDING kann man regulieren, wie weit die Angaben innerhalb einer Tabelle von den Gitternetzlinien (egal, ob sichtbar oder nicht) entfernt sein sollen. Das ist sinnvoll, um der Tabelle ein optisch gefälligeres Aussehen zu verleihen (der gedrängte Charakter verschwindet so). |

⇨ Aufgabe 32: Erstellen Sie eine Tabelle mit 2*2 Einträgen, deren obere Zeile als Überschrift formatiert ist, und testen Sie verschiedene Werte für WIDTH und HEIGHT.

⇨ Aufgabe 33: Ändern Sie in Ihrer erstellten Tabelle die Werte für BORDER, CELLSPACING und CELLPADDING.

## Formatierung von Tabellenzeilen und Tabellenspalten

Außer den genannten Formatierungsoptionen, die für die ganze Tabelle gelten, gibt es auch noch Parameter, die nur das Erscheinungsbild einer Spalte, Zeile oder einiger Zellen der Tabelle ändern.
Die nachfolgend genannten Erweiterungen können innerhalb eines TD- oder TH-Tags auftreten:

| Erweiterung | Bedeutung |
|---|---|
| WIDTH=Zahl | Angabe der Spaltenbreite in Pixeln |
| HEIGHT=Zahl | Angabe der Zeilenhöhe in Pixeln |
| WIDTH=Zahl% | Angabe der Spaltenbreite in Prozent der aktuellen Tabellenbreite |
| HEIGHT=Zahl% | Angabe der Zeilenhöhe in Prozent der aktuellen Tabellenhöhe |

Beispiel:

```
<TABLE BORDER=1 WIDTH=50%>
  <TR>
    <TH WIDTH=60%>Land</TH>
    <TH WIDTH=40%>Hauptstadt</TH>
  </TR>
  <TR>
    <TD>Deutschland</TD>
    <TD>Berlin</TD>
  </TR>
  <TR>
    <TD>Frankreich</TD>
    <TD>Paris</TD>
  </TR>
</TABLE>
```

Der aufgeführte Quelltext erzeugt eine 2*3-Tabelle, die 50% der normalen Fensterbreite besitzt. Dabei hat die erste Tabellenspalte eine Breite von 60% der Tabelle, die zweite Spalte hat eine Breite von 40% der aktuellen Tabellenbreite.
Die erste Zeile ist als Überschrift formatiert.

| Land | Hauptstadt |
|---|---|
| Deutschland | Berlin |
| Frankreich | Paris |

*Bild der durch den obigen Quelltext erzeugten Tabelle*

➢ Hinweis 23: Tabellen werden häufig auch als Mittel zur Positionierung von Grafiken oder Texten auf HTML-Seiten benutzt. Dabei verwendet man Tabellen ohne Rahmen und Gitternetzlinien (so genannte blinde Tabellen).

⇨ Aufgabe 34: Erstellen Sie eine 3*2-Tabelle (3 Spalten, 2 Zeilen). Die erste Spalte der Tabelle soll 100 Pixel, die zweite Spalte 150 Pixel und die dritte Spalte 120 Pixel breit sein.

⇨ Aufgabe 35: Erstellen Sie eine 3*3-Tabelle (3 Spalten, 3 Zeilen), deren Breite 80% der aktuellen Fensterbreite beträgt. Die erste Spalte soll doppelt so breit wie die beiden anderen sein. Die Zeilenhöhe soll jeweils 100 Pixel betragen.

⇨ Aufgabe 36: Schreiben Sie Ihren aktuellen Stundenplan als HTML-Tabelle. Dabei sollen die Spalten der einzelnen Wochentage gleich breit sein.

⇨ Aufgabe 37: Erstellen Sie einen tabellarischen Lebenslauf mit Passfoto (beliebiges Bild) als blinde Tabelle.

## 6.14 Erstellen von Hyperlinks

### Texte als Hyperlinks

Hyperlinks (anklickbare Verweise) sind ein wesentlicher Bestandteil von HTML-Dokumenten. Zum Setzen eines Hyperlinks müssen zwei Voraussetzungen vorhanden sein.
Zum Ersten muss ein Sprungziel vorhanden sein, zu dem gesprungen werden soll, zum Zweiten muss der Hyperlink im aktuellen Dokument gesetzt werden.
Ein Sprungziel an einer beliebigen Stelle eines Dokumentes setzt man mit dem Tag:

```
<A NAME="Sprungzielname">...Text...</A>
```

Das <A> steht hier als Abkürzung für Anker (anchor = Anker). Hierbei gibt der Sprungzielname den Namen des Ziels an, zu dem gesprungen werden soll. Zwischen <A...> und </A> kann ein Text stehen, der sich an der Zielstelle des Sprungs befinden soll, der Platz kann aber auch frei bleiben.
Der eigentliche Hyperlink wird durch das Tag

```
<A HREF="#Sprungzielname">Text, der angeklickt werden kann</A>
```

angegeben. Dabei steht das HREF als Abkürzung für "hyperlink referenz". Vor dem Namen des Sprungziels muss ein Doppelkreuz (#) stehen, zwischen <A...> und </A> steht der Text, der dann als Hyperlink angezeigt wird (z.B. unterstrichen) und angeklickt werden kann.

Beispiel: Wir wollen zuerst davon ausgehen, dass wir ein Sprungziel im aktuellen Text selbst setzen wollen. Unser erster Link soll sich am Ende des Dokuments befinden und zum Anfang des aktuellen Dokuments verweisen.
Dazu setzen wir einen Anker am Anfang des Dokuments und nennen ihn "Anfang". Am Ende des Dokuments (hier durch eine Reihe von Leerzeilen abgetrennt) fügen wir einen Hyperlink zum Anker mit Namen "Anfang" ein.
Zur Kennzeichnung des Ankers ist im Verweis wieder ein Doppelkreuz notwendig. Der anzuklickende Text heißt "zum Anfang der Seite" und wird unterstrichen und mit der im BODY-Tag festgelegten Linkfarbe (LINK=...) dargestellt.
Der folgende Quelltextausschnitt soll dies zeigen:

```
<A NAME="Anfang"></A>
<H2>Anfang der Seite</H2>
<BR><BR><BR><BR><BR><BR><BR><BR><BR><BR>
<BR><BR><BR><BR><BR><BR><BR><BR><BR><BR>
<A HREF="#Anfang">zum Anfang der Seite</A>
```

➢ Hinweis 24: Die ersten beiden Zeilen des Quelltextes hätte man auch so schreiben können:

```
<A NAME="Anfang"><H2>Anfang der Seite</H2></A>
```

Ähnlich, wie wir dies schon beim Einbinden von Grafiken kennen gelernt haben, kann man natürlich auch bei Hyperlinks andere Dokumente oder sogar andere Rechner im Internet ansprechen.
Wenn man einen speziellen Anker auf einer anderen HTML-Seite ansprechen möchte, so muss nach dem Namen der Seite zusätzlich der Name des Ankers angegeben werden (beides durch ein Doppelkreuz voneinander getrennt).

## Grafiken als Hyperlinks

Außer Texten kann man natürlich auch Grafiken so in einen Hyperlink einbinden, dass sich das Sprungziel nach Anklicken der Grafik öffnet. Das folgende Beispiel zeigt dies anhand eines Quelltextes mit zuhehöriger Grafik:

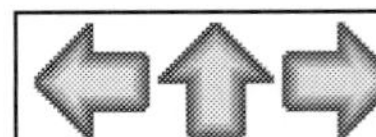

*Beispielansicht der Grafiken*

Beispiel: Der folgende Quelltext verbindet die aktuelle Seite mit den HTML-Seiten "seite1.htm" (Pfeil nach links), "seite2.htm" (Pfeil nach rechts) aus dem aktuellen Verzeichnis und mit der Datei "home.htm" (Pfeil nach oben), die sich eine Verzeichnisebene weiter oben befindet.
Die Angabe BORDER=0 ist notwendig, damit die Grafiken keine Umrahmung erhalten (Testen Sie das!), die ALT-Angabe dient der Beschreibung des Links bei deaktivierter Grafikanzeige.

```
<A HREF="seite1.htm">
  <IMG SRC="links.gif" BORDER=0 ALT="Seite 1">
</A>
<A HREF="../home.htm">
  <IMG SRC="home.gif" BORDER=0 ALT="Homepage">
</A>
<A HREF="seite3.htm">
  <IMG SRC="rechts.gif" BORDER=0 ALT="Seite 3">
</A>
```

⇨ Aufgabe 38: Geben Sie die Bedeutung der folgenden Zeilen an:

- <A HREF="../texte/adressen.htm">Adressen</A>
- <A HREF="suchen/deutsch/links.htm#lycos">Suchmaschinen</A>
- <A HREF="http://www.schulweb.de/faq.html#chat">Chat-Infos</A>

⇨ Aufgabe 39: Erstellen Sie zwei HTML-Seiten, die jeweils einen Anker am Anfang und am Ende der Seite besitzen (Sie können dazu auch Seiten benutzen, die Sie bisher erstellt haben.).
Erweitern Sie diese Seiten außerdem jeweils um 4 Hyperlinks, die es gestatten, an den Anfang und das Ende der aktuellen und der jeweils anderen Seite zu springen.

⇨ Aufgabe 40: Schreiben Sie eine HTML-Seite, in welche Sie die Adressen von mindestens 5 bekannten Suchmaschinen einbinden. Testen Sie die Funktion dieser Seite anschließend im Internet.

⇨ Aufgabe 41: Erstellen Sie drei HTML-Seiten, die Sie mit anklickbaren Grafiken (z.B. Pfeil links, Pfeil rechts) miteinander verknüpfen.

⇨ Aufgabe 42: Erstellen Sie eine Seite, auf der Sie zum besseren Vergleich verschiedene Komprimierungsstufen einer hochauflösenden Grafik im JPG-Format in Tabellenform anordnen.

⇨ Aufgabe 43: Erstellen Sie mit Ihrem Grafikprogramm eine transparente Grafik. Erzeugen Sie eine HTML-Datei, in der diese Grafik auf einer Hintergrundgrafik transparent dargestellt wird.

*Internet-Tipp: http://www.netzwelt.com/selfhtml/ – SELFHTML, der Selbstlernkurs für HTML schlechthin*

## 6.15 Kontrollfragen

☛ Frage 1: Welche 3 Gruppen sind (und waren) besonders an der Entwicklung von HTML beteiligt?

☛ Frage 2: Wie ist der grundlegende Aufbau einer HTML-Seite?

☛ Frage 3: Erklären Sie das Farbmodell von HTML.

☛ Frage 4: Welche Farbcodierungen haben die Farben Rot, Blau, Grün und Dunkelgrau?

☛ Frage 5: Welche Farben werden durch die Codierungen #000000, #00FF00, #800000, #FFFFFF und #C0C0C0 dargestellt?

☛ Frage 6: Welche HTML-Tags sollte man möglichst nicht verwenden? Warum?

☛ Frage 7: Welche Unterschiede bestehen zwischen dem <P>- und dem <BR>-Tag?

☛ Frage 8: Wann sollte man verschiedene Schriftarten in seinem HTML-Dokument verwenden, wann nicht?

☛ Frage 9: Warum ist eine Umschreibung von Umlauten und bestimmten Sonderzeichen im Internet notwendig, im Intranet hingegen nicht?

☛ Frage 10: Welche Regeln sollte man bei der Arbeit mit Grafiken im Internet beachten? Begründen Sie Ihre Angaben.

☛ Frage 11: Was ist an der folgenden Zeile falsch? Warum hat der Programmierer diesen Fehler beim Test möglicherweise nicht bemerkt?

```
<IMG SRC="C:\pictures\computer.gif">
```

☛ Frage 12: Welche einfache Möglichkeit gibt es, Grafiken auf HTML-Seiten zu positionieren?

☛ Frage 13: Wozu wird das GIF-Format hauptsächlich verwendet?

☛ Frage 14: Wozu wird das JPG-Format hauptsächlich verwendet?

☛ Frage 15: Vergleichen Sie das PNG- mit dem GIF-Format. Nennen Sie Vor- und Nachteile beider Grafikformate.

☛ Frage 16: Vergleichen Sie das PNG- mit dem JPG-Format. Nennen Sie Vor- und Nachteile beider Grafikformate.

☛ Frage 17: Welche Vorteile hat das LWF-Format gegenüber dem JPG-Format, welche Nachteile?

☛ Frage 18: Wozu sind die WIDTH- und HEIGHT-Angaben im IMG-Tag notwendig? Was passiert, wenn man diese Angaben nicht benutzt?

☛ Frage 19: Was muss man besonders beachten, wenn man eine Grafik als Link benutzen möchte?

☛ Frage 20: Warum sollte man ein IMG-Tag immer mit einem ALT-Parameter versehen?

☛ Frage 21: Ein Gestalter einer Internetseite möchte aus Layout-Gründen eine Grafik mit den Ausmaßen 300*200 Pixel nur in der Größe 150*100 Pixel darstellen. Er benutzt dazu die WIDTH- und HEIGHT-Angaben im IMG-Tag.
Warum ist das nicht sinnvoll? Wie würden Sie vorgehen?

☛ Frage 22: Wie kann man einen Kommentar in einer HTML-Seite unterbringen?

☛ Frage 23: Was sollte man bei der Verwendung von Hintergrundgrafiken beachten?

# 7 Stringverarbeitung in Delphi

## 7.1 Der Aufbau eines Strings

Ein String ist eine Zeichenkette und damit eine Aneinanderreihung einer bestimmten Anzahl von Char-Variablen. Wir unterscheiden zwischen typisierten Strings und untypisierten Strings.
Bei typisierten Strings (z.B. `var s : String[20]`) wird in eckigen Klammern die Anzahl der maximal zu speichernden Zeichen angegeben. Bei untypisierten Strings (`var s : String`) wird in Delphi 1 ein Speicherbereich von 256 Bytes reserviert, der String kann damit maximal 255 Byte lang sein; ab Delphi 2 kann der String (theoretisch) beliebig lang sein. Der Stringaufbau in Delphi 1 ist anders als in Delphi 2 und folgenden Versionen.

### Direktzugriff auf die einzelnen Zeichen eines Strings

Oft ist es notwendig, auf die einzelnen Zeichen eines Strings gezielt zugreifen zu können. In Delphi existiert dafür der so genannte indizierte Zugriff. Den ersten Buchstaben eines Strings s spricht man mit der indizierten Schreibweise `s[1]` an. Man sagt dazu "s Index 1". Analog kann man den zweiten Buchstaben eines Strings s mit `s[2]` ansprechen, den dritten Buchstaben mit `s[3]` usw.
Wir werden dieses zeichenweise Ansprechen bzw. die Benennung der einzelnen Zeichen im Folgenden benutzen.

🖹 Beispiel 1 :

```
var s : string;
begin
  s:='laufen';
  s[1]:='k';
  Edit1.Text:=s;
end;
```

Das Editfeld Edit1 zeigt jetzt den Wert 'kaufen' an, da der erste Buchstabe des Strings s mit dem Wert 'k' überschrieben wurde.

🖹 Beispiel 2 :

```
var s : string;
begin
  s:='Computer';
  Edit1.Text:=s[2];
end;
```

Das Editfeld Edit1 zeigt jetzt das Zeichen 'o' an, da aus dem String 'Computer' nur der zweite Buchstabe herausgelesen wurde.

🖹 Beispiel 3 :

```
var s         : string;
    i,Anzahl  : Integer;
begin
  Anzahl:=0;
  s:='Mississippi';
  for i:=1 to 11 do
    if s[i]='s' then Inc(Anzahl);
  Edit1.Text:=IntToStr(Anzahl);
end;
```

In der Schleife werden nun die Buchstaben des Wortes 'Mississippi' einzeln betrachtet und mit dem Buchstaben 's' verglichen. Im Editfeld Edit1 wird anschließend die Anzahl der Buchstaben 's' desWortes 'Mississippi' angezeigt.

➢ Hinweis 1: Wir werden bald auch eine Möglichkeit kennen lernen, die Länge eines Strings automatisch zu ermitteln, in diesem Beispiel wurde die Länge noch mit Hand eingegeben.

## Stringaufbau in Delphi 1

In Delphi 1 wird für jeden String ein bestimmter Speicherplatz reserviert (z.B. 21 Byte für einen String[20]), wobei im nullten Byte des Strings jeweils eine Zahl steht, die der (realen) Länge des Strings entspricht. Verdeutlichen wir uns dies an einem Beispiel.
Durch die Zeile s:='Computer'; wird dem String s ein Wert zugewiesen. Da das Wort 'Computer' genau 8 Zeichen lang ist, finden wir im nullten Byte des Strings s die Zahl 8. In den anderen Bytes finden wir die folgenden Werte:

| Byte Nummer | Bezeichnung | Inhalt als Char-Variable | Inhalt als Byte (entsprechend ASCII-Code) |
|---|---|---|---|
| 0 | s[0] | Char-Variable mit ASCII-Code 8 | 8 |
| 1 | s[1] | C | 67 |
| 2 | s[2] | o | 111 |
| 3 | s[3] | m | 109 |
| 4 | s[4] | p | 112 |
| 5 | s[5] | u | 117 |
| 6 | s[6] | t | 116 |
| 7 | s[7] | e | 101 |
| 8 | s[8] | r | 114 |

Die restlichen Zeichen (s[9] bis s[20]) sind nicht definiert, im Allgemeinen stehen dort noch die Reste vergangener Speicheroperationen. Strings in Delphi 1 kann man mit Indexwerten von 0 bis n ansprechen, wenn n der realen Länge des Strings (Anzahl der Zeichen) entspricht.

## Stringaufbau ab Delphi 2

Der Aufbau eines Strings ab Delphi 2 unterscheidet sich grundsätzlich vom Stringaufbau in Delphi 1. Als Erstes muss gesagt werden, dass man ab Delphi 2 nicht mehr einen bestimmten Speicherbereich vom Programmstart an für einen String reserviert, sondern dass hier die Strings nur so viel Speicher belegen, wie sie auch benötigen.
Dies wird erreicht, indem man als abschließendes Zeichen eines Strings ein Byte mit dem Wert 0 setzt (man spricht auch von einem "nullterminierten" String). Das führende (nullte) Byte zur Anzeige der realen Stringlänge entfällt deshalb ab Delphi 2. Für das oben genannte Beispiel würde sich in Delphi 2 folgende Speicherbelegung ergeben:

| Byte Nummer | Bezeichnung | Inhalt als Char-Variable | Inhalt als Byte (entsprechend ASCII-Code) |
|---|---|---|---|
| 1 | s[1] | C | 67 |
| 2 | s[2] | o | 111 |
| 3 | s[3] | m | 109 |
| 4 | s[4] | p | 112 |
| 5 | s[5] | u | 117 |
| 6 | s[6] | t | 116 |
| 7 | s[7] | e | 101 |
| 8 | s[8] | r | 114 |
| 9 | ohne | Char-Variable mit ASCII-Code 0 | 0 |

Auch die Einzelbuchstaben eines Strings ab Delphi 2 kann man mit Indexwerten von 1 bis n ansprechen, wenn n der realen Länge des Strings (Anzahl der Zeichen) entspricht. Der Wert 0 kann hier im Gegensatz zu Delphi 1 nicht benutzt werden und führt zu Fehlermeldungen beim Compilieren.

➢ Hinweis 2: In Wirklichkeit ist der Stringaufbau ab Delphi 2 noch etwas komplizierter. Das angegebene Modell sollte aber für unser Verständnis und für unsere Anforderungen ausreichen.

➢ Hinweis 3: In Pascal und in Delphi 1 war es üblich, bestimmte Stringoperationen über das nullte Byte eines Strings zu realisieren.
So konnte man zum Beispiel die Länge eines Strings ermitteln, indem man einfach das nullte Byte eines Strings ausgelesen hat. Dieses enthält ja, wie wir wissen, die reale Stringlänge. Außerdem konnte man einen String auf eine bestimmte Länge setzen, indem man das nullte Byte mit einem bestimmten Wert bestückte. So kann man z.B. das letzte Zeichen eines Strings abschneiden, indem man die Länge ermittelt (siehe oben), den Wert um eins verringert und ihn anschließend wieder an die nullte Position schreibt.

Diese genannten Verfahren funktionieren aufgrund des geänderten Stringaufbaus ab Delphi 2 nicht mehr. Im Hinblick auf eine spätere Verwendbarkeit der Programme mit neueren Delphi-Versionen sollte man diese genannten Möglichkeiten auch nicht benutzen, wenn man noch in Delphi 1 programmiert.

Alternative Möglichkeiten und weitere Verfahren zur Stringverarbeitung werden wir im Folgenden kennen lernen.

## 7.2 Funktionen und Prozeduren zur Stringverarbeitung

### Die Funktion Length

**Syntax :** **function Length(s: string): Integer;**

Beschreibung : Die Funktion *Length* ermittelt die Länge des in s übergebenen Strings und gibt die Zahl als Integer-Wert zurück.

Beispiel 1 :

```
var n1,n2 : Integer;
    s1,s2 : string;
begin
  s1:='Hallo';
  s2:='Computer';
  n1:=Length(s1);
  n2:=Length(s2);
end;
```

Die Variable n1 enthält jetzt den Wert 5, da das Wort 'Hallo' 5 Buchstaben lang ist. In der Variablen n2 steht jetzt der Wert 8, da das Wort 'Computer' 8 Buchstaben lang ist.

Beispiel 2 :

```
var i,n : Integer;
    s   : string;
begin
  n:=0;
  s:='Mississippi';
  for i:=1 to Length(s) do
    if s[i]='s' then n:=n+1;
end;
```

In diesem Beispiel wird gezählt, wie oft der Buchstabe 's' im Wort 'Mississippi' vorhanden ist. Dazu wird der String in seiner gesamten Länge buchstabenweise durchsucht. Im Gegensatz zum Beispiel 3 auf Seite 118 wird hier die Stringlänge automatisch ermittelt.
Die Variable n enthält anschließend die Anzahl der Buchstaben 's' im Wort 'Mississippi'.

⇨ Aufgabe 1: Testen Sie die *Length*-Funktion mit einem geeigneten Programm. Entwickeln Sie dazu am besten ein "universelles" Testprogramm, mit dem Sie auch alle weiteren Stringverarbeitungsroutinen testen können (siehe Abschnitt 7.3).

## Die Funktion Concat

**Syntax :** **function Concat(s1 [, s2,..., sn]: string): string;**

Beschreibung : Die Funktion *Concat* dient dazu, zwei oder mehrere Strings zu einem String zu verbinden. Jeder einzelne Parameter in der Klammer entspricht jeweils einem einzelnen String. Statt der *Concat*-Funktion kann man mehrere Strings auch mit dem Plus-Operator (siehe Beispiele) verbinden.

Beispiel 1 :

```
var s,s1,s2 : string;
begin
  s1:='Hallo';
  s2:='Du';
  s:=Concat(s1,s2);
end;
```

Der String s enthält jetzt den Wert 'HalloDu', die beiden Einzelstrings werden also einfach ohne irgendwelche Trennzeichen hintereinander geschrieben. Das gleiche Ergebnis würde man erreichen, wenn man die *Concat*-Zeile durch

```
s:=s1+s2;
```

ersetzen würde.

Beispiel 2 :

```
var s,s1,s2 : string;
begin
  s1:='Hallo';
  s2:='Du';
  s:=Concat(s1,', ',s2);
end;
```

Der String s enthält jetzt den Wert 'Hallo, Du'. Das gleiche Ergebnis würde man erreichen, wenn man die *Concat*-Zeile durch

```
s:=s1+', '+s2;
```

ersetzen würde.

Beispiel 3 : Angenommen, in einer Dateiverwaltung für Personaldaten sollen in ein Editierfeld der Name und in ein anderes Editierfeld der Vorname einer Person eingegeben werden. Zum Ausdruck in einem Brief sollen die Daten in der Art "Name, Vorname" in einem String s zusammengefügt werden. Die folgenden Zeilen (diesmal nur mit dem Plus-Operator) lösen diese Aufgabe:

```
var s : string;
begin
  s:=NameEdit.Text+', '+VornameEdit.Text;
end;
```

⇨ Aufgabe 2: Testen Sie die *Concat*-Funktion und den Plus-Operator mit einem geeigneten Programm.

## Die Funktion Pos

**Syntax :** **function Pos(Teilstring: string; S: string): Integer;**

Beschreibung : Die Funktion *Pos* ermittelt, ob ein bestimmter Teilstring in einem gegebenen String s enthalten ist, und gibt die Position des ersten Buchstabens des gesuchten Teilstrings als Integer-Zahl zurück. Wird der Teilstring nicht gefunden, so beträgt der Rückgabewert 0.
Wenn der gesuchte Teilstring mehrfach enthalten ist, wird trotzdem nur die Position des ersten Auftretens zurückgegeben.

🖹 Beispiel 1 :

```
var s      : string;
    p1,p2  : Integer;
begin
  s:='Festplatte';
  p1:=Pos('platt',s);
  p2:=Pos('fest',s);
end;
```

Die Variable p1 enthält nun den Wert 5, da sich der Teilstring 'platt' an fünfter Stelle im Wort 'Festplatte' befindet, die Variable p2 enthält den Wert 0, da der Teilstring 'fest' nicht im Wort 'Festplatte' enthalten ist (es findet hier eine Unterscheidung zwischen Groß- und Kleinschreibung statt).

🖹 Beispiel 2 :

```
var s      : string;
    p1,p2  : Integer;
begin
  s:='Mississippi';
  p1:=Pos('i',s);
  p2:=Pos('i',s);
end;
```

Die Variable p1 enthält den Wert 2, da der Buchstabe 'i' zwar 4-mal im Wort 'Mississippi' enthalten ist, das erste Mal jedoch an zweiter Position auftaucht.
Auch die Variable p2 enthält den Wert 2, da wie schon gesagt immer nur das erste Auftreten des zu suchenden Teilwortes ermittelt wird.

⇨ Aufgabe 3: Schreiben Sie auch für die *Pos*-Funktion ein geeignetes Testprogramm. Lesen Sie dabei den zu untersuchenden String und den zu findenden Teilstring jeweils in einem Edit-Feld ein und geben Sie auch die gefundene Position in geeigneter Weise aus.

## Die Funktion Copy

**Syntax :** **function Copy(s: string; Anfang, Anzahl: Integer): string;**

Beschreibung : Die Funktion *Copy* dient dazu, aus einem vorgegebenen String *s* einen Teilstring herauszukopieren. Der Kopiervorgang beginnt ab der Position *Anfang*, kopiert werden *Anzahl* Zeichen. Wenn der Wert von *Anfang* größer als die Stringlänge ist, wird ein leerer String zurückgegeben. Sollte die Anzahl der zu kopierenden Zeichen wegen eines zu großen *Anzahl*-Wertes über die Stringlänge hinausgehen, werden nur die wirklich existierenden Zeichen kopiert.

🖹 Beispiel 1 :

```
var s,s1,s2,s3,s4 : string;
begin
  s:='PERSONALCOMPUTER';
  s1:=Copy(s,1,6);
  s2:=Copy(s,12,4);
  s3:=Copy(s,20,3);
  s4:=Copy(s,15,5);
end;
```

Der String s1 enthält nun den Wert 'PERSON' und s2 den Wert 'PUTE'. Der String s3 ist ein leerer String (''), da der Wert *Anfang* (20) größer als die Stringlänge (16) ist.
Der String s4 enthält nur den zwei Buchstaben langen Wert 'ER', obwohl fünf Buchstaben kopiert werden sollten, da nur der 15. und der 16. Buchstabe innerhalb des Wortes liegen.

🖹 Beispiel 2: Im folgenden Beispiel soll ein String, der aus dem Namen und dem Vornamen einer Person besteht (siehe Beispiel 3 zu Concate), wieder in seine Einzelteile zerlegt werden:

```
var s,Name,Vorname : string;
    p,n            : Integer;
begin
  s:='Meier, Rudi';
  p:=Pos(',',s);
  n:=Length(s);
  Name:=Copy(s,1,p-1);
  Vorname:=Copy(s,p+2,n-p-1);
end;
```

Versuchen Sie die Ermittlung der Werte für *Anfang* und *Anzahl* zunächst auf dem Papier als "Trockentest" nachzuvollziehen.

⇨ Aufgabe 4: Testen Sie auch die *Copy*-Funktion mit einem geeigneten Programm. Verwenden Sie für die Eingabe des ursprünglichen Strings sowie der Werte *Anfang* und *Anzahl* wieder Edit-Felder.

## Die Prozedur Delete

**Syntax :** **procedure Delete(var s: string; Anfang, Anzahl: Integer)**

Beschreibung : Die Prozedur *Delete* löscht aus einem vorgegebenen String *s* ab der Position *Anfang* eine vorgegebene *Anzahl* von Zeichen.
Das *var* in der Syntax-Beschreibung bedeutet, dass das Ergebnis der Löschoperation wieder in der Variablen *s* zu finden ist, es dürfen hier also keine konstanten Werte an die *Delete*-Prozedur übergeben werden.
Wenn der Wert von *Anfang* größer als die Stringlänge ist, wird kein Zeichen gelöscht, sollte die Anzahl der zu löschenden Zeichen wegen eines zu großen *Anzahl*-Wertes über die Stringlänge hinausgehen, werden nur die wirklich existierenden Zeichen gelöscht.

🖹 Beispiel 1 :

```
var s1,s2 : string;
begin
  s1:='PERSONALCOMPUTER';
  Delete(s1,1,8);
  s2:='PERSONALCOMPUTER';
  Delete(s2,5,10);
end;
```

Der String s1 enthält jetzt den Wert 'COMPUTER', s2 enthält den Wert 'PERSER'.

🖹 Beispiel 2 :

```
var s1,s2 : string;
begin
  s1:='BILDSCHIRM';
  Delete(s1,5,15);
  s2:='TASTATUR';
  Delete(s2,15,3);
end;
```

Vom String s1 werden nur die letzten 6 Buchstaben gelöscht (anstatt der geforderten 15 Buchstaben), da der String vorher zu Ende ist. Der String s1 enthält jetzt den Wert 'BILD'. Im String s2 wird nichts gelöscht, da der Löschanfang größer als die Stringlänge ist. Der Wert von s2 verändert sich also nicht.

🖹 Beispiel 3 : Das folgende Beispiel lässt sich nicht compilieren, da der an die *Delete*-Prozedur übergebene Wert keine Variable ist.

```
begin
  Delete('BILDSCHIRM',5,6);
end;
```

🖹 Beispiel 4 : Im folgenden Beispiel soll wieder ein String, der aus dem Namen und dem Vornamen einer Person besteht, in seine Einzelteile zerlegt werden. Anders als im Beispiel 2 zur *Copy*-Funktion wird hier nach der ersten Kopieraktion der nicht mehr interessierende Stringanteil mit *Delete* gelöscht:

```
var s,Name,Vorname : string;
    p              : Integer;
begin
  s:='Meier, Rudi';
  p:=Pos(',',s);
  Name:=Copy(s,1,p-1);
  Delete(s,1,p+1); { Löschen einschließlich des Leerzeichens }
  Vorname:=s;      { es bleibt nur der Vorname übrig         }
end;
```

⇨ Aufgabe 5: Schreiben Sie für die *Delete*-Prozedur ein geeignetes Testprogramm. Lesen Sie dabei den zu bearbeitenden String sowie die zum Löschen notwendigen Parameter jeweils in einem Edit-Feld ein und geben Sie das Ergebnis der Löschaktion in geeigneter Weise aus.

## Die Prozedur Insert

**Syntax :** **procedure Insert(s1: string; var s: string; Position: Integer);**

Beschreibung : Die Prozedur *Insert* fügt einen String *s1* in den String *s* ab der angegebenen Position ein. Das *var* in der Syntax-Beschreibung bedeutet, dass das Ergebnis der Einfügeoperation wieder in der Variablen *s* zu finden ist, es dürfen hier also keine konstanten Werte an die *Insert*-Prozedur übergeben werden.

🖹 Beispiel :

```
var s : string;
begin
  s:='PERSER';
  Insert('ONALCOMPUT',s,5);
end;
```

Der String s enthält jetzt den Wert 'PERSONALCOMPUTER'.

⇨ Aufgabe 6: Testen Sie die *Insert*-Prozedur mit einem geeigneten Testprogramm. Lesen Sie dabei wieder alle zu übergebenden Parameter jeweils in einem Edit-Feld ein und geben Sie auch das Ergebnis der Einfügeaktion in geeigneter Weise aus.

## Die Funktion LowerCase

**Syntax :** **function LowerCase(s: string): string;**

Beschreibung : Die Funktion *LowerCase* wandelt einen vorgegebenen String in Kleinbuchstaben um. Das Ergebnis der Umwandlung wird als String zurückgegeben. Diese Umwandlung funktioniert aber nur bei Buchstaben, deren ASCII-Code kleiner als 128 ist.
Sollen auch Buchstaben aus nationalen Zeichensätzen (also z.B. deutsche Umlaute) umgewandelt werden, so verwendet man die Funktion *AnsiLowerCase* (sieheSeite 125).

Beispiel :

```
var s1,s2 : string;
begin
  s1:='Das ist eine Übung.';
  s2:=LowerCase(s1);
end;
```

Der String s2 enthält jetzt den Wert 'das ist eine Übung.'. Der Buchstabe 'Ü' wurde nicht umgewandelt, da er ein nationales Sonderzeichen ist.

⇨ Aufgabe 7: Schreiben Sie auch für die *LowerCase*-Funktion ein geeignetes Testprogramm, bei dem Sie die Ein- und Ausgabe in bekannter Art und Weise realisieren. Testen Sie die Funktion unbedingt mit landesspezifischen Sonderzeichen.

## Die Funktion UpperCase

**Syntax :** **function UpperCase(s: string): string;**

Beschreibung : Die Funktion *UpperCase* wandelt einen vorgegebenen String in Großbuchstaben um. Das Ergebnis der Umwandlung wird als String zurückgegeben. Diese Umwandlung funktioniert aber nur bei Buchstaben, deren ASCII-Code kleiner als 128 ist. Sollen auch Buchstaben aus nationalen Zeichensätzen (also z.B. deutsche Umlaute) umgewandelt werden, so verwendet man die Funktion *AnsiUpperCase* (siehe Seite 126).

Beispiel :

```
var s1,s2 : string;
begin
  s1:='Heute ist das Wetter schön.';
  s2:=UpperCase(s1);
end;
```

Der String s2 enthält jetzt den Wert 'HEUTE IST DAS WETTER SCHöN. . Der Buchstabe 'ö' wurde nicht umgewandelt, da er ein nationales Sonderzeichen ist.

⇨ Aufgabe 8: Schreiben Sie auch für die *UpperCase*-Funktion ein geeignetes Testprogramm. Testen Sie auch diese Funktion unbedingt mit landesspezifischen Sonderzeichen.

## Die Funktion AnsiLowerCase (enthalten in Unit SysUtils)

**Syntax :** **function AnsiLowerCase(s: string): string;**

Beschreibung : Die Funktion *AnsiLowerCase* wandelt einen vorgegebenen String in Kleinbuchstaben um. Diese Umwandlung funktioniert bei allen Buchstaben des aktuell installierten Sprachentreibers.

Beispiel :

```
var s1,s2 : string;
begin
  s1:='Das ist eine Übung.';
  s2:=AnsiLowerCase(s1);
end;
```

Der String s2 enthält jetzt den Wert 'das ist eine übung.'. Der Buchstabe 'Ü' wird in diesem Beispiel also auch umgewandelt.

⇨ Aufgabe 9: Testen Sie die *AnsiLowerCase*-Funktion mit einem geeigneten Testprogramm. Überprüfen Sie auch hier die Behandlung landesspezifischer Sonderzeichen. Vergleichen Sie die Ergebnisse mit der *LowerCase*-Funktion.

## Die Funktion AnsiUpperCase (enthalten in Unit SysUtils)

**Syntax :** **function AnsiUpperCase(s: string): string;**

Beschreibung : Die Funktion *AnsiUpperCase* wandelt einen vorgegebenen String in Großbuchstaben um. Diese Umwandlung funktioniert bei allen Buchstaben des aktuell installierten Sprachentreibers.

Beispiel :

```
var s1,s2 : string;
begin
  s1:='Heute ist das Wetter schön.';
  s2:=AnsiUpperCase(s1);
end;
```

Der String s2 enthält jetzt den Wert 'HEUTE IST DAS WETTER SCHÖN.'. Der Buchstabe 'ö' wird in diesem Beispiel also auch umgewandelt.

⇨ Aufgabe 10: Testen Sie auch die *AnsiUpperCase*-Funktion mit einem geeigneten Testprogramm und testen Sie wieder die Behandlung landesspezifischer Sonderzeichen. Vergleichen Sie auch hier die Ergebnisse mit der *UpperCase*-Funktion.

## Die Prozedur Str (zur Information)

**Syntax :** **procedure Str(Zahl [: Breite [: Nachkommastellen ]]; var S);**

Beschreibung : Die Prozedur *Str* wandelt die übergebene Zahl entsprechend den Formatierungsparametern *Breite* und *Nachkommastellen* in den String *S* um. Die Variable *Zahl* kann dabei sowohl von Typ *Integer* als auch vom Typ *Real* sein.

➢ Hinweis 4: Die *Str*-Prozedur war eine der wenigen Formatierungs- und Konvertierungsmöglichkeiten des Delphi-Vorgängers *Turbo Pascal*. In Delphi wird *Str* nur noch selten angewandt. Stattdessen verwendet man z.B. *IntToStr*, *FloatToStr* oder *FloatToStrF*.

Beispiel :

```
var s1,s2,s3,s4,s5 : string;
    Zahl1          : Integer;
    Zahl2          : Real;
begin
  Zahl1:=12345;
  Zahl2:=12345.67890;
  Str(Zahl1,s1);
  Str(Zahl1:10,s2);
  Str(Zahl2,s3);
  Str(Zahl2:10:2,s4);
  Str(Zahl2:11:4,s5);
end;
```

Die Strings s1 bis s5 enthalten nun die folgenden Werte:

| Variable | Inhalt der Variablen |
|---|---|
| s1 | 12345 |
| s2 | 12345 |
| s3 | 1.2345678900E+04 |
| s4 | 12345.68 |
| s5 | 12345.6789 |

In s3 entsteht eine Exponentialdarstellung, die je nach verwendeter Delphi-Version auch etwas anders aussehen kann (höhere Anzahl der Stellen).
Beachten Sie die führenden Leerzeichen in den Strings s2, s4 und s5. Sie werden durch den

Wert der Variablen *Breite* hervorgerufen, der die Größe des zurückgegebenen Strings angibt. In diesem String wird die jeweilige Zahl rechtsbündig angeordnet, führende Stellen werden mit Leerzeichen aufgefüllt.

## Die Prozedur Val (zur Information)

**Syntax :** **procedure Val(S; var Zahl; var FehlerCode: Integer);**

Beschreibung : Die Prozedur *Val* wandelt den in *S* übergebenen String in eine Zahl entsprechend dem Typ der Variablen *Zahl* um. Wenn die Umwandlung fehlerfrei erfolgt, steht in der Variablen *FehlerCode* eine 0. Sollte bei der Umwandlung ein Fehler auftreten, enthält die Variable *FehlerCode* den Wert der Position, an welcher bei der Umwandlung ein Fehler aufgetreten ist.

➢ Hinweis 5: Auch die *Val*-Prozedur stammt noch aus der Zeit des Delphi-Vorgängers *Turbo Pascal* und wird in Delphi nur noch selten angewandt. Stattdessen benutzt man die Funktionen *StrToInt* oder *StrToFloat*, da deren Handhabung einfacher ist.
Dies soll jedoch nicht heißen, dass diese beiden Funktionen unbedingt besser sind. Einige Beispiele sollen die Handhabung der *Val*-Prozedur demonstrieren:

Beispiel :

```
var s1,s2,s3          : string;
    Zahl1,FehlerCode  : Integer;
    Zahl2,Zahl3       : Real;
begin
  s1:='123';
  Val(s1,Zahl1,FehlerCode);
  s2:='123;45';
  Val(s2,Zahl2,FehlerCode);
  s3:='123.45';
  Val(s3,Zahl3,FehlerCode);
end;
```

Die Variablen Zahl1, Zahl2 und Zahl3 enthalten nach Ausführung des Quelltextes die Werte 123 (Zahl1), 123 (Zahl2) und 123.45 (Zahl3). Die erste und die dritte Konvertierung waren erfolgreich, deshalb enthält FehlerCode hier den Wert 0, bei der zweiten Konvertierung steht in FehlerCode der Wert 4, da hier an der vierten Stelle ein Fehler auftritt.

➢ Hinweis 6: Während bei der Typumwandlung mit *StrToFloat* oder *StrToInt* im Fehlerfall nur eine von Delphi generierte Fehlermeldung auf dem Bildschirm erscheint, kann man mit der *Val*-Prozedur nicht nur den Fehler abfangen, sondern auch differenzierter reagieren (z.B. 'Fehler an Position 5').

## Die Funktion AnsiCompareStr (enthalten in Unit SysUtils)

**Syntax :** **function AnsiCompareStr(s1, s2: string): Integer;**

Beschreibung : Die Funktion *AnsiCompareStr* vergleicht zwei vorgegebene Strings alphabetisch, wobei der aktuell installierte Sprachentreiber berücksichtigt wird. Diese Funktion bietet sich deshalb für uns besonders an, wenn wir Strings vergleichen wollen, die deutsche Umlaute enthalten können.
In Abhängigkeit von s1 und s2 liefert uns die Funktion folgende Rückgabewerte:

| Bedingung | Rückgabewert der Funktion | Bedeutung |
|---|---|---|
| s1 < s2 | < 0 (-1) | Der String s1 steht im Alphabet vor s2. |
| s1 = s2 | = 0 | Die Strings s1 und s2 sind gleich. |
| s1 > s2 | > 0 (1) | Der String s1 steht im Alphabet nach s2. |

Beispiel :

```
var s1,s2 : string;
begin
  s1:=Edit1.Text;
  s2:=Edit2.Text;
  case AnsiCompareStr(s1,s2) of
    -1 : ShowMessage('Der erste String ist kleiner');
     0 : ShowMessage('Beide Strings sind gleich');
     1 : ShowMessage('Der erste String ist größer);
  end;
end;
```

⇨ Aufgabe 11: Schreiben Sie ein kleines Testprogramm für die *AnsiCompareStr*-Funktion und testen Sie damit diese Funktion ausführlich. Beachten Sie bei Ihrem Test auch solche Sonderfälle wie Groß- und Kleinschreibung oder deutsche Umlaute.

➢ Hinweis 7: Die 3 von uns behandelten *Ansi*-Funktionen arbeiten aufgrund ihrer Komplexität wesentlich langsamer als die Funktionen, die keine landesspezifischen Sonderzeichen bearbeiten.

## 7.3 Testprojekt zur Stringverarbeitung

Zum Test der Stringverarbeitungsroutinen kann man ein kleines Testprogramm entwerfen, das die wesentlichsten Ergebnisse der Funktions- bzw. Prozedur-Aufrufe anzeigt. Im nebenstehenden Bild ist ein Beispielformular für ein solches Projekt dargestellt. Die Bezeichnung der Knöpfe und Editfelder wurde entsprechend ihrer Funktion gewählt und ist dem unten angefügten Quelltext zu entnehmen.
Die Ausgabe der Ergebnisse erfolgte mit Hilfe der *ShowMessage*-Prozedur, könnte aber auch in einem Edit-Feld oder einem Panel stattfinden. Der Unterschied der beiden Knöpfe zur Ermittlung eines gesuchten Wortes besteht in der Behandlung des Falls, dass das Suchwort nicht enthalten ist.
Im ersten Fall wird als gefundene Position der Wert 0 ausgegeben, im zweiten Fall erfolgt eine erklärende Hinweismitteilung.

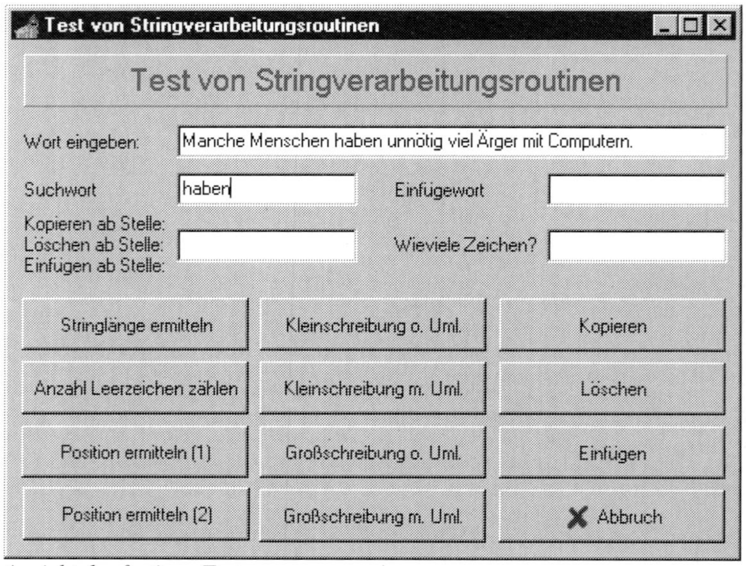

*Ansicht des fertigen Testprogramms*

⇨ Aufgabe 12: Erstellen Sie (wenn nicht schon in den vorangegangenen Aufgaben geschehen) ein entsprechendes Testprojekt und versehen Sie die Knöpfe mit den Testroutinen für die auf ihnen beschriebenen Funktionen und Prozeduren.

Zur Kontrolle im Anschluss der komplette Quelltext:

```
procedure TForm1.LaengeBtnClick(Sender: TObject);
var Laenge : Integer;
    Satz   : String;
begin
  Satz:=EingabeEdit.Text;
  Laenge:=Length(Satz);
  ShowMessage('Der String ist '+ IntToStr(Laenge)+' Zeichen lang');
end;
```

```
procedure TForm1.AnzahlBtnClick(Sender: TObject);
var i, Anzahl : Integer;
    Satz      : String;
begin
  Satz:=EingabeEdit.Text;
  Anzahl:=0;
  for i:=1 to Length(Satz) do
    if Satz[i]=' ' then Anzahl:=Anzahl+1;
  ShowMessage('Der Satz enthält '+IntToStr(Anzahl)+' Leerzeichen');
end;

// Nicht gefunden? -> Position ist 0
procedure TForm1.PosBtn1Click(Sender: TObject);
var p             : Integer;
    Satz,Suchwort : String;
begin
  Satz:=EingabeEdit.Text;
  Suchwort:=SuchEdit.Text;
  p:=Pos(Suchwort,Satz);
  ShowMessage('Das gesuchte Wort befindet sich an '
            +IntToStr(p)+'.Stelle.');
end;

// Nicht gefunden? -> Fehlmeldung
procedure TForm1.PosBtn2Click(Sender: TObject);
var p             : Integer;
    Satz,Suchwort : String;
begin
  Satz:=EingabeEdit.Text;
  Suchwort:=SuchEdit.Text;
  p:=Pos(Suchwort,Satz);
  if p>0
    then ShowMessage('Das gesuchte Wort befindet sich an '
                   +IntToStr(p)+'. Stelle.')
    else ShowMessage('Das gesuchte Wort wurde nicht gefunden.');
end;

procedure TForm1.LoeschenBtnClick(Sender: TObject);
var Anfang,Anzahl : Integer;
    Satz          : String;
begin
  Satz:=EingabeEdit.Text;
  Anfang:=StrToInt(AnfangEdit.Text);
  Anzahl:=StrToInt(AnzahlEdit.Text);
  Delete(Satz,Anfang,Anzahl);
  ShowMessage('Der restliche Satz lautet "'+Satz+'"');
end;

procedure TForm1.EinfuegenBtnClick(Sender: TObject);
var Anfang             : Integer;
    Satz,Einfuegewort : String;
begin
  Satz:=EingabeEdit.Text;
  Einfuegewort:=EinfuegeEdit.Text;
  Anfang:=StrToInt(AnfangEdit.Text);
  Insert(Einfuegewort,Satz,Anfang);
  ShowMessage('Der neue Satz lautet "'+Satz+'"');
end;
```

```
procedure TForm1.KopierenBtnClick(Sender: TObject);
var Anfang,Anzahl : Integer;
    Satz          : String;
begin
  Satz:=EingabeEdit.Text;
  Anfang:=StrToInt(AnfangEdit.Text);
  Anzahl:=StrToInt(AnzahlEdit.Text);
  ShowMessage('Das kopierte Wort lautet "'+Copy(Satz,Anfang,Anzahl)+'"');
end;

procedure TForm1.KleinOUmlBtnClick(Sender: TObject);
var Satz : String;
begin
  Satz:=EingabeEdit.Text;
  ShowMessage('Die Kleinschreibung des Satzes lautet: '
            +Chr(13)+'"'+ LowerCase(Satz)+'"');
end;

procedure TForm1.KleinMUmlBtnClick(Sender: TObject);
var Satz : String;
begin
  Satz:=EingabeEdit.Text;
  ShowMessage('Die Kleinschreibung des Satzes lautet: '
            +Chr(13)+'"'+ AnsiLowerCase(Satz)+'"');
end;

procedure TForm1.GrossOUmlBtnClick(Sender: TObject);
var Satz : String;
begin
  Satz:=EingabeEdit.Text;
  ShowMessage('Die Großschreibung des Satzes lautet: '
            +Chr(13)+'"'+UpperCase(Satz)+'"');
end;

procedure TForm1.GrossMUmlBtnClick(Sender: TObject);
var Satz : String;
begin
  Satz:=EingabeEdit.Text;
  ShowMessage('Die Großschreibung des Satzes lautet: '
            +Chr(13)+'"'+ AnsiUpperCase(Satz)+'"');
end;
```

## 7.4 Kontrollfragen

☛ Frage 1: Nennen Sie 2 Nachteile des Stringaufbaus in Delphi 1.

☛ Frage 2: Welche Vorteile hat der Stringaufbau ab Delphi 2?

☛ Frage 3: Ein typisierter String vom Typ String[20] enthält das Wort 'Kontrolle'. Welchen Speicherbedarf (in Byte) hat dieser String? Welche Werte stehen in den einzelnen Speicherstellen?

☛ Frage 4: Einem typisierten String vom Typ String[5] wird das Wort 'Kontrolle' zugewiesen. Welcher Wert wird angezeigt, wenn anschließend der Stringinhalt auf dem Bildschirm ausgegeben wird?

☛ Frage 5: Wie kann man ermitteln, wie viele Leerzeichen in einem eingegebenen Satz vorkommen? Nennen Sie einen entsprechenden Quelltext zur Lösung dieser Aufgabe.

☛ Frage 6: Wie kann man ermitteln, ob ein übergebenes Suchwort mehrmals in einem gegebenen String vorkommt?

☛ Frage 7: Die alphabetische Ordnung von Strings kann man mit dem '>'- oder '<-Zeichen vergleichen. Wozu braucht man dann eigentlich die Funktion *AnsiCompareStr*?

☛ Frage 8: Welche Vorteile haben die Funktionen *AnsiLowerCase* und *AnsiUpperCase* gegenüber den Funktionen *LowerCase* und *UpperCase*? Welche Nachteile besitzen Sie?

☛ Frage 9: In der Beschreibung der 3 *Ansi*-Funktionen steht jeweils die Bemerkung "enthalten in Unit SysUtils". Welche Bedeutung hat diese Bemerkung für uns?

Für die restlichen Aufgaben sei der folgende Quelltextausschnitt gegeben:

```
begin
  s1:='Lernerfolgskontrolle';
  p1:=Pos('er',s1);
  p2:=Pos('er',s1);
  p3:=Pos('Erfolg',s1);
  s2:=Copy(s1,7,8);
  s3:=Copy(s1,15,10);
  Delete(s1,5,7);
  s4:='#'+s1+'+';
  s5:=UpperCase('Viele Grüße!');;
  s6:=AnsiUpperCase('Viele Grüße!');;
end;
```

☛ Frage 10: Welche Werte besitzen die Variablen p1, p2, p3 nach Durchlauf des Quelltextes? Von welchem Typ müssen sie sein? (Begründung)

☛ Frage 11: Welche Werte besitzen die Variablen s1, s2, s3 und s4 nach Durchlauf des Quelltextes? Von welchem Typ müssen sie sein? (Begründung)

☛ Frage 12: Welche Werte besitzen die Variablen s5 und s6 nach Durchlauf des Quelltextes? Von welchem Typ müssen sie sein? (Begründung)

# 8 Arbeit mit Listboxen

## 8.1 Zur Theorie

*Beispiel für Listbox*

Eine Komponente vom Typ *TListBox* ist eine sichtbare Komponente und dient im Wesentlichen dazu, mehrere Strings in einer listenähnlichen Ansicht zu verwalten und auf dem Bildschirm bereitzustellen. Ein Beispiel für eine Listbox zeigt das rechte Bild. Sollten nicht alle Strings gleichzeitig angezeigt werden können, erscheint automatisch ein Scrollbalken.
Aus der angezeigten Liste können sowohl ein Element als auch mehrere Elemente ausgewählt werden. Neben den bekannten Schlüsseleigenschaften (*Left*, *Top*, *Name*, ...) sind für uns besonders folgende Eigenschaften von Bedeutung:

### Die Eigenschaft ItemIndex (nur zur Laufzeit)

Beschreibung: Die Eigenschaft *ItemIndex* (Typ Integer) zeigt an, welches Listenelement gerade ausgewählt wurde. Wenn kein Listenelement selektiert ist, hat *ItemIndex* den Wert -1, wurde das erste Element selektiert, hat *ItemIndex* den Wert 0, beim zweiten Element hat *ItemIndex* den Wert 1 usw.

Beispiel 1:

```
var n : Integer;
begin
  n:=ListBox1.ItemIndex;
end;
```

In der Variablen n ist nun die Nummer des gewählten Listenelementes (beginnend mit 0) gespeichert.

Beispiel 2:

```
begin
  ListBox1.ItemIndex:=4;
end;
```

Der Quelltext im Beispiel 2 setzt den farbig hervorgehobenen Balken der Listbox auf das fünfte Element der Listbox (Die Zählung beginnt bei 0!).

### Eigenschaft Sorted

Beschreibung: Die Eigenschaft *Sorted* (Typ Boolean) gibt an, ob die Einträge in einem Listenfeld alphabetisch sortiert werden sollen oder nicht. Zum Sortieren der Einträge setzt man *Sorted* auf *True*, anderenfalls auf *False*.

*Beispiel für eine sortierte Listbox*

Beispiel:

```
begin
  ListBox1.Sorted:=True;
end;
```

Alle Einträge in der Listbox werden nun alphabetisch sortiert (siehe rechtes Bild). Die Einstellung der Eigenschaft *Sorted* kann auch im Objektinspektor vorgenommen werden.

- Hinweis 1: Die alphabetische Sortierung in der Listbox erfolgt unter Einbeziehung der landesspezifischen Sonderzeichen und ohne Berücksichtigung der Groß- oder Kleinschreibung.
- Hinweis 2: Das Ändern der Eigenschaft *Sorted* von *True* auf *False* bewirkt nicht, dass der Inhalt der Listbox wieder seinen unsortierten Originalzustand annimmt.

### Eigenschaft Items:

Beschreibung: Die Eigenschaft *Items* ist die bedeutendste Eigenschaft der Listbox. *Items* kann man sich als eine listenartige Aufzählung von Strings vorstellen (siehe unten). Auf einzelne Elemente dieser Stringliste kann man über eine indizierte Adressierung zugreifen.
Über die Eigenschaft *Count* von Items kann die Anzahl der Elemente in einer Stringliste ermittelt werden.

Die einfachste Möglichkeit, die Eigenschaft *Items* mit Werten zu bestücken, besteht im Anklicken der Eigenschaft *Items* im Objektinspektor. Dort wählt man den Knopf mit den 3 Punkten und trägt anschließend im erscheinenden Stringlisten-Editor (siehe nebenstehendes Bild) die gewünschten Werte ein.

*Die Eigenschaft Items im Objektinspektor*

Auf die Eigenschaft *Items* kann mit verschiedenen Methoden zugegriffen werden, die im nächsten Abschnitt näher erläutert werden.

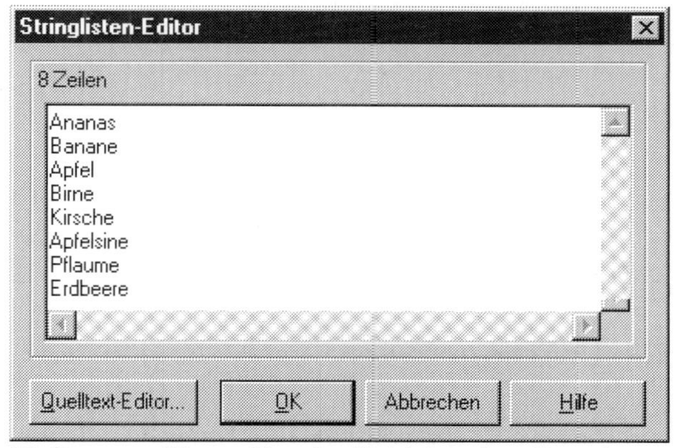

*Einfügen von Werten über den Objektinspektor (Items)*

Beispiel 1:

```
var i,Anzahl : Integer;
begin
  Anzahl:=ListBox1.Items.Count;
  for i:=0 to Anzahl-1 do
    ListBox1.Items[i]:='Test '+IntToStr(i);
end;
```

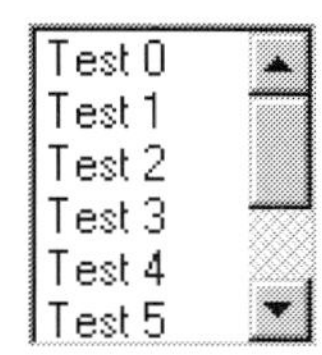

*Listbox nach Ablauf des Programms*

Die Variable *Anzahl* enthält nun den Wert der Anzahl der Einträge in der Listbox. Das weitere Programm überschreibt alle Einträge in der Listbox entsprechend dem rechts gezeigten Bild.

Beispiel 2: Der folgende Programmausschnitt zeigt bei seiner Abarbeitung den jeweils selektierten Eintrag der Listbox in einem Edit-Feld an:

```
begin
  if ListBox1.ItemIndex<>-1
    then Edit1.Text:=ListBox1.Items[ListBox1.ItemIndex];
end;
```

## 8.2 Methoden der Eigenschaft Items

### Die Funktion Add

**Syntax:** **function Add(s : String):Integer;**

Beschreibung: Die Methode *Add* fügt zu einer Listbox einen neuen String hinzu. Hat die Eigenschaft *Sorted* (s.o.) den Wert *False*, wird der String am Ende der Liste angefügt, hat *Sorted* den Wert *True*, erfolgt eine alphabetische Einsortierung.
Die Methode *Add* ist eigentlich eine Funktion (siehe Beispiel 1) und gibt die Position zurück, an welcher der String angefügt bzw. einsortiert wurde. Es ist aber auch möglich, die Methode *Add* einfach als Prozedur (siehe Beispiel 2) aufzurufen.

🖹 Beispiel 1:

```
var Position : Integer;
begin
  Position:=ListBox1.Items.Add(Edit1.Text);
  ShowMessage('Eingefügt an Position '+IntToStr(Position));
end;
```

Dieser Quelltext fügt den Inhalt von Edit1.Text hinten an die Listbox an (*Sorted=False*) oder sortiert ihn in die Listbox ein (*Sorted=True*) und liefert die Position zurück, an welcher der neue String eingefügt wurde. Die Einfügeposition wird anschließend ausgegeben.

🖹 Beispiel 2:

```
begin
 ListBox1.Items.Add(Edit1.Text);
end;
```

Dieser Quelltext fügt den Inhalt von Edit1.Text hinten an die Listbox an (*Sorted=False*) oder sortiert ihn in die Listbox ein (*Sorted=True*). Die Einfügeposition wird nicht ausgewertet.

## Die Prozedur Delete

**Syntax:** **procedure Delete(Index : Integer);**

Beschreibung: Die Methode *Delete* löscht den durch einen Parameter (*Index*) übergebenen Wert aus der Stringliste. Alle nachfolgenden Stringlisteneinträge rutschen um eine Position nach vorn. Wird ein ungültiger Indexwert übergeben (außerhalb des gültigen Bereiches), erfolgt keine Löschung eines Elementes. Die Zählung der Elemente beginnt bei 0.

🖹 Beispiel 1:

```
begin
  ListBox1.Items.Delete(2);
end;
```

Dieser Quelltext löscht den 3. Eintrag der Liste (Start war bei 0!).

🖹 Beispiel 2:

```
begin
  if ListBox1.ItemIndex>-1
    then ListBox1.Items.Delete(ListBox1.ItemIndex);
end;
```

Falls in der Listbox ein Eintrag selektiert war, löscht dieser Quelltext den selektierten Eintrag der Liste.

## Die Prozedur Clear

**Syntax:** **procedure Clear;**

Beschreibung: Die Methode *Clear* löscht ohne Nachfrage alle Elemente der Listbox. Für die praktische Anwendung empfiehlt sich der vorherige Einsatz einer Sicherheitsabfrage.

🖹 Beispiel :

```
begin
  if MessageDlg('Wirklich alle Einträge löschen?',
                mtWarning,[mbNo,mbYes],0)=mrYes
    then ListBox1.Items.Clear;
end;
```

Dieser Quelltext löscht nach Bestätigung der Sicherheitsabfrage den kompletten Inhalt der Listbox (*MessageDlg* wird im Kapitel 9 ausführlich behandelt.).

## Die Prozedur Insert

**Syntax :** **procedure Insert(Index: Integer;s: string);**

Beschreibung : Die Methode *Insert* fügt den durch die Variable *s* übergebenen String an der durch *Index* übergebenen Position in die Listbox ein. Alle folgenden Elemente der Listbox rutschen dann um eine Position nach hinten.

🖹 Beispiel 1 :

```
begin
  ListBox1.Items.Insert(2,Edit1.Text);
end;
```

Der Quelltext von Beispiel 1 fügt den Inhalt von Edit1.Text an der 3.Position der Stringliste (Start war bei 0!) ein.

🖹 Beispiel 2 :

```
begin
  if ListBox1.ItemIndex<>-1 then
    ListBox1.Items.Insert(ListBox1.ItemIndex,Edit1.Text);
end;
```

Im Beispiel 2 fügt der Quelltext den Inhalt von Edit1.Text nicht an einer festen Position der Listbox ein, sondern an der Position, die gerade markiert ist (*ItemIndex*).
Wenn in der Listbox keine Position markiert ist (*ItemIndex*=-1), dann erfolgt auch keine Einfügeaktion.

➢ Hinweis 3: Der einzufügende String wird unabhängig vom Wert der Eigenschaft *Sorted* bei der im Wert *Index* angegebenen Position eingefügt. Allerdings sollte man *Sorted* trotzdem immer auf *False* setzen, wenn man mit *Insert* arbeitet.

## Die Prozedur SaveToFile

**Syntax:** **procedure SaveToFile(FileName: string);**

Beschreibung: Die Prozedur *SaveToFile* speichert den Inhalt der Listbox in die mit *FileName* angegebene Datei. Dabei entsteht eine ganz normale Textdatei, in welcher die Einträge der Listbox zeilenweise angeordnet sind.
Die abgespeicherte Datei lässt sich mit *LoadFromFile* wieder einladen und mit jedem beliebigen Texteditor auch außerhalb von Delphi betrachten.

🖹 Beispiel 1:

```
begin
  ListBox1.Items.SaveToFile('telefon.dat');
end;
```

Der Quelltext in Beispiel 1 speichert den Inhalt der Listbox in eine Datei mit Namen '*telefon.dat*' in das aktuelle Verzeichnis.

🖹 Beispiel 2:

```
begin
  ListBox1.Items.SaveToFile('c:\windows\temp\test.ini');
end;
```

Im Gegensatz zum Beispiel 1 demonstriert Beispiel 2, dass es auch möglich ist, den Inhalt der Listbox in ein beliebiges Verzeichnis zu speichern (hier die Datei '*test.ini*' in das Verzeichnis '*c:\windows\temp*').

## Die Prozedur LoadFromFile

**Syntax:** **procedure LoadFromFile(FileName: string);**

Beschreibung: Die Prozedur *LoadFromFile* liest die in *FileName* angegebene Datei in die Listbox ein. Die angegebene Datei sollte mit Hilfe von *SaveToFile* abgespeichert worden sein oder eine Textdatei sein.

🖹 Beispiel 1:

```
begin
  ListBox1.Items.LoadFromFile('telefon.dat');
end;
```

Dieser Quelltext liest die im Beispiel 1 der Methode *SaveToFile* abgespeicherte Datei wieder in die Listbox ein

🖹 Beispiel 2:

```
begin
  ListBox1.Items.LoadFromFile('c:\windows\temp\test.ini');
end;
```

Natürlich ist auch hier (bei kompletter Pfadangabe) das Einlesen aus einem anderen Verzeichnis möglich, wie dieses Beispiel zeigen soll.

➢ Hinweis 4: Beim Laden (*LoadFromFile*) und beim Speichern (*SaveToFile*) ohne weitere Pfadangaben benutzt Delphi immer das aktuelle Verzeichnis. Das muss nicht das Verzeichnis sein, in dem die Projektdateien gespeichert sind, sondern kann auch z.B. das Glyph-Verzeichnis sein, wenn Sie gerade eine BitBtn-Komponente mit einem Bild versehen haben.
Die sicherste Methode, als aktuelles Verzeichnis wieder das Verzeichnis der Projektdateien zu benutzen, besteht darin, Delphi (nach dem Abspeichern des Projektes) kurz zu beenden und wieder zu starten oder beim Laden und Speichern den kompletten Pfad anzugeben.

## Die Funktion IndexOf

**Syntax:** **function IndexOf(s: string): Integer;**

Beschreibung: Die Funktion *IndexOf* überprüft, ob der übergebene String *s* in einer Listbox enthalten ist. Falls *s* enthalten ist, erfolgt als Rückgabewert die Position vom String *s* innerhalb der Listbox (beginnend mit 0), anderenfalls wird der Wert -1 zurückgegeben.

🖹 Beispiel: Der folgende Quelltext liest das in der Listbox zu suchende Wort aus dem Edit1-Feld. Wurde das Suchwort innerhalb der Listbox gefunden (Rückgabewert <> -1), wird der Markierungsbalken an die Position des gefundenen Wortes gesetzt, ansonsten wird mit *ShowMessage* eine entsprechende Fehlmeldung ausgegeben.

```
var Suchwort : string;
begin
  Suchwort:=Edit1.Text;
  if ListBox1.Items.IndexOf(Suchwort)<>-1
    then ListBox1.ItemIndex:=ListBox1.Items.IndexOf(Suchwort)
    else ShowMessage(Suchwort+' nicht gefunden !');
end;
```

## 8.3 Ereignisse der ListBox-Komponente

Die Listbox-Komponente kann, wie andere Komponenten auch, auf eine Vielzahl von Ereignissen reagieren. Für uns ist nur das *OnClick*-Ereignis von Bedeutung.

### Das Ereignis OnClick

Das *OnClick*-Ereignis tritt auf, wenn der Benutzer ein Element der Listbox mit der Maus auswählt, indem er es anklickt, oder wenn der Benutzer bei gewählter Listbox eine Cursor-Taste (hoch, runter) betätigt.

Beispiel: Der folgende Quelltext zeigt die Nummer des vom Nutzer gewählten Eintrags einer Listbox (beginnend bei 0) in einem Edit-Feld (hier im oberen Feld), den Inhalt des gewählten Eintrags in einem anderen Edit-Feld (hier im unteren Feld) an.
Das rechts gezeigte Bild soll die Funktion dieses Quelltextes demonstrieren.

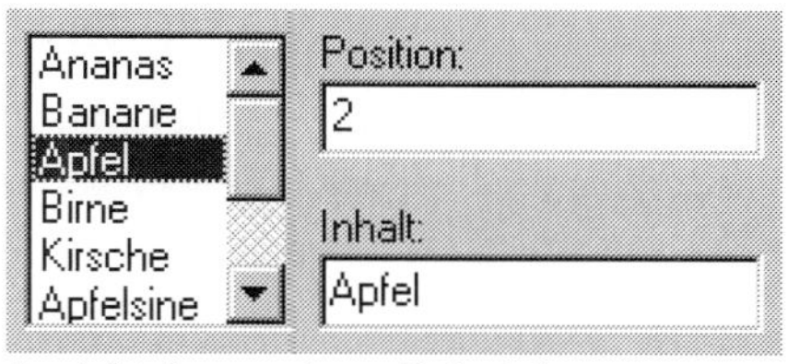

*Ansicht des gezeigten Beispiels*

```
procedure TForm1.ListBox1Click(Sender: TObject);
var Position : Integer;
begin
  Position:=ListBox1.ItemIndex;
  PositionEdit.Text:=IntToStr(Position);
  InhaltEdit.Text:=ListBox1.Items[Position];
end;
```

## 8.4 Kontrollfragen

- Frage 1: Nennen Sie 2 Möglichkeiten, die Eigenschaft *Items* einer Listbox mit Werten zu bestücken.
- Frage 2: Nennen Sie 2 Möglichkeiten, die Inhalte einer Listbox sortiert anzuzeigen.
- Frage 3: Wie kann man mit Hilfe eines Quelltextes ermitteln, ob ein Eintrag einer Listbox selektiert ist?
- Frage 4: Wie kann man mit Hilfe eines Quelltextes ermitteln, welcher Eintrag einer Listbox selektiert ist?
- Frage 5: Nennen Sie mindestens zwei Möglichkeiten, den obersten Eintrag einer Listbox zu selektieren.
- Frage 6: Die Methode *Add* der Eigenschaft *Items* fügt normalerweise einen String an das Ende einer Listbox an. Wann passiert das nicht? Wo wird der String dann eingefügt?
- Frage 7: Wie kann man den dritten Eintrag einer Listbox löschen?
- Frage 8: Wie kann man den letzten Eintrag einer Listbox löschen?
- Frage 9: Wie kann man alle Einträge einer Listbox löschen?
- Frage 10: Wie kann der Inhalt einer Listbox in einer Datei gespeichert werden?
- Frage 11: Wie kann der Inhalt der Textdatei '*test.dat*', die sich im Verzeichnis '*C:\Daten*' befindet, in eine Listbox geladen werden?
- Frage 12: Ein in einem Edit-Feld übergebener String soll nur dann in eine Listbox übernommen werden, wenn der String dort noch nicht vorhanden ist. Wie kann dies realisiert werden?
- Frage 13: Wie kann das *OnClick*-Ereignis der Listbox ausgelöst werden?

# 9 Arbeit mit Dialog-Boxen

Zum Abfragen von Benutzereingaben stellt Delphi eine Reihe nützlicher Dialog-Boxen bereit. Im Gegensatz zur bisher behandelten *ShowMessage*-Prozedur, bei der es häufig störend wirkte, dass in der Titelzeile der Name des aktuellen Programms stand (z.B. PROJEKT1.EXE), können bei den folgenden Dialogen aussagekräftigere bzw. grafisch schönere Mitteilungen erzeugt werden.

## 9.1 Die Funktion MessageDlg

**Syntax:** **function MessageDlg(Meldungstext, Meldungstyp, Knopfauswahl, Hilfeindex):Rückgabe**

Beschreibung: Mit der *MessageDlg*-Funktion erhält der Benutzer eine einfache Möglichkeit, eine Dialogbox zu erzeugen, bei der er die Titelzeile, den Meldungstext, die Knöpfe und in Grenzen sogar das angezeigte Bild selbst beeinflussen kann.

### Meldungstext

Der Parameter *Meldungstext* beinhaltet die in dem Dialogfenster auszugebende Meldung (als Stringvariable oder direkt als Zeichenkette).

### Meldungstyp

Der Parameter *Meldungstyp* kann eine von fünf vordefinierten Konstanten enthalten. Je nach Art der gewählten Konstanten erscheint ein anderer Text in der Titelzeile des Fensters und eine andere Grafik im Meldungsfenster. Im Einzelnen können folgende Werte auftreten:

| Wert | Bedeutung | Grafik |
|---|---|---|
| *mtWarning* | Fensterüberschrift: *Warnung*<br>Es erscheint ein Meldungsfenster, das ein gelbes Ausrufungszeichen enthält. |  |
| *mtError* | Fensterüberschrift: *Fehler*<br>Es erscheint ein Meldungsfenster, das ein rotes Stoppschild (Delphi 1) bzw. ein Kreuz (ab Delphi 2) enthält. |  |
| *mtInformation* | Fensterüberschrift: *Information*<br>Es erscheint ein Meldungsfenster, das ein blaues "i" enthält. |  |
| *mtConfirmation* | Fensterüberschrift: *Bestätigen*<br>Es erscheint ein Meldungsfenster, das ein grünes (Delphi 1) bzw. blaues (ab Delphi 2) Fragezeichen enthält. |  |
| *mtCustom* | Der Titel des Meldungsfensters ist mit dem Programmnamen der Anwendung (EXE-Datei) identisch.<br>Es erscheint ein Meldungsfenster, das keine Grafik enthält. | |

**Knopfauswahl (Variante 1)**

Der Parameter *Knopfauswahl* erwartet eine Mengenaufzählung aller verwendeten Knöpfe, die Konstanten für die Knöpfe müssen dabei in eckige Klammern geschrieben werden. Es gelten folgende Konstanten:

mbYes 

mbNo 

mbOK 

mbCancel 

mbHelp 

mbAbort 

mbRetry 

mbIgnore 

mbAll 

**Knopfauswahl (Variante 2)**

Die zweite Möglichkeit für den Parameter *Knopfauswahl* besteht in der Verwendung der 3 vordefinierten Mengen mbYesNoCancel, mbOkCancel bzw. mbAbortRetryIgnore. Hier entfallen die eckigen Klammern. Es gelten folgende Konstanten:

mbOkCancel 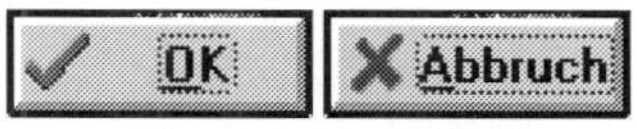


mbAbortRetryIgnore 

mbYesNoCancel 

➢ Hinweis 1: Die Bilder auf den einzelnen Knöpfen findet man nur in Delphi 1. Ab Delphi 2 hat man die Bilder dann weggelassen, da es bei den deutschen Übersetzungen von Delphi zu Überschneidungen von Bild und Text innerhalb der Knöpfe kam (siehe z.B. beim Wiederholen-Knopf).

**Hilfeindex**

Der Parameter *Hilfeindex* ist nur von Bedeutung, wenn man eigene Hilfe-Dateien (HLP-Datei) zum aktuellen Programm erstellen möchte. Dort würde dann der Hilfeindex eines Hilfethemas zur aktuellen Dialogbox übergeben.
Im Allgemeinen (und bei uns immer) steht hier eine 0.

**Rückgabe**

Der Rückgabewert ist abhängig von der im Dialogfenster gedrückten Taste. Die Taste 'Hilfe' liefert keinen Rückgabewert, die Rückgabewerte der übrigen Tasten sind:

| Wert | Bedeutung |
|---|---|
| *mrYes* | Taste 'Ja' wurde gedrückt. |
| *mrNo* | Taste 'Nein' wurde gedrückt. |
| *mrOK* | Taste 'OK' wurde gedrückt. |
| *mrCancel* | Taste 'Abbruch' (Cancel) wurde gedrückt. |
| *mrAbort* | Taste 'Abbruch' (Abort) wurde gedrückt. |
| *mrRetry* | Taste 'Wiederholen' wurde gedrückt. |
| *mrIgnore* | Taste 'Ignorieren' wurde gedrückt. |
| *mrAll* | Taste 'Alles' wurde gedrückt. |

Beispiel 1:
```
MessageDlg('Hinweistext',mtInformation,[mbOK],0)
```

Das erste Beispiel erzeugt eine Meldung ähnlich der *ShowMessage*-Prozedur. Das Aussehen ist allerdings etwas gefälliger (Titelzeile, kleines Hinweisbild, siehe Bild).
Da man bei der Hinweismitteilung keinen Rückgabewert benötigt, wird *MessageDlg* hier als Prozedur aufgerufen:

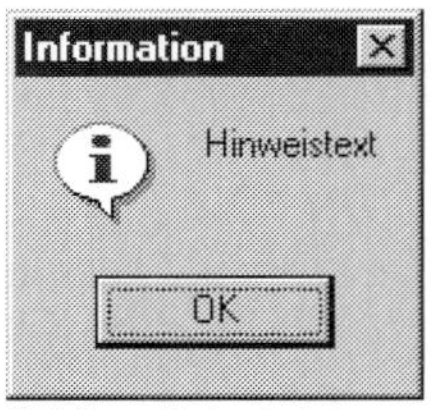

*Bild zu Beispiel 1*

Beispiel 2:
```
if MessageDlg('Zeile löschen?',mtWarning,[mbYes,mbNo],0)
   = mrYes then ListBox1.Items.Delete(ListBox1.ItemIndex);
```

Im zweiten Beispiel wird die gewählte Zeile einer Listbox gelöscht, wenn der Nutzer dies bestätigt. Da der Rückgabewert (die gewählte Taste) von Interesse ist, erfolgt der Aufruf von *MessageDlg* hier als Funktion.
Als Ergebnis ergibt sich das nebenstehende Bild.

*Bild zu Beispiel 2*

Beispiel 3:
```
case MessageDlg('Knopf drücken',mtInformation,
                        mbYesNoCancel,0) of
  mrYes    : ShowMessage('JA-Knopf wurde gedrückt!');
  mrNo     : ShowMessage('NEIN-Knopf wurde gedrückt!');
  mrCancel : ShowMessage('ABBRUCH-Knopf wurde gedrückt!');
end;
```

Das dritte Beispiel demonstriert die Benutzung einer vordefinierten Mengenkonstante (hier *mbYesNoCancel*). Auch hier ist der Rückgabewert von Interesse, deshalb erfolgt der Aufruf von *MessageDlg* wieder als Funktion, die Auswertung erfolgt mit einer Mehrfachauswahl.

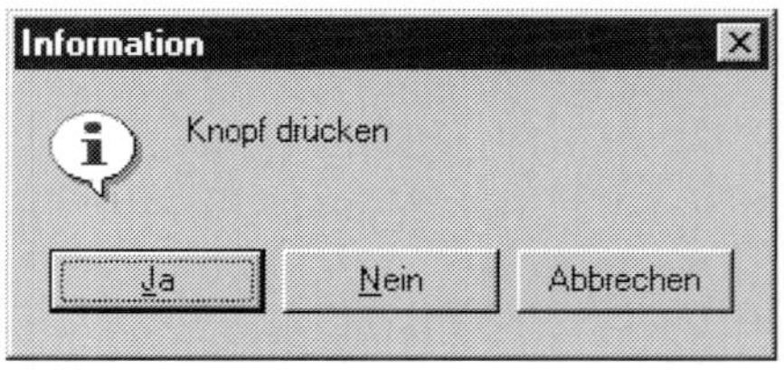

*Bild zu Beispiel 3*

⇨ Aufgabe 1: Testen Sie die *MessageDlg*-Funktion ausführlich. Lassen Sie sich dabei alle möglichen Meldungstypen anzeigen. Probieren Sie außerdem das Anzeigen verschiedener Knöpfe.

⇨ Aufgabe 2: Lassen Sie Ihr Programm auch unterschiedlich auf verschiedene angewählte Knöpfe reagieren.

## 9.2 Die Funktion InputBox

**Syntax:** **function InputBox(Überschrift, Eingabekommentar, Anfangswert):String**

Beschreibung: Mit der *InputBox*-Funktion kann der Programmierer einen Eingabedialog selbst erstellen, bei dem die Titelzeile, der Eingabekommentar und ein vorgegebener Eingabewert selbst definiert werden können.

**Überschrift**

Im Parameter *Überschrift* wird der Titel der Eingabebox als String übergeben.

**Eingabekommentar**

Der Parameter *Kommentar* gibt an, welche Eingabeaufforderung in der Eingabebox den Benutzer auffordern soll, etwas in das Editierfenster einzugeben.

**Anfangswert**

Der Parameter *Anfangswert* gibt an, welcher Wert beim Start der Eingabebox im Editierfenster der Eingabebox steht.

**Rückgabe**

Bei Betätigung der Taste 'OK' wird der eingegebene String zurückgegeben, bei Betätigung der Taste 'Abbrechen' erfolgt die Rückgabe des unveränderten Anfangswertes (String).

Beispiel:

```
Label1.Caption:= InputBox('Eingabedialogfenster',
                          'Eingabeaufforderung', 'Vorgabe');
```

Das genannte Beispiel erzeugt das im Folgenden dargestellte Dialogfenster. Der Benutzer hat nun die Möglichkeit, einen neuen Wert einzugeben.

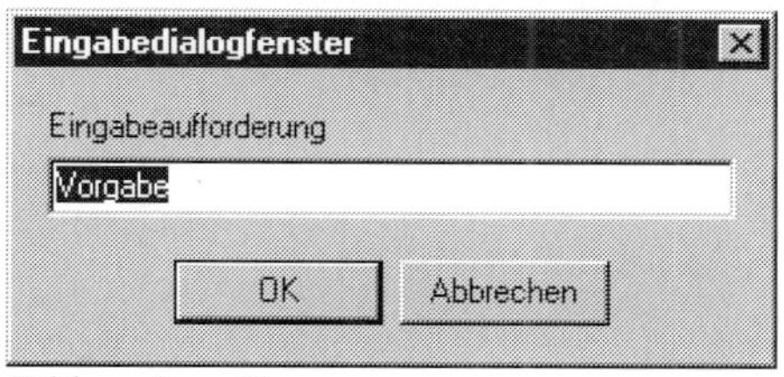

*Bild zur InputBox*

⇨ Aufgabe 3: Testen Sie auch die *InputBox*-Funktion mit einem kleinen Programm. Lassen Sie sich den Rückgabewert der Funktion in Abhängigkeit des gedrückten Knopfes anzeigen.

## 9.3 Die Funktion InputQuery

**Syntax:** **function InputQuery(Überschrift, Eingabekommentar, var Anfangswert):Boolean;**

Beschreibung: Im Gegensatz zur Funktion *InputBox* liefert die Funktion *InputQuery* auch noch zurück, welche der beiden Tasten (*OK* oder *Abbrechen*) gedrückt wurde. Ansonsten sind Aussehen und Bedienung nahezu gleich, so dass hier auf eine nähere Beschreibung verzichtet wurde.
Bei Interesse lesen Sie bitte in der Delphi-Onlinehilfe nach.

## 9.4 Kontrollfragen

- ☛ Frage 1: Wie lautet der Befehl, wenn nur eine einfache Meldung (ähnlich *ShowMessage*) angezeigt werden soll?
- ☛ Frage 2: In einem Dialogfeld sollen der OK- und der Abbruch-Knopf angezeigt werden. Welche zwei verschiedenen Möglichkeiten gibt es dafür?
- ☛ Frage 3: Wie ist der Rückgabewert der *MessageDlg*-Funktion von der im Dialog gedrückten Taste abhängig? Nennen Sie Beispiele.
- ☛ Frage 4: Welchen Wert liefert die *InputBox*-Funktion zurück?
- ☛ Frage 5: Der in einer Inputbox eingegebene Wert soll in eine Listbox übertragen werden. Geben Sie den entsprechenden Quelltext an.

# 10 Ein Telefonverzeichnis mit Hilfe einer Listbox

## 10.1 Einführung

Wir wollen die im Kapitel 8 neu kennen gelernten Eigenschaften und Methoden von Listboxen in einem praktischen Beispiel anwenden.
Dazu schreiben wir uns ein kleines Programm zur Verwaltung eines Telefonverzeichnisses.
Um das Programm übersichtlich zu gestalten, verwenden wir von einer Person nur den Namen, den Vornamen und die Telefonnummer. Eine Erweiterung auf andere Eigenschaften (PLZ, Ort, Straße, ...) sollte am Ende des Kapitels kein Problem sein.

⇨ Aufgabe 1: Erstellen Sie ein Formular entsprechend der nebenstehenden Zeichnung.
Die Glyph-Dateien für die BitBtn sowie die Dateien für die Telefone (das sind zwei Image-Komponenten) erhalten Sie von Ihrem Kursleiter.

*Bild unseres fertigen Projektes*

Bevor wir mit der eigentlichen Programmierarbeit beginnen, ändern wir Namen der 3 Edit-Felder in *NameEdit*, *VornameEdit* und *TelefonEdit*. Außerdem ändern wir die Namen unserer 9 Knöpfe. Dies dient vor allem dazu, im folgenden Quelltext die Übersichtlichkeit zu bewahren.
In der Spalte Glyph finden wir auch die Namen der BMP-Dateien, die Sie von Ihrem Kursleiters erhalten. Einige Dateien sind Original-Delphi-Dateien und wurden zur besseren Übersicht entsprechend den Knöpfen umbenannt. Im Einzelnen wählen wir die folgenden Namen:

| Name | Glyph | Caption |
|---|---|---|
| PrintBtn | PRINT.BMP | Drucken |
| AddBtn | ADD.BMP | Hinzufügen |
| EditBtn | EDIT.BMP | Ändern |
| DeleteBtn | DELETE.BMP | Löschen |
| ClearBtn | CLEAR.BMP | Alles Löschen |

| Name | Glyph | Caption |
|---|---|---|
| SearchBtn | SEARCH.BMP | Suchen |
| LoadBtn | LOAD.BMP | Laden |
| SaveBtn | SAVE.BMP | Speichern |
| ExitBtn | EXIT.BMP | Abbruch |

Die beiden Bilder von den Telefonen haben die Namen '*TELEFON1.BMP*' und '*TELEFON2.BMP*'.

Den Abbruch-Knopf können wir natürlich auch einfacher erzeugen, wir setzen dazu lediglich die Eigenschaft *Kind* auf *bkAbort* und ersparen uns damit die Beschriftung und das Einlesen der Grafik.

➢ Hinweis 1: Bis zum vollständigen Funktionieren des Programms können Sie den Schritt der Grafikeinbindung aber auch vorerst zurückstellen und die "kosmetischen Operationen" dann vornehmen.

## 10.2 Programmierung

Wir beginnen wie üblich mit der Belegung des Abbruch-Knopfes:

```
procedure TForm1.ExitBtnClick(Sender: TObject);
begin
  Close;
end;
```

Der zweite belegte Knopf wird der *AddBtn*. Nach Druck auf diesen Knopf soll der Inhalt der 3 Edit-Felder zum Inhalt der Liste hinzugefügt werden.
Um die 3 Strings nicht direkt hintereinander zu schreiben, verwenden wir als Trennzeichen ein Komma, gefolgt von einem Leerzeichen. Zur besseren Erklärung der Zahl nach dem Personennamen schreiben wir noch zusätzlich die Abkürzung "Tel.:" vor die Telefonnummer:

```
procedure TForm1.AddBtnClick(Sender: TObject);
begin
  ListBox1.Items.Add(NameEdit.Text+', '+VornameEdit.Text+', Tel.:'
                     +TelefonEdit.Text);
end;
```

⇨ Aufgabe 2: Führen Sie nun den ersten Programmtest durch. Geben Sie dazu die Daten einer Person ein und drücken Sie auf den Hinzufügen-Knopf. Als Ergebnis sollten die eingegebenen Daten jeweils zeilenweise am Ende der Liste angefügt werden.

Wenn wir mehrere Daten eingeben wollen, wirkt sich das ständige Löschen der alten Daten in den Edit-Feldern und der Sprung zum *NameEdit*-Feld doch störend auf unsere Arbeit aus. Die Lösung ist aber sehr einfach. Wir beschreiben alle Edit-Felder nach erfolgter Hinzufügen-Aktion einfach mit leeren Strings, mit der Methode *SetFocus* übergeben wir den Eingabefokus (hier den Cursor) einfach an das erste Edit-Feld.
Unser erweiterter Quelltext lautet jetzt:

```
procedure TForm1.AddBtnClick(Sender: TObject);
begin
  ListBox1.Items.Add(NameEdit.Text+', '+VornameEdit.Text+', Tel.:'
                     +TelefonEdit.Text);
  NameEdit.Text:='';
  VornameEdit.Text:='';
  TelefonEdit.Text:='';
  NameEdit.SetFocus;
end;
```

Bevor wir jetzt zu viel Arbeit investieren und Daten eingeben, die beim Programmende wieder gelöscht werden, sollten wir uns um 2 Prozeduren zur Datenspeicherung und zum Einlesen der gespeicherten Daten bemühen.
Wir benutzen dazu die beiden Methoden *SaveToFile* und *LoadFromFile*. Als Dateinamen wählen wir im Moment noch eine feste Bezeichnung, in unserem Beispiel den Namen '*TELEFON.DAT*', im Abschnitt 10.3 werden wir diesen festen Dateinamen durch einen Dialog ersetzen. Um eine ungewollte Programmunterbrechung auszuschließen, wenn die Datei '*TELEFON.DAT*' nicht existiert oder sich in einem anderen Verzeichnis befindet, verwenden wir zur Sicherheit die Funktion *FileExists*.

**Syntax:** **function FileExists(FileName: string): Boolean;**

Die Funktion *FileExists* überprüft, ob die als Parameter übergebene Datei existiert. Je nach Ergebnis wird der Wert *True* oder *False* zurückgegeben. Unser Quelltext sieht nun so aus:

```
procedure TForm1.SaveBtnClick(Sender: TObject);
begin
  ListBox1.Items.SaveToFile('telefon.dat');
end;
```

```
procedure TForm1.LoadBtnClick(Sender: TObject);
begin
  if FileExists('telefon.dat')
    then ListBox1.Items.LoadFromFile('telefon.dat')
    else ShowMessage
      ('Die Datei TELEFON.DAT muss im aktuellen Verzeichnis stehen');
end;
```

⇨ Aufgabe 3: Erweitern Sie das Programm um die angegebenen Änderungen und erstellen und speichern Sie für weitere Tests einen etwas größeren Datenbestand.

⇨ Aufgabe 4: Legen Sie eine Sicherheitskopie Ihrer eingegebenen Daten an, da wir im Folgenden das Löschen der Daten probieren wollen.

Die nächsten beiden Methoden sind zum Löschen der Daten in der Listbox (nicht auf dem Datenträger) gedacht. Beginnen wir mit dem Löschen einer Zeile in der Listbox mit Hilfe der Methode *Delete*.
Das sollte natürlich nur funktionieren, wenn auch wirklich eine Zeile markiert ist, wir fragen also vorher den Wert von *ItemIndex* ab und führen nur dann eine Löschaktion durch, wenn wirklich etwas markiert ist (*ItemIndex*<>-1), im anderen Fall weisen wir den Nutzer mit einer Mitteilung auf seinen Bedienungsfehler hin.
Da beim Löschen aller Daten mit der Methode *Clear* doch ein größerer Schaden angerichtet werden kann, fügen wir hier noch zusätzlich eine Sicherheitsabfrage (siehe auch Kapitel 9) ein:

```
procedure TForm1.DeleteBtnClick(Sender: TObject);
begin
  if ListBox1.ItemIndex<>-1
    then ListBox1.Items.Delete(ListBox1.ItemIndex)
    else ShowMessage('Es wurde nichts markiert');
end;

procedure TForm1.ClearBtnClick(Sender: TObject);
begin
  if MessageDlg('Sollen wirklich alle Einträge gelöscht werden?',
                mtWarning,[mbYes,mbNo],0)=mrYes
    then Listbox1.Items.Clear;
end;
```

Nach Betätigen des Knopfes *ClearBtn* erscheint nun das nebenstehende Dialogfenster (in Delphi 1 sieht es etwas anders aus). Das Löschen aller Einträge aus der Liste erfolgt nur, wenn der Ja-Knopf gedrückt wurde.

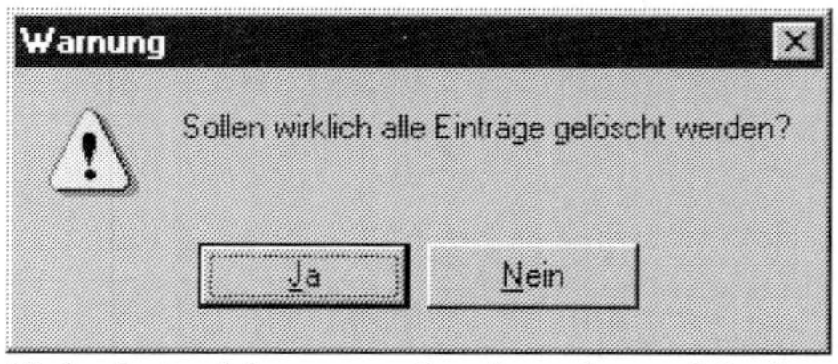

*Sicherheitsabfrage vor dem kompletten Löschen aller Einträge*

⇨ Aufgabe 5: Testen Sie die Funktion des modifizierten Programms, indem Sie verschiedene markierte Einträge löschen. Versuchen Sie auch, die Löschfunktion zu aktivieren, wenn kein Eintrag markiert ist.

⇨ Aufgabe 6: Testen Sie nun die Funktion zum Löschen aller Einträge. Dabei sollten Sie nach dem Löschen nicht auf den Speichern-Knopf drücken! Im Ernstfall haben Sie allerdings noch Ihre in Aufgabe 4 (hoffentlich) erstellte Sicherheitskopie.

Wenn wir bei unseren bisherigen Eingaben einen Fehler gemacht haben, blieb uns nichts Weiteres übrig, als den Eintrag zu löschen und alle Daten der betreffenden Person noch einmal einzugeben. Dieses Problem wollen wir als Nächstes lösen.
Wenn man einen Eintrag in der Listbox anklickt, so soll der ausgewählte Eintrag in seine 3 einzelnen Teile zerlegt und in die 3 Edit-Felder eingetragen werden. Dann muss man nur noch die fehlerhafte Stelle editieren und kann die korrigierten Werte in die Listbox zurückschreiben.

Zur Lösung dieser Aufgabe benötigen wir zuerst eine geeignete Ereignisbehandlungs-Prozedur.
Dazu betrachten wir zunächst alle möglichen Ereignisse, auf welche die Listbox reagieren kann, indem wir bei der Listbox im Objektinspektor den Registerordner *Ereignisse* anwählen.
In dem dann erscheinenden Bild (siehe Abbildung) suchen wir uns ein für unsere Zwecke passendes Ereignis heraus.
Gleich das erste Ereignis *OnClick* bietet sich für unsere Bedürfnisse an. Wir erzeugen eine passende Ereignisbehandlungs-Prozedur durch Doppelklick in das weiße Feld rechts neben dem Ereignisnamen.

*Das Listbox-Ereignis OnClick*

➢ Hinweis 2: Das gleiche Resultat hätten wir auch erzielt, wenn wir im Formular einen Doppelklick auf die Listbox durchgeführt hätten.

Zur Zerlegung des gewählten Eintrages in seine 3 Einzelwerte müssen wir zuerst den Inhalt des gewählten Eintrages ermitteln. Dazu greifen wir direkt auf die gewählte Zeile (*ItemIndex*) der String-Eigenschaft (*Items*) unserer Listbox zu. Die Zuordnung zu einer Stringvariablen s würde dann wie folgt aussehen:

```
s:=ListBox1.Items[ListBox1.ItemIndex];
```

Die Zerlegung wollen wir an einem kleinen Beispiel näher betrachten. Angenommen, der zu zerlegende Eintrag lautet "Meier, Rudi, Tel.:12345".
In Form einer etwas besser zu überschauenden Tabelle sähe dieser Eintrag so aus.

| Buchstabe Nummer | 1 | 2 | 3 | 4 | 5 | 6 | 7 | 8 | 9 | 10 | 11 | 12 | 13 | 14 | 15 | 16 | 17 | 18 | 19 | 20 | 21 | 22 | 23 |
|---|---|---|---|---|---|---|---|---|---|---|---|---|---|---|---|---|---|---|---|---|---|---|---|
| Wert | M | e | i | e | r | , | | R | u | d | i | , | | T | e | l | . | : | 1 | 2 | 3 | 4 | 5 |

Der erste Wert (Name der Person) lässt sich leicht ermitteln, wenn man die Position des Kommas kennt (siehe dazu auch das Beispiel zu *Delete* im Kapitel zur Stringverarbeitung). Wenn die Position des Kommas in der Variablen p gespeichert wird, lauten die entsprechenden Zeilen:

```
p:=Pos(',',s);
NameEdit.Text:=Copy(s,1,p-1);
```

Damit man diese 2 Zeilen auch für die Ermittlung des zweiten Wertes (Vorname der Person) nutzen kann, muss der führende Wert (Name+Komma+Leerzeichen) einfach gelöscht werden. Dies erledigt die folgende Zeile:

```
Delete(s,1,p+1);
```

Im String s befinden sich nun noch die folgenden Werte:

| Buchstabe Nummer | 1 | 2 | 3 | 4 | 5 | 6 | 7 | 8 | 9 | 10 | 11 | 12 | 13 | 14 | 15 | 16 |
|---|---|---|---|---|---|---|---|---|---|---|---|---|---|---|---|---|
| Wert | R | u | d | i | , | | T | e | l | . | : | 1 | 2 | 3 | 4 | 5 |

Unsere zwei Zeilen zur Ermittlung des ersten Wertes können wir also mit einer kleinen Änderung gleich noch einmal einsetzen. Da sich das Komma jetzt im Allgemeinen an einer anderen Position befindet, muss die Position neu ermittelt werden. Die zwei Zeilen lauten jetzt:

```
p:=Pos(',',s);
VornameEdit.Text:=Copy(s,1,p-1);
```

Um diesmal den führenden Wert zu löschen, müssen wir allerdings auch noch die 5 Zeichen von "Tel.:" zusätzlich löschen, so dass aus dem Wert p+1 jetzt der Wert p+6 wird. Dies erledigt die Zeile:

```
Delete(s,1,p+6);
```

Nach den zweiten Löschvorgang bleibt im String s noch genau der dritte Wert (Telefonnummer) übrig.

| Buchstabe Nummer | 1 | 2 | 3 | 4 | 5 |
|---|---|---|---|---|---|
| Wert | 1 | 2 | 3 | 4 | 5 |

Dieser Wert muss nun nur noch in *TelefonEdit* übertragen werden:

```
TelefonEdit.Text:=s;
```

Der komplette Quelltext für das Zerlegen lautet also:

```
procedure TForm1.ListBox1Click(Sender: TObject);
var s : string;
    p : Integer;
begin
  if ListBox1.ItemIndex>-1
    then
      begin
        s:=ListBox1.Items[ListBox1.ItemIndex];
        p:=Pos(',',s);
        NameEdit.Text:=Copy(s,1,p-1);
        Delete(s,1,p+1);
        p:=Pos(',',s);
        VornameEdit.Text:=Copy(s,1,p-1);
        Delete(s,1,p+6);
        TelefonEdit.Text:=s;
      end;
end;
```

Nach der Ausführung dieser Prozedur stehen nun die zu ändernden Werte in den 3 Edit-Feldern bereit. Nach erfolgter Änderung müssen wir nur noch die geänderten Werte in die Listbox zurückschreiben. Dazu bieten sich 2 verschiedene Varianten an:

**Variante 1:**

Wir schreiben den geänderten Wert an die markierte Stelle, damit rutscht die markierte Stelle mit dem alten Wert um eine Position nach hinten. Nun können wir den alten Wert löschen:

```
procedure TForm1.EditBtnClick(Sender: TObject);
begin
  if ListBox1.ItemIndex<>-1
    then
      begin
        ListBox1.Items.Insert(ListBox1.ItemIndex,
          NameEdit.Text+', '+VornameEdit.Text+', Tel.:'+TelefonEdit.Text);
        ListBox1.Items.Delete(ListBox1.ItemIndex);
      end
    else ShowMessage('Es wurde kein Eintrag zum Ändern markiert');
end;
```

➢ Hinweis 3: Eine Änderung der Reihenfolge (zuerst löschen, dann einfügen) funktioniert nicht, da nach dem Löschen die Markierung verloren geht und damit *ItemIndex* auf den Wert -1 gesetzt wird.

**Variante 2:**

Wir können den zu ändernden Wert auch direkt adressieren. Der entsprechende Quelltext lautet:

```
procedure TForm1.EditBtnClick(Sender: TObject);
begin
  if ListBox1.ItemIndex<>-1
```

```
    then ListBox1.Items[ListBox1.ItemIndex]:=
      NameEdit.Text+', '+VornameEdit.Text+', Tel.:'+TelefonEdit.Text
    else ShowMessage('Es wurde kein Eintrag zum Ändern markiert');
end;
```

Die Vorgehensweise zur Benutzung des Ändern-Knopfes sollte folgende sein:

1. Markieren der Editierposition in der Listbox (der gewählte Eintrag wird nun in seine 3 Einzelwerte aufgespalten),
2. Änderung der gewünschten Daten in den Edit-Feldern,
3. Drücken des Knopfes *EditBtn*.

⇨ Aufgabe 7: Erweitern Sie Ihr Programm um das besprochene Aufteilen des Eintrags der Listbox und testen sie das Zerlegen in die Einzeleinträge.

⇨ Aufgabe 8: Wählen Sie eine der beiden vorgestellten Varianten zum Zurückschreiben der Werte in die Listbox aus und testen Sie diese.

Als Nächstes soll die Programmierung des Suchalgorithmus behandelt werden. Zwar bietet Delphi auch hier eine fertige Methode an (siehe Methode *IndexOf* im vorangegangenen Kapitel), zur Suche einer Person müssten hier aber schon alle Daten bekannt sein, und dann brauchte man ja eigentlich nicht mehr zu suchen.
Wir wollen deshalb hier eine Prozedur schreiben, die eine Person auch findet, wenn wir nur ihren Namen, Vornamen bzw. die Telefonnummer oder sogar nur Teile des Namens wissen.
Die Anzahl der Listeneinträge erhalten wir aus der Eigenschaft *Items.Count* und das Enthaltensein eines Teilstrings überprüfen wir mit der *Pos*-Funktion.
Wir durchsuchen jetzt die Listbox zeilenweise so lange, bis wir entweder einen passenden Eintrag gefunden haben:

```
Pos(Suchwort,ListBox1.Items[i])>0
```

oder bis das Ende der Liste erreicht wurde, dann wäre nämlich:

```
i=ListBox1.Items.Count-1
```

Zum Durchsuchen der kompletten Liste verwenden wir eine *while*-Schleife, da wir bei dieser Schleife keine feste Anzahl von Durchläufen vorgeben müssen.
In der Variablen *i* wird dazu die Zeilennummer mitgezählt, die Boolean-Variable *Gefunden* gibt an, ob wir schon einen passenden Eintrag gefunden haben.
Die Eingabe des zu suchenden Merkmals erledigen wir mit Hilfe einer Inputbox.

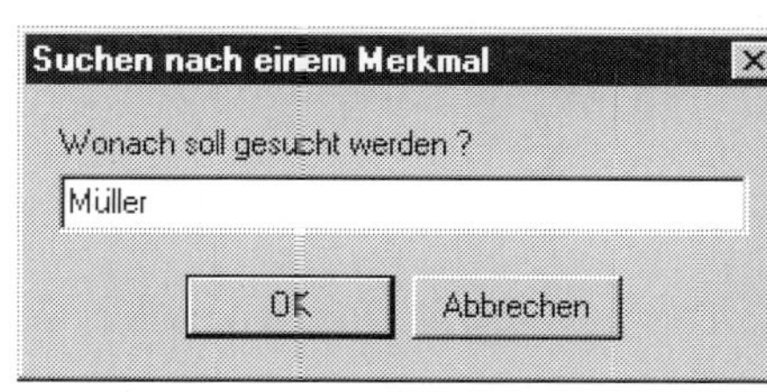

*Aussehen der Input-Box*

Daraus ergibt sich folgender Quelltext:

```
procedure TForm1.SearchBtnClick(Sender: TObject);
var i        : Integer;
    Gefunden : Boolean;
    Suchwort : string;
begin
  Suchwort:=InputBox('Suchen nach einem Merkmal',
                     'Wonach soll gesucht werden ?','');
  if Suchwort<>'' then
    begin
      Gefunden:=false;    { am Anfang haben wir noch nichts gefunden }
      i:=-1;
      while (i<ListBox1.Items.Count-1) and not Gefunden do
        begin
          Inc(i);                    { Erhöhen der Variablen i um 1 }
          if Pos(Suchwort,ListBox1.Items[i])>0 then Gefunden:=True;
        end;
```

```
      if Gefunden
        then ListBox1.ItemIndex:=i   { Setzen des Markierungsbalkens }
        else ShowMessage('Suchwort wurde nicht gefunden');
    end;
end;
```

Unsere Such-Prozedur hat leider noch einen kleinen Mangel, den Sie sicher schon bemerkt haben. Es wird nämlich leider immer nur die erste Person gefunden, die das entsprechende Suchmerkmal besitzt. Hinweise zur Beseitigung dieses Mangels finden Sie im Abschnitt 10.4.

⇨ Aufgabe 9: Testen Sie die Suchfunktion des Programms. Probieren Sie dabei auch die Suche nach Einträgen, die nicht in der Listbox vorhanden sind.

Nachdem unser Programm nun fast vollständig funktioniert, wollen wir uns als Letztes mit der Ausgabe der Daten an den Drucker beschäftigen. Im Gegensatz zur Ansteuerung von Druckern unter dem Betriebssystem DOS, bei der man für jeden Drucker andere Befehle benötigte (so genannte Drucker-Steuercodes), erfolgt in Delphi die Ansteuerung der Drucker über die von Windows bereitgestellten Schnittstellen.
Bei der Druckeransteuerung unterscheiden wir zwischen 2 verschiedenen Arten:

- Ansteuerung im Textmodus,
- Ansteuerung im Grafikmodus.

In diesem Kapitel wollen wir uns der Ansteuerung im Textmodus widmen, die Ansteuerung im Grafikmodus werden wir im Abschnitt 14.5 behandeln.

Die Ansteuerung im Textmodus funktioniert im Prinzip in folgenden 6 Schritten:

1. Einbindung der Unit *printers* in die uses-Zeile,
2. Deklaration einer Variablen vom Typ *TextFile* (In diese Textdatei werden wir später alles schreiben, was gedruckt werden soll. Genaueres zum Typ *TextFile* werden wir im Kapitel 16 behandeln.),
3. Zuweisung der Textdateivariablen zum Drucker mit Hilfe des *AssignPrn*-Befehls,
4. Öffnen der Textdatei mit Hilfe des *Rewrite*-Befehls,
5. Schreiben der Daten mit *Write* bzw. *WriteLn* in die Textdatei (der Unterschied zwischen *Write* und *WriteLn* besteht darin, dass bei jedem *WriteLn* ein zusätzlicher Zeilenvorschub an den Drucker geschickt wird),
6. Schließen der Dateivariablen und damit Ausführen des Druckauftrages mit dem *CloseFile*-Befehl.

Das einfachste Druckprogramm zum Ausdrucken eines einzelnen Strings hätte also folgendes Aussehen:

```
uses Printers;            { Unit Printers einbinden                }
...
var Prn : TextFile;       { Dateivariable deklarieren              }
begin
  AssignPrn(Prn);         { Dateivariable mit Drucker verbinden    }
  Rewrite(Prn);           { Verbindung erstellen und öffnen        }
  Writeln(Prn,'Test');    { Ausdruck des Wortes 'Test'             }
  CloseFile(Prn);         { Schließen der Datei und Auslösen des   }
end;                      { Druckauftrages                         }
```

Wir wollen nun diese Erkenntnisse in unserem Programm verwenden. Die einfachste Druckprozedur würde lediglich alle Zeilen aus der Listbox auslesen und der Reihe nach auf dem Drucker ausgeben. Die dazugehörige Prozedur lautet:

```
procedure TForm1.PrintBtnClick(Sender: TObject);
var Prn : TextFile;
    i   : Integer;
    s   : string;
begin
  AssignPrn(Prn);    { uses Printers einfügen! }
```

```
  Rewrite(Prn);
  for i:=0 to ListBox1.Items.Count-1 do
    begin
      s:=ListBox1.Items[i];
      WriteLn(Prn,s);
    end;
  CloseFile(Prn);
end;
```

Leider sieht die Textausgabe auf dem Drucker nicht besonders schön aus. Der Text ist nicht formatiert und wird ohne jeglichen linken und oberen Rand gedruckt. Je nach eingestellter Druckerschriftart könnte das Ergebnis etwa so aussehen, wie es im rechten Bild dargestellt ist.

Meier, Rudi, Tel.:12345
Müller, Gabi, Tel.:98765
Lehmann, Gerd, Tel.:11223
Berg, Margitta, Tel.:4711

*Ansicht eines fertigen Ausdrucks (erster Versuch)*

➢ Hinweis 4: Das Testen der eben beschriebenen Minimalroutine liefert keine befriedigenden Druckergebnisse. Sie sollten diesen Test deshalb aus ökologischen Gründen nur von einem Mitglied Ihres Kurses ausführen lassen.

Wenn wir das Telefonverzeichnis in Listenform ausdrucken und mit einer Überschrift versehen wollen, müssen wir doch etwas mehr Arbeit investieren.
Unser erster Arbeitsschritt ist die Auswahl einer günstigen Schriftart zum Ausdrucken.
Prinzipiell müssen wir bei den Schriftarten zwischen zwei verschiedenen Arten unterscheiden. Bei der einen Art von Schriften, den so genannten *Proportionalschriften*, ist der Abstand zwischen 2 Buchstaben immer gleich groß. Breite Buchstaben beanspruchen viel Platz, schmale Buchstaben beanspruchen wenig Platz. Zwei Beispiele für Proportionalschriften sind die Schriftarten '*Arial*' und '*Times New Roman*'.
Bei der anderen Art von Schriften beansprucht jeder Buchstabe die gleiche Breite. Dieses von Schreibmaschinen her bekannte Schriftbild sieht zwar nicht so elegant aus, bietet aber den Vorteil, dass man auf Grund der gleichen Zeichenbreite sehr einfach in Tabellenform drucken kann. Ein typischer Vertreter dieser Art von Schriften ist '*Courier New*'. Diese Art von Schriften nennt man *dicktengleich*.

Die folgende Tabelle soll diese Unterschiede verdeutlichen:

| | |
|---|---|
| Schriftprobe 'Arial' | iiimmm 12345<br>mmmiii 54321 |
| Schriftprobe 'Times New Roman' | iiimmm 12345<br>mmmiii 54321 |
| Schriftprobe 'Courier New' | iiimmm 12345<br>mmmiii 54321 |

Da die Schriftart '*Courier New*' mit Windows ausgeliefert wird, wählen wir Sie für unsere Druckausgabe aus. Diese Auswahl und die Schriftgröße 12 (normale Schreibmaschinenschrift) werden durch die folgenden 2 Zeilen realisiert:

```
Printer.Canvas.Font.Name:='Courier New';
Printer.Canvas.Font.Size:=12;
```

➢ Hinweis 5: Die inhaltliche Bedeutung dieser 2 Zeilen können wir im Moment noch nicht erklären, dies geschieht erst im Kapitel Grafik.

Wir müssen nun nur noch die Breite der einzelnen Strings (Name, Vorname) auf die gleiche Größe bringen, dann kann der Ausdruck in Tabellenform beginnen. Wir wählen dazu eine einfache Möglichkeit, indem wir die Strings bis zur gewünschten Breite mit Leerzeichen auffüllen.

Dies realisieren wir mit einem kleinen Trick:

1. Wir deklarieren einen typisierten String der gewünschten Länge (z.B. string[20]).
2. In diesen String schreiben wir den gewünschten Inhalt (Name oder Vorname).
3. Danach addieren wir zu diesem String einen langen String, der nur aus Leerzeichen besteht.
4. Alle Zeichen, die über die Länge des typisierten Strings hinausgehen, werden automatisch abgeschnitten.
5. Als Ergebnis bleibt ein String übrig, der (in unserem Beispiel) genau 20 Zeichen lang ist.

Als Quelltext sieht der entsprechende Programmausschnitt zur Umwandlung der ersten Zeile so aus:

```
var Name,Vorname,Leerstring : string[20];
    s : string;
    p : Integer;
begin
  ...
  s:=ListBox1.Items[0];
  Leerstring:='                    ';    { 20 Leerzeichen }
  p:=Pos(',',s);
  Name:=Copy(s,1,p-1);
  Name:=Name+Leerstring;
  Delete(s,1,p+1);
  p:=Pos(',',s);
  Vorname:=Copy(s,1,p-1);
  Vorname:=Vorname+Leerstring;
  Delete(s,1,p+6);
  ...
end;
```

Diese umgewandelten Strings müssen jetzt nur noch an den Drucker geschickt werden.

Zur optisch besseren Gestaltung versehen wir den Ausdruck noch mit einer Gesamt- und einer Tabellenüberschrift. Die Gesamtüberschrift erzielen wir mit der folgenden Zeile:

```
WriteLn(Prn,'Telefonverzeichnis':45);
```

Diese Schreibweise bewirkt, dass der angegebene Text in einem Feld mit 45 Zeichen Breite rechtsbündig dargestellt wird. Eine günstigere Zahl als 45 kann man gegebenenfalls durch Versuche ermitteln.
Der *WriteLn*-Befehl ohne Parameter erzeugt eine Leerzeile. Wir benutzen ihn zum Erzeugen mehrerer Leerzeilen vor und einer Leerzeile nach der Überschrift.
Die Variable *Rand* benutzen wir im folgenden Quelltext zur Festlegung des linken Randes.
In der endgültigen Version sieht unsere Druckprozedur nun so aus:

```
procedure TForm1.PrintBtnClick(Sender: TObject);
var Prn : TextFile;
    i,p : Integer;
    s   : String;
    Name,Vorname,Leerstring,Rand : string[20];
begin
  Leerstring:='                    ';    { 20 Leerzeichen          }
  Rand:='        ';                      {  8 Leerzeichen          }
  AssignPrn(Prn);                        { uses Printers einfügen! }
  Rewrite(Prn);
  Printer.Canvas.Font.Name:='Courier New';
  Printer.Canvas.Font.Size:=12;
  WriteLn(Prn);
  WriteLn(Prn);
  WriteLn(Prn,'Telefonverzeichnis':45);
```

```
  WriteLn(Prn);
  WriteLn(Prn,Rand+'Name                    Vorname                 Telefon');
  for i:=0 to ListBox1.Items.Count-1 do
    begin
      s:=ListBox1.Items[i];
      p:=Pos(',',s);
      Name:=Copy(s,1,p-1);
      Name:=Name+Leerstring;
      Delete(s,1,p+1);
      p:=Pos(',',s);
      Vorname:=Copy(s,1,p-1);
      Vorname:=Vorname+Leerstring;
      Delete(s,1,p+6);
      WriteLn(Prn,Rand+Name+Vorname+s);
    end;
  CloseFile(Prn);
end;
```

Es ergibt sich die folgende Druckausgabe:

```
                          Telefonverzeichnis

        Name                    Vorname                 Telefon
        Meier                   Rudi                    12345
        Müller                  Gabi                    98765
        Lehmann                 Gerd                    11223
        Berg                    Margitta                4711
```

*Ansicht eines fertigen Ausdrucks*

⇨ Aufgabe 10: Erweitern Sie das Programm um die Druckfunktion und testen Sie diese. Variieren Sie gegebenenfalls den linken und den oberen Rand.

## 10.3 Arbeit mit Datei-Dialogen

### Zur Theorie

Die Komponenten *OpenDialog* und *SaveDialog* (zu finden im Registerordner *Dialoge*) stellen jeweils einen Standard-Dialog zur Verfügung, wie er bei den meisten Programmen angezeigt wird, wenn man die Menüpunkte *Datei/Öffnen* bzw. *Datei/Speichern unter* wählt.

*OpenDialog in Delphi 1*

Einen Dialog unter Delphi öffnet man durch Aufruf der Methode *Execute*. Eigentlich ist *Execute* eine Funktion, da man ja das Ergebnis der Dialogbetätigung (Akzeptieren/Abbrechen) erfahren möchte. Zu Testzwecken funktioniert aber auch der Aufruf als Prozedur, so z.B.:

```
OpenDialog1.Execute;
```

Als Ergebnis würde sich (je nach Delphi- bzw. Windows-Version) das auf der vorhergehenden Seite oder das unten dargestellte Bild ergeben.

*OpenDialog ab Delphi 2*

Die *OpenDialog*-Komponente ab Delphi 2 entspricht den allgemein ab Windows 95 verwendeten Dialogen.
Hier existiert zusätzlich ein Knopf zum Erstellen eines neuen Verzeichnisses und eine Umschaltmöglichkeit zwischen der Listenansicht und der Detailansicht.
Die *SaveDialog*-Komponente entspricht in ihrem Aussehen im Wesentlichen der *OpenDialog*-Komponente.
Die Komponenten *OpenDialog* und *SaveDialog* sind so genannte nicht visuelle Komponenten. Wenn sie auf dem Formular platziert werden, erscheint nur jeweils ein kleines Symbol, das dann zur Laufzeit ganz verschwindet.

## Eigenschaften der Komponenten OpenDialog und SaveDialog

Bevor man eine Dialog-Komponente sinnvoll aktivieren kann, muss man in der Eigenschaft *Filter* erst einstellen, welche Dateien überhaupt angezeigt werden sollen. Hier steht wieder der Eintrag '*.*' für alle Dateien, der Eintrag '*.PAS' würde nur Dateien mit der Dateinamenserweiterung 'PAS' anzeigen.
Dazu öffnet man wieder den bereits von der *FilterComboBox*-Komponente bekannten Filter-Editor. Hier können nun wieder ein oder mehrere Filter eingetragen werden.
In der Eigenschaft *DefaultExt* stellt man die Standarderweiterung ein, die das Programm automatisch als Dateinamenserweiterung anfügt, wenn man nur einen Dateinamen ohne Erweiterung eingibt (z.B. beim Speichern).
Wenn man in der Titelzeile der Dialogkomponente einen anderen Text als den Standardtext (Öffnen, Speichern) haben möchte, so kann man dies in der Eigenschaft *Title* eintragen.
Das nebenstehende Bild der Komponenteneigenschaften im Objektinspektor zeigt einen Dialog zum Öffnen von Dateien, der nur Dateien mit der Endung 'PAS' anzeigen würde, die Standarderweiterung 'PAS' an Dateien ohne Endung anhängt und in der Titelzeile das Wort Überschrift zeigt.

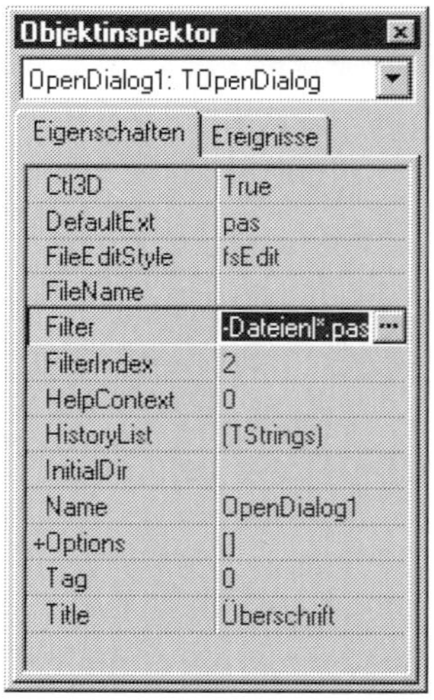


*Eigenschaften des OpenDialogs im Objektinspektor*

Wenn der Dialog in einem anderen als dem aktuellen Verzeichnis starten soll, kann man das Startverzeichnis in der Eigenschaft *InitialDir* angeben.
Die Eigenschaft *FilterIndex* gibt an, der wievielte Filtereintrag beim Start der Dialogkomponente angezeigt wird. Im Gegensatz zur sonstigen Zählweise in Delphi beginnt man hier beim Zählen mit der Zahl eins, dieser Wert ist auch standardmäßig eingestellt.
In der Eigenschaft *FileName* (nicht im Objektinspektor sichtbar) steht nach Abschluss des Dialoges der ausgewählte Dateiname.

## Zur Praxis

Wir wollen nun unser Programm um die Möglichkeit erweitern, verschiedene Telefonnummern (privat, geschäftlich, Verein, ...) auch in verschiedenen Dateien abspeichern zu können. Zu diesem Zweck werden wir die eben besprochenen Dialogkomponenten benutzen.

Dazu öffnen wir die Komponentenpalette *Dialoge* und positionieren jeweils eine *Open-* und eine *SaveDialog*-Komponente auf unser Formular. Die Komponenten sind zur Laufzeit nicht sichtbar, so dass man sie jetzt an einer Stelle positionieren kann (z.B. in der Überschrift), an der Sie nicht weiter stören.

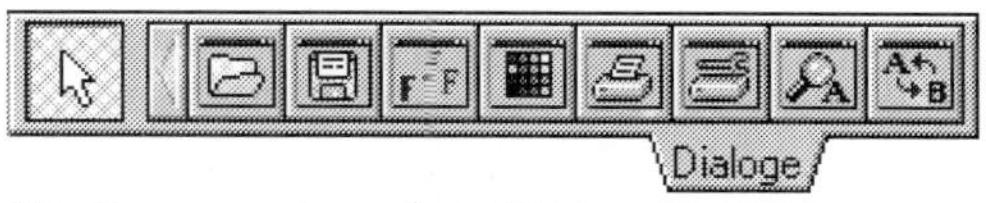


*Die Komponentenpalette Dialoge*

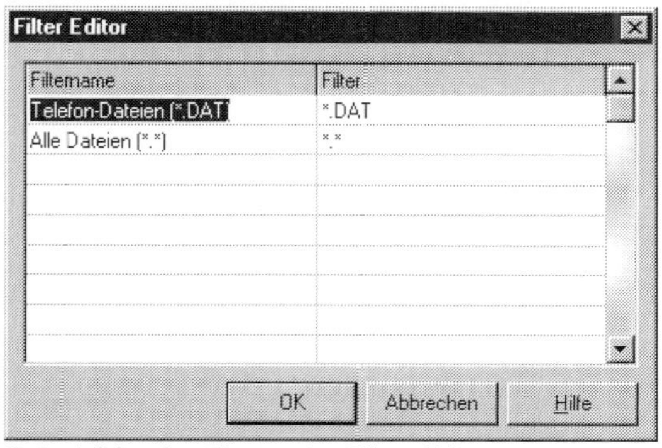


*Beispiel für den Eintrag im Filter-Editor*

Nun werden in <u>beiden</u> Dialogkomponenten folgende Einstellungen vorgenommen:

In der Eigenschaft *Filter* tragen wir im Filtereditor bei *Filtername* den Wert 'Telefon-Dateien' und bei *Filter* den Wert '*.DAT' ein (siehe Bild).

Die Eigenschaft *DefaultExt* belegen wir mit dem Wert 'DAT'.

Im Quelltext müssen wir nun die beiden Dialoge aufrufen (das geschieht über die Methode *Execute*) und den ausgewählten Dateinamen (zu finden in der Eigenschaft *FileName*) an die Methoden *LoadFromFile* bzw. *SaveToFile* übergeben.

Die beiden Dialoge werden als Funktion angesprochen und geben den Wert *True* zurück, wenn man den entsprechenden Knopf für Laden oder Speichern drückt; wenn man den Abbruch-Knopf betätigt, erfolgt die Rückgabe des Boolean-Wertes *False*.

Eigentlich müssten demzufolge die entsprechenden Abfragezeilen in den Prozeduren wie folgt lauten:

```
if SaveDialog1.Execute=True then ... bzw.
if OpenDialog1.Execute=True then ...
```

Da die Vergleiche mit dem Wert *True* aber genau die Boolean-Werte zurückliefern, mit denen man verglichen hat, kann man verkürzt schreiben:

```
procedure TForm1.SaveBtnClick(Sender: TObject);
begin
  if SaveDialog1.Execute then
    ListBox1.Items.SaveToFile(SaveDialog1.Filename);
end;

procedure TForm1.LoadBtnClick(Sender: TObject);
begin
  if OpenDialog1.Execute then
    ListBox1.Items.LoadFromFile(OpenDialog1.Filename);
end;
```

Wir sind nun in der Lage, mehrere Telefonlisten zu speichern (z.B. PRIVAT.DAT, VEREIN.DAT, ...) und diese auch wieder zu laden.

⇨ Aufgabe 11: Erweitern Sie Ihr Programm um die Dialogkomponenten und nehmen Sie die angesprochenen Änderungen vor. Speichern und laden Sie verschiedene Telefonlisten.

⇨ Aufgabe 12: Erweitern Sie die Prozedur zum Abspeichern von Dateien, so dass vor dem Speichervorgang zuerst ermittelt wird, ob schon eine Datei mit dem gleichen Namen existiert (*FileExists*). Wenn dies der Fall ist, soll der Speichervorgang nur nach einer vorherigen Sicherheitsabfrage erfolgen.

## 10.4 Zum Weiterarbeiten

⇨ Aufgabe 13: Erweitern Sie die Suchprozedur, so dass auch nach mehreren Personen mit dem gewünschten Suchmerkmal gesucht werden kann.

Als kleine Hilfe vier mögliche Lösungswege:

1. Erweitern Sie das Projekt um einem neuen Knopf "Weitersuchen". Das Suchwort und die Nummer der letzten gefundenen Zeile müssen jetzt allerdings in globalen Variablen gespeichert werden.
2. Beschäftigen Sie sich mit der Komponente *FindDialog* aus dem Registerordner *Dialoge*. In der Delphi-Hilfedatei finden Sie ein kleines Beispiel zur Benutzung dieses Dialogs.
3. Wenn Sie die Eigenschaft *MultiSelect* der Listbox auf True setzen, können gleichzeitig mehrere Einträge selektiert werden. Die Selektion mehrere Einträge erfolgt dann über die (Feld-) Eigenschaft *Selected* der Listbox. Auch zu diesen beiden Eigenschaften finden Sie jeweils ein kleines Beispiel in der Delphi-Hilfedatei.
4. Erweitern Sie Ihr Formular um eine weitere Listbox, in der dann alle gefundenen Einträge angezeigt werden. Diese Listbox sollte natürlich vor dem Suchen jeweils komplett gelöscht werden.

⇨ Aufgabe 14: Erweitern Sie das Programm um weitere Einträge, z.B. um Wohnort und Straße.

## 10.5 Kontrollfragen

☛ Frage 1: Warum ist es in unserem Projekt sinnvoll, den einzelnen Knöpfen einen anderen Namen zu geben als BitBtn1 bis BitBtn9? Welche Namen wären sinnvoll?

☛ Frage 2: Wie können mehrere Strings zu einem String zusammengefasst werden? Wo findet dies in unserem Projekt Anwendung?

☛ Frage 3: Wie kann der Inhalt einer Listbox komplett gelöscht werden?

☛ Frage 4: Zum Inhalt einer Listbox soll ein String mit dem Variablennamen *Person* hinzugefügt werden. Wie kann dies geschehen?

☛ Frage 5: Jede Listbox besitzt eine Eigenschaft *Sorted*. Wie ändert sich das Ergebnis des Hinzufügens (Frage 4) in Abhängigkeit von der Eigenschaft *Sorted*?

☛ Frage 6: Der Eingabefokus soll in einem Programm per Software auf das Editfeld *Edit1* gesetzt werden. Wie kann dies erreicht werden?

☛ Frage 7: Der Inhalt des Editfeldes *Edit2* soll in einem Programm gelöscht werden. Wie lauten die entsprechenden Quelltextzeilen?

☛ Frage 8: Wie kann man den Inhalt einer Listbox in eine Datei mit Namen '*privat.tel*' speichern?

☛ Frage 9: Der in Frage 8 gespeicherte Listboxinhalt soll wieder in die Listbox geladen werden. Wie kann man dies erreichen?

☛ Frage 10: Wie kann man vor dem Laden einer Datei überprüfen, ob die Datei überhaupt vorhanden ist?

☛ Frage 11: Die oberste Zeile einer Listbox soll gelöscht werden. Nennen Sie den entsprechenden Quelltext.

☛ Frage 12: Wie lautet der entsprechende Quelltext für das Löschen der letzten und für das Löschen der markierten Zeile in einer Listbox?

☛ Frage 13: In einem vorgegebenen String soll die Position des Zeichens Semikolon ermittelt und der Wert in der Integer-Variablen *p* abgelegt werden. Geben Sie den Quelltext an.

☛ Frage 14: In einem String mit Namen *Satz* ist genau ein Semikolon enthalten. Wie kann der Inhalt des Strings vom Beginn bis zum Zeichen vor dem Semikolon in einen zweiten String mit Namen *Wort* kopiert werden?

☛ Frage 15: Wie kann (siehe Frage 14) der Inhalt des Strings *Satz* vom Beginn bis einschließlich des Semikolons gelöscht werden?

☛ Frage 16: Der Inhalt der 5. Zeile einer Listbox soll durch den Inhalt des Strings mit dem Variablennamen *Daten* ersetzt werden. Geben Sie einen entsprechenden Quelltext an.

☛ Frage 17: Wie kann man ermitteln, ob eine Zeile einer Listbox markiert ist?

☛ Frage 18: Es soll überprüft werden, ob der String mit Namen *Suchwort* im String *Zeile* vorhanden ist. Wie kann dies realisiert werden?

☛ Frage 19: Nennen Sie mindestens eine weitere Möglichkeit zur Eingabe von Stringwerten in ein laufendes Programm außer der Eingabe in einem Editfeld.

☛ Frage 20: Wie kann man zeilenweise den Inhalt einer Listbox zu einer anderen Listbox hinzufügen?

☛ Frage 21: Welche Voraussetzung im Quelltext muss beim Ausdruck eines Dokuments in Delphi vorhanden sein?

☛ Frage 22: Welche Schritte (Reihenfolge der Befehle) sind beim Ausdruck eines Dokuments unter Delphi mindestens notwendig?

☛ Frage 23: Was versteht man unter einer Proportionalschrift? Nennen Sie mindestens 2 solcher Schriften, die normalerweise auf einem Rechner installiert sind.

☛ Frage 24: Was versteht man unter einer dicktengleichen Schrift? Nennen Sie mindestens eine solche Schrift.

☛ Frage 25: Worin besteht der Unterschied zwischen den Befehlen *Write* und *WriteLn* bei der Ansteuerung von Druckern?

☛ Frage 26: Wie kann man beim Drucken eine Leerzeile erzeugen?

☛ Frage 27: Wie kann man beim Drucken einen linken bzw. einen oberen Rand erzeugen?

☛ Frage 28: Eine Dialogkomponente vom Typ *TOpenDialog* oder *TSaveDialog* soll geöffnet werden. Gleichzeitig soll erkannt werden, ob der Nutzer den Dialog durch Drücken der Taste *'OK'* (bzw. *'Öffnen'*) oder *'Abbrechen'* beendet hat. Wie kann dies realisiert werden?

☛ Frage 29: Wie kann man erkennen, welchen Dateinamen der Nutzer bei Anwendung der Dialogkomponente *OpenDialog1* gewählt hat?

☛ Frage 30: Welche Dateinamenserweiterung erhält eine Datei bei der Benutzung von *OpenDialog* oder *SaveDialog*, wenn der Anwender bei manueller Eingabe des Dateinamens vergisst, eine solche Erweiterung anzugeben?

☛ Frage 31: Wie kann man beim zeilenweisen Hinzufügen von Zeilen zu einer Listbox (siehe Aufgabe 20) verhindern, dass schon vorhandene Zeilen hinzugefügt werden?

# 11 Verschiedene Sortieralgorithmen

## 11.1 Felder – mehrere Variable mit einem Namen ansprechen

Bei unserer bisherigen Arbeit hatten wir bereits Komponenten kennen gelernt, die es uns erlaubten, mehrere Werte eines bestimmten Variablentyps in einer Variablen (Komponenteneigenschaft) abzulegen.
Dies waren das Stringgitter (Stringgrid) mit der Eigenschaft *Cells* und die Listbox in der Eigenschaft *Items*.
In beiden genannten Komponenten ließen sich allerdings nur Strings abspeichern. Außerdem musste man jeweils eine visuelle Komponente definieren.
Eine Möglichkeit, welche die beiden genannten Nachteile nicht mehr aufweist, ist die Verwendung von so genannten Feldern. In solchen Feldern kann man Variable (fast) aller Typen zu einer Variablen zusammenfassen und benötigt außerdem keine visuellen Komponenten dazu.
Der neue Variablentyp wird durch das Schlüsselwort *array* gekennzeichnet. Bei der Deklaration einer solchen Feldvariablen muss Folgendes angegeben werden:

- Welche Variablentypen sollen in den Einzelvariablen gespeichert werden?
- Wie sollen diese einzelnen Variablen des Feldes angesprochen werden?

Einige Beispiele sollen dies verdeutlichen:

```
var Namen       : array[1..10] of String;
    Temperatur  : array[1..31] of Integer;
    Dichte      : array[-10..10] of Real;
    Anzahl      : array['a'..'z'] of Word;
```

In der Variablen *Namen* können 10 Einzelvariable vom Typ String gespeichert werden. Jede Einzelvariable kann (wie wir das bereits von der Eigenschaft *Items* kennen) über eine Quelltextzeile der Art

```
Namen[2]:='Meier';  oder
NameEdit.Text:=Namen[6];
```

angesprochen werden.
Die Feldvariable *Temperatur* könnte z.B. dazu benutzt werden, alle maximalen Tagestemperaturen eines Monats (in ganzen Zahlen) zu speichern. Auch hier könnte man wieder über den Index-Zugriff (Zahl in eckiger Klammer) auf die einzelnen Tagestemperaturen zurückgreifen.
Mit der Feldvariablen *Dichte* könnte z.B. in der Physik die Dichte eines Materials bei Temperaturen von -10°C bis 10°C gespeichert werden. Wir sehen hier, dass die erste Angabe in den eckigen Klammern ohne weiteres auch eine negative Zahl sein kann und nicht immer 1 sein muss.
In der Variablen *Anzahl* könnte man speichern, wie oft jeder der Buchstaben von 'a' bis 'z' (Kleinbuchstaben ohne Umlaute) in einem Text vorkommt. Hier ist zu erkennen, dass der Variablentyp der Indexvariablen (Variablentyp in den eckigen Klammern) nicht immer vom Typ *Integer*, sondern auch vom Typ *Char* sein kann. Allgemein muss hier ein so genannter *ordinaler Typ* stehen. Ordinale Typen sind Variablentypen, bei denen ein ein genau definierter Vorgänger bzw. Nachfolger angegeben werden kann.
Wir kennen bisher die ordinalen Typen *Integer*, *Byte*, *Word*, *Shortint*, *Longint*, *Char* und *Boolean*.

➢ Hinweis 1: Beachten Sie, dass der erste Indexwert immer kleiner als der zweite Wert sein muss (oder gleich, aber das ergibt eigentlich keinen Sinn). Außerdem sollten Sie beachten, dass zwischen den beiden Indexwerten (untere und obere Feldgrenze) nur zwei Punkte stehen.

➢ Hinweis 2: Bei den von uns behandelten Feldern muss die Feldgröße vor der Verwendung des Feldes deklariert werden. Es gibt auch so genannte offene Felder, bei denen die Feldgröße zur Programmlaufzeit verändert werden kann, mit dieser Art von Feldern werden wir uns jedoch nicht beschäftigen.

## 11.2 Vorüberlegungen

Das Sortieren von Daten hat in der praktischen Arbeit beim Umgang mit fast allen Datenmengen große Bedeutung. So ist es z.B. üblich, Namenslisten alphabetisch zu sortieren, Sportergebnisse der Größe nach (Weitsprung, Speerwerfen) oder mit der kleinsten Zahl zuerst (100-m-Lauf, Marathon) anzugeben.
Je größer die Datenmengen werden, um so höher werden auch die Ansprüche, die man an ein Sortierverfahren zum Sortieren dieser Daten stellen muss.
Einige bekannte Sortierverfahren mit Ihren Vor- und Nachteilen sollen im Folgenden behandelt werden, doch zuvor wollen wir erst einmal herausfinden, wie wir selbst sortieren.

⇨ Aufgabe 1: Zerschneiden Sie ein DIN-A4-Blatt in 32 gleiche Teile (5-mal jeweils halbieren) und beschriften Sie jeden entstehenden Zettel mit einer willkürlich gewählten Zahl im Bereich von 1 bis 200. Legen Sie diese Zettel in gemischter Reihenfolge nebeneinander und sortieren Sie die Zahlen nach der Größe (kleinste Zahl zuerst).
Überlegen Sie genau, wie Sie dabei vorgegangen sind, und versuchen Sie dieses Verfahren zu beschreiben.

⇨ Aufgabe 2: Sie haben sicherlich schon einmal die Karten eines normalen Kartenspiels (32 Blatt Skatspiel) sortiert.
Überlegen Sie genau, wie Sie dabei vorgegangen sind, und versuchen Sie dieses Verfahren zu beschreiben. Vergleichen Sie Ihr verwendetes Verfahren mit dem in Aufgabe 1 benutzten Verfahren zum Sortieren der Zahlen.
Welche Änderungen sind notwendig, um das beschriebene Verfahren auch auf Zahlen anwenden zu können?

Voraussetzung für alle im Folgenden besprochenen Sortieralgorithmen soll ein (der Einfachheit halber) global deklariertes Feld von 100 Zahlen sein, die bei Bedarf zufällig erzeugt werden. Um die Sortierprozeduren an andere Erfordernisse anpassen zu können, wurde die Anzahl der zu sortierenden Zahlen in einer Konstanten (n=100) abgelegt. Außerdem wurde die Größe der zu erzeugenden Zufallszahlen in einer zweiten Konstanten (Bereich=1000) abgelegt.
Konstante sind (wie der Name eigentlich schon vermuten lässt) Bezeichner, die einen bestimmten Wert darstellen, dessen Größe sich im Gegensatz zur Variablen nicht ändert (also konstant bleibt).
Während Variable in einem Programmteil deklariert werden, der mit *var* beginnt, wird die Konstantendeklaration mit dem Schlüsselwort *const* eingeleitet.
Der Quelltext für unser Programm könnte dann wie folgt aussehen:

```
const n=100;
      Bereich=1000;

var Zahl : Array[1..n] of Word;

procedure ErzeugeZufallszahlen;
var i : Integer;
begin
  for i:=1 to n do Zahl[i]:=Random(Bereich)+1;
end;
```

Wir sehen also:

- Wenn wir die Feldgröße (Anzahl der zu sortierenden Zahlen) verändern wollen, müssen wir nur den Wert der Konstanten *n* in der Konstantendeklaration ändern.
- Soll der Bereich der zu erzeugenden Zufallszahlen geändert werden, genügt eine Änderung der Konstanten *Bereich* in der Konstantendeklaration.

## 11.3 Zeitmessung in Delphi

Statt die Zeitmessung mit einer Stoppuhr oder einer Armbanduhr durchzuführen, empfiehlt sich hier der Einsatz des Computers. Dabei benutzen wir die Delphi-Funktion *Time*, die in einer Fließkommazahl die Anzahl der seit dem 30.12.1899 vergangenen Tage zurückgibt (Delphi 1.0 berechnete das Datum ausgehend von Jahr 1 statt ausgehend von 1899. Das ist für unsere Differenz-Betrachtungen aber unerheblich.).
Nach dem Komma stehen die Bruchteile des Tages. Um also eine Angabe in Stunden zu machen, multipliziert man den Nachkommaanteil mit 24 (ein Tag hat 24 Stunden), bei einer Angabe in Sekunden wird der Nachkommaanteil mit weiteren 3600 multipliziert (eine Stunde besitzt 3600 Sekunden).
Eine Zeitmessung und -ausgabe mit 2 Nachkommastellen könnte etwa so aussehen:

```
var Anfang, Ende : Real;
  ...
  Anfang:=Time;
  ...
  { hier wird sortiert }
  ...
  Ende:=Time;
  ZeitEdit.Text:=FloatToStrF((Ende-Anfang)*24*3600,ffFixed,10,2);
```

➢ Hinweis 3: Die Genauigkeit der Zeitmessung ist trotz anders lautender Anzeige nur ca. 0,05 Sekunden, eine angezeigte Sortierzeit von 0,00 s bedeutet also nur, dass die Sortierzeit kleiner als 0,05 s ist (und nicht, dass der Computer keine Zeit zum Sortieren benötigt).

## 11.4 Bubblesort

Bubblesort ist der sicherlich bekannteste Sortieralgorithmus, der auch am leichtesten zu implementieren ist. Bei Bubblesort werden jeweils zwei benachbarte Zahlen des Feldes miteinander verglichen:

```
if Zahl[j]>Zahl[j+1] then ...
```

Falls sie sich nicht in der richtigen Reihenfolge befinden, werden sie getauscht. Dieser Vorgang wird vom Anfang bis zum Ende (in der inneren Schleife)

```
for j:=1 to i do ...
```

durch das komplette Zahlenfeld hindurch ausgeführt. Als Ergebnis dieser ersten inneren Schleife steht die größte Zahl immer am Ende.
Deshalb kann das zu bearbeitende Feld je Schleifendurchlauf um ein Element verkleinert werden. Das geschieht in unserem Quelltext durch die äußere Schleife

```
for i:=n-1 downto 1 do ...
```

Die innere Schleife geht dann jeweils nur bis zur der Variablen i.
Wenn das aktuelle Feld nur noch eine Größe von einem Element hat, ist das Feld sortiert.
Das Durchreichen der größten Zahl bis zum Ende des Feldes wurde mit dem Aufsteigen einer Luftblase (Blase = bubble) verglichen und gab dem Verfahren seinen Namen.

*Luftblasen steigen nach oben*

Und hier der komplette Quelltext:

```
procedure BubbleSort;
var i,j,Merke :Integer;
begin
  for i:=n-1 downto 1 do
    for j:=1 to i do
      if Zahl[j]>Zahl[j+1] then
        begin
          Merke:=Zahl[j];
          Zahl[j]:=Zahl[j+1];
          Zahl[j+1]:=Merke;
        end;
end;
```

Ein kleines Beispiel mit Zahlen soll dieses Verfahren verdeutlichen. Dabei werden die zwei Zahlen, die verglichen werden, mit grauem Hintergrund ausgegeben.
Der Teil des Feldes, der schon mit Sicherheit sortiert ist, wird mit schwarzem Hintergrund dargestellt und im folgenden Verfahren nicht weiter betrachtet.

| Schritt | P1 | P2 | P3 | P4 | P5 | Beschreibung |
|---|---|---|---|---|---|---|
| | 7 | 9 | 2 | 4 | 5 | Das ist die Ausgangskonstellation. P1-P5 kennzeichnen die Positionen. |
| 1 | 7 | 9 | 2 | 4 | 5 | Wir vergleichen P1 und P2, da 7<9 ist, wird nicht getauscht. |
| | 7 | 9 | 2 | 4 | 5 | |
| 2 | 7 | 9 | 2 | 4 | 5 | Verglichen wird P2 und P3. Da 9>2, wird P2 und P3 getauscht. |
| | 7 | 2 | 9 | 4 | 5 | |
| 3 | 7 | 2 | 9 | 4 | 5 | Wir vergleichen P3 und P4, wieder muss getauscht werden, da 9>4 ist. |
| | 7 | 2 | 4 | 9 | 5 | |
| 4 | 7 | 2 | 4 | 9 | 5 | Nun vergleichen wir P4 mit P5. Die größte Zahl (9) wandert an die letzte |
| | 7 | 2 | 4 | 5 | 9 | Stelle. Damit steht in P5 die größte Zahl, das zu sortierende Feld wird um 1 verkleinert. |
| 5 | 7 | 2 | 4 | 5 | **9** | Verglichen wird P1 und P2, es muss getauscht werden. |
| | 2 | 7 | 4 | 5 | **9** | |
| 6 | 2 | 7 | 4 | 5 | **9** | P2 und P3 werden verglichen, es muss wieder getauscht werden. |
| | 2 | 4 | 7 | 5 | **9** | |
| 7 | 2 | 4 | 7 | 5 | **9** | Es werden P3 und P4 verglichen, abermals wird getauscht. |
| | 2 | 4 | 5 | 7 | **9** | |
| 8 | 2 | 4 | 5 | **7** | **9** | Die Zahlen auf den Positionen P1 und P2 (2 und 4) stehen in der richtigen |
| | 2 | 4 | 5 | **7** | **9** | Reihenfolge, es wird nicht getauscht. |
| 9 | 2 | 4 | 5 | **7** | **9** | Auch hier (P2 und P3) ist kein Tausch notwendig. |
| | 2 | 4 | 5 | **7** | **9** | |
| 10 | 2 | 4 | **5** | **7** | **9** | P1 und P2 werden verglichen, es muss nicht getauscht werden. |
| | 2 | 4 | **5** | **7** | **9** | |
| | **2** | **4** | **5** | **7** | **9** | Das Feld ist nun sortiert. |

Wie wir aus dem Zahlenbeispiel sehen (und schon aus der anfänglichen Erklärung wissen), wird das aktuelle Feld bei jedem Schleifendurchlauf um ein Element verringert.
Es ist erkennbar, dass der Computer auch noch weiter sortiert, wenn für den Menschen klar ist, dass die Zahlen schon sortiert sind. Durch eine entsprechende Erweiterung des Quelltextes könnte dieser Mangel jedoch beseitigt werden.

⇨ Aufgabe 3: Legen Sie 8 Zettel nebeneinander, die mit unterschiedlichen Zahlen beschriftet sind. Sortieren Sie diese Zettel mit Bubblesort. Merken Sie sich dabei das Ende des aktuell zu sortierenden Feldes z.B. durch das Verschieben eines Stiftes.

Bei 100 zu sortierenden Zahlen ergeben sich im ersten Durchlauf 99 Vergleiche, im zweiten Durchlauf 98, im dritten Durchlauf 97, ... und im letzten Durchlauf 1 Vergleich. Die Anzahl der Vergleiche entspricht damit der Summe der ganzen Zahlen von 1 bis 99.

In mathematischen Formelsammlungen finden wir dafür die Formel $\sum_{i=1}^{m} i = \frac{m(m+1)}{2}$. Setzen wir für m=n-1,

so erhalten wir eine Anzahl der Vergleiche für Bubblesort von $\sum_{i=1}^{n-1} i = \frac{(n-1)n}{2}$.

Damit ergibt sich eine quadratische Abhängigkeit der Anzahl der Vergleiche von der Anzahl der zu sortierenden Zahlen. Das bedeutet, dass sich mit einer Verdopplung der Elementeanzahl die Sortierzeit etwa vervierfacht, eine zehnfache Elementeanzahl würde etwa eine hundertfache Sortierzeit nach sich ziehen.
Für ein unsortiertes Zahlenfeld kann man annehmen, dass im Durchschnitt bei jedem zweiten Vergleich auch noch eine Vertauschung vorgenommen werden muss. Damit ergibt sich auch noch zusätzlich eine große Anzahl von Vertauschungen.

➔ Fazit: Bubblesort ist sehr einfach zu programmieren und liefert bei kleinen Sortierfeldern passable Ergebnisse. Zum Sortieren größerer Zahlenfelder ist Bubblesort ungeeignet.

In der grafischen Darstellung ist zu erkennen, dass sich das sortierte Feld von rechts nach links aufbaut, das aktuelle Feld wird zumindest schon teilweise sortiert. Allerdings kostet dieses ständige Tauschen sehr viel Zeit.

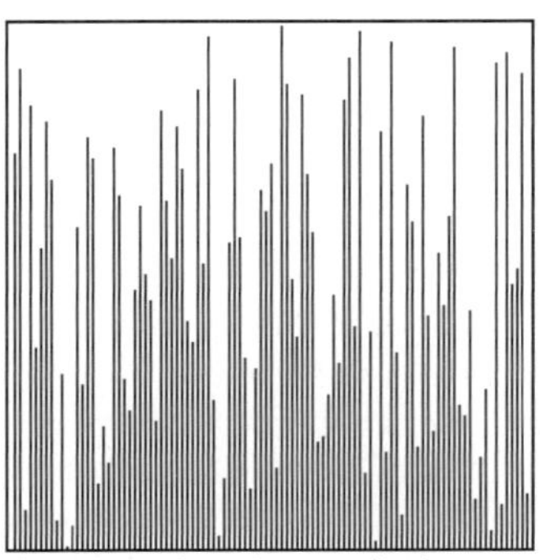

*Ausgangssituation grafisch dargestellt*

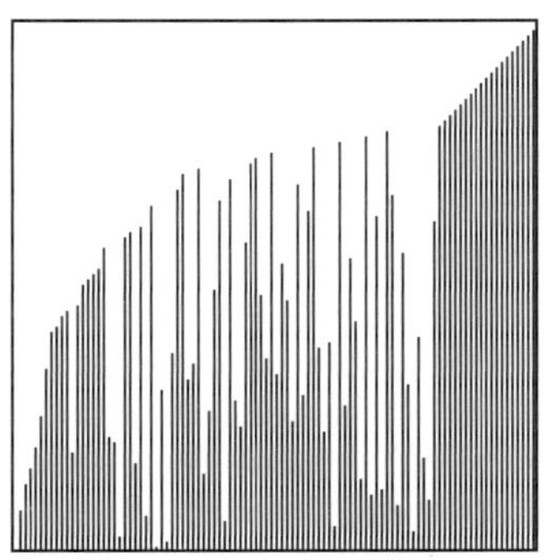

*Bubblesort am Anfang des Sortiervorgangs*

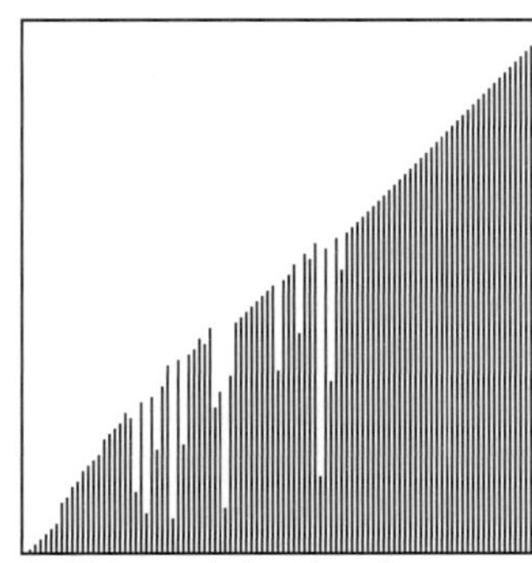

*Bubblesort bei weiter fortgeschrittenem Sortiervorgang*

⇨ Aufgabe 4: Schreiben Sie ein Programm, um den Bubblesort-Algorithmus zu testen. Die Ausgabe der unsortierten und der sortierten Zahlen soll dabei jeweils in einer Listbox erfolgen.
Erstellen Sie zwei Kopien dieses Programms. Wir werden dieses Programm in den Aufgaben 5 und 6 erweitern.

⇨ Aufgabe 5: Erweitern Sie eine Kopie des Programms aus Aufgabe 4 um eine Möglichkeit zur Zeitmessung. Beachten Sie dabei, dass Sie die Zeitmessung (im Quelltext) erst starten, wenn der eigentliche Sortiervorgang beginnt. Beenden Sie die Zeitmessung vor der Ausgabe der sortierten Zahlen in die Listbox.
Ein anderes Vorgehen würde die Messung zu sehr beeinflussen.
Führen Sie eine Testreihe mit 10 verschieden großen Zahlenfeldern (z.B. 3000, 6000, ..., 30000) durch und notieren Sie sich diese Ergebnisse (z.B. als Tabelle in einer Tabellenkalkulation).

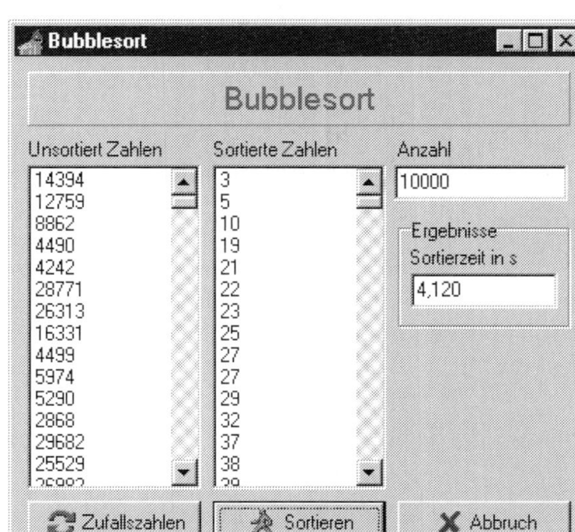


*Beispielansicht zu Aufgabe 5*

⇨ Aufgabe 6: Benutzen Sie die zweite Kopie des Programms aus Aufgabe 4 und erweitern Sie dieses Programm um folgende Funktionen:

- Jeder Vergleich von zwei Zahlen soll mitgezählt werden.
- Jede Speicherzuweisung (z.B. `Merke := Zahl[j]`) soll mitgezählt werden.
- Die ermittelten Ergebnisse sollen in geeigneter Weise ausgegeben werden.

Vergleichen Sie die Ergebnisse mit der oben angegebenen Summenformel. Testen Sie verschiedene Anzahlen von zu sortierenden Elementen und notieren Sie die Ergebnisse.

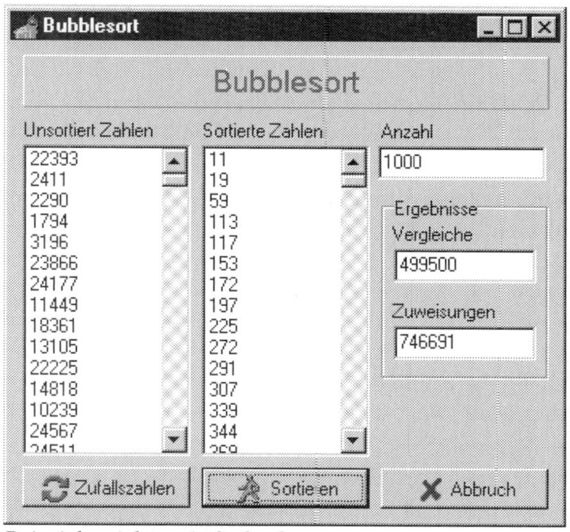

*Beispielansicht zu Aufgabe 6*

⇨ Aufgabe 7*: Erweitern Sie das Programm 4 so, dass automatisch erkannt wird, wenn das Feld schon sortiert ist. Der Sortiervorgang soll dann abgebrochen werden.

## 11.5 Shakersort

Shakersort sollte eigentlich eine verbesserte Variante von Bubblesort werden.
Man versucht hier zuerst in einem Durchlauf von oben nach unten die kleinste Zahl an den Anfang zu tauschen, anschließend in einem Durchlauf von unten nach oben die größte Zahl an das Ende das aktuellen Zahlenfeldes zu bringen. Dieser Vorgang wird entsprechend oft wiederholt (siehe grafische Darstellung). Da das Verfahren ähnlich wie Bubblesort abläuft, soll hier auf ein Beispiel mit Zahlen verzichtet werden.
Das "Auf und Ab" des Sortierdurchlaufs (schütteln = shake) gab dem Verfahren seinen Namen.
Zeitmessungen ergaben, dass bei zufällig verteilten Zahlenfeldern der Zeitgewinn gegenüber Bubblesort nur unwesentlich war.
Shakersort kann, besonders bei teilweise vorsortierten Feldern, wesentlich verbessert werden, wenn man sich beim Hoch- und Runterzählen jeweils die letzte Position merkt, an welcher getauscht wurde. Die nächste Schleife muss dann nur jeweils von einer dieser beiden Positionen bis zur anderen Position durchlaufen werden, so dass sich die Sortierzeit wesentlich verkürzen lässt.

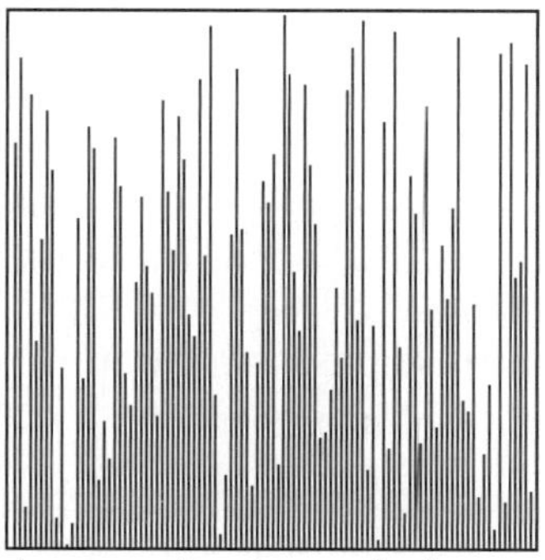
*Ausgangssituation grafisch dargestellt*

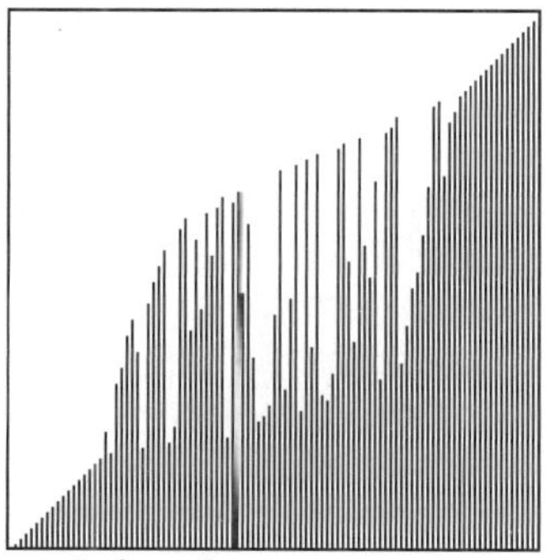
*am Anfang des Sortiervorgangs*

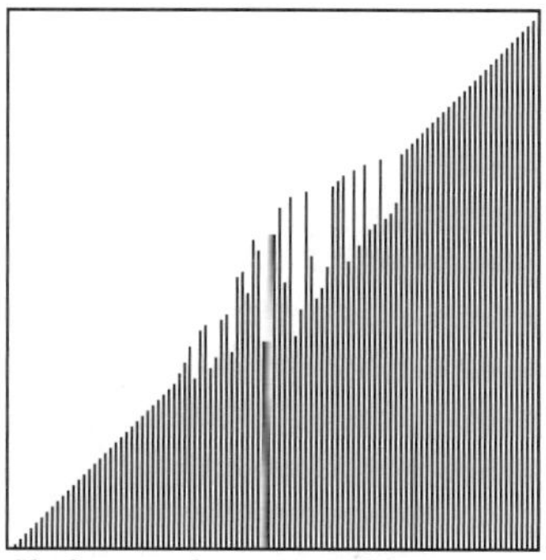
*Shakersort bei weiter fortgeschrittenem Sortiervorgang*

➔ Fazit: Shakersort ist wesentlich komplizierter zu programmieren als Bubblesort und liefert bei zufällig verteilten Zahlenfeldern nur geringfügig bessere Sortierzeiten. Zum Sortieren größerer Zahlenfelder ist Shakersort deshalb ebenso ungeeignet wie Bubblesort. Shakersort (in einer verbesserten Variante) findet nur bei speziellen Zahlenverteilungen Anwendung.

➢ Hinweis 4: Da das beschriebene Verfahren keine größere Bedeutung hat, wollen wir hierzu keine praktischen Übungen durchführen.

## 11.6 Straightselection (Selection Sort)

Straightselection funktioniert ähnlich wie Bubblesort, auch hier wird das Sortieren mit zwei ineinander verschachtelten Schleifen durchgeführt und die jeweils größte Zahl steht nach einem Durchlauf der inneren Schleife am Ende des jeweils aktuellen Feldes.
Am Anfang setzt man das jeweils letzte Element des Feldes als momentanen Maximalwert (`Max:=Zahl[i]`).
Man geht einmal durch das gesamte Feld und vergleicht der Reihe nach alle Elemente mit dem jeweiligen Maximum des aktuellen Feldes.
Wenn eine Zahl gefunden wurde, die größer ist (`if zahl[j]>Max`), dann merkt man sich deren Position (`iMax:=j`) und setzt diese Zahl als neues Maximum ein (`Max:=Zahl[i]`).
Am Ende eines Durchlaufs wird die Zahl vom Ende des aktuellen Feldes an die Position des Maximums gebracht (`Zahl[iMax]:=Zahl[i]`), das ermittelte Maximum erhält die Position am Ende des aktuellen Feldes (`Zahl[i]:=Max`).
Nun wird das Feld um eins verkleinert und der Vorgang beginnt von vorn.
Das Sortieren durch direkte Auswahl (Auswahl = selection) des jeweiligen Maximums gab dem Verfahren seinen Namen.
Auch bei Straightselection ergibt sich durch die beiden verschachtelten Schleifen eine quadratische Abhängigkeit der Anzahl der Vergleiche von der Anzahl der zu sortierenden Zahlen. Wie wir im Quelltext (siehe unten) sehen, finden allerdings in der inneren Schleife wesentlich weniger Tauschvorgänge bzw. Speicherzuweisungen statt, so dass Straightselection geringfügig schneller ist als Bubblesort.

```
procedure StraightSelection;
var i,j,iMax,Max : Integer;
begin
  for i:=n downto 2 do
    begin
      iMax:=i;
      Max:=Zahl[i];
      for j:=1 to i-1 do
        if zahl[j]>Max then
          begin
            iMax:=j;
            Max:=Zahl[j];
          end;
        Zahl[iMax]:=Zahl[i];
        Zahl[i]:=Max;
    end;
end;
```

Auch hier soll ein Beispiel mit Zahlen die Funktion des Verfahrens näher erläutern:

| Schritt | P1 | P2 | P3 | P4 | P5 | Max | iMax | Beschreibung |
|---|---|---|---|---|---|---|---|---|
| | 7 | 9 | 5 | 4 | 2 | 2 | 5 | Das ist die Ausgangskonstellation, in *Max* steht das jeweilige Maximum. Anfangs ist immer das Feldende das Maximum. |
| 1 | 7 | 9 | 5 | 4 | 2 | 2 | 5 | Wir vergleichen P1 und *Max*, P1 ist neues Maximum. Somit wird die 7 in *Max* und ihre Position (1) in *iMax* geschrieben. |
| | 7 | 9 | 5 | 4 | 2 | 7 | 1 | |
| 2 | 7 | 9 | 5 | 4 | 2 | 7 | 1 | Wir vergleichen P2 und *Max*, P2 ist neues Maximum. Somit wird die 9 in *Max* und ihre Position (2) in *iMax* geschrieben. |
| | 7 | 9 | 5 | 4 | 2 | 9 | 2 | |
| 3 | 7 | 9 | 5 | 4 | 2 | 9 | 2 | Wir vergleichen P3 und *Max*, die Zahl 9 bleibt Maximum. Deshalb ändert sich auch *iMax* nicht. |
| | 7 | 9 | 5 | 4 | 2 | 9 | 2 | |
| 4 | 7 | 9 | 5 | 4 | 2 | 9 | 2 | Wir vergleichen P4 und *Max*, die Zahl 9 bleibt Maximum. Am Ende der inneren Schleife wird der Wert von P5 an die Position *iMax* (2) und *Max* (9) an die letzte Stelle (P5) geschrieben, P4 wird neues Maximum. |
| | 7 | 9 | 5 | 4 | 2 | 9 | 2 | |
| Ende der inneren Schleife (1. Durchlauf) | | | | | | 4 | 4 | |

| Schritt | P1 | P2 | P3 | P4 | P5 | Max | iMax | Beschreibung |
|---|---|---|---|---|---|---|---|---|
| 5 | 7 | 2 | 5 | 4 | 9 | 4 | 4 | Wir vergleichen P1 und *Max*, P1 ist neues Maximum. |
| | 7 | 2 | 5 | 4 | 9 | 7 | 1 | |
| 6 | 7 | 2 | 5 | 4 | 9 | 7 | 1 | Wir vergleichen P2 und *Max*, P1 bleibt Maximum. |
| 7 | 7 | 2 | 5 | 4 | 9 | 7 | 1 | Wir vergleichen P3 und *Max*, P1 bleibt Maximum. |
| Ende der inneren Schleife (2) | | | | | | 5 | 3 | Die Position *iMax* (Wert an Stelle 1) wird mit P4 getauscht, P3 wird neues Maximum |
| 8 | 4 | 2 | 5 | 7 | 9 | 5 | 3 | Wir vergleichen P1 und *Max*, P3 bleibt Maximum. |
| 9 | 4 | 2 | 5 | 7 | 9 | 5 | 3 | Wir vergleichen P2 und *Max*, P3 bleibt Maximum. |
| Ende der inneren Schleife (3) | | | | | | 2 | 2 | Obwohl nicht notwendig, wird die Position *iMax* (Wert an der Stelle 3) wird mit P3 getauscht, P2 wird neues Maximum. |
| 10 | 4 | 2 | 5 | 7 | 9 | 2 | 2 | Wir vergleichen P1 und *Max*, P1 ist neues Maximum. |
| | 4 | 2 | 5 | 7 | 9 | 4 | 1 | |
| Ende der inneren Schleife (4) | | | | | | | | Die Position *iMax* wird mit P1 getauscht. |
| | 2 | 4 | 5 | 7 | 9 | | | Das Feld ist sortiert. |

Bei der grafischen Darstellung von Straightselection sieht man im Gegensatz zu Bubblesort, dass hier nur die jeweiligen Maxima eines Durchlaufs von ihrer aktuellen Position zum Ende des aktuellen Feldes transportiert werden. Das zeitaufwendige platzweise Tauschen der Zahlen entfällt hier.

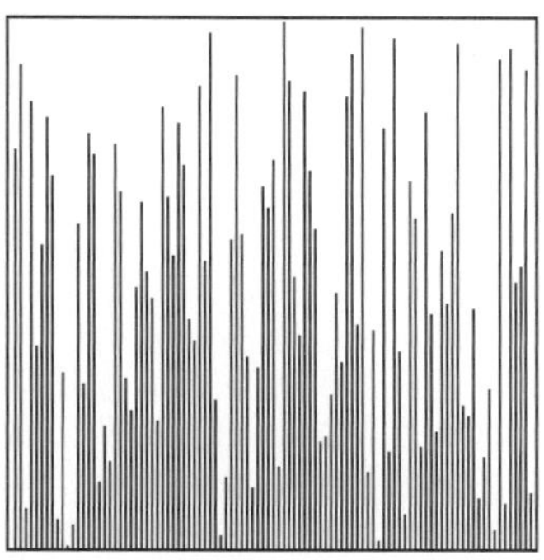

*Ausgangssituation grafisch dargestellt*

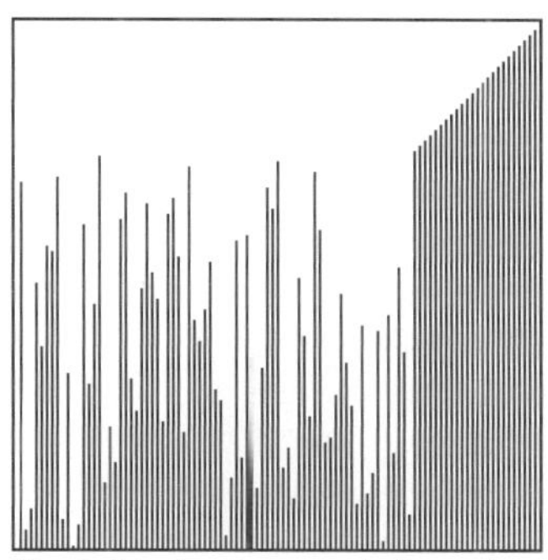

*Straightselection am Anfang des Sortiervorgangs*

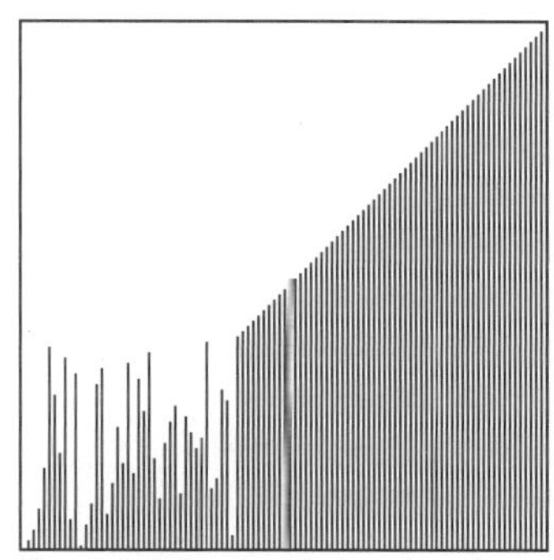

*Straightselection bei weiter fortgeschrittenem Sortiervorgang*

➔ Fazit: Straightselection ist auch einfach zu programmieren und liefert bei kleinen Sortierfeldern gute Ergebnisse. Es sollte zumindest dem Verfahren Bubblesort vorgezogen werden. Zum Sortieren größerer Zahlenfelder ist Straightselection (wegen der quadratischen Abhängigkeit) auch ungeeignet.

⇨ Aufgabe 8: Erstellen Sie ein Programm zum Testen des Straightselection-Algorithmus. Auch hier sollen die unsortierten und die sortierten Zahlen in einer Listbox ausgegeben werden.
Erstellen Sie auch von diesem Programm zwei Sicherheitskopien.

⇨ Aufgabe 9: Erweitern Sie eine Kopie des Programms aus Aufgabe 8 um die Möglichkeit zur Zeitmessung. Führen Sie wieder eine Testreihe mit 10 verschieden großen Zahlenfeldern (z.B. 3000, 6000, 9000, ..., 30000) durch und notieren Sie sich diese Ergebnisse.
Vergleichen Sie die Ergebnisse mit denen von Bubblesort.

⇨ Aufgabe 10: Benutzen Sie die zweite Kopie des Programms aus Aufgabe 8 und erweitern Sie dieses Programm entsprechend Aufgabe 6. Testen Sie wieder verschiedene Anzahlen von zu sortierenden Elementen und notieren Sie die Ergebnisse.Vergleichen Sie auch diese Ergebnisse mit denen von Bubblesort.

⇨ Aufgabe 11: Begründen Sie das bessere Sortierverhalten von Straightselection. Benutzen Sie dazu die Ergebnisse der Aufgaben 5 und 9.

## 11.7 Straightinsertion (Insertion Sort)

Straightinsertion entspricht dem menschlichen Vorgang des Sortierens z.B. beim Sortieren von Karteikarten. Man nimmt zuerst zwei Karten und sortiert diese, dann eine dritte Karte, welche man in die ersten beiden einsortiert. Anschließend nimmt man immer eine weitere Karte hinzu und sortiert sie in die schon sortierten Karten ein. Dieser Vorgang wird fortgesetzt, bis alle Karten einsortiert sind.
Im Computer kann man allerdings nicht einfach die nicht benötigten Zahlen zur Seite schieben. Deshalb sieht das Verfahren hier etwas anders aus.
Beginnend mit zwei Zahlen nimmt man sich die jeweils letzte (neue, noch nicht sortierte) Zahl und merkt sich diese (`Merke:=Zahl[i]`).
Anschließend bewegt man alle Zahlen (von der letzten Zahl beginnend) um eine Position nach hinten (`Zahl[j]:=Zahl[j-1]`), bis entweder der Anfang des Zahlenfeldes erreicht ist oder die Einfügeposition für die neue Zahl ermittelt wurde. Solange beide Bedingungen erfüllt sind (`while (j>1) and (Zahl[j-1]>Merke) do`), wird die Schleife also durchlaufen.
Zum Abschluss wird die neue Zahl an die soeben ermittelte Position eingefügt (`Zahl[j]:=Merke`).

```
procedure StraightInsertion;
var i,j,Merke : Integer;
begin
  for i:=2 to n do
    begin
      Merke:=Zahl[i];
      j:=i;
      while (j>1) and (Zahl[j-1]>Merke) do
        begin
          Zahl[j]:=Zahl[j-1];
          Dec(j);                { j:=j-1 }
        end;
      Zahl[j]:=Merke;
    end;
end;
```

Ein Zahlenbeispiel soll auch diesen Algorithmus demonstrieren:

| Schritt | P1 | P2 | P3 | P4 | P5 | Merke | i | j | Beschreibung |
|---|---|---|---|---|---|---|---|---|---|
| | 7 | 9 | 5 | 2 | 6 | 9 | 2 | 2 | Das ist die Ausgangskonstellation. |
| 1 | 7 | 9 | 5 | 2 | 6 | 9 | 2 | 2 | P1< Merke, Schleife wird nicht abgearbeitet. |
| | 7 | 9 | 5 | 2 | 6 | | | | Merke wird an Position P2 geschrieben. |
| 2 | 7 | 9 | 9 | 2 | 6 | 5 | 3 | 3 | P2>Merke, Schleife wird abgearbeitet. |
| 3 | 7 | 7 | 9 | 2 | 6 | 5 | 3 | 2 | P1>Merke, Schleife wird abgearbeitet. |
| | 5 | 7 | 9 | 2 | 6 | | | | Merke wird an Position P1 geschrieben. |
| 4 | 5 | 7 | 9 | 9 | 6 | 2 | 4 | 4 | P3>Merke, Schleife wird abgearbeitet. |
| 5 | 5 | 7 | 7 | 9 | 6 | 2 | 4 | 3 | P2>Merke, Schleife wird abgearbeitet. |
| 6 | 5 | 5 | 7 | 9 | 6 | 2 | 4 | 2 | P1>Merke, Schleife wird abgearbeitet. |
| | 2 | 5 | 7 | 9 | 6 | | | | Merke wird an Position P1 geschrieben. |
| 7 | 2 | 5 | 7 | 9 | 9 | 6 | 5 | 5 | P4>Merke, Schleife wird abgearbeitet. |
| 8 | 2 | 5 | 7 | 7 | 9 | 6 | 5 | 4 | P3>Merke, Schleife wird abgearbeitet. |
| 9 | 2 | 5 | 7 | 7 | 9 | 6 | 5 | 3 | P2< Merke, Schleife wird nicht mehr abgearbeitet. |
| | 2 | 5 | 6 | 7 | 9 | | 5 | | Merke wird an Position P3 geschrieben. |
| | **2** | **5** | **6** | **7** | **9** | | | | Das Feld ist sortiert. |

Die grafische Darstellung lässt erkennen, dass das sortierte Feld, beginnend vom Anfang, immer größer wird. Die Zahlen am Ende bleiben so lange unberührt, bis sie dann auch einsortiert werden.

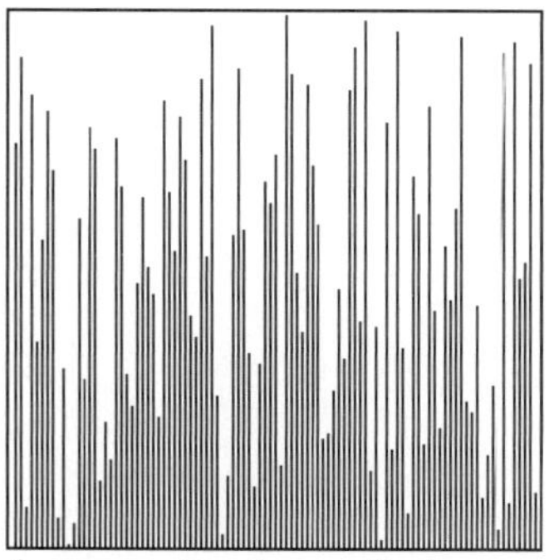

*Ausgangssituation grafisch dargestellt*

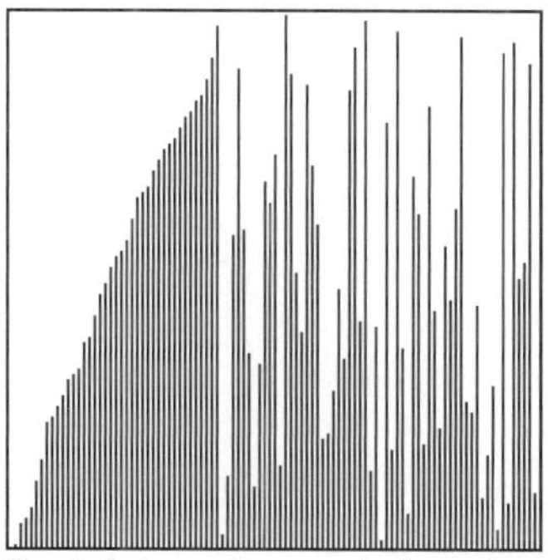

*Straightinsertion am Anfang des Sortiervorgangs*

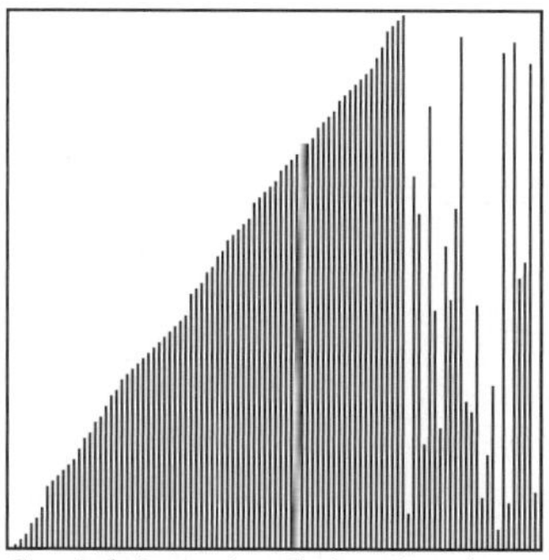

*Straightinsertion bei weiter fortgeschrittenem Sortiervorgang*

➔ Fazit: Straightinsertion ist auch einfach zu programmieren und liefert bei kleinen Sortierfeldern gute Ergebnisse. Es sollte zumindest dem Verfahren Bubblesort vorgezogen werden, da die Sortierzeit um ca. 40-50% geringer ist. Zum Sortieren größerer Zahlenfelder ist Straightinsertion (wegen der quadratischen Abhängigkeit) auch ungeeignet.
Seine besonderen Vorzüge spielt Straightinsertion aus, wenn zu einem schon sortierten Feld wenige einzusortierende Elemente hinzugefügt werden sollen.

⇨ Aufgabe 12: Schreiben Sie auch für den Straightinsertion-Algorithmus ein entsprechendes Testprogramm.

⇨ Aufgabe 13: Erstellen Sie auch hier zwei weitere Programme, in denen Sie die Anzahl der Vergleiche und der Speicherzugriffe zählen bzw. die benötigte Sortierzeit messen.
Notieren Sie sich auch hier die ermittelten Werte und vergleichen Sie diese mit den Werten der beiden anderen Algorithmen.

⇨ Aufgabe 14: Wie viele Vergleiche werden beim Sortierverfahren Straigtinsertion bei gleicher Elementeanzahl im Gegensatz zu Straightselection durchschnittlich durchgeführt? Wie wirkt sich das auf die Sortierzeit aus?

## 11.8 Shellsort

Die ersten 4 behandelten Sortierverfahren gehören zu den so genannten niederen bzw. elementaren Sortierverfahren. Sie funktionieren gut bei einer niedrigen Anzahl von zu sortierenden Elementen.
Bei größeren Elementezahlen werden alle bisher behandelten Sortierverfahren Opfer der quadratischen Abhängigkeit der Anzahl der Vergleiche von der Anzahl der zu sortierenden Elemente.
Shellsort (nach *D. L. Shell* 1959) verändert das generelle Herangehen, indem nicht mehr benachbarte Elemente sortiert bzw. vertauscht werden, sondern indem man versucht, weiter entfernte Zahlen zu vergleichen und bei Bedarf zu vertauschen und damit eine Vorsortierung der Zahlen vorzunehmen.
Zuerst setzt man eine Vergleichsweite von n/2 (`Abstand:=n; Abstand:=Abstand div 2`), danach vergleicht man die Elemente Zahl[1] mit Zahl[Abstand+1], Zahl[2] mit Zahl[Abstand+2], usw.
Sollten die verglichenen Zahlen in der falschen Sortierreihenfolge stehen (`if (zahl[j]>zahl[i])...`), so werden sie getauscht.
Sobald man einmal tauscht, wird eine Boolean-Variable auf False gesetzt (`Done:=False`). Die Schleife wird dann so lange wiederholt, bis keine Vertauschungen mehr vorgenommen werden (`repeat .. until done=True` bzw. kürzer `repeat .. until done`).
Anschließend wird die Vergleichsweite erneut halbiert (`Abstand:=Abstand div 2`) und das oben genannte Verfahren wird wiederholt, solange der Abstand größer 1 ist (`while (Abstand>1)`) und solange Vertauschungen vorgenommen werden.

Und hier der Quelltext von Shellsort:

```
procedure ShellSort;
var Abstand,i,j,Merke : Integer;
    Done              : Boolean;
begin
  Abstand:=n;
  while (Abstand>1) do
    begin
      Abstand:=Abstand div 2;
      repeat
        Done:=True;
        for j:= 1 to n-Abstand do
          begin
            i:=j+Abstand;
            if (Zahl[j]>Zahl[i]) then
              begin
                Merke:=Zahl[j];
                Zahl[j]:=Zahl[i];
                Zahl[i]:=Merke;
                Done:=False
              end;
          end;
      until Done;
    end;
end;
```

Auch für Shellsort zur Verdeutlichung ein Beispiel mit Zahlen:

| Schritt | P1 | P2 | P3 | P4 | P5 | Abstand | j | i | Beschreibung |
|---|---|---|---|---|---|---|---|---|---|
| | 7 | 9 | 5 | 2 | 6 | 5 | | | Das ist die Ausgangskonstellation. |
| 1 | 7 | 9 | 5 | 2 | 6 | 2 | 1 | 3 | Abstand wird 2 (5 div 2=2), P1 und P3 werden ver- |
| | 5 | 9 | 7 | 2 | 6 | 2 | 1 | 3 | glichen und müssen vertauscht werden. |
| 2 | 5 | 9 | 7 | 2 | 6 | 2 | 2 | 4 | P2 und P4 werden verglichen und müssen vertauscht |
| | 5 | 2 | 7 | 9 | 6 | 2 | 2 | 4 | werden. |
| 3 | 5 | 2 | 7 | 9 | 6 | 2 | 3 | 5 | P3 und P5 werden verglichen und müssen vertauscht |
| | 5 | 2 | 6 | 9 | 7 | 2 | 3 | 5 | werden. |
| | 5 | 2 | 6 | 9 | 7 | 1 | | | Ein weiterer Durchlauf mit Abstand=2 bringt keine weiteren Vertauschungen, Abstand wird auf 1 gesetzt. |
| 4 | 5 | 2 | 6 | 9 | 7 | 1 | 1 | 2 | P1 und P2 werden verglichen und müssen vertauscht |
| | 2 | 5 | 6 | 9 | 7 | 1 | 1 | 2 | werden. |
| 5 | 2 | 5 | 6 | 9 | 7 | 1 | 2 | 3 | P2 und P3 werden verglichen und stehen schon richtig. |
| | 2 | 5 | 6 | 9 | 7 | 1 | 2 | 3 | Es findet keine Vertauschung statt. |
| 6 | 2 | 5 | 6 | 9 | 7 | 1 | 3 | 4 | P3 und P4 werden verglichen und stehen schon richtig. |
| | 2 | 5 | 6 | 9 | 7 | 1 | 3 | 4 | Es findet keine Vertauschung statt. |
| 7 | 2 | 5 | 6 | 9 | 7 | 1 | 4 | 5 | P4 und P5 werden verglichen und müssen vertauscht |
| | 2 | 5 | 6 | 7 | 9 | | 4 | 5 | werden. |
| | 2 | 5 | 6 | 7 | 9 | | | | Ein weiterer Durchlauf mit Abstand=1 bringt keine weiteren Vertauschungen, der Abstand wird 0, die Schleife wird damit beendet. |
| | **2** | **5** | **6** | **7** | **9** | | | | Das Feld ist sortiert. |

Die Effizienz von Shellsort ist stark von der Auswahl der Vergleichsweiten abhängig. In unserem Quelltext hatten wir beginnend von n/2 die Weite immer weiter halbiert, bei 200 zu sortierenden Zahlen wären dies Vergleichsabstände in den Schritten 100, 50, 25, 12, 6, 3 und 1.
Mittlerweile gibt es mehrere wissenschaftliche Veröffentlichungen über sinnvolle Vergleichsabstände, welche die Sortierzeit noch weiter verringern. So sind z.B. die Zahlenfolgen

- 1, 3, 7, 15, 31, 63, 127, ..., $2^j - 1$ von *Papernov/Stasevic,*
- 1, 2, 3, 4, 6, 8, 9, 12, 16, ..., $2^p 3^q$ von *Pratt,*
- 1, 3, 7, 21, 48, 112, 336, 861, 1968, 4592, 13776, 33936, 86961, 198768, 463792, 1391376 von *Sedgewick* (Bildungsvorschrift nicht bekannt)

wesentlich effizienter als die von uns angegebene Folge.

Man kann davon ausgehen, dass die Abhängigkeit der Anzahl der Vergleiche von der Anzahl der zu sortierenden Zahlen besser als $n\sqrt{n}$ ist und damit nicht mehr quadratisch abhängig ist. Der Beweis dafür ist mathematisch sehr kompliziert und soll hier nicht behandelt werden.

Da die Vergleiche und Vertauschungen am Anfang von Shellsort über größere Weiten vorgenommen werden, findet sehr schnell eine grobe Vorsortierung des Feldes statt (siehe grafische Darstellung).
Bei einem Vergleichsabstand von 1 entspricht Shellsort (in unserer Implementierung) dem Sortierverfahren Bubblesort. Da die Zahlen jedoch dann schon stark vorsortiert sind, werden dann nur noch wenige Durchläufe bis zur vollständigen Sortierung benötigt.

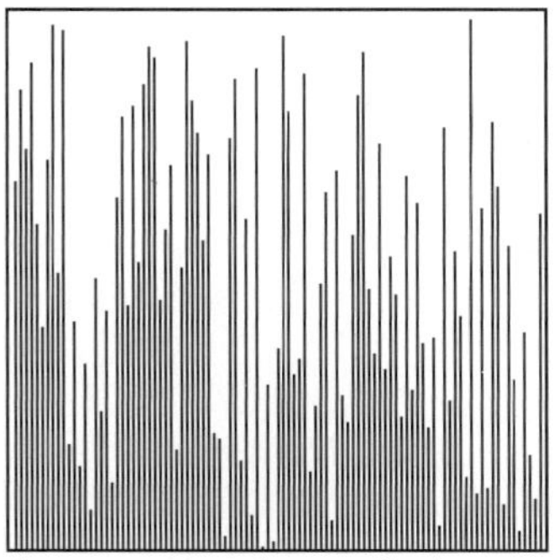

*Ausgangssituation grafisch dargestellt*

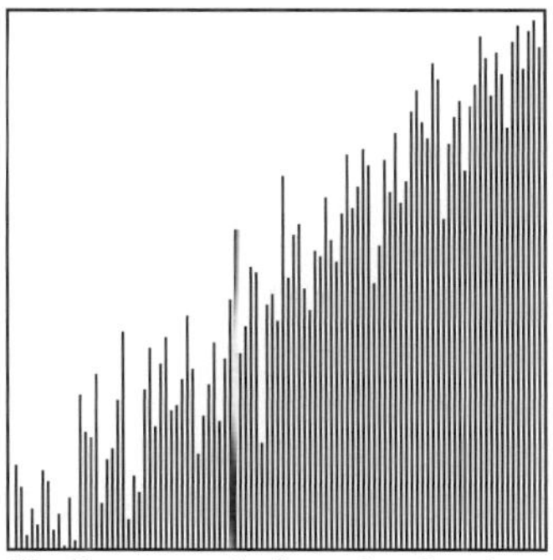

*Shellsort am Anfang des Sortiervorgangs (grob vorsortiert)*

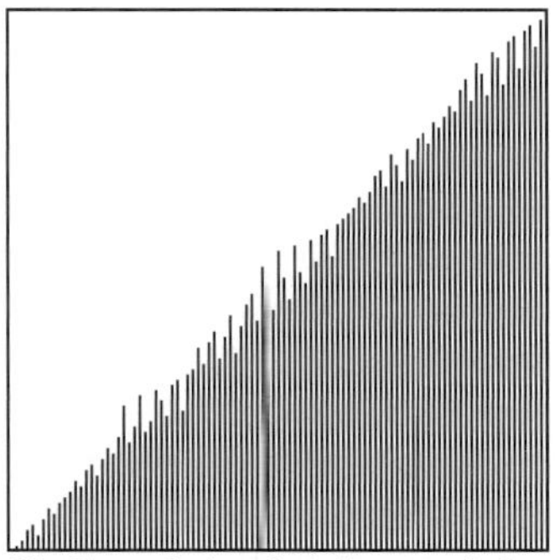

*Shellsort bei weiter fortgeschrittenem Sortiervorgang (feiner sortiert)*

➔ Fazit: Shellsort ist (zumindest in der von uns behandelten Umsetzung) relativ einfach zu programmieren und liefert auch bei großen Sortierfeldern gute Ergebnisse. Die Sortierzeit ist abhängig von der Wahl der Vergleichsabstände, ist aber wesentlich besser als bei allen anderen bisher behandelten Verfahren.
Genauere wissenschaftliche Untersuchungen zu Shellsort sind relativ selten, da die Zusammenhänge sehr komplex sind.

⇨ Aufgabe 15: Testen Sie auch den Shellsort-Algorithmus in einem geeigneten Programm.

⇨ Aufgabe 16: Erstellen Sie auch hier zwei weitere Programme, in denen Sie die Anzahl der Vergleiche und der Speicherzugriffe zählen bzw. die benötigte Sortierzeit messen.
Notieren Sie sich auch hier die ermittelten Werte und vergleichen Sie diese mit den Werten der anderen Algorithmen.

⇨ Aufgabe 17: Ersetzen Sie die von uns verwendete Folge zur Abstandsermittlung durch eine (oder mehrere) der oben beschriebenen Folgen. Vergleichen Sie die Ergebnisse.

⇨ Aufgabe 18: In unserem Quelltext haben wir eine modifizierte Version von Bubblesort für die innere Schleife benutzt. Ersetzen Sie die innere Schleife durch eine modifizierte Version von Straightinsertion und vergleichen Sie die damit erzielten Sortierzeiten mit der ersten Variante von Shellsort.

## 11.9 Quicksort

Quicksort ist bereits seit 1960 bekannt und wurde von *C.A.R. Hoare* entwickelt. Trotz seines "hohen Alters" ist Quicksort nach wie vor der schnellste Allzweck-Sortieralgorithmus.
Auch bei Quicksort bemüht man sich um eine Vorsortierung und um einen Tausch über größere Distanzen. Allerdings wählt man dazu einen völlig anderen Weg:
Zuerst versucht man, das Zahlenfeld in zwei Felder aufzuteilen, von denen jedes Element des ersten Feldes kleiner ist als jedes Element des zweiten Feldes.
Dazu nimmt man sich eine Vergleichszahl und sortiert alle Zahlen in das erste Feld, die kleiner sind als die Vergleichszahl. Alle Zahlen, die größer sind als die Vergleichszahl, kommen in das zweite Feld.
Als Resultat erhält man zwei Teilfelder, die den oben dargestellten Anforderungen genügen. Diese Teilfelder werden mit der gleichen Methode weiterbehandelt, also jeweils in zwei weitere vorsortierte Teilfelder zerlegt, diese werden wiederum zerlegt ..., bis alle Teilfelder nur noch eine Größe von einem Element haben. Wenn dies geschehen ist, ist das komplette Feld sortiert.

Im Quelltext sieht das so aus:

Nach Bestimmung eines Vergleichselementes aus der Feldmitte (`Mitte:=Zahl[(l+r) div 2]`) wird von der unteren Intervallgrenze aus nach einem größeren oder gleichwertigen Element gesucht (`while Zahl[i]<Mitte do Inc(i)`).
Anschließend beginnt die Suche von der oberen Intervallgrenze aus nach einem kleineren oder gleichwertigen Element (`while Mitte<Zahl[j] do Dec(j)`).
Solange noch keine Begegnung der beiden Suchzeiger i und j stattgefunden hat (`if i<=j`), stehen beide Elemente bezüglich ihrer Ordnung falsch und werden daher vertauscht. Der Vorgang wird weiter durchgeführt, bis sich die von unten und oben kommende Suche überschneidet (`repeat .. until i>j`).
Auf die jetzt vorsortierten Teilintervalle wird der Sortiervorgang erneut angewandt mit den Aufrufen

`QuickSort(l,j);` und
`QuickSort(i,r);`.

Zum besseren Verständnis sind im folgenden Quelltext die Zeilen mit Kommentaren versehen (Kommentare bitte nicht mit abschreiben!).

```
procedure QuickSort(l,r: integer);
var i,j,Mitte,Merke: integer;
begin
  i:=l;                              { linker Zeiger auf Bereichsanfang    }
  j:=r;                              { rechter Zeiger auf Bereichsende     }
  Mitte:=Zahl[(l+r) div 2];          { Vergleichszahl aus der Mitte nehmen }
  repeat                             { Wiederhole ..                       }
    while Zahl[i]<Mitte do Inc(i);   { erste Zahl finden, die nicht in das
                                       linke Teilfeld gehört               }
    while Mitte<Zahl[j] do Dec(j);   { erste Zahl finden, die nicht in das
                                       rechte Teilfeld gehört              }
    if i<=j then                     { wenn sich der linke und der rechte  }
      begin                          { Zeiger noch nicht berührt haben .. .}
        Merke:=Zahl[i];              { werden die beiden falsch stehenden  }
        Zahl[i]:=Zahl[j];            { Zahlen in den jeweils anderen Be-   }
        Zahl[j]:=Merke;              { reich getauscht.                    }
        Inc(i);                      { linken Zeiger um 1 vergrößern       }
        Dec(j);                      { rechten Zeiger um 1 verringern      }
      end;
  until i>j;                         { .. bis sich die Zeiger überschneiden}
  if l<j then QuickSort(l,j);        { wenn linkes Teilfeld mehr als ein
                                       Element besitzt, Quicksort auf dieses
                                       Teilfeld erneut anwenden            }
  if i<r then QuickSort(i,r);        { wenn rechtes Teilfeld mehr als . .  }
end;
```

Der erste Aufruf von Quicksort erfolgt mit den Parametern 1 für die linke Bereichsgrenze und Feldgröße n für die rechte Bereichsgrenze:

```
procedure QuickSortButton;
begin
  QuickSort(1,n);
end;
```

Im günstigsten Fall (es werden immer genau gleich große Teilfelder erzeugt, die Elementeanzahl ist eine Zweierpotenz) benötigt man für n Elemente genau $n \cdot \log_2 n$ Vergleiche. Im Durchschnitt benötigt Quicksort $2n \cdot \ln n$ Vergleiche (Formel hier ohne Beweis).
Hierbei ist *ln* der natürliche Logarithmus (Logarithmus zur Basis e).

Zur Verdeutlichung von Quicksort auch hier ein Beispiel mit Zahlen:

| Schritt | P1 | P2 | P3 | P4 | P5 | Mitte | i | j | l | r | Beschreibung |
|---|---|---|---|---|---|---|---|---|---|---|---|
| 1 | 7 | 9 | 5 | 2 | 6 | | 1 | 5 | 1 | 5 | Das ist die Ausgangskonstellation. Die Zahl 5 steht in der Mitte. |
| 2 | 7 | 9 | 5 | 2 | 6 | 5 | 1 | 5 | 1 | 5 | P1 und Mitte werden verglichen, P1 steht auf der falschen Seite. |
| 3 | 7 | 9 | 5 | 2 | 6 | 5 | 1 | 5 | 1 | 5 | Mitte und P5 werden verglichen, P5 steht richtig, also j um 1 verringern. |
| 4 | 7 | 9 | 5 | 2 | 6 | 5 | 1 | 4 | 1 | 5 | Mitte und P4 werden verglichen, P4 steht auf der falschen Seite. |
| 5 | 2 | 9 | 5 | 7 | 6 | 5 | 1 | 4 | 1 | 5 | Da i<j werden P1 und P4 getauscht. |
| 6 | 2 | 9 | 5 | 7 | 6 | 5 | 2 | 4 | 1 | 5 | P2 und Mitte werden verglichen, P2 steht auf der falschen Seite. |
| 7 | 2 | 9 | 5 | 7 | 6 | 5 | 2 | 3 | 1 | 5 | Da P3 nicht kleiner als Mitte ist, wird j nicht weiter verringert. |
| 8 | 2 | 5 | 9 | 7 | 6 | 5 | 2 | 3 | 1 | 5 | Da i<j ist, werden P2 und P3 getauscht. |
| 9 | 2 | 5 | 9 | 7 | 6 | 5 | 3 | 2 | 1 | 5 | Nach Vergrößern von i und Verkleinern von j ist i>j und der erste Durchlauf ist beendet. Quicksort wird für das Teilfeld von P1 bis P2 aufgerufen. |
| 10 | 2 | 5 | 9 | 7 | 6 | 2 | 1 | 1 | 1 | 2 | Mitte wird neu belegt und mit P1 und P2 verglichen, es muss nicht getauscht werden. |
| 11 | 2 | 5 | 9 | 7 | 6 | 2 | | | | | Die weitere Änderung der Zeiger führt zu Teilfeldern der Breite 1 (P1 und P2), deshalb sind diese Zahlen sortiert, Quicksort wird hier nicht erneut aufgerufen. |
| 12 | 2 | 5 | 9 | 7 | 6 | 7 | 3 | 5 | 3 | 5 | Nun wird das Teilfeld von P3 bis P5 behandelt, die neue Mitte wird bestimmt. P3 und Mitte werden verglichen, P3 steht auf der falschen Seite. |
| 13 | 2 | 5 | 9 | 7 | 6 | 7 | 3 | 5 | 3 | 5 | P5 und Mitte werden verglichen, P5 steht auf der falschen Seite. |
| 14 | 2 | 5 | 6 | 7 | 9 | 7 | 3 | 5 | 3 | 5 | Da i<j ist, werden P3 und P5 getauscht, i wird um 1 vergrößert und j um 1 verringert. |
| 10 | 2 | 5 | 6 | 7 | 9 | 7 | 4 | 4 | 3 | 5 | P4 wird nun mit Mitte vertauscht, i um 1 vergrößert und j um 1 verringert. Damit ist die Abbruchbedingung für die REPEAT-Schleife erreicht. |
| 11 | 2 | 5 | 6 | 7 | 9 | | 5 | 3 | 3 | 5 | Da l=j und i=r finden keine weiteren Aufrufe von Quicksort statt, das Feld ist sortiert. |

➢ Hinweis 5: Beim hier vorgestellten Verfahren ruft sich die Prozedur Quicksort mehrmals selbst auf. Dieser Vorgang wird *Rekursion* genannt. Wir werden die rekursive Programmierung im nächsten Kapitel noch an anderen Beispielen untersuchen.

➔ Fazit: Quicksort ist etwas schwieriger zu verstehen, liefert aber bei zufällig sortierten Zahlen die besten Ergebnisse. Besonders effizient im Vergleich zu anderen Sortierverfahren ist das Verhalten bei einer großen Anzahl von zu sortierenden Elementen.

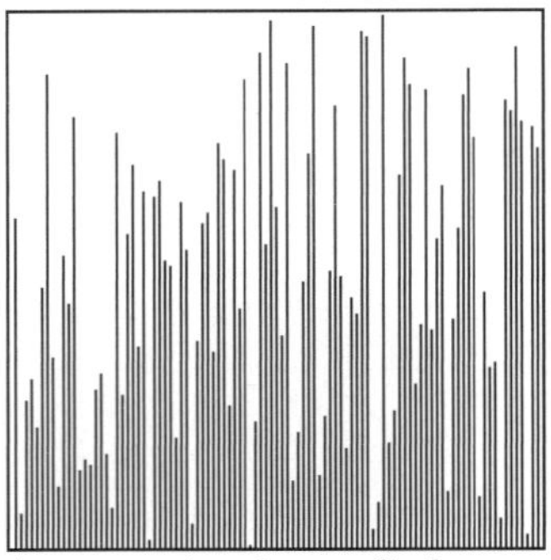

*Ausgangssituation grafisch dargestellt*

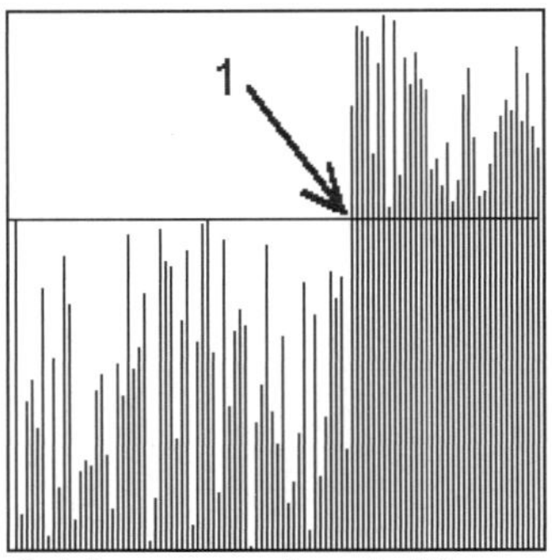


*Quicksort – zu sehen sind 2 vorsortierte Felder, die waagerechte Linie kennzeichnet die Größe der Vergleichsvariablen Mitte*

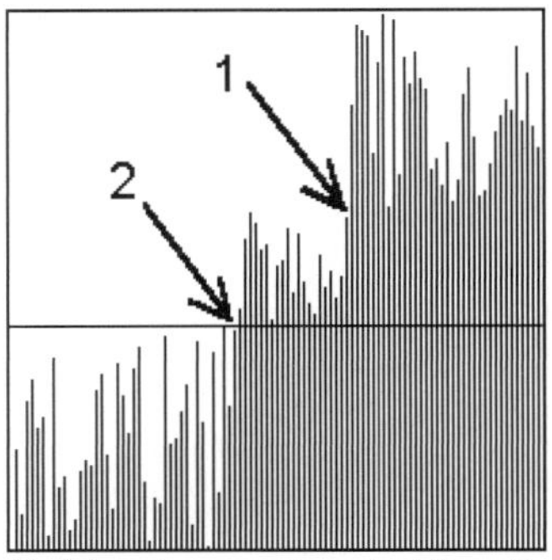


*Quicksort – zu sehen sind 2 weitere vorsortierte Felder,die beim ersten Teilen des linken Teilfeldes entstehen (links von 2 und zwischen 2 und 1)*

⇨ Aufgabe 19: Testen Sie den Quicksort-Algorithmus mit einem geeigneten Programm.

⇨ Aufgabe 20: Messen Sie auch hier wieder die Sortierzeit mit verschiedenen Anzahlen von zu sortierenden Zahlen und vergleichen Sie jeweils mit den 4 bisher programmierten Verfahren.

⇨ Aufgabe 21: Zählen Sie auch bei Quicksort die Anzahl der Speicherzugriffe und die Anzahl der Vergleiche und testen Sie mehrfach mit verschiedenen Anzahlen von zu sortierenden Zahlen. Vergleichen Sie jeweils mit den 4 bisher programmierten Verfahren.

## 11.10 Systematisierung

Der Sortieralgorithmus *Bubblesort* hatte außer seiner leichten Programmierbarkeit eigentlich nur Nachteile. Es wurden sehr viele Vergleiche durchgeführt und das Tauschen von Zahlen wurde immer nur über eine Stelle hinweg vorgenommen. Da jeder Tauschvorgang drei Speicherzugriffe erfordert, fällt dies besonders stark ins Gewicht. Bubblesort ist der langsamste Sortieralgorithmus.
Das Sortierverfahren *Shakersort* bringt keine wesentlichen Zeitgewinne gegenüber Bubblesort, ist aber wesentlich schwieriger zu programmieren. Deshalb wurde dieses Verfahren von uns nicht behandelt.
Beim Sortieralgorithmus *Straightselection* hat man an der Anzahl der Vergleiche nichts geändert, dafür wurden die Vertauschungen über größere Strecken vorgenommen und insgesamt weniger Vertauschungen und Speicherzugriffe durchgeführt. Dies wirkt sich positiv auf die Sortierzeit aus, so dass der Sortieralgorithmus Straightselection schneller als Bubblesort ist.
Im Gegensatz zu Bubblesort und Straightselection ist der Sortieralgorithmus *Straightinsertion* so programmiert, dass er nur noch so viele Vergleiche vornimmt, wie notwendig sind. Das Einfügen einer Zahl geschieht bei einem zufällig sortierten Zahlenfeld im Durchschnitt jeweils in der Mitte des zu untersuchenden Bereichs. Die Anzahl der Vergleiche ist deshalb geringer als bei den beiden vorher besprochenen Verfahren. Außerdem ist der Vorgang des Bewegens einer Zahl wesentlich effizienter programmiert als bei Bubblesort. Während das Bewegen einer Zahl um 10 Positionen bei Bubblesort 30 Speicherzugriffe benötigt, sind bei Straightinsertion nur 12 Speicherzugriffe notwendig (Überlegen Sie, wie man auf diese beiden Zahlen kommt!).
Bei allen bisher behandelten Verfahren wurden die Zahlen entweder nur über sehr kleine Abstände miteinander verglichen oder auch nur über geringe Abstände vertauscht. Der Sortieralgorithmus *Shellsort* versucht nun, diese zeitintensiven Vorgänge, die ja zu der schon besprochenen quadratischen Abhängigkeit führen, dadurch zu vermeiden, dass die Zahlen zuerst über große Abstände miteinander verglichen und bei Bedarf getauscht werden.

Dieses grobe Vorsortieren erspart im weiteren Verlauf des Algorithmus eine Reihe von Tauschvorgängen über kürzere Distanzen. Außerdem wird Shellsort beendet, wenn alle Zahlen sortiert sind, und nicht erst nach einer festen Anzahl von Durchläufen.
Der Sortieralgorithmus *Quicksort* versucht von der quadratischen Abhängigkeit der ersten drei behandelten Sortieralgorithmen (Bubblesort, Straightselection und Straightinsertion) wegzukommen, indem er die Anzahl der zu sortierenden Zahlen in jedem Schritt um einen größeren Wert verringert (im günstigsten Fall halbiert). Bei einer Halbierung der Teilfelder wäre der Rechenaufwand für jedes Teilfeld nur noch ein Viertel so groß, insgesamt also nur die Hälfte des Gesamtfeldes. Bei jeder weiteren Verkleinerung der Teilfelder würde sich dieser Aufwand noch weiter verringern. Hinzu kommt allerdings jeweils der Aufwand für das Erzeugen der (vorsortierten) Teilfelder.
Da die Teilfelder jeweils schon so vorsortiert sind, dass alle Elemente des ersten Teilfeldes kleiner sind als alle Elemente des zweiten Teilfeldes, können die sortierten Teilfelder ohne weiteren Aufwand zum sortierten Gesamtfeld zusammengesetzt werden.

⇨ Aufgabe 22: Stellen Sie die Abhängigkeit der Sortierzeit von der Elementeanzahl mit verschiedenen Elementeanzahlen (z.B. 3 000, 6 000, 9 000, ..., 30 000) für alle programmierten Sortieralgorithmen grafisch dar (Sinnvollerweise sollten Sie dazu eine Tabellenkalkulation benutzen!).

➢ Hinweis 6: Je nach verwendeter Hardware (langsame Rechner) können Sie auch kleinere Anzahlen von zu sortierenen Elementen benutzen. Bei "zu schnellen" Rechnern (Taktfrequenz über 1 GHz) müssen bei den schnellen Sortierverfahren bzw. bei kleinen Elementeanzahlen möglicherweise mehrere Felder nacheinander sortiert werden, um messbare Zeiten zu erhalten.

## 11.11 Zum Weiterarbeiten

In unserem Programm haben wir bisher nur das Sortieren zufällig erzeugter und relativ gut verteilter Zahlen untersucht. Alle Betrachtungen zu den Sortieralgorithmen gingen von diesen Voraussetzungen aus.
Häufig finden wir in der Praxis aber auch andere Anwendungen, wie die folgenden Beispiele zeigen sollen.

### Einsortieren von einzelnen Zahlen in ein bereits sortiertes Feld

In einem Betrieb sind bereits 2000 Mitarbeiter in einer Datenbank erfasst. Die Sortierung erfolgte hier alphabetisch nach dem Familiennamen, bei Namensgleichheit zusätzlich nach dem Vornamen.
Bei der Einstellung neuer Mitarbeiter muss hier natürlich nicht die gesamte Personendatei neu sortiert werden, sondern es reicht, die neuen Mitarbeiter in die bereits sortierte Liste einzusortieren.
Hier würde sich eine modifizierte Version von Straightinsertion anbieten, deren innere Schleife für jeden neuen Mitarbeiter nur einmal aufgerufen werden muss. Ein solcherart modifizierter Algorithmus wäre sicherlich für diesen konkreten Anwendungsfall schneller als Quicksort.

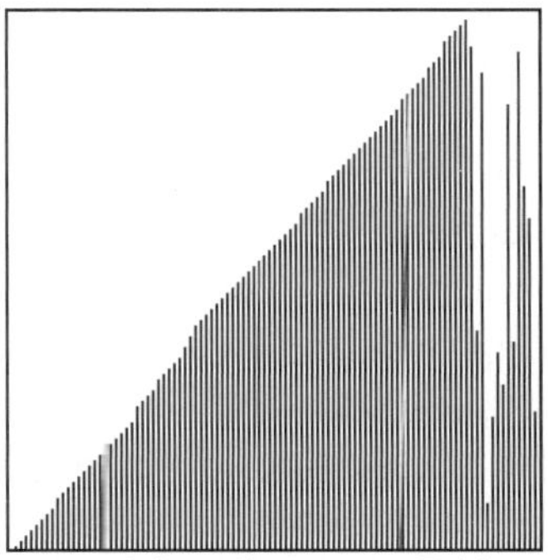

*Beispiel für teilsortiertes Feld*

⇨ Aufgabe 23: Erzeugen Sie eine Prozedur, die bei einer Feldgröße von z.B. 10 000 Elementen 9 990 sortierte Zahlen und im Anschluss 10 unsortierte Zahlen erzeugt.

⇨ Aufgabe 24: Modifizieren Sie das Verfahren Straightinsertion, so dass nur die unsortierten Zahlen einsortiert werden müssen. Vergleichen Sie die Sortierzeit mit Quicksort.

⇨ Aufgabe 25: Optimieren Sie auch weitere Verfahren für die spezielle Ausgangskonfiguration der zu sortierenden Werte. Vergleichen Sie die Sortierzeiten jeweils mit denen für eine gleichmäßige Verteilung der Ausgangswerte.

## Sortieren eines bereits sortierten Feldes mit Störungen

Bleiben wir bei unserem Betrieb vom vorhergehenden Beispiel. Jeweils am Jahresende wird hier erfasst, wer im Lauf des Jahres geheiratet hat und wessen Name sich dadurch eventuell geändert hat. Die entsprechenden Personen müssen dann natürlich neu in das schon sortierte Mitarbeiterfeld einsortiert werden.

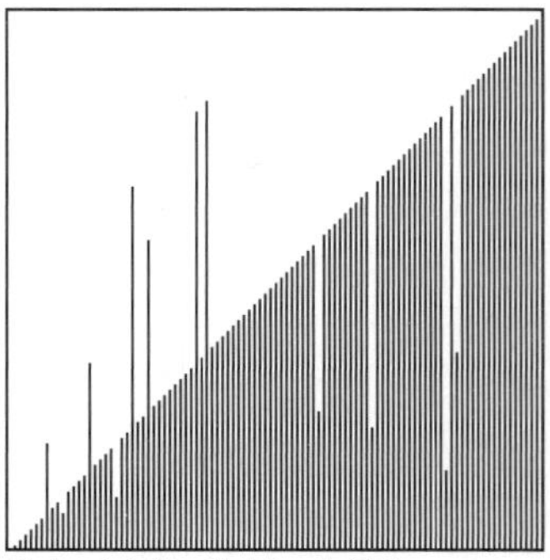

*Beispiel für Feld mit Störungen*

⇨ Aufgabe 26: Erzeugen Sie eine Prozedur, die bei einer Feldgröße von z.B. 10 000 Elementen 10 000 sortierte Zahlen erzeugt und im Anschluss 10 willkürliche Zahlen durch zufällig erzeugte Zahlen ersetzt.

⇨ Aufgabe 27: Testen Sie verschiedene Verfahren für diese spezielle Ausgangskonfiguration und vergleichen Sie die Sortierzeiten jeweils mit denen für eine gleichmäßige Verteilung der Ausgangswerte.

## Sortieren eines tendenziell vorsortierten Feldes

Durch eine Umstellung in der Buchhaltung unserer Firma (siehe oben) sollen alle Daten komplett neu erfasst werden. Dazu bestellt man alle Mitarbeiter mit den Anfangsbuchstaben von A-D in der Zeit von 8.00-9.00 Uhr, die Mitarbeiter mit den Anfangsbuchstaben von E-I von 9.00-10.00 Uhr usw.
Einige wenige Kollegen können zu diesen speziellen Zeiten nicht erscheinen und kommen, wenn Sie gerade Zeit haben.
Eigentlich ist durch diesen Organisationsaufwand unsere Mitarbeiterdatei schon grob vorsortiert. Ein intelligenter Sortieralgorithmus sollte dies erkennen und entsprechend zeitiger seine Arbeit beenden.

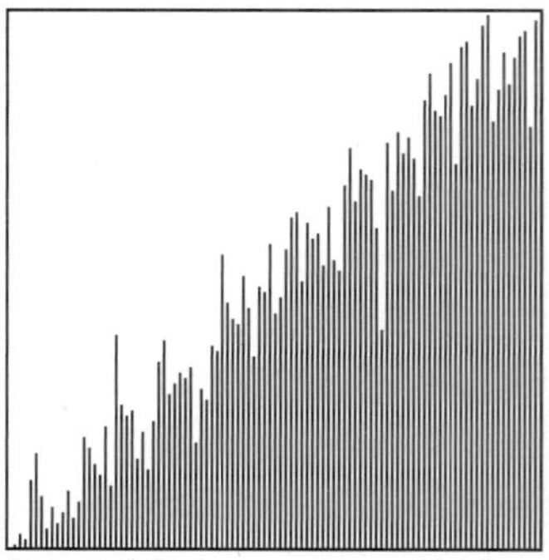

*Beispiel für vorsortiertes Feld*

⇨ Aufgabe 28: Erzeugen Sie eine Prozedur, die bei einer beliebigen Feldgröße tendenziell sortierte Zahlen erzeugt (siehe Grafik).

⇨ Aufgabe 29: Modifizieren Sie zumindest das Verfahren Bubblesort (später auch andere), so dass das Verfahren schon dann abbricht, wenn keine Vertauschungen mehr vorgenommen werden.
Testen Sie den Algorithmus für diese spezielle Ausgangskonfiguration und vergleichen Sie die Sortierzeiten jeweils mit der Zeit für das Sortieren einer gleichmäßigen Verteilung der Ausgangswerte.

## Sortieren eines umgekehrt sortierten Feldes

Manchmal kann es vorkommen, dass die zu sortierenden Werte bereits sortiert sind, allerdings in der falschen Reihenfolge (siehe Bild).

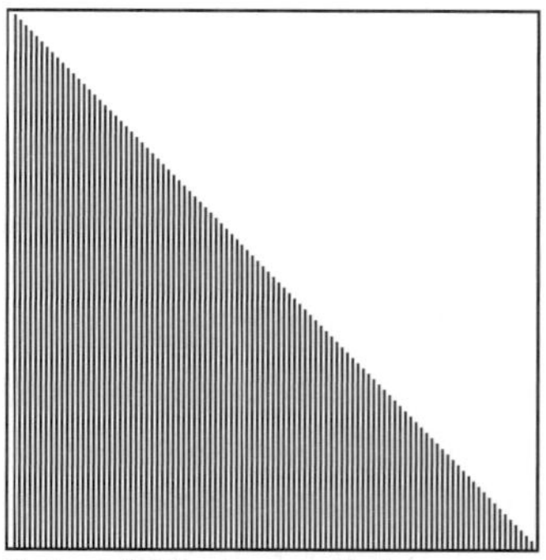

*Beispiel für ein umgekehrt sortiertes Feld*

⇨ Aufgabe 30: Untersuchen Sie die einzelnen Sortierverfahren auf ihre Eignung zum Sortieren umgekehrt sortierter Felder. Vergleichen Sie die Ergebnisse jeweils mit dem Sortieren zufällig sortierter Felder.

# 12 Rekursive Programmierung

Funktionen oder Prozeduren heißen *rekursiv* (rekursiv = zurückgehend bis zu bekannten Werten), wenn sie sich im Verlauf ihrer Abarbeitung einmal oder auch mehrfach selbst aufrufen. Damit es dabei nicht zu so genannten Endlosschleifen kommt, muss jede Rekursion eine Abbruchbedingung (bekannter Fall) enthalten, die auch mit Sicherheit erreicht wird.
Ein erstes Beispiel für rekursive Programmierung hatten wir im vorangegangenen Kapitel mit dem Sortieralgorithmus *Quicksort* kennen gelernt, in diesem Kapitel sollen noch weitere Beispiele folgen.

## Berechnung einer Potenz

Bei unseren bisherigen Arbeiten haben wir bereits festgestellt, dass es in Delphi keine Funktion zur Berechnung der Potenz natürlicher Zahlen gibt. Um diesen Mangel zu beseitigen, könnte man eine solche Funktion selbst schreiben. Man multipliziert dazu eine Zahl so lange mit sich selbst, bis die entsprechende Anzahl der Faktoren erreicht ist.
Diese Multiplikation wird in einer Schleife ausgeführt (`for i:=1 to Exponent do`), das jeweilige Zwischenergebnis wird in der Variablen *Produkt* gespeichert. Eine so programmierte Funktion heißt *iterativ* (iterativ = wiederholend) und könnte folgendermaßen aussehen:

```
function Potenz(Basis,Exponent:integer):LongInt;
var i:integer;
    Produkt:longint;
begin
  Produkt:=1;
  for i:=1 to Exponent do Produkt:=Produkt*Basis;
  Result:=Produkt;
end;
```

Die rekursive Programmierung der gleichen Funktion wird folgendermaßen durchgeführt:

- Man weiß, dass die Potenz $a^1$ für jede Zahl wieder gleich der Zahl a ist.
- Die Potenz $a^n$ lässt sich aus der Multiplikation der Potenz $a^{n-1}$ mit der Zahl a ermitteln, also z.B. $2^5 = 2^4 \cdot 2$.

Diese beiden Erkenntnisse führen zu folgendem Quelltext:

```
function Potenz(Basis,Exponent:integer):LongInt;
begin
  if Exponent=1
    then Potenz:=Basis
    else Potenz:=Potenz(Basis,Exponent-1)*Basis;
end;
```

Der Aufruf der Funktion mit den Werten Basis = 2, Exponent = 3 würde nun folgende Berechnungen nach sich ziehen:

- Beim ersten Aufruf ist der Exponent ungleich 1, also wird die Funktion mit den Werten Basis = 2 und Exponent = 2 erneut aufgerufen.
- Auch beim zweiten Aufruf ist der Exponent ungleich 1, also wird die Funktion erneut aufgerufen, diesmal mit den Werten Basis = 2 und Exponent = 1.
- Beim dritten Aufruf ist der Exponent = 1 und damit ist der Rekursionsabbruch erreicht. Die Funktion liefert den Wert Basis, in unserem Fall also den Wert 2 zurück zum zweiten Funktionsaufruf.
- Hier wird der Rückgabewert errechnet, indem die Potenz $2^1$ mit 2 multipliziert wird. Dieser Wert (4) wird nun an den ersten Funktionsaufruf zurückgeliefert.
- Beim ersten Funktionsaufruf wird der Rückgabewert berechnet, indem der Wert des zweiten Funktionsaufrufes (4) mit der Basis (2) multipliziert wird. Dieser Wert (8) ist dann das Ergebnis des Funktionsaufrufs.

Statt einer Werterückgabe über den Namen der Funktion wäre natürlich auch hier wieder eine Werterückgabe über den Bezeichner *Result* möglich, der Quelltext würde dann so lauten:

```
function Potenz(Basis,Exponent:integer):LongInt;
begin
  if Exponent=1
    then Result:=Basis
    else Result:=Potenz(Basis,Exponent-1)*Basis;
end;
```

Zu überprüfen wäre noch, ob die Abbruchbedingung (`if Exponent=1`) auch sicher erreicht wird. Das ist bei der Eingabe von positiven ganzzahligen Exponenten immer der Fall.
Die Eingabe einer Null oder einer negativen ganzen Zahl als Exponent würde allerdings zu einer Endlosschleife führen, so dass dieser Fall entweder bei der Eingabe der Werte oder im Quelltext der Funktion noch getestet und ausgeschlossen werden müsste.

⇨ Aufgabe 1: Schreiben Sie ein Programm, dass die Potenz zweier natürlicher Zahlen sowohl iterativ als auch rekursiv berechnet. Achten Sie darauf, dass kein Exponent kleiner 1 eingegeben werden kann.

*Beispielansicht zu Aufgabe 1*

## Berechnung der Fakultät

In der Praxis stößt man häufig auf die Frage, auf wie viele verschiedene Arten sich mehrere (ungleiche) Elemente anordnen lassen. Diese Problemstellung soll kurz am Beispiel der Anordnung mehrerer Buchstaben erläutert werden.

| Anzahl | Buchstaben | Anordnungen |
|---|---|---|
| 1 | a | a |
| 2 | ab | ab, ba |
| 3 | abc | abc, acb, bac, bca, cab, cba |
| 4 | abcd | abcd, abdc, acbd, acdb, adbc, adcb, bacd, badc, bcad, bcda, bdac, bdca, cabd, cadb, cbad, cbda, cdab, cdba, dabc ,dacb, dbac, dbca, dcab, dcba |

Die Anzahl der möglichen Anordnungen lässt sich nach folgendem Schema berechnen:

| Anzahl | Buchstaben | Anzahl der Anordnungen |
|---|---|---|
| 1 | a | 1 |
| 2 | ab | $1 \cdot 2=2$ |
| 3 | abc | $1 \cdot 2 \cdot 3=6$ |
| 4 | abcd | $1 \cdot 2 \cdot 3 \cdot 4=24$ |

Ohne einen weiteren Beweis soll hier angenommen werden, dass sich n verschiedene Elemente in $1 \cdot 2 \cdot 3 \cdot \ldots \cdot n$ verschiedenen Reihenfolgen anordnen lassen. In der Mathematik sagt man dazu *Fakultät* und kürzt dies durch ein Ausrufezeichen ab, also z.B. $2! = 2$, $3! = 6$, $4! = 24$ usw.
Diese Funktion *Fakultät* kann man natürlich auch in Delphi implementieren. Der iterative Weg wäre:

```
function Faku(n:integer):LongInt;
var i,Faktor : LongInt;
begin
  Faktor:=1;
  for i:=1 to n do
    Faktor:=Faktor*i;
  Result:=Faktor;
end;
```

Wir können natürlich auch diese Funktion rekursiv programmieren. Dazu überlegen wir uns:

- Die Fakultät von 1 ist 1 (1! = 1). Wir könnten allerdings auch (per Definition) 0!=1 setzen. Eine dieser beiden Bedingungen wäre der Rekursionsabbruch.
- Die Fakultät einer Zahl größer 1 berechnet sich aus dem Produkt der Zahl mit der Fakultät des Vorgängers, also z.B. 4! =3! · 4 oder 6! = 5! · 6.

Daraus ergibt sich die folgende rekursive Funktion:

```
function Faku(n:integer):LongInt;
begin
  if n=1
    then Result:=1
    else Result:=n*Faku(n-1);
end;
```

Auch hier sollten wir uns wieder überlegen, ob der Abbruch der Rekursion mit Sicherheit erreicht wird. Dies ist bei allen nicht negativen Werten für n der Fall, negative Werte für n sollten deshalb vom aufrufenden Programm bei der Eingabe ausgeschlossen werden.

⇨ Aufgabe 2: Schreiben Sie ein Programm, das die Fakultät einer natürlichen Zahl sowohl iterativ als auch rekursiv berechnet.
Beachten Sie, dass bei zu großen Eingaben der Zahlenbereich *Integer* bzw. *LongInt* überschritten wird!

## Berechnung von Spargeldern mit festem Zinssatz

Bei der Anlage von Geld bei einer Bank oder Sparkasse kann man sein Geld mit einem festen Zinssatz anlegen. Die Zinsen eines abgelaufenen Jahres werden am Ende des Jahres dem Konto gutgeschrieben und im nächsten Jahr mit verzinst.
Die Berechnung des Gewinns bei einem solchen Konto wollen wir nun rekursiv lösen. Dazu überlegen wir uns wieder unsere beiden Schritte:

- Wenn ich mein Geld sofort wieder abhebe (Laufzeit=0), erhalte ich als Guthaben nur das Geld, das ich eingezahlt habe. Dies wäre der Rekursionsabbruch.
- In einem beliebigen Jahr erhalte ich Zinsen für das Guthaben, das sich bis zum Ende des vorhergehenden Jahres angesammelt hat. Die Formel dafür würde lauten: Zinsen=Guthaben·Zinssatz. Das neue Guthaben würde sich dann aus der Summe des alten Guthabens und den Zinsen berechnen, also

  - Guthaben = Guthaben + Zinsen bzw.
  - Guthaben = Guthaben + Guthaben · Zinssatz.

  Hier könnte man die Variable Guthaben ausklammern, die Formel würde dann so lauten:

  - Guthaben = Guthaben · (1 + Zinssatz)

Daraus ergibt sich der folgende Quelltext:

```
function Guthaben(Einlage,Zinssatz:real;Laufzeit:integer):real;
begin
  if Laufzeit=0
    then Guthaben:=Einlage
    else Guthaben:=Guthaben(Einlage,Zinssatz,Laufzeit-1)*(1+Zinssatz);
end;
```

Auch hier wird bei positiven Laufzeiten die Abbruchbedingung mit Sicherheit erreicht, bei Eingabe einer negativen Laufzeit müsste das aufrufende Programm entsprechend auf diesen Wert reagieren.

⇨ Aufgabe 3: Schreiben Sie ein Programm, das bei gegebenen Werten für Anlagebetrag, Zinssatz und Laufzeit das Guthaben nach der angegebenen Laufzeit (rekursiv) berechnet und ausgibt.

⇨ Aufgabe 4: Schreiben Sie zu dieser Problematik auch ein iteratives Programm.

## Berechnung des Binomialkoeffizienten

Aus dem Mathematikunterricht ist uns bereits die Binomische Formel zweiten Grades

$$(a+b)^2 = a^2 + 2ab + b^2$$

bekannt. Solche binomischen Formel gibt es aber auch für höhere Potenzen, so ist z.B.

$$(a+b)^3 = a^3 + 3a^2b + 3ab^2 + b^3 \text{ oder}$$
$$(a+b)^4 = a^4 + 4a^3b + 6a^2b^2 + 4ab^3 + b^4.$$

Die Faktoren vor den einzelnen Termen der rechten Seite der Gleichung nennt man auch die so genannten Binomialkoeffizienten.
Der Mathematiker *Blaise Pascal* fand heraus, dass man diese Koeffizienten auch berechnen kann, indem man ein Dreieck aufzeichnet, dessen rechter und linker Zahlenwert jeweils 1 ist (siehe Bild). Alle weiteren Werte werden berechnet, indem man einfach die beiden jeweils darüber liegenden Werte addiert.
So berechnet sich z.B. die Zahl 2 der dritten Zeile als Summe der beiden darüber stehenden Einsen.
Nach seinem Entdecker wird dieses Dreieck auch das Pascal'sche Dreieck genannt.
Die Berechnung eines beliebigen Binomialkoeffizienten lässt sich wieder rekursiv durchführen. Dabei wenden wir die folgenden zwei Überlegungen an:

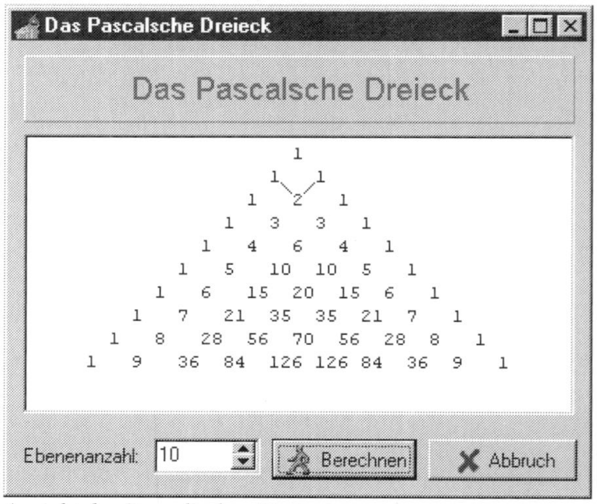

*Ansicht des Pascal'schen Dreiecks*

- Am Rand (linker oder rechter Wert) steht immer eine 1.
- Alle anderen Werte berechnen sich, indem man von der darüber liegenden Reihe (Reihe-1) den jeweils links (aktuelle Position-1) und rechts (aktuelle Position, siehe Bild) angeordneten Koeffizienten addiert.

Der Quelltext zur rekursiven Lösung des Problems sieht dann wie folgt aus:

```
function Pas3(Reihe,Wert:Byte):Integer;
begin
  if ((Wert=0) or (Wert = Reihe))
    then Result:=1
    else Result:=Pas3(Reihe-1,Wert-1)+Pas3(Reihe-1,Wert);
end;
```

⇨ Aufgabe 5: Begründen Sie, warum die Funktion *Pas3* bei Übergabe zweier positiver Zahlen für Reihe und Wert immer sicher beendet wird.

⇨ Aufgabe 6: Schreiben Sie ein Programm, das für zwei übergebene Werte (Potenz, Nummer des Terms) den entsprechenden Binomialkoeffizienten ermittelt, und vergleichen Sie die ermittelten Werte mit dem Bild des Pascalschen Dreiecks.

⇨ Aufgabe 7: Schreiben Sie ein Programm, welches das Pascal'sche Dreieck bis zu einer vorgegebenen Anzahl von Ebenen ausgibt (ähnlich dem dargestellten Bild). Überlegen Sie sich dabei, wie Sie die zentrierte Ausgabe realisieren können.

## Rekursives Füllen

Bei der Programmierung von Grafikprogrammen steht man häufig vor dem Problem, dass ein Algorithmus zum Füllen einer zusammenhängenden Fläche angegeben werden muss.
Wir wollen annehmen, dass alle Punkte mit der neuen Farbe gefüllt werden, die nicht die Farbe Weiß besitzen. Außerdem soll angenommen werden, dass alle Punkte der Fläche in Form eines Koordinatensystems mit x- und y-Achse angesprochen werden.
Ein iterativer Algorithmus wäre hier sicherlich sehr schwer zu entwickeln, die Beschreibung eines rekursiven Algorithmus hingegen fällt leicht:

- Zuerst färbt man den aktuellen Punkt (x,y) mit der gewünschten Farbe.
- Wenn der Punkt links vom aktuellen Punkt (x-1) weiß ist, dann füllen von dort.
- Wenn der Punkt rechts vom aktuellen Punkt (x+1) weiß ist, dann füllen von dort.
- Wenn der Punkt unter dem aktuellen Punkt (y-1) weiß ist, dann füllen von dort.
- Wenn der Punkt über dem aktuellen Punkt (y+1) weiß ist, dann füllen von dort.

Ein Quelltext (mit stellenweise selbst geschriebenen Befehlen) könnte so aussehen:

```
procedure Fuelle(x,y:Integer);
begin
  SetzeFarbe(x,y);
  if Farbe(x-1,y)=weiss then Fuelle(x-1,y);
  if Farbe(x+1,y)=weiss then Fuelle(x+1,y);
  if Farbe(x,y-1)=weiss then Fuelle(x,y-1);
  if Farbe(x,y+1)=weiss then Fuelle(x,y+1);
end;
```

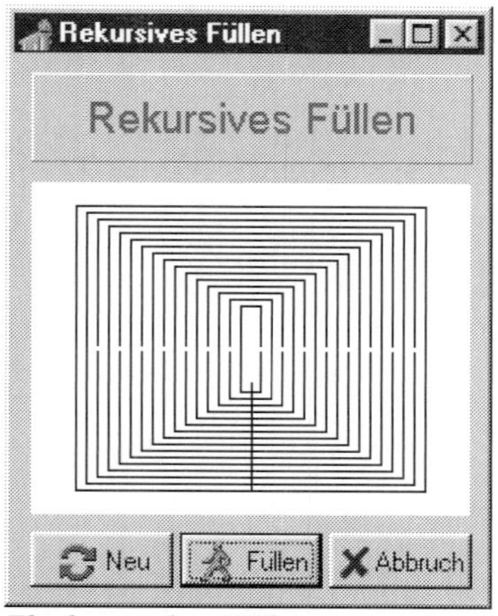

*Fläche vor dem Füllen*

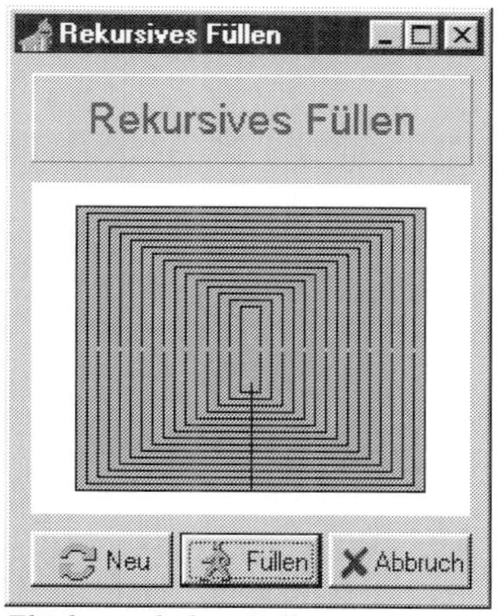

*Fläche nach dem Füllen*

Dass dieser einfache Algorithmus auch bei relativ komplexen Flächen (siehe linkes Bild) funktioniert, sollen die beiden nebenstehenden Darstellungen zeigen.
Es soll allerdings nicht verschwiegen werden, dass das Füllen des gezeigten Bildes relativ langsam vonstatten geht (Auf einem Rechner mit 333 MHz Taktfrequenz benötigt das Füllen etwa eine Zeit von 10 Sekunden.).
Es gibt natürlich auch schnellere Algorithmen, diese sind jedoch auch wesentlich komplizierter zu programmieren.

➢ Hinweis 1: Die im Quelltextbeispiel benutzten Funktionen (Farbe) und Prozeduren (*SetzeFarbe*, *Fuelle*) existieren in Delphi nicht, sondern wurden speziell für dieses Demonstrationsprogramm geschrieben. Im nächsten Kapitel werden Sie jedoch alle benötigten Befehle kennen lernen, um dieses Programm selbst programmieren zu können.

## Die Türme von Hanoi

Der französische Mathematiker und Zahlentheoretiker *Francois Eduoard Anatole Lucas* (1842-1891) veröffentlichte im Jahr 1883 das Spiel der *Türme von Hanoi*, später auch *Lucas'sche Türme* genannt.
Gegeben sind dabei drei Plätze zum Stapeln von unterschiedlich großen Scheiben. Am Anfang liegen alle Scheiben auf dem ersten Platz, dabei liegt immer eine kleine Scheibe auf der nächsten größeren Scheibe (siehe Bild).

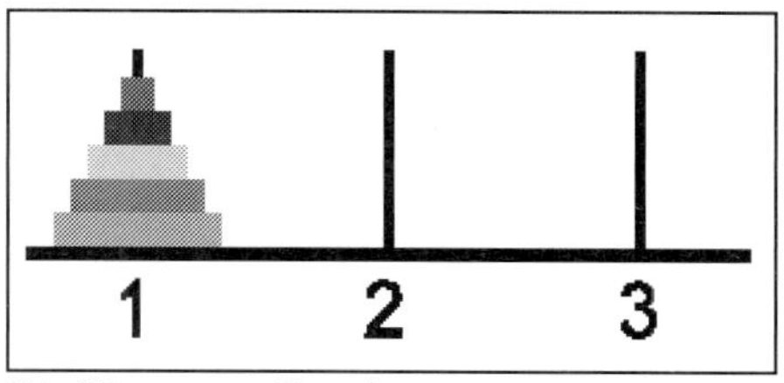

*Die Türme von Hanoi*

Die Spielregeln waren nun sehr einfach:

- Der Turm soll von Position 1 nach Position 2 umgestapelt werden, Position 3 darf man als Zwischenablage benutzen.
- Es darf immer nur eine Scheibe bewegt werden.
- Man darf immer nur eine kleine Scheibe auf eine größere Scheibe legen, niemals umgekehrt.

⇨ Aufgabe 8: Schneiden Sie sich einige unterschiedlich große Scheiben aus Pappe und malen Sie diese mit verschiedenen Farben an. Probieren Sie das Bewegen eines Turmes, der nur aus drei Scheiben besteht. Versuchen Sie dabei mit möglichst wenigen Zügen auszukommen.

⇨ Aufgabe 9: Erweitern Sie die Aufgabe auf das Bewegen eines Turmes mit 4 Scheiben. Welche Arbeitsweisen kann man übernehmen, was muss man ändern?

Die rekursive Beschreibung des Problems ist so einfach, dass es schwer fällt, an sie zu glauben.

- Wenn man n Scheiben umstapeln soll, nimmt man an, dass man jemanden kennt, der das Problem für n-1 Scheiben lösen kann.
- Diese Person veranlasst man nun dazu, n-1 Scheiben umzuordnen (nach Position 3). Danach legt man selbst die übrig bleibende Scheibe auf Position 2 und veranlasst die Person, die schon einmal n-1 Scheiben umgeordnet hat, dies nochmals zu tun, diesmal jedoch auf die große Scheibe auf Position 2.
- Von der Person, die n-1 Scheiben umordnen kann, nimmt man an, dass sie wiederum eine Person kennt, die n-2 Scheiben umsortieren kann. So muss die erste Person nur eine Scheibe an eine andere Position legen, den Rest erledigt die zweite Person.
- Von dieser und allen weiteren Personen nimmt man auch an, dass sie eine Person kennen, die das Problem für jeweils eine Scheibe weniger lösen kann (Rekursion!).
- Die letzte Person in dieser Reihe hat nur noch eine Scheibe umzulegen (Rekursionsabbruch), und das geht ja nun wirklich einfach.

Um eine sinnvolle Bildschirmausgabe zu erreichen, werden alle Spielzüge in der Art '1->2' untereinander in eine Listbox geschrieben. Das soll bedeuten, dass die oberste Scheibe von der Position 1 auf die Position 2 gelegt werden soll.
Eine Beispielausgabe ist im linken Teil des dargestellten Bildes zu sehen. Die Programmierung des grafischen Bewegens der Scheiben ist etwas komplizierter und soll hier nicht beschrieben werden.
Der Quelltext für die rekursive Prozedur ist noch kürzer als die Erklärung:

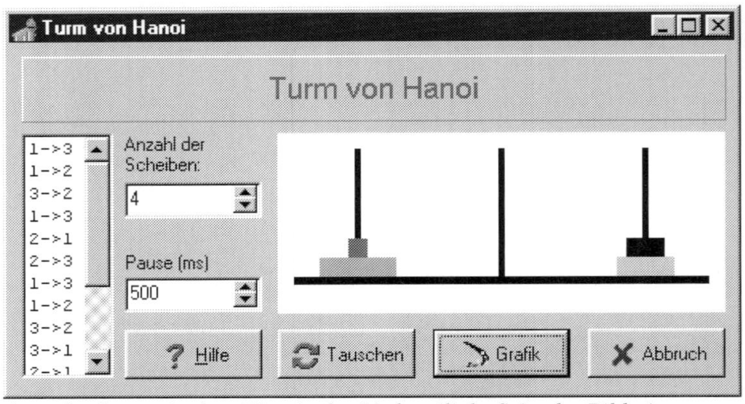

*Ausgabe der ermittelten Züge in der Listbox (linke Seite des Bildes)*

```
procedure Bewege_Scheiben(Anzahl:Integer;links,mitte,rechts:Char);
begin
  if Anzahl=1
    then Form1.ListBox1.Items.Add(links+'->'+mitte)
    else
      begin
        Bewege_Scheiben(Anzahl-1,links,rechts,mitte);
        Bewege_Scheiben(1,links,mitte,rechts);
        Bewege_Scheiben(Anzahl-1,rechts,mitte,links);
      end;
end;
```

Der Aufruf der Prozedur erfolgt dann mit

```
Bewege_Scheiben(n,'1','2','3');
```

Dabei entspricht n der Anzahl der zu bewegenden Scheiben, die 3 Ziffern (hier zur Vereinfachung der Ausgabe als Variable vom Typ Char deklariert) geben an, dass der Turm von Position 1 auf Position 2 bewegt werden soll, wobei Position 3 als Zwischenspeicher benutzt werden darf.

⇨ Aufgabe 10: Schreiben Sie ein Programm, das die Zugfolge bei einer beliebigen Anzahl von einzugebenden Scheiben notiert. Testen Sie das Programm, indem Sie Ihre Pappscheiben entsprechend der ausgegebenen Reihenfolge der Züge bewegen.

⇨ Aufgabe 11: Erweitern Sie Ihr Programm um eine Möglichkeit, die Anzahl der notwendigen Bewegungen zu zählen und auszugeben.

⇨ Aufgabe 12: Versuchen Sie eine Abhängigkeit der Anzahl der notwendigen Bewegungen von der Anzahl der zu bewegenden Scheiben herauszufinden.

⇨ Aufgabe 13: Die Legende zu den Türmen von Hanoi sagt, dass in einem Tempel in Hanoi 64 Scheiben aus Edelsteinen auf 3 goldenen Stäben nach dem uns bekannten Prinzip von den Priestern umgestapelt werden sollen. Wenn diese Aufgabe erfüllt sei, wäre das Ende der Welt erreicht.
Wie lange würde nach dieser Legende die Welt noch existieren, wenn man annimmt, dass die Priester je Sekunde eine Scheibe umstapeln können?

## Kontrollfragen

☛ Frage 1: Was versteht man unter einer rekursiven Prozedur bzw. Funktion? Was muss bei ihrer Programmierung beachtet werden?

☛ Frage 2: An welcher Stelle der von uns behandelten Füll-Prozedur wird der Abbruch der Rekursion gewährleistet?

☛ Frage 3: Wann funktioniert die besprochene Füll-Prozedur nicht so, wie sie sollte?

☛ Frage 4: Welchen Wert liefert die Funktion *Summe* beim Aufruf mit dem Wert x=5?

```
function summe(x:integer):integer;
begin
  if x<2 then summe:=x
         else summe:=x+summe(x-2);
end;
```

☛ Frage 5: Welchen Wert liefert die Funktion *Summe2* beim Aufruf mit dem Wert x=20?

```
function summe2(x:integer):integer;
begin
  if x<2 then summe2:=5
         else summe2:=summe2(x-5)+x+1;
end;
```

☛ Frage 6: Welchen Wert liefert die Funktion *Diff* beim Aufruf mit dem Wert x=3?

```
function diff(x:integer):integer;
begin
  if x=1 then diff:=100
         else diff:=diff(x-1)-x;
end;
```

☛ Frage 7: Welche Werte darf man in Aufgabe 6 nicht übergeben? Warum?

# 13 Grafik in Delphi – die Eigenschaft Canvas

## 13.1 Eigenschaften von Canvas

Da Windows eine grafisch orientierte Benutzeroberfläche ist, stellt das Verständnis der Grafikeigenschaft einen besonderen Schwerpunkt dar.
Bei der Programmierung der Grafikeigenschaften von Delphi haben sich die Borland-Programmierer um eine intuitive Anwendung der Grafikeigenschaften bemüht. Im Einzelnen sieht das so aus:

- Man zeichnet auf einer Leinwand (*Canvas*).
- Linien werden mit einem Stift (*Pen*) gezeichnet.
- Flächen werden mit einem Pinsel (*Brush*) ausgemalt.
- Geschrieben wird mit einer bestimmten Schrift (*Font*).
- Jedes der 3 Werkzeuge (*Pen, Brush, Font*) hat bestimmte Eigenschaften (z.B. die Farbe), die so lange erhalten bleiben, bis sie geändert werden.

Als Übersicht ergibt sich das folgende Bild:

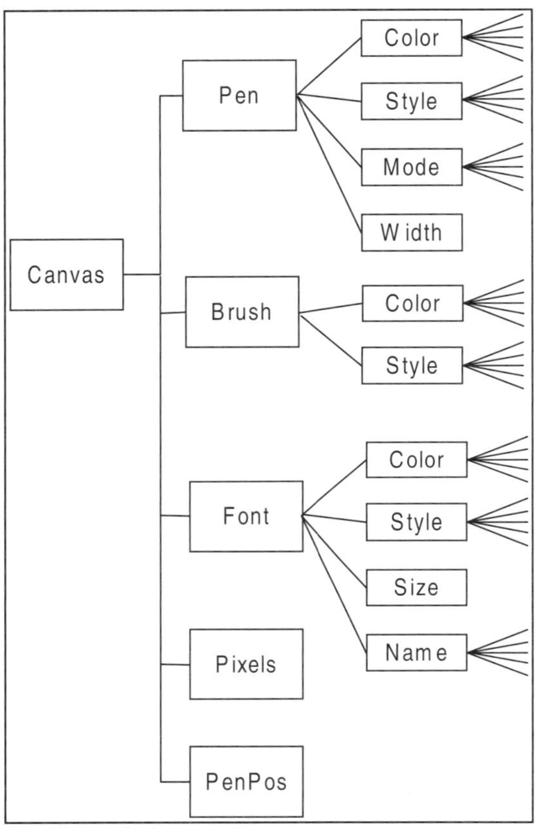

*Die Eigenschaften von Canvas*

### Eigenschaften von Pen:

Jeder Stift hat eine bestimmte Farbe (*Color*). Dabei sind alle Standardfarben von Windows verwendbar (siehe nächste Seite).
Die Art, wie die Linien gezeichnet werden, also z.B. durchgehend, gepunktet oder gestrichelt, wird in der Eigenschaft *Style* angegeben.
In der Eigenschaft *Mode* können verschiedene Verknüpfungen zwischen Stift- und Bildschirmfarbe eingestellt werden (normale Darstellung, invers, ...). Von den mehr als 15 Möglichkeiten ist für uns im Moment nur die Standardeinstellung, nämlich der normale Zeichenmodus (*pmCopy*) von Interesse.
Jeder Stift hat natürlich eine bestimmte Strichstärke. Diese wird in der Eigenschaft *Width* (in Pixeln) angegeben.

### Eigenschaften von Brush:

Auch jeder Pinsel hat eine bestimmte Farbe (*Color*). Auch hier sind alle Standardfarben von Windows verwendbar.
Die Art, in der eine Fläche ausgemalt wird (vollständig ausgefüllt, senkrecht, waagerecht oder diagonal gestreift, ...), ist in der Eigenschaft *Style* angegeben.

### Eigenschaften von Font:

Genau wie Stift und Pinsel hat auch die Schrift eine bestimmte Farbe (*Color*). Der Schriftstil (unterstrichen, kursiv, fett, ...) wird in der Eigenschaft *Style* angegeben. Jede Schrift hat eine bestimmte Größe (*Size*). Die Schriftgröße wird in Punkten angegeben.
Der Zusammenhang zwischen Punkten und der Rastereinheit Pixel ist relativ kompliziert und kann in der integrierten-Hilfe nachgelesen werden. Für uns reicht der folgende Zusammenhang: Eine normale Schreibmaschinenschrift hat eine Größe von 12 Punkten.
Hinter der Eigenschaft *Name* verbirgt sich die bei der Textausgabe verwendete Schriftart (Arial, Courier New, Times New Roman, ...). Hier können alle Schriften verwendet werden, die auf dem Computer installiert sind.

### Die Eigenschaft Pixels:

Es ist natürlich auch möglich, einen einzelnen Punkt auf der Leinwand gezielt anzusteuern. Dazu dient die Eigenschaft *Pixels*. Hier kann jeder Punkt wie in einem 2-dimensionalen Koordinatensystem durch Angabe seiner x- und y-Koordinate sowie der Farbe angesteuert werden. Im Unterschied zum "normalen" Koordinatensystem finden wir hier den Koordinatenursprung nicht links unten, sondern links oben.

### Die Eigenschaft Penpos:

Wenn man mit dem Stift gezeichnet hat, merkt sich der Computer die letzte Zeichenposition. Diese Position kann über die Eigenschaft *PenPos* abgefragt werden. Im Folgenden sollen die Eigenschaften von Canvas etwas ausführlicher und mit Beispielen behandelt werden.
Prinzipiell enthält jede Delphi-Komponente eine Zeichenfläche (*Canvas*), von den Delphi-Programmierern wurden sie jedoch nur für das Formular und für die Komponenten *PaintBox* und *Image* freigegeben.

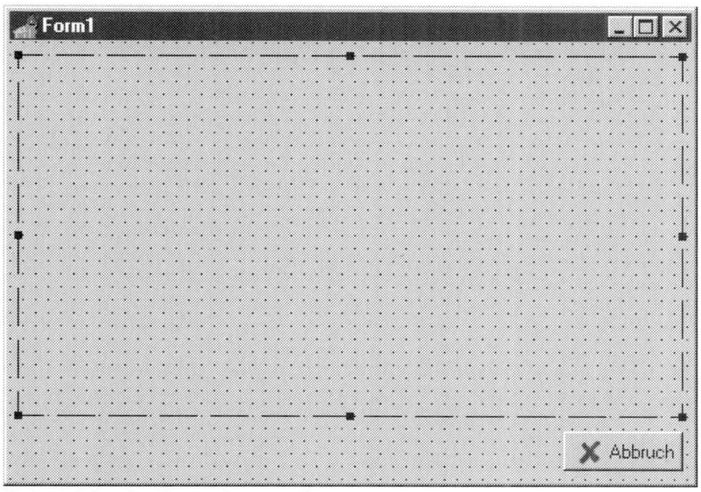

*Beispiel für die Formulargestaltung*

Wir werden zum Testen nur die Image-Komponente benutzen und erstellen ein Formular, das aus einer Image-Komponente und einem Abbruch-Knopf besteht.
Den Knopf belegen wir wie üblich mit dem *Close*-Befehl, die Image-Komponente sollte eine Größe von etwa 400*250 Pixeln haben.
Damit unsere Zeichenversuche immer sofort beim Programmstart erscheinen, nutzen wir das Ereignis *OnCreate* des Formulars.
Wir erzeugen die zugehörige *FormCreate*-Prozedur wie üblich durch einen Doppelklick auf eine freie Stelle des Formulars.
In die so erzeugte Prozedur werden wir im Folgenden alle unsere Testzeilen schreiben.

## 13.2 Farben unter Delphi

Für die Windowsgrundfarben sind in Delphi schon vordefinierte Farbkonstanten vorhanden, die wir bereits bei der Färbung von anderen Objekten benutzt haben (siehe folgende Übersicht). Für die Darstellung weiterer Farben sollte man sich in der Online-Hilfe unter dem Suchwort *TColor* informieren.

| Farbkonstante | Bedeutung |
|---|---|
| clBlack | Schwarz |
| clMaroon | Rotbraun |
| clGreen | Grün |
| clOlive | Olivgrün |
| clNavy | Marineblau |
| clPurple | Violett |
| clTeal | Petrol |
| clGray | Grau |

| Farbkonstante | Bedeutung |
|---|---|
| clSilver | Silber/Hellgrau |
| clRed | Rot |
| clLime | Limonengrün |
| clYellow | Gelb |
| clBlue | Blau |
| clFuchsia | Pink |
| clAqua | Karibikblau |
| clWhite | Weiß |

## 13.3 Methoden zum Zeichnen

### Zeichnen von einzelnen Punkten

Entsprechend der objektorientierten Darstellung in Delphi müsste eine komplette Zeile zum Zeichnen eines Punktes auf einem Image etwa so aussehen:

```
Image1.Canvas.Pixels[30,10]:=clRed;
```

Diese Zeile würde die Grafikeigenschaft Canvas der Komponente Image1 ansprechen und dort das 31. Pixel von links in der 11. Zeile von oben rot färben (in Delphi beginnt hier die Zählung wie üblich bei 0).
Um uns im Folgenden etwas Schreibarbeit zu ersparen und die zwei Worte Image und Canvas nicht jedes Mal zu schreiben, benutzen wir die (bereits bei der Arbeit mit Stringgittern verwendete) *with*-Anweisung wie folgt:

```
procedure TForm1.FormCreate(Sender: TObject);
begin
  with Image1.Canvas do
    begin
      Pixels[30,10]:=clRed;
      {hier folgen dann unsere weiteren Testzeilen}
    end;
end;
```

Schauen Sie genau hin, ein Pixel ist nicht sehr groß!

⇨ Aufgabe 1: Probieren Sie auch weitere Pixel mit anderen Farben, denken Sie dabei an die Breite und Höhe Ihrer Image-Komponente.

Mit der Pixel-Methode ist es sehr mühsam, komplexere Figuren, wie zum Beispiel eine Linie zu zeichnen, prinzipiell geht es aber. Definieren Sie dazu eine Variable x vom Typ *Integer* und fügen Sie die folgende Zeile in unsere Prozedur ein:

```
for x:=20 to 300 do Pixels[x,5]:=clBlue;
```

Das ist natürlich für Linien parallel zur x- und y-Achse noch machbar (wenn auch sehr langsam), für schräge Linien aber mit ziemlicher Rechnerei verbunden.
Um uns an dieser Stelle etwas Arbeit zu ersparen, ist die Grafikeigenschaft Canvas in Delphi schon mit einer Anzahl vorgefertigter Methoden zur Ausgabe von Text und Grafik ausgestattet. Einige davon wollen wir jetzt kennen lernen.

### Die Methoden MoveTo und LineTo

Mit der Methode *MoveTo* kann man den Stift an eine bestimmte Position bewegen, ohne zu zeichnen. Als Parameter müssen lediglich die x- und y- Koordinate in Pixeln übergeben werden. Von der so angegebenen Startposition kann man mit der Methode *LineTo* eine Linie zu der, wieder mit x- und y-Wert anzugebenden, Endposition zeichnen. Das folgende Beispiel zeichnet eine schräge Linie in der linken oberen Bildschirmecke vom Punkt mit den Koordinaten (20,15) zum Punkt (160,15).

```
MoveTo(20,15);
LineTo(160,15);
```

Da wir noch keine andere Farbe eingestellt haben, zeichnet der Computer in der Standardfarbe Schwarz. Wir können jedoch auch alle anderen Farben verwenden, müssen dazu jedoch die Farbe des Stiftes vor dem Zeichnen gesetzt haben. Außerdem ist es möglich, verschiedene Linienarten auszuprobieren. Der folgende Quelltext zeichnet eine gestrichelte Linie in grüner Farbe.

```
Pen.Color:=clGreen;
Pen.Style:=psDash;
```

```
MoveTo(20,15);
LineTo(160,15);
```

⇨ Aufgabe 2: Zeichnen Sie weitere Linien in anderen Farben. Probieren Sie für die Linienarten die *Style*-Werte *psSolid*, *psDash*, *psDot*, *psDashDot* und *psDashDotDot* aus.

Über die Eigenschaft *Width* des Stiftes kann der Stift auch in verschiedenen Breiten zeichnen. Dies funktioniert jedoch nur mit der Linienart *psSolid*, alle anderen Linien werden bei größerer Stiftstärke auch durchgehend gezeichnet. Fügen Sie nach der Zeile

```
Pen.Style:= ...
```

noch die Zeile

```
Pen.Width:=2;
```

ein und probieren Sie weitere Werte für die Breite aus.

## Die Methode Rectangle

Die Methode *Rectangle* dient zum Zeichnen von Rechtecken. An die Methode *Rectangle* muss man 4 Parameter übergeben, und zwar 2 Parameter für eine Ecke und zwei weitere Parameter für die gegenüberliegende Ecke. Die allgemeine Syntax lautet:

```
Rectangle(x1,y1,x2,y2);
```

Diese Zeile zeichnet ein Rechteck, bei dem zwei (gegenüberliegende) Ecken die Koordinaten (x1,y1) und (x2,y2) besitzen.
Das Rechteck wird mit der Farbe gezeichnet, die in der Eigenschaft *Pen.Color* eingestellt ist, und wird mit der Farbe gefüllt, die man in *Brush.Color* eingestellt hat. Die Art des Füllmusters wird in der Eigenschaft *Brush.Style* eingestellt, standardmäßig ist kein Füllmuster eingestellt.
Wir wollen nun ein Rechteck selbst zeichnen und ergänzen dazu unseren Quelltext um die Zeile

```
Rectangle(30,50,200,120);
```

Im linken oberen Viertel unserer Zeichenfläche sollte nun ein Rechteck erscheinen.

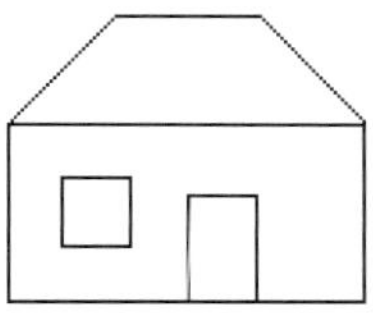

*Skizze zu Aufgabe 4*

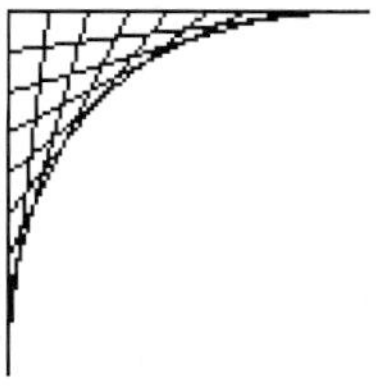

*Skizze zu Aufgabe 5*

⇨ Aufgabe 3: Zeichnen Sie weitere Rechtecke in anderen Farben, probieren Sie für das Füllmuster die Style-Werte *bsSolid*, *bsClear*, *bsHorizontal*, *bsVertical*, *bsFDiagonal*, *bsBDiagonal*, *bsDiagCross* und *bsCross* sowie verschiedene Farben des Füllmusters aus.

⇨ Aufgabe 4: Versuchen Sie mit möglichst wenigen Befehlen das in der nebenstehenden Skizze dargestellte Haus zu zeichnen.

⇨ Aufgabe 5: Die in der Skizze dargestellte "Fadengrafik" ist durch Anwendung von Linien-Befehlen in einer Schleife entstanden. Versuchen Sie diese und ähnliche Grafiken zu erzeugen.

## Die Methoden Ellipse und RoundRect:

Mit der Methode *Ellipse* kann man auf der Leinwand eine Ellipse erzeugen. Zum Zeichnen einer Ellipse müssen 4 Parameter übergeben werden. Diese 4 Parameter entsprechen den Parametern des Rechtecks, das die Ellipse umschließt. Den Zusammenhang zwischen Ellipse und Rechteck versteht man am besten, wenn man eine Ellipse und ein Rechteck mit den gleichen Parametern zeichnen lässt. Wir probieren dies mit den folgenden 2 Zeilen:

```
Rectangle(20,30,180,90);
Ellipse(20,30,180,90);
```

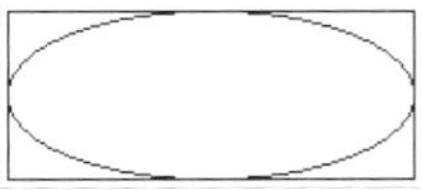

*Ellipse und Rechteck mit gleichen Parametern*

Das Ergebnis sollte dann etwa so wie im rechts dargestellten Bild aussehen.

Kreise lassen sich natürlich auch zeichnen, hier muss lediglich die Differenz der beiden x- und y-Werte übereinstimmen. Wir probieren das Zeichnen eines Kreises:

```
Ellipse(250,200,280,230);
```

Im eben genannten Beispiel ist die Differenz der beiden x-Werte (280-250) und der beiden y-Werte (230-200) jeweils 30, es wird also ein Kreis gezeichnet.
Um für die folgenden Zeichnungen wieder freien Platz auf der Zeichenfläche zu haben, löschen wir unsere bisherigen Grafikversuche bzw. versehen sie mit einer geschweiften Klammer (Kommentarklammer).

Die Methode *RoundRect* ist eine Verknüpfung der Rectangle- und der Ellipse-Methode. Die allgemeine Syntax lautet:

```
RoundRect(x1,y1,x2,y2,x3,y3);
```

Gezeichnet wird ein Rechteck mit den bekannten Werten (x1,y1,x2,y2), allerdings werden statt der Ecken jeweils die Viertel einer Ellipse eingefügt, deren Breite x3 und deren Höhe y3 beträgt. Das folgende Beispiel soll dies verdeutlichen. Wir zeichnen ein Rechteck, das 200 Pixel breit und 100 Pixel hoch ist. Die linke obere Ecke soll der Punkt (100,50) sein, die beiden Koordinaten der rechten unteren Ecke betragen demzufolge 300 für den x-Wert (100+200) und 150 für den y-Wert (50+100).

```
Rectangle(100,50,300,150);
```

In dieses Rechteck zeichnen wir 4 Ellipsen mit 60 Pixeln Breite und 40 Pixeln Höhe, und zwar in jede Ecke eine. Die Werte der Ellipsen errechnen sich, indem wir zu jedem x-Wert 60 addieren (linke Ellipsen) bzw. 60 subtrahieren (rechte Ellipsen) und entsprechend zu jedem y-Wert 40 addieren (obere Ellipsen) bzw. 40 subtrahieren (untere Ellipsen).
Es ergeben sich dann die folgenden 4 Zeilen:

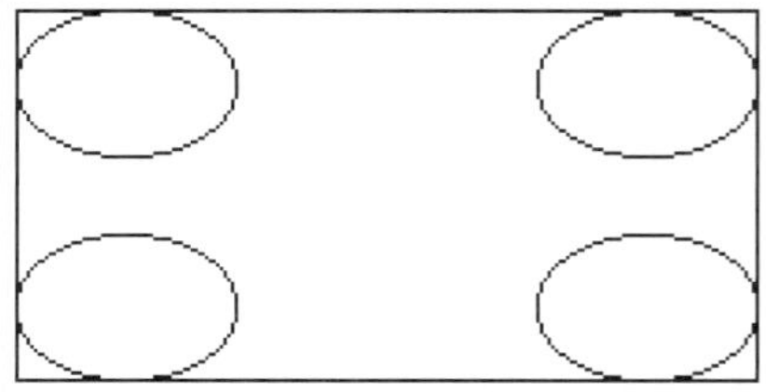

*Rechteck mit 4 Ellipsen*

```
Ellipse(100,50,160,90);
Ellipse(240,50,300,90);
Ellipse(100,110,160,150);
Ellipse(240,110,300,150);
```

Das entstandene Bild sollte nun das rechts dargestellte Aussehen haben.

Wir wollen nun mit roter Farbe eine *RoundRect*-Figur in die gleiche Zeichnung malen, um den Zusammenhang der Koordinaten zu verstehen. Die ersten vier Parameter (100,50,300,150) der Methode *RoundRect* legen die linke obere Ecke (100,50) bzw. die rechte untere Ecke (300,150) des Rechtecks fest, die letzten beiden Parameter 60 und 40 bestimmen die Breite bzw. die Höhe der vier Elipsen. Damit unsere 4 Ellipsen nicht überschrieben werden, setzen wir die Fülleigenschaft unseres Pinsels auf transparent (*bsClear*).

```
Pen.Color:=clRed;
Brush.Style:=bsClear;
RoundRect(100,50,300,150,60,40);
```

Die RoundRect-Figur ist nun rot gezeichnet und sollte in den beschriebenen Teilen der abgebildeten Figur entsprechen.

⇨ Aufgabe 6: Probieren Sie auch bei den Methoden *Ellipse* und *RoundRect* verschiedene Eigenschaften für Pen und Brush aus.

## Die Methode TextOut

Die Textausgabe innerhalb von Canvas erfolgt mit der Methode *TextOut*. Erwartet werden die linke obere Ecke der Position, ab welcher der Text ausgegeben wird, und der auszugebende Text. Außerdem werden natürlich alle in der Canvas-Eigenschaft *Font* eingestellten Werte berücksichtigt.
Das folgende Beispiel schreibt den Text 'Computer' in die linke obere Ecke unserer Image-Komponente:

```
TextOut(30,20,'Computer');
```

Einen etwas größeren blau geschriebenen Text in der Schriftart *Arial* erreicht man z.B. mit den folgenden Zeilen:

```
Font.Color:=clBlue;
Font.Size:=36;
Font.Name:='Arial';
TextOut(30,20,'Computer');
```

Ergänzen kann man diese Textformatierungen noch durch verschiedene Schriftstile. Probieren Sie z.B. alternativ die folgenden Einstellungen:

```
Font.Style:=[fsBold];    oder
Font.Style:=[fsItalic,fsUnderline];    oder
Font.Style:=[fsBold,fsItalic,fsUnderline];
```

Zu normaler Schriftdarstellung kommt man, indem man die *Style*-Werte wieder zurücksetzt.

```
Font.Style:=[];
```

⇨ Aufgabe 7: Testen Sie die Textausgabe mit der Methode *TextOut*. Verwenden Sie verschiedene Farben, Schriftgrößen und Schriftarten.

⇨ Aufgabe 8: Versehen Sie den ausgegebenen Text zusätzlich mit Schriftattributen (fett, kursiv, unterstrichen). Verwenden Sie auch mehrere dieser Attribute gleichzeitig.

➢ Hinweis 1: Außer der Schriftart *Arial*, die mit großer Wahrscheinlichkeit auf allen Windows-Computern installiert sein dürfte, kann man natürlich auch alle anderen installierten Schriftarten ausprobieren. Dazu gibt es verschiedene Möglichkeiten:

1. Öffnen Sie die Eigenschaft *Font* eines Objektes im Objektinspektor. Hier können Sie außer den installierten Schriften noch jeweils ein Anzeigebeispiel für die aktuell ausgewählte Schriftart sehen.
2. Aktivieren Sie in der Windows-*Systemsteuerung* den Punkt *Schriftarten* und ermitteln Sie so, welche Schriftarten auf Ihrem Rechner installiert sind. Ein Doppelklick auf ein Schriftartsymbol zeigt Ihnen dann jeweils eine Beispielansicht der gewählten Schrift in verschiedenen Größen.
3. Benutzen Sie die Delphi-Variable *Screen*. Diese Variable besitzt in der Listeneigenschaft *Fonts* eine Aufzählung aller installierten Schriftarten. Das folgende Beispiel zeigt Ihnen ein Textbeispiel der ersten 8 installierten Schriftarten:

```
Font.Size:=12;
for i:=0 to 7 do
  begin
    Font.Name:=Screen.Fonts[i];
    TextOut(10,10+25*i,'Computer');
  end;
```

Sollte bei der Abarbeitung dieser Programmzeilen ein Fehler auftauchen, dann haben Sie auf Ihrem Rechner keine 8 Schriftarten installiert. Verringern Sie in diesem Fall den Endwert der Schleife jeweils um 1, bis das Programm funktioniert.

### Die Methoden TextWidth und TextHeight

Die beiden Methoden *TextWidth* und *TextHeight* sind Funktionen und ermitteln die Breite bzw. die Höhe der übergebenen Zeichenkette in Pixeln. Der folgende Programmausschnitt versieht den in der Variablen s angegebenen String mit einem Rahmen, der im Abstand von 10 Pixeln um den Text herum gezeichnet wird.

```
var x,y,Breite,Hoehe : Integer;
    s : String;
begin
  x:=30;
  y:=20;
  s:='Computer';
  with Image1.Canvas do
    begin
      Font.Name:='Arial';
      Font.Size:=24;
      Breite:=TextWidth(s);
      Hoehe:=TextHeight(s);
      Rectangle(x-10,y-10,x+Breite+10,y+Hoehe+10);
      TextOut(x,y,s);
    end;
end;
```

⇨ Aufgabe 9: Testen Sie das vorangegangene Programm auch mit anderen Texten sowie mit unterschiedlichen Einstellungen für Schriftart und Schriftgröße. Begründen Sie, warum der Rahmen bei allen Einstellungen korrekt gezeichnet wird.

⇨ Aufgabe 10: Schreiben Sie einen Programmausschnitt, der einen angegebenen Text unabhängig von seiner Länge und der eingestellten Schriftgröße rechtsbündig bzw. zentriert zu einem vorgegebenen x-Wert ausgibt.

⇨ Aufgabe 11: Schreiben Sie einen Programmausschnitt, der einen angegebenen Text unabhängig von seiner Länge und der eingestellten Schriftgröße doppelt unterstreicht.

⇨ Aufgabe 12: Ergänzend zu Aufgabe 11 soll der Abstand der beiden Linien von der Größe der Schriftart abhängig sein.

## 13.4 Kontrollfragen

☛ Frage 1: Welche 5 Haupteigenschaften hat die Grafikeigenschaft Canvas, welche Bedeutung haben diese Eigenschaften?

☛ Frage 2: Wie kann man erreichen, dass man beim Erstellen von Quelltext für eine Eigenschaft Canvas nicht jedes Mal *Image1.Canvas* vor die einzelnen Methoden oder Eigenschaften von Canvas schreiben muss?

☛ Frage 3: Drei nebeneinander liegenden Pixeln auf Image3 sollen die drei Farben Rot, Grün und Blau zugeordnet werden. Schreiben Sie den entsprechenden Quelltext.

☛ Frage 4: Wie kann man durch einen Quelltext die Farbe der linken oberen Ecke von Image2 ermitteln und in der Variablen *Farbe* abspeichern?

☛ Frage 5: Wie lautet der entsprechende Quelltext zur Ermittlung der Farbe (siehe Aufgabe 4) für die rechte obere Ecke? Wie kann ein gleichfarbiger Punkt 5 Pixel weiter unten gezeichnet werden?

☛ Frage 6: Eine senkrechte dunkelblaue Linie mit einer Länge von 50 Pixeln soll ohne Benutzung des LineTo-Befehls gezeichnet werden. Geben Sie einen entsprechenden Quelltext an.

☛ Frage 7: Zeichnen Sie vom Punkt (200,100) ohne Benutzung des LineTo-Befehls eine dunkelgrüne Linie zum Punkt (260,160).

☛ Frage 8: Schreiben Sie eine eigene Prozedur Rechteck, die man z.B. mit folgender Zeile

```
Rechteck(Image1,x1,y1,x2,y2)
```

aufrufen könnte und die den *Rectangle*-Befehl unter Zuhilfenahme von *LineTo*-Befehlen realisiert.

☛ Frage 9: Fünfzehn parallele waagerechte Linien mit einer Länge von 150 Pixeln sollen im Abstand von 5 Pixeln gezeichnet werden. Geben Sie dazu einen möglichst kurzen Quelltext an.
Wie lautet der entsprechende Quelltext, wenn man die Befehle *MoveTo* und *LineTo* nicht verwenden darf?

☛ Frage 10: Es soll ein Kreis mit einem Radius von 50 Pixeln und mit dem Mittelpunkt (200,100) gezeichnet werden. Wie lautet der zugehörige Quelltext?

☛ Frage 11: Zehn konzentrische Kreise mit gemeinsamem Mittelpunkt und einem Abstand von jeweils 5 Pixeln sollen auf der Zeichenfläche ausgegeben werden (siehe Bild 1). Geben Sie den entsprechenden Quelltext an.

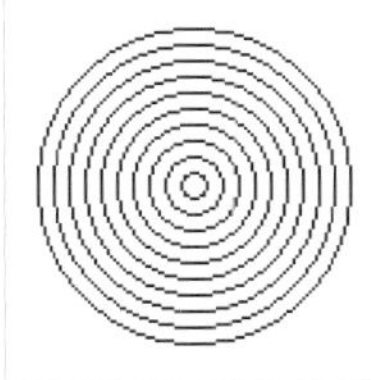

*Bild 1 (Frage 11)*

☛ Frage 12: Auf der Zeichenfläche soll der Text 'Ausgabe' in hellgrüner, unterstrichener und kursiver 20 Punkt-Times-Schrift mit der linken oberen Ecke am Punkt (20,200) ausgegeben werden. Geben Sie den entsprechenden Quelltext an.

☛ Frage 13: Der Text aus Aufgabe 12 soll so ausgegeben werden, dass er beim x-Wert 350 aufhört (also rechtsbündig zu diesem Wert ist). Geben Sie den entsprechenden Quelltext an.

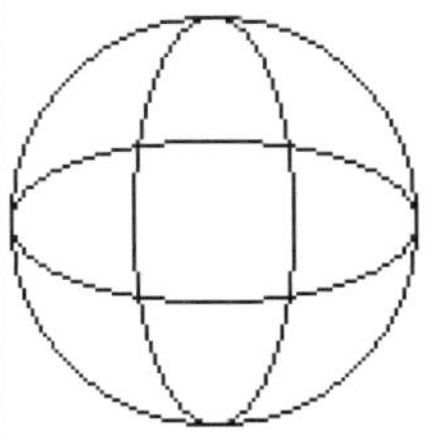

*Bild 2 (Frage 16)*

☛ Frage 14: Der Inhalt einer Listbox soll untereinander auf einer Zeichenfläche ausgegeben werden. Berücksichtigen Sie bei der Angabe des Quelltextes, dass unterschiedliche Schriftgrößen auch einen unterschiedlichen Zeilenabstand erfordern. Wie lautet der entsprechende Quelltext?

☛ Frage 15: Ein beliebiger String s soll auf der Zeichenfläche doppelt umrahmt dargestellt werden. Dabei sollen sich Höhe und Breite des Rahmens mit der Höhe und Breite des Wortes ändern. Wie lautet der gesuchte Quelltext?

☛ Frage 16: Geben Sie einen möglichen Quelltext zur Erzeugung des nebenstehenden Bildes (Bild 2) an.

*Bild 3 (Frage 18)*

☛ Frage 17: Geben Sie einen möglichen Quelltext an, der auf der Zeichenfläche ein Quadrat mit der Seitenlänge 100 Pixel sowie seinen Inkreis und seinen Umkreis erzeugt.

☛ Frage 18: Zeichnen Sie 6 Quadrate, von denen die Eckpunkte jedes neuen Quadrates genau die Seitenmittelpunkte des vorhergehenden Quadrates sind (siehe Bild 3). Arbeiten Sie dabei möglichst mit einer Schleife.

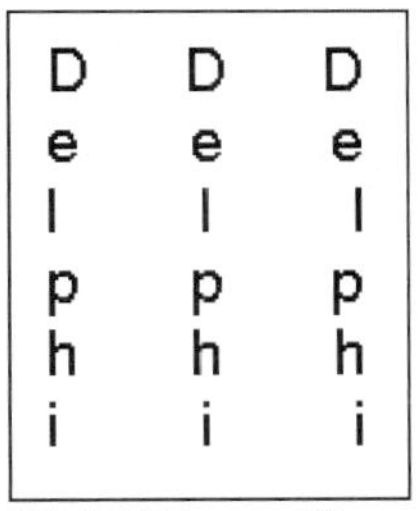


*Bild 4 (Frage 19)*

☛ Frage 19: Ein Text, der in einem String übergeben wird, soll buchstabenweise untereinander ausgegeben werden. Dabei soll der Abstand der Buchstaben von der Schriftgröße abhängig sein.
Geben Sie einen entsprechenden Quelltext für eine linksbündige, eine zentrierte und eine rechtsbündige Ausgabe des Textes an (siehe Bild 4).

☛ Frage 20: Ein beliebiger rechteckiger Bildschirmausschnitt soll an einer anderen Stelle des Bildschirms um 90 Grad gedreht ausgegeben werden (siehe Bild 5).
Wie lautet der dazugehörige Quelltext?

*Bild 5 (Frage 20)*

# 14 Grafik in Delphi – ein kleines Malprogramm

## 14.1 Einführung

Im folgenden Projekt soll gezeigt werden, mit wie wenigen Befehlen ein schon recht komfortables Malprogramm in Delphi programmiert werden kann. Das Programm soll den folgenden Funktionsumfang besitzen:

- Laden und Speichern von Grafiken im BMP-Format,
- Freihandzeichnen, Zeichnen von Linien, Rechtecken, Kreisen und Ellipsen,
- Zeichnen mit verschiedenen Stricharten und in unterschiedlichen Farben,
- Zeichnen gefüllter Flächen in unterschiedlichen Farben mit verschiedenen Füllmustern,
- Anzeige von Informationen über den verwendeten Drucker,
- Drucken der Grafik in frei wählbarer Größe.

Zuerst erstellen wir uns ein Formular entsprechend der nebenstehenden Zeichnung. Dazu benötigen wir im Einzelnen :

- 1 Formular (Größe ca. 600*380 Pixel),
- 1 Panel (für die Symbolleiste),
- 13 SpeedButton (Knöpfe der Symbolleiste),
- 2 Comboboxen (Linienart und Füllmuster),
- 1 Image-Komponente zum Zeichnen (im Entwurfsmodus ist die Imagekomponente natürlich noch grau).

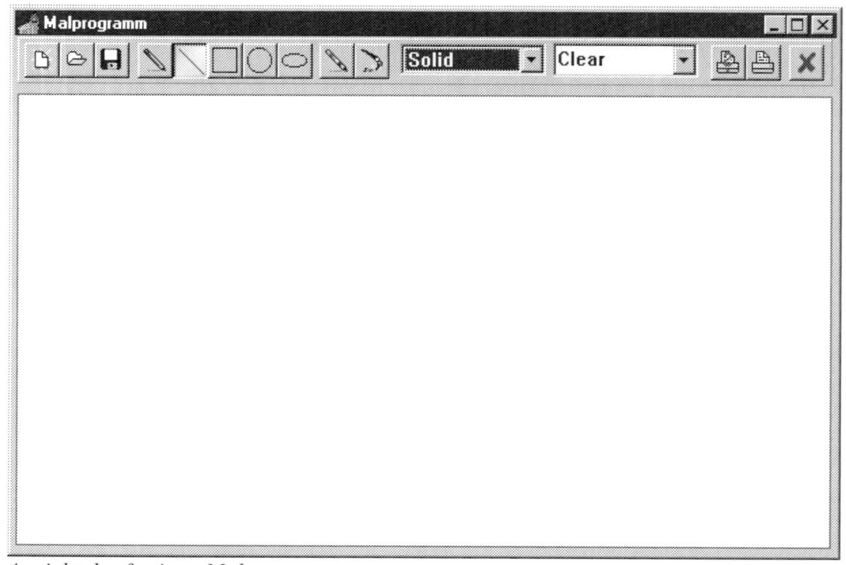

*Ansicht des fertigen Malprogramms*

Alle BMP-Dateien für die Button-Komponenten erhalten Sie von Ihrem Kursleiter.
Bevor wir mit der eigentlichen Programmierarbeit beginnen, ändern wir die Namen unserer 13 Knöpfe. Dies dient vor allem dazu, im folgenden Quelltext die Übersichtlichkeit zu bewahren. In der Spalte *Glyph* finden wir auch die Namen der BMP-Dateien. Einige Dateien sind Original-Delphi-Dateien und wurden zur besseren Übersicht entsprechend den Knöpfen umbenannt. In der Eigenschaft *Hint* der einzelnen Knöpfe tragen wir die angegebenen Texte ein. Diese dienen der Anzeige von Hinweistexten, wenn sich die Maus über diese Knöpfe bewegt. Im Einzelnen wählen wir die folgenden Namen, Grafiken und Hinweistexte:

| Name | Glyph | Hint |
|---|---|---|
| NewButton | NEW.BMP | Neue Zeichnung |
| OpenButton | OPEN.BMP | Datei öffnen |
| SaveButton | SAVE.BMP | Datei speichern |
| PenButton | PEN.BMP | Freihand-Zeichnen |
| LineButton | LINE.BMP | Linie |
| RectButton | RECT.BMP | Rechteck |
| CircleButton | CIRCLE.BMP | Kreis |
| EllipseButton | ELLIPSE.BMP | Ellipse |
| PenColorButton | PENCOL.BMP | Farbe der Linien |
| BrushColorButton | BRUSHCOL.BMP | Farbe des Füllmusters |
| PrinterInfoButton | PRNINFO.BMP | Drucker-Informationen |
| PrintButton | PRINT.BMP | Zeichnung drucken |
| ExitButton | EXIT.BMP | Programm beenden |

Zur Anzeige der Hinweistexte müsste man eigentlich die Eigenschaft *ShowHint* aller 13 Knöpfe auf *True* setzen. Da wir jedoch alle Knöpfe auf einer so genannten Containerkomponente (dem Panel) platziert haben, reicht es, wenn wir die Eigenschaft *ShowHint* des Panels auf *True* setzen. Die Eigenschaften der 13 im Container enthaltenen Knöpfe ändern sich dann automatisch mit.
Nun ändern wir noch die Eigenschaft *Caption* des Formulars, der eingegebene Text (z.B. Malprogramm) erscheint jetzt statt Form1 in der Titelzeile.
Von unseren 13 Knöpfen müssen 5 Knöpfe (*PenButton*, *LineButton*, *RectButton*, *CircleButton* und *EllipseButton*) einer Gruppe angehören, das heißt, dass jeweils nur einer von ihnen aktiviert sein kann. Das ist sicher verständlich, da wir ja immer nur in einer bestimmten Art zeichnen können.
Um diese Gruppenzugehörigkeit zu erreichen, klicken wir den ersten der 5 Knöpfe an und klicken danach bei gedrückter *Shift*-Taste die weiteren 4 Knöpfe an. Auf diese Weise werden alle 5 Knöpfe gleichzeitig markiert und alle Änderungen im Objektinspektor wirken auf alle 5 Knöpfe gleichzeitig.
Wir legen zuerst die Gruppenzugehörigkeit fest. Dazu tragen wir in der Eigenschaft *GroupIndex* den Wert 1 ein (es geht natürlich auch ein anderer von 0 verschiedener Wert).
Außerdem setzen wir die Eigenschaft *AllowAllUp* auf *False*. Damit erreichen wir, dass bei zweimaliger Betätigung eines Knopfes dieser nicht wieder nach oben kommt.
Zum Schluss klicken wir auf eine andere Stelle des Formulars (um die Markierung der 5 Knöpfe aufzuheben) und setzen danach die Eigenschaft *Down* des PenButtons auf *True*. Der Erfolg dieser Aktion ist sofort im Formular zu sehen.
Vor dem ersten Testlauf sollte noch der *ExitButton* mit dem Befehl *Close* versehen werden.

⇨ Aufgabe 1: Erstellen Sie ein neues Projekt mit allen bisher angesprochenen Einstellungen. Überprüfen Sie die folgenden Funktionen:

- Anzeige der Hinweistexte unserer 13 Knöpfe,
- Schalterfunktion der 5 Zeichen-Knöpfe,
- Funktion des ExitButtons.

Beginnen wir nun mit der Erstellung des Quelltextes. Dazu deklarieren wir zuerst die folgenden globalen Variablen direkt am Beginn des Implementierungsteils der Unit:

```
implementation

{$R *.DFM}

var Grafikart                 : Integer;
    Stiftart                  : TPenStyle;
    Pinselart                 : TBrushStyle;
    Zeichnen                  : Boolean;
    Stiftfarbe,Pinselfarbe    : TColor;
    x0,y0,x1,y1               : LongInt;
```

Im Gegensatz zu unseren vorangegangenen Projekten wählen wir die globale Deklaration, da die Variablen in mehreren Prozeduren Gültigkeit haben und dort benötigt werden.
Die Variable *Grafikart* dient zum Speichern des jeweils gewählten Zeichenmodus (1-Freihand, 2-Linie, 3-Rechteck, ...), die Variablen *Stiftart* und *Pinselart* dienen zur Speicherung der Einstellungen für Linienart und Füllmuster. Auf die verwendeten Typen *TPenStyle* und *TBrushStyle* werden wir später noch zu sprechen kommen.
Die Variablen *Stiftfarbe* und *Pinselfarbe* dienen zum Speichern der jeweiligen Farbe, der Typ *TColor* dürfte selbsterklärend sein.
In der Boolean-Variablen *Zeichnen* halten wir den Zustand der Maustaste fest, gezeichnet wird nur bei Bewegung der Maus mit gedrückter Maustaste (Zeichnen=True).
Die Variablen *x0*, *y0*, *x1* und y1 dienen zum Speichern von Start- und Endposition bei den jeweiligen Zeichenoperationen. Der Typ *Longint* musste nur in Delphi 1 gewählt werden, da wir beim Berechnen der Kreise und Ellipsen den maximal zulässigen Wert für Integer-Zahlen in Delphi 1 (32767) überschreiten können, ab Delphi 2 reicht der Variablentyp *Integer* für unsere Berechnungen.

Nun erzeugen wir eine Prozedur *FormCreate* und legen dort einige Werte für den Programmstart fest. Standardmäßig wird mit der Grafikart Freihand-Zeichnen gezeichnet, durchgehende Linien werden in schwarzer Farbe gezeichnet, Flächen werden nicht gefüllt und wenn, dann auch mit schwarzer Farbe. Es ergibt sich der folgende Quelltext:

```
procedure TForm1.FormCreate(Sender: TObject);
begin
  GrafikArt:=1;
  Stiftfarbe:=clBlack;
  Pinselfarbe:=clBlack;
  Stiftart:=psSolid;
  Pinselart:=bsClear;
end;
```

Wie wir bereits bei unserem ersten Testlauf bemerkt haben, ist die Zeichenfläche noch grau und hat nicht die (von unserem vorhergehenden Programm her) erwartete weiße Farbe. Dazu muss man wissen, dass sich die Farbe der Image-Komponente erst beim ersten Zugriff auf die Eigenschaft Canvas ändert. Wir fügen also in unsere FormCreate-Prozedur noch die folgende Zeile ein:

```
Image1.Canvas.Pen.Color:=Stiftfarbe;
```

Diese Zeile bewirkt, dass sich die Image-Komponente schon beim Erstellen des Formulars weiß färbt und nicht erst bei der ersten Zeichenoperation.

⇨ Aufgabe 2: Ergänzen Sie Ihr Programm um die angegebenen Änderungen und testen Sie die Farbänderung der Image-Komponente (von Grau zu Weiß) beim Programmstart.

Die Programmierung der nächsten 5 Prozeduren ist auch noch sehr einfach. Bei Betätigung der 5 Zeichen-Knöpfe muss jeweils nur die entsprechende Grafikart gesetzt werden. Konkret sieht das so aus:

```
procedure TForm1.PenButtonClick(Sender: TObject);
begin
  Grafikart:=1;
end;

procedure TForm1.LineButtonClick(Sender: TObject);
begin
  GrafikArt:=2;
end;

procedure TForm1.RectButtonClick(Sender: TObject);
begin
  GrafikArt:=3;
end;

procedure TForm1.CircleButtonClick(Sender: TObject);
begin
  GrafikArt:=4;
end;

procedure TForm1.EllipseButtonClick(Sender: TObject);
begin
  GrafikArt:=5;
end;
```

⇨ Aufgabe 3: Ergänzen Sie Ihr Programm um die 5 angegebenen Änderungen. Ein Test ist momentan nicht notwendig (und auch nicht sinnvoll), da sich an der Bildschirmanzeige nichts ändert.

## 14.2 Die Ereignisse der Image-Komponente

Beginnen wir nun mit der eigentlichen Zeichenarbeit. Da wir mit der Maus zeichnen wollen, benötigen wir eine Möglichkeit der Abfrage, wo sich die Maus gerade befindet und ob eine Maustaste gedrückt ist.
Dazu stellt uns Delphi bereits 3 hervorragend geeignete Ereignisse zur Verfügung, die wir nun betrachten wollen. Dazu klicken wir unsere Image-Komponente mit der Maus an und öffnen im Objekt-Inspektor die Seite *Ereignisse*.
Wir sehen dort unter anderem die 3 Ereignisse *OnMouseDown*, *OnMouseMove* und *OnMouseUp*. Das Ereignis *OnMouseDown* wird beim Drücken einer (beliebigen) Maustaste ausgelöst, *OnMouseMove* tritt ein, wenn der Nutzer die Maus bewegt, und das Ereignis *OnMouseUp* wird beim Loslassen der gedrückten Maustaste ausgelöst.
Durch einen Doppelklick auf die freie Fläche rechts neben der Eigenschaft *OnMouseDown* erzeugen wir die folgende Prozedur:

```
procedure TForm1.Image1MouseDown(Sender: TObject; Button: TMouseButton;
  Shift: TShiftState; X, Y: Integer);
begin

end;
```

In der Parameterzeile der Prozedur sehen wir neben der bekannten Variablen *Sender* noch weitere 4 Variable, die uns Delphi zur Verfügung stellt.
Über die Variable *Button* kann man ermitteln, welcher der 2 bzw. 3 Mausknöpfe gedrückt ist, die Variable *Shift* zeigt uns den Status der Tasten *Alt*, *Strg* und *Shift* (Umschalttaste Groß-Kleinschreibung) sowie der Maustasten an (in unserem Projekt werden beide Variable nicht verwenden).
Die aktuelle Position der Maus ist in den beiden Variablen *X* und *Y* enthalten. Die beiden Werte sind jeweils in Pixeln angegeben und beziehen sich auf die linke obere Ecke der Image-Komponente.
Beim Drücken einer Maustaste sollen nun folgende Befehle abgearbeitet werden:

- Ab jetzt wird gezeichnet (`Zeichnen:=True;`).
- Wir speichern die aktuelle Position in den Variablen x0 und y0. Von diesem Punkt aus wollen wir später z.B. Linien ziehen und Rechtecke zeichnen.
- Alle notwendigen Werte für *Pen* und *Color* werden entsprechend den gegebenen Variablen gesetzt.
- Der Stift wird mit der Methode *MoveTo* an die Position (x,y) verschoben (Startpunkt für das Freihand-Zeichnen).

Da wir wieder mehrere Zugriffe auf Methoden und Eigenschaften von Image1.Canvas haben, verwenden wir wieder die *with*-Anweisung.

```
procedure TForm1.Image1MouseDown(Sender: TObject; Button: TMouseButton;
  Shift: TShiftState; X, Y: Integer);
begin
  Zeichnen:=True;
  x0:=x; y0:=y;
  x1:=x; y1:=y;                     {Zeile wird gleich erklärt}
  with Image1.Canvas do
    begin
      Pen.Color:=Stiftfarbe;
      Pen.Style:=Stiftart;
      Brush.Color:=Pinselfarbe;
      Brush.Style:=Pinselart;
      Moveto(x,y);
      if Grafikart=1                {Zeile wird gleich erklärt}
        then Pen.Mode:=pmCopy       {Zeile wird gleich erklärt}
        else Pen.Mode:=pmNotXor;    {Zeile wird gleich erklärt}
    end;
end;
```

Im vorangegangenen Quelltext wurden vier weitere Zeilen eingefügt, die jetzt erklärt werden sollen.

```
x1:=x; y1:=y;
```

In den Variablen `x1` und `y1` wollen wir uns die jeweils letzte Position der Maus merken, damit wir beim "Aufziehen" von Linien, Rechtecken, Kreisen und Ellipsen eine bewegte Grafik erzeugen und das jeweils letzte Bild wieder löschen können. Zum Bewegen der Grafiken (hier erläutert am Beispiel einer Linie) verwenden wir die folgende Vorgehensweise:

1. Merken des Anfangspunktes der Linie,
2. Zeichnen der Linie,
3. Merken des alten Endpunktes der Linie,
4. Bewegung der Maus,
5. Löschen der Linie an der alten (gemerkten) Position,
6. Zeichnen der Linie zwischen dem Anfangspunkt und dem neuen Endpunkt.

```
if Grafikart=1
   then Pen.Mode:=pmCopy
   else Pen.Mode:=pmNotXor;
```

Im normalen Zeichenmodus würde das Löschen der Linie jedoch auch das Löschen dort eventuell vorher vorhandener Grafikdaten bedeuten.
Damit dies nicht passieren muss, existiert der Zeichenmodus *pmNotXor*. Dieser Zeichenmodus bewirkt, dass die Linie beim Zeichnen mit dem Hintergrund verknüpft und nicht nur auf diesen gezeichnet wird. Die Verknüpfung erfolgt so, dass beim zweiten Zeichnen mit der gleichen Farbe an der gleichen Position die gezeichnete Linie wieder gelöscht und der Hintergrund wiederhergestellt wird.
Da wir beim Freihand-Zeichnen (Grafikart=1) keine vorhergehenden Zeichnungen löschen müssen, setzen wir hier den Zeichenmodus auf *pmCopy* (Überschreiben).
Als Nächstes wollen wir die Zeichenoperationen beim Bewegen der Maus behandeln. Dazu erzeugen wir die dem Ereignis *OnMouseMove* entsprechende Prozedur. Unsere Ziele sind:

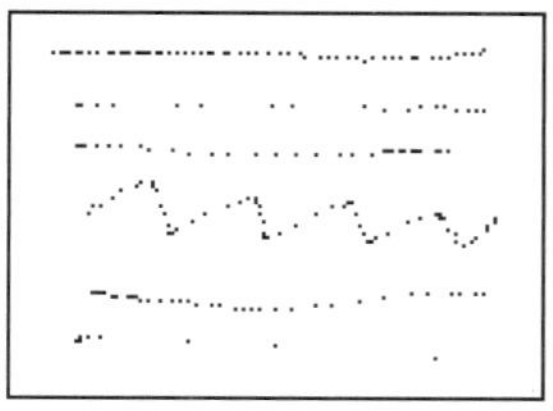

*Skizze zum Freihand-Zeichnen mit Punkten*

- Wir wollen nur zeichnen, wenn eine Maustaste gedrückt (also Zeichnen=True) ist.
- Beim Zeichnen unterscheiden wir zwischen den 5 einzelnen Grafikarten. Wir benutzen dazu die case-Anweisung.
- Obwohl wir zuerst nur mit dem Freihand-Zeichnen beginnen wollen, reservieren wir den Platz für die 4 weiteren Zeichenarten schon jetzt.
- Wir merken uns nach erfolgter Zeichnung die aktuelle Mausposition in den Variablen x1 und y1.
- Das Freihand-Zeichnen geschieht einfach, indem wir von der alten Stiftposition eine Linie (mit der Methode *LineTo*) zur neuen Stiftposition ziehen. Ein einfaches Zeichnen von Pixeln an der aktuellen Mausposition bringt nur eine gepunktete Linie und ist nicht empfehlenswert (siehe Skizze).

Die folgende Prozedur erfüllt unsere bisherigen Anforderungen:

```
procedure TForm1.Image1MouseMove(Sender: TObject; Shift: TShiftState;
  X,Y: Integer);
begin
  if Zeichnen then
    with Image1.Canvas do
      begin
        Case GrafikArt of
          1 : Lineto(x,y);
          2 : ;
          3 : ;
          4 : ;
          5 : ;
        end;
      end;
end;
```

Als drittes Ereignis muss nun noch des Ereignis *OnMouseUp*, also das Loslassen der Maustaste, behandelt werden. Für das Freihandzeichnen ist die Behandlung sehr einfach, da wir dem Computer hier nur sagen müssen, dass wir ab jetzt nicht mehr zeichnen wollen (`Zeichnen:=False;`).

```
procedure TForm1.Image1MouseUp(Sender: TObject; Button: TMouseButton;
  Shift: TShiftState; X, Y: Integer);
begin
  Zeichnen:=False;
end;
```

⇨ Aufgabe 4: Erzeugen Sie die 3 neuen Ereignisse zur Behandlung der Maus-Aktionen und ergänzen Sie diese um den angegebenen Quelltext. Testen Sie dann folgende Sachverhalte:

- Freihand-Zeichnen bei gedrückter (beliebiger) Maustaste und aktiviertem *PenButton*,
- (momentan) keine Zeichenfunktion bei Aktivierung der 4 anderen Zeichen-Knöpfe.

Wir kommen nun zur Implementierung der weiteren Zeichenfunktionen und wollen mit dem Linien-Zeichnen beginnen. Dazu ändern wir den Punkt 2 der *MouseMove*-Prozedur. Zuerst positionieren wir den Stift an die in x0 und y0 gemerkte Anfangsposition und ziehen danach eine Linie zur aktuellen Mausposition:

```
2 : begin
      MoveTo(x0,y0);
      LineTo(x,y);
    end;
```

Ein Testlauf der Linien-Funktion ergibt etwa das nebenstehende Bild:
Das sieht zwar ganz nett aus, liefert aber leider nicht den gewünschten Effekt. Eigentlich ist das aber klar, da wir bis jetzt ja nur Linien gezeichnet, aber noch keine Linien gelöscht haben.

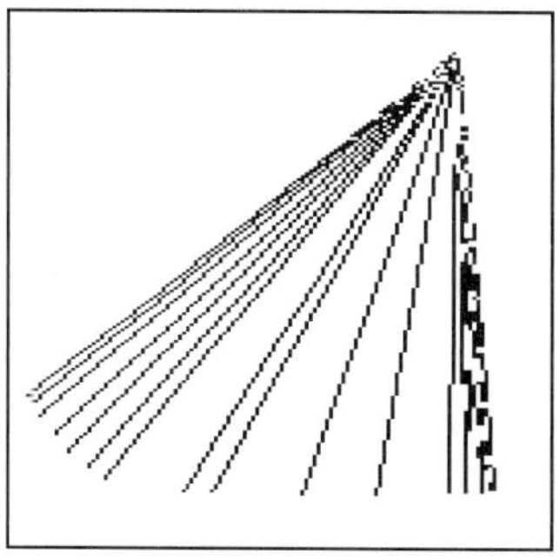
*Test der noch nicht fertigen Linien-Funktion*

⇨ Aufgabe 5: Führen Sie einen Probelauf mit den eben besprochenen Änderungen durch und überprüfen Sie, ob Sie das rechts gezeigte Ergebnis erhalten.

Vor dem eigentlichen Zeichnen, das wir ja schon programmiert haben, muss noch die bereits gezeichnete Linie (bis zu den Koordinaten x1 und y1) gelöscht werden. Nach dem Zeichnen werden die aktuellen Werte für x und y in den Variablen x1 und y1 gespeichert. Es ergibt sich der folgende Quelltext (Ausschnitt):

```
Case GrafikArt of
  1 : Lineto(x,y);
  2 : begin
        MoveTo(x0,y0);     {hier wird mit den alten Werten gelöscht}
        LineTo(x1,y1);
        MoveTo(x0,y0);     {hier wird mit den neuen Werten gezeichnet}
        LineTo(x,y);
      end;
  3 : ;
  4 : ;
  5 : ;
end;
x1:=x;                     {aktuelle Werte merken}
y1:=y;
```

Ein weiterer Testlauf zeigt den korrekten Ablauf der Zeichenfunktion, solange sich keine Linien schneiden. Leider kommt es an den Schnittstellen der Linien (siehe nebenstehendes Bild) zur Auslöschung der Linien.
Dies ist auch ganz einfach zu verstehen, da wir ja noch im Modus *pmNotXor* zeichnen und ein zweites Zeichnen eines Punktes wieder seine Ausgangsfarbe herstellt.

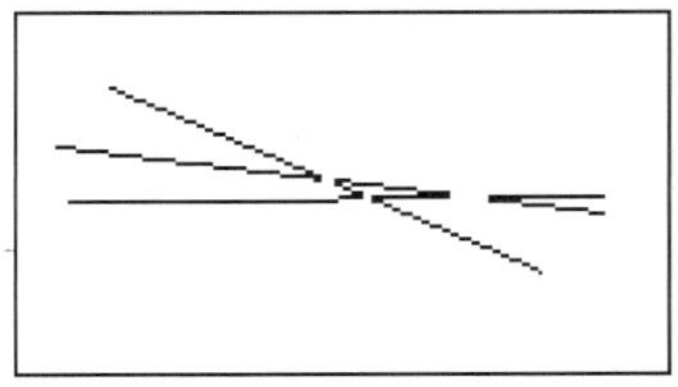
*Auslöschung der Linien bei deren Überschneidung*

⇨ Aufgabe 6: Testen Sie den rechts dargestellten Mangel unseres Programms.

Die Lösung des Problems ist jedoch auch einfach:
Wir zeichnen am Ende der jeweiligen Zeichenaktion (Loslassen der Maustaste) einfach noch einmal die Linie im Modus *pmCopy*. Wir ergänzen also die *MouseUp*-Prozedur um das Setzen des *pmCopy*-Modus und um den Befehl zum nochmaligen Zeichnen einer Linie.
Die Prozedur sollte jetzt das folgende Aussehen haben:

```
procedure TForm1.Image1MouseUp(Sender: TObject; Button: TMouseButton;
  Shift: TShiftState; X, Y: Integer);
begin
  Zeichnen:=False;
  with Image1.Canvas do
    begin
      Pen.Mode:=pmCopy;
      Case GrafikArt of
        2 : begin
              MoveTo(x0,y0);
              LineTo(x,y);
            end;
        3 : ;
        4 : ;
        5 : ;
      end;
    end;
end;
```

⇨ Aufgabe 7: Ergänzen Sie Ihr Programm und führen Sie einen abschließenden Test der Linien-Funktion durch.

⇨ Aufgabe 8: Ergänzen Sie das Programm um die Rechteck-Funktion. Dazu müssen Ergänzungen an 3 Programmstellen vorgenommen werden. Testen Sie auch diese neue Zeichenfunktion.

Wir wollen uns nun mit dem Zeichnen von Kreisen und Ellipsen beschäftigen. Eine einfache Methode zum Zeichnen würde darin bestehen, die Kreise bzw. Ellipsen einfach mit den gleichen Koordinaten aufzurufen wie die Rechtecke. Dieses Verfahren ist leider nicht sehr schön, da sich hier die Kreise bzw. Ellipsen nicht vom Mittelpunkt her, sondern von einem Eckpunkt des umschließenden Rechtecks aus aufziehen. Wir wollen ein Verfahren wählen, das es uns gestattet, die Kreise bzw. Ellipsen von ihrem Mittelpunkt aus aufzuziehen. Dazu betrachten wir die nebenstehende Skizze:
Der Kreis- bzw. Ellipsenmittelpunkt soll der Punkt sein, an dem wir das erste Mal die Maustaste gedrückt haben (x0,y0), der Kreis soll dann so gezeichnet werden, dass sich die Spitze des Mauszeigers immer auf dem Umfang des Kreises befindet. Wenn wir den Radius ermittelt haben, lassen sich die Eckpunkte des umgebenden Rechtecks sehr einfach ermitteln, indem man zu den Mittelpunkt-Koordinaten den Radius jeweils addiert bzw. subtrahiert.
In der Skizze gelten folgende Beziehungen:

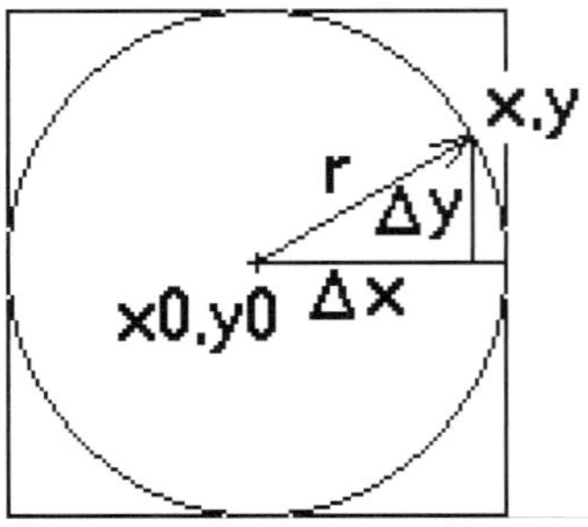

*Skizze zum Zeichnen von Kreisen*

- $\Delta x = x - x0$ (Abstand der x-Werte)
- $\Delta y = y - y0$ (Abstand der y-Werte)
- $(\Delta x)^2 + (\Delta y)^2 = r^2$ (Lehrsatz des Pythagoras)

Wenn wir die letzte Gleichung nun nach r auflösen, erhalten wir die folgende Formel:

- $r = \sqrt{(\Delta x)^2 + (\Delta y)^2}$

In diese Formel setzen wir noch die Werte für x und y ein und erhalten:

- $r = \sqrt{(x - x0)^2 + (y - y0)^2}$

Für das Quadrieren besitzt Delphi die uns bereits bekannte Funktion *Sqr* (von SQuaRe=Quadrat) und für das Wurzelziehen die Funktion *Sqrt* (von SQuare RooT=Quadratwurzel).
Abschließend muss man den Wert für r noch in eine Integer-Zahl umwandeln, da als Ergebnis des Wurzelziehens immer eine Real-Variable entsteht. Dazu benutzen wir die Funktion *Round*. In Delphi schreibt man diese Formel nun so:

```
r:=Round(Sqrt(Sqr(x-x0)+Sqr(y-y0)));
```

Da wir nun den Radius kennen, können wir auch den Kreis zeichnen:

```
Ellipse(x0-r,y0-r,x0+r,y0+r);
```

⇨ Aufgabe 9 Ergänzen Sie das Programm um die Funktion zum Zeichnen von Kreisen. Dazu müssen wieder Ergänzungen an 3 Programmstellen vorgenommen werden. Zusätzlich muss eine Variable r vom Typ Longint (Delphi 1) bzw. Integer (ab Delphi 2) deklariert werden.

Die Herleitung zum Zeichnen von Ellipsen funktioniert ähnlich wie beim Zeichnen von Kreisen. Der Radius r wird hierbei durch die zwei Halbachsen a und b der Ellipse ersetzt (siehe nebenstehende Zeichnung).
In der Skizze gelten folgende Beziehungen:

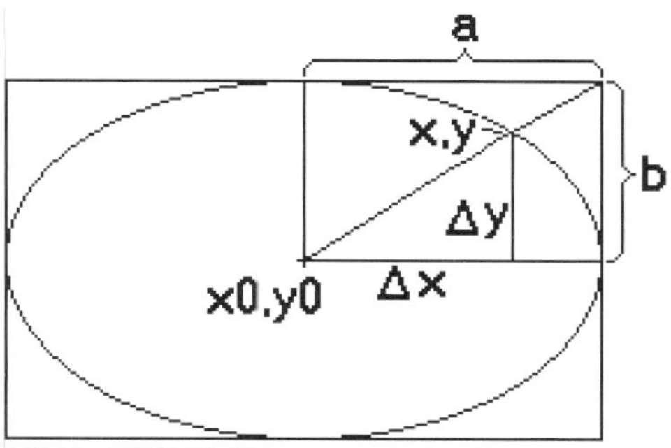

*Skizze zum Zeichnen von Ellipsen*

- a und b sind die so genannten Halbachsen der Ellipse,
- $\Delta x = x - x0$ (Abstand der x-Werte),
- $\Delta y = y - y0$ (Abstand der y-Werte),
- $\frac{\Delta x}{\Delta y} = \frac{a}{b}$ (Strahlensatz),
- $\frac{(\Delta x)^2}{a^2} + \frac{(\Delta y)^2}{b^2} = 1$ (Ellipsengleichung, siehe Formelsammlung).

Durch Auflösen der vorletzten Gleichung nach Δy und Einsetzen in die letzte Gleichung ergeben sich die folgenden 2 Zusammenhänge:

- $a = \sqrt{2} * (x - x0)$ und
- $b = \sqrt{2} * (y - y0)$.

Die gefundenen Werte für a und b müssen natürlich wieder gerundet werden. Die Formeln lauten:

```
a:=Round(sqrt(2)*(x-x0));
b:=Round(sqrt(2)*(y-y0));
```

⇨ Aufgabe 10: Ergänzen Sie das Programm um die Funktion zum Zeichnen von Ellipsen.
Dazu müssen Ergänzungen an 3 Programmstellen vorgenommen werden.
Zusätzlich müssen die Variablen a und b vom Typ Longint (Delphi 1) deklariert werden.

Zur Kontrolle der 3 Aufgaben hier der vollständige Quelltext der *MouseMove*- und *MouseUp*-Prozeduren:

```
procedure TForm1.Image1MouseMove(Sender: TObject; Shift: TShiftState; X,
  Y: Integer);
var r,a,b : LongInt;
begin
  if Zeichnen then
    with Image1.Canvas do
      begin
        Case GrafikArt of
          1 : Lineto(x,y);
          2 : begin
                MoveTo(x0,y0);
                LineTo(x1,y1);
                MoveTo(x0,y0);
                LineTo(x,y);
              end;
          3 : begin
                Rectangle(x0,y0,x1,y1);
                Rectangle(x0,y0,x,y);
              end;
          4 : begin
                r:=Round(Sqrt(Sqr(x1-x0)+Sqr(y1-y0)));
                Ellipse(x0-r,y0-r,x0+r,y0+r);
                r:=Round(Sqrt(Sqr(x-x0)+Sqr(y-y0)));
                Ellipse(x0-r,y0-r,x0+r,y0+r);
              end;
          5 : begin
                a:=Round(sqrt(2)*(x1-x0));
                b:=Round(sqrt(2)*(y1-y0));
                Ellipse(x0-a,y0-b,x0+a,y0+b);
                a:=Round(sqrt(2)*(x-x0));
                b:=Round(sqrt(2)*(y-y0));
                Ellipse(x0-a,y0-b,x0+a,y0+b);
              end;
        end;
        x1:=x;
        y1:=y;
      end;
end;
```

```
procedure TForm1.Image1MouseUp(Sender: TObject; Button: TMouseButton;
  Shift: TShiftState; X, Y: Integer);
var r,a,b : LongInt;
begin
  Zeichnen:=False;
  with Image1.Canvas do
    begin
      Pen.Mode:=pmCopy;
      Case GrafikArt of
        2 : begin
              MoveTo(x0,y0);
              LineTo(x,y);
            end;
        3 : Rectangle(x0,y0,x,y);
        4 : begin
              r:=Round(Sqrt(Sqr(x1-x0)+Sqr(y1-y0)));
              Ellipse(x0-r,y0-r,x0+r,y0+r);
            end;
```

```
         5 : begin
               a:=Round(sqrt(2)*(x-x0));
               b:=Round(sqrt(2)*(y-y0));
               Ellipse(x0-a,y0-b,x0+a,y0+b);
             end;
      end;
    end;
end;
```

Bevor wie unser Programm weiterentwickeln, sollten wir jetzt erst einmal alle 5 Zeichenfunktionen testen.

Als Nächstes wollen wir uns mit der Programmierung der verschiedenen Linienarten beschäftigen. Dazu klicken wir im Formular auf die *ComboBox1* und wählen im Objektinspektor die Eigenschaft *Items*. Durch Druck auf die Taste  öffnen wir den Stringlisteneditor und tragen dort untereinander die folgenden 5 Werte (in dieser Reihenfolge) ein:

```
  Solid
  Dash
  Dot
  DashDot
  DashDotDot
```

Sie können natürlich auch die entsprechenden deutschen Bezeichnungen verwenden, solange die Reihenfolge erhalten bleibt.
Zur Auswertung der gewählten Linienart erzeugen wir im Objektinspektor für die ComboBox1 eine Prozedur zum Ereignis *OnChange*. Zur Auswahl der 5 verschiedenen Möglichkeiten würden wir normalerweise die *Case*-Anweisung benutzen. Unser Quelltext würde dann etwa so aussehen:

```
procedure TForm1.ComboBox1Change(Sender: TObject);
begin
  Case ComboBox1.ItemIndex of
    0 : Stiftart:=psSolid;
    1 : Stiftart:=psDash;
    2 : Stiftart:=psDot;
    3 : Stiftart:=psDashDot;
    4 : Stiftart:=psDashDotDot;
  end;
end;
```

In der Delphi-Hilfedatei finden wir unter dem Suchbegriff TPenStyle:

| |
|---|
| **Deklaration**<br>TPenStyle = (psSolid, psDash, psDot, psDashDot, psDashDotDot, psClear, psInsideFrame); |

Die beiden letzten Werte haben wir nicht verwendet, da sie für uns nicht von Bedeutung sind. Da wir uns bei der Reihenfolge der Werteingabe an die Reihenfolge der TPenStyle-Deklaration gehalten haben, können wir die entsprechenden Werte für die Stiftart auch durch eine "Zwangsumwandlung" erreichen. Dazu dient der folgende Quelltext, der doch deutlich kürzer ist:

```
procedure TForm1.ComboBox1Change(Sender: TObject);
begin
  Stiftart:=TPenStyle(ComboBox1.ItemIndex);
end;
```

Damit wir beim Starten des Programms immer mit einer definierten Linienart in der ComboBox1 starten können, setzen wir den gewählten Eintrag der ComboBox1 auf *psSolid*. Das funktioniert genau wie bei der Listbox über die Eigenschaft *ItemIndex*. Da diese Einstellung schon vom Start des Programms an aktiviert sein soll, schreiben wir die folgende Zeile in der *FormCreate*-Prozedur:

```
ComboBox1.ItemIndex:=0;
```

Nach einem weiteren Test wollen wir uns der Programmierung der Füllmuster widmen. Inhaltlich bietet sich hier nichts Neues, so dass der einzugebende Quelltext nur unkommentiert dargestellt werden soll.
In die Eigenschaft *Items* der ComboBox2 geben wir folgende Werte oder entsprechende deutsche Bedeutungen ein (siehe auch Hilfedatei):

```
Solid
Clear
Horizontal
Vertical
FDiagonal
BDiagonal
Cross
DiagCross
```

Dabei müssen wir aus den schon genannten Gründen wieder die Reihenfolge einhalten. Die Typumwandlung erfolgt analog zur ComboBox1:

```
procedure TForm1.ComboBox2Change(Sender: TObject);
begin
  Pinselart:=TBrushStyle(ComboBox2.ItemIndex);
end;
```

Da wir in der *OnCreate*-Prozedur die Zeile

```
Pinselart:=bsClear;
```

eingetragen hatten und *bsClear* der 2. Wert für *TBrushStyle* ist (siehe oben), wählen wir jetzt für die Eigenschaft *ItemIndex* der ComboBox2 den Wert 1 (0-erster Wert, 1-zweiter Wert). Wir müssen also wieder in der *FormCreate*-Prozedur die folgende Zeile einfügen:

```
ComboBox2.ItemIndex:=1;
```

⇨ Aufgabe 11: Ergänzen Sie das Programm um die genannten Punkte und testen Sie deren Funktion.

Nach einem Test der Füllmuster-Funktionen beginnen wir mit der Belegung der Farbdialog-Knöpfe. Dazu wählen wir aus der Komponentenpalette *Dialoge* eine *ColorDialog*-Komponente aus und platzieren sie auf dem Formular. Die Position ist hier wieder egal, da die Komponente (wie alle anderen Dialogkomponenten auch) zur Laufzeit nicht sichtbar ist.
Der Farbdialog wird, wie bei Dialogen üblich, über den Aufruf der Methode *Execute* aktiviert. Nach Ausführung des Dialoges finden wir die ausgewählte Farbe in der Eigenschaft *Color* der Dialog-Komponente.
Nach Doppelklick auf die beiden Farbdialog-Knöpfe geben wir den folgenden Quelltext ein:

```
procedure TForm1.PenColorButtonClick(Sender: TObject);
begin
  if ColorDialog1.Execute then
    Stiftfarbe:=ColorDialog1.Color;
end;

procedure TForm1.BrushColorButtonClick(Sender: TObject);
begin
  if ColorDialog1.Execute then
    Pinselfarbe:=ColorDialog1.Color;
end;
```

Nun können wir auch mit farbigen Linien und Füllmustern zeichnen.

⇨ Aufgabe 12: Führen Sie die genannten Änderungen durch und testen Sie das Programm wieder ausführlich, besonders die neuen Farbauswahldialoge.

Damit wir die gezeichneten Bilder auch speichern und anschließend wieder laden können, wollen wir nun die Methoden *LoadFromFile* und *SaveToFile* der Eigenschaft *Picture* unserer Image-Komponente benutzen.
Als Erstes platzieren wir aus der Komponentenpalette *Dialoge* jeweils eine *OpenDialog*- und eine *SaveDialog*-Komponente auf unser Formular.
In beiden Komponenten setzen wir die Eigenschaft *DefaultExt* auf BMP und im Filtereditor setzen wir die in der nebenstehenden Abbildung gezeigten Werte.

| Filtername | Filter |
|---|---|
| Bitmap-Dateien (*.BMP) | *.BMP |

*Einstellungen im Filtereditor*

Die Aktivierung der beiden Dialoge erfolgt wieder mit der Methode *Execute*, so dass wir nach einem Doppelklick auf die beiden Knöpfe *OpenButton* und *SaveButton* den Quelltext in der folgenden Form ergänzen können:

```
procedure TForm1.OpenButtonClick(Sender: TObject);
begin
  if OpenDialog1.Execute then
    Image1.Picture.LoadFromFile(OpenDialog1.FileName);
end;
```

Eigentlich müsste der Quelltext ja so heißen:

```
if OpenDialog1.Execute=True then ...
```

Da aber der Vergleich eines Wahrheitswertes mit *True* wieder den gleichen Wahrheitswert ergibt (siehe Seite 153), können wir die oben angegebene Kurzschreibweise benutzen.
Analog zum *OpenDialog* lautet der Quelltext zum *SaveDialog*:

```
procedure TForm1.SaveButtonClick(Sender: TObject);
begin
  if SaveDialog1.Execute then
    Image1.Picture.SaveToFile(SaveDialog1.FileName);
end;
```

⇨ Aufgabe 13: Versehen Sie die Knöpfe zum Laden und zum Speichern von Grafiken mit den entsprechenden Quelltexten und testen Sie deren Funktion.

⇨ Aufgabe 14: Öffnen Sie die abgespeicherten BMP-Dateien auch mit einem anderen Grafik-Programm (z.B. mit *MS-Paint*).

Zum Löschen der gesamten Grafik muss nun noch der *NewButton* belegt werden. Dort setzen wir einfach die Stift- und Pinselfarbe von *Canvas* auf Weiß und zeichnen ein Rechteck in Größe der gesamten Image-Komponente. Die Höhe und Breite der Image-Komponente erfahren wir aus deren Eigenschaften *Height* und *Width* unserer Image-Komponente. Der Quelltext lautet:

```
procedure TForm1.NewButtonClick(Sender: TObject);
begin
  with Image1.Canvas do
    begin
      Pen.Color:=clWhite;
      Pen.Style:=psSolid;
      Brush.Color:=clWhite;
      Brush.Style:=bsSolid;
      Rectangle(0,0,Image1.Width,Image1.Height);
    end;
end;
```

⇨ Aufgabe 15: Führen Sie die genannten Änderungen durch und testen Sie das Programm wieder ausführlich.

Damit soll der erste Teil unseres Grafikprogramms abgeschlossen sein. Im zweiten Teil wollen wir uns noch mit dem Zeichnen in Comboboxen und mit der Ansteuerung des Druckers im Grafikmodus beschäftigen.

## 14.3 Zeichnen in der ComboBox

Die bisherige Anzeige der Linienart und des Füllmusters ist nicht besonders elegant. Schöner wäre es, wenn man statt der Beschreibung der Linienart und des Musters die entsprechenden Werte sehen würde.
Zur Realisierung solcher Wünsche stellt uns Delphi für die ComboBox das Ereignis *OnDrawItem* zur Verfügung. In diesem Ereignis erhält der Nutzer die Möglichkeit, die Canvaseigenschaft der ComboBox mit eigenen Grafikbefehlen zu beschreiben. Als Parameter erhält der Nutzer zusätzlich den Wert *Rect* zur Verfügung, der die Rechteck-Koordinaten des jeweils aktuellen Zeichenbereichs beschreibt.
Damit das Ereignis *OnDrawItem* eintritt, muss in der Eigenschaft *Style* der Combobox unbedingt der Wert *csOwnerDrawFixed* eingestellt sein!
Wir erstellen über den Objektinspektor eine Ereignisbehandlungsroutine für das *OnDrawItem*-Ereignis und geben den folgenden Quelltext ein:

```
procedure TForm1.ComboBox1DrawItem(Control: TWinControl; Index: Integer;
  Rect: TRect; State: TOwnerDrawState);
begin
  with ComboBox1.Canvas do                                           { 1 }
    begin
      Pen.Color:=clBlack;                                            { 2 }
      Pen.Style:=TPenStyle(Index);                                   { 3 }
      Brush.Color:=clWhite;                                          { 4 }
      FillRect(Rect);                                                { 5 }
      MoveTo(Rect.Left+5,Rect.Top+ComboBox1.ItemHeight div 2);       { 6 }
      LineTo(Rect.Right-5,Rect.Top+ComboBox1.ItemHeight div 2);      { 7 }
    end;
end;
```

**Erklärung der einzelnen Zeilen:**

Der Parameter *Rect* vom Typ *TRect* kapselt die 4 Eckkoordinaten eines Rechtecks in der Form: `Rect.Left, Rect.Top, Rect.Right` und `Rect.Bottom`.
Die Eigenschaft *ItemHeight* der ComboBox gibt die Höhe der einzelnen ComboBox-Felder in Pixeln an (verwendet in Zeile 6 und 7).

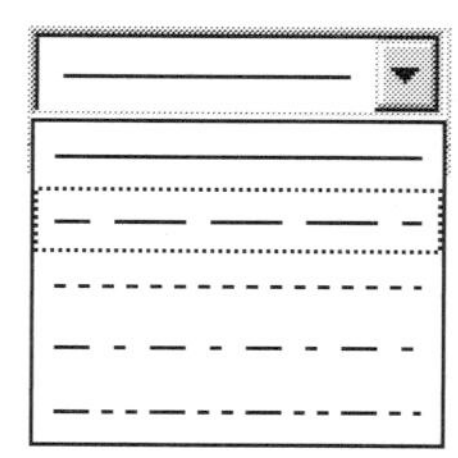

*Ansicht der fertigen Linienauswahl*

{ 1 } - Wir zeichnen auf die Canvas-Eigenschaft der ComboBox.
{ 2 } - Gezeichnet wird in schwarzer Farbe
{ 3 } - und mit einer Linienart, die dem ausgewählten Feld entspricht.
{ 4 } - Der Hintergrund soll mit weißer Farbe gefüllt werden.
{ 5 } - Der Befehl *FillRect* füllt eine rechteckige Fläche vollständig, die Koordinaten des jeweils aktuellen Rechtecks werden über den Parameter *Rect* übergeben.
{ 6 } - Wir zeichnen eine Linie mit 5 Pixeln Abstand vom linken Rand bis zu
{ 7 } - einem Punkt mit 5 Pixeln Abstand vom rechten Rand, jeweils in der Mitte des aktuellen Feldes.

Ähnlich gestaltet sich die Programmierung für die zweite ComboBox, so dass hier der Quelltext unkommentiert wiedergegeben wird.

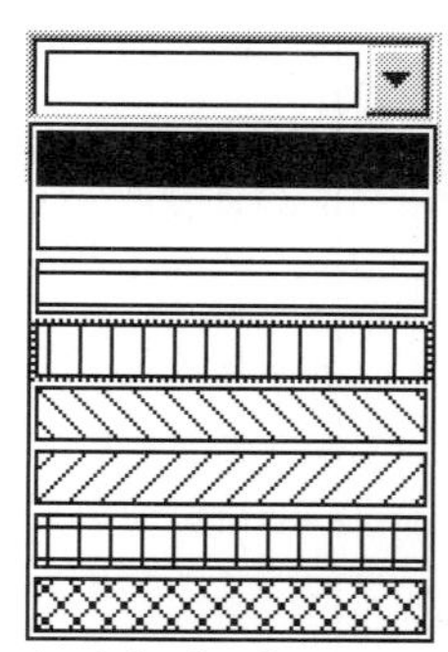

*Ansicht der fertigen Füllmusterauswahl*

```
procedure TForm1.ComboBox2DrawItem(Control: TWinControl;
  Index: Integer; Rect: TRect; State: TOwnerDrawState);
begin
  with ComboBox2.Canvas do
    begin
      Pen.Color:=clBlack;
      Pen.Style:=psSolid;
      Brush.Color:=clBlack;
      Brush.Style:=TBrushStyle(Index);
      Rectangle(Rect.Left+1,Rect.Top+1,Rect.Right-1,Rect.Bottom-1);
    end;
end;
```

## 14.4 Zum Weiterarbeiten

⇨ Aufgabe 16: Ergänzen Sie das Programm um eine Möglichkeit zum Einstellen der Linienstärke. Es bieten sich z.B. folgende Möglichkeiten an:

- Abfragen der Strichstärke über eine *InputBox* (siehe Telefonprojekt),
- Eingabe der Strichstärke in ein Edit-Feld,
- Benutzen einer *ComboBox* mit vorgegebenen Werten für die Breite,
- Anwendung der *SpinEdit*-Komponente aus der Komponentenpalette Beispiele (diese Komponente ist nicht dokumentiert, mit etwas Probieren kommt man aber sehr schnell zu guten Ergebnissen, entscheidend ist hier die Eigenschaft *Value*).

⇨ Aufgabe 17: Ergänzen Sie das Programm um eine Anzeigemöglichkeit für die aktuelle Stift- und für die Pinselfarbe. Verwenden Sie dazu z.B. jeweils ein Panel, in dem Sie die *Color*-Eigenschaft ändern.

⇨ Aufgabe 18: Fügen Sie zum Programm eine Radiergummi-Funktion hinzu. Zeichnen Sie dazu einfach einen weiß ausgemalten kleinen Kreis an der jeweiligen Mausposition.

⇨ Aufgabe 19: Ergänzen Sie das Programm um eine Funktion zum Ausfüllen geschlossener Flächen. Beschäftigen Sie sich dazu mit der *FloodFill*-Prozedur in der Delphi-Hilfedatei.

⇨ Aufgabe 20: Geben Sie die aktuelle Cursorposition in x- und y-Richtung (in Pixeln) in einem oder mehreren speziellen Feldern an.

⇨ Aufgabe 21: Erweitern Sie zusätzlich zu Aufgabe 20 das Programm um eine Anzeigemöglichkeit für spezielle Zeichenparameter (Radius beim Kreis, Seitenlängen beim Rechteck, .. ).

⇨ Aufgabe 22: Erweitern Sie Ihr Programm um eine Lupenfunktion. Verwenden Sie dazu eine zweite Image-Komponente, in der die Pixel der ersten Image-Komponente rund um die Maus vergrößert dargestellt werden.

## 14.5 Die Ansteuerung des Druckers im Grafikmodus

Die Druckerausgabe von Grafiken ist wesentlich komplizierter als die Textausgabe. Deshalb zum Einstieg etwas Theorie:

1. Zur Vereinfachung der Druckerausgabe existiert in Delphi eine Variable *Printer* in der Unit *Printers* (siehe Telefon-Projekt), die es uns gestattet, den druckbaren Bereich eines Druckers als Variable vom Typ *TCanvas* anzusprechen.
2. In der Grafikausgabe wird deshalb jeder einzelne, auszudruckende Punkt auf dem Papier einzeln angesprochen, bei der Textausgabe haben wir nur den zu druckenden Buchstaben sowie seine Eigenschaften angegeben, der Rest wurde ohne unser Zutun erledigt.
3. Jeder Drucker hat eine so genannte Druckerauflösung, welche in DPI (dots per inch = Punkte pro Zoll) angegeben wird. Diese Angabe sagt aus, wie viele Punkte der Drucker pro Zoll (2,54 cm) drucken kann. Je größer diese DPI-Zahl ist, um so besser ist die grafische Auflösung und damit die Qualität des Bildes. Die Werte schwanken zwischen 72 DPI (alte Nadeldrucker) und 1200 oder mehr DPI (moderne Laser- und Tintenstrahldrucker). Einige Drucker besitzen unterschiedliche Werte für die horizontale und vertikale Auflösung.

Wir wollen im Folgenden ein zweites Formular erstellen, das uns auf Nachfrage wesentliche Eigenschaften des angeschlossenen Druckers zeigt.
Dazu betätigen wir den Menüpunkt *Datei/Neues Formular*. Das erscheinende Formular gestalten wir entsprechend der Abbildung auf Seite 202.

Dazu benötigen wir

- 1 Panel für die Überschrift,
- 1 Panel zur grafischen Umrahmung (Text in Eigenschaft *Caption* löschen, *BevelOuter* auf *bvLowered* setzen),
- 7 Label und 6 Edit-Felder entsprechend der Abbildung,
- 1 BitBtn.

Im neuen Formular ändern wir die Eigenschaft *Name* auf DruckerFormular und benennen die 6 Edit-Felder um in:

- VDPIEdit,
- VPixEdit,
- HcmEdit,
- HDPIEdit,
- HPixEdit,
- VcmEdit.

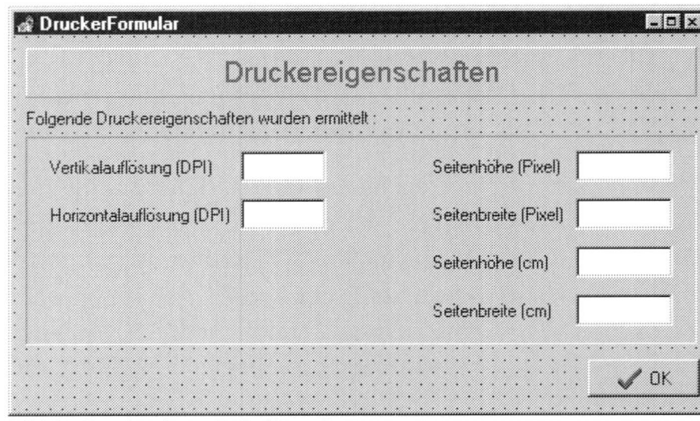

Bild des Druckereigenschafts-Formulars

Anschließend löschen wir den Text in allen 6 Edit-Feldern und deklarieren 4 globale Variable für die horizontale und vertikale Druckerauflösung (HDPI, VDPI) und für die Breite und Höhe der Seite in Pixeln (HPIX, VPIX). Durch die Deklaration im Interface-Teil können die Variablen auch anderen Units zur Verfügung gestellt werden:

```
var DruckerFormular     : TDruckerFormular;  {Zeile steht schon da}
    VDPI,HDPI,VPIX,HPIX : Integer;           {Zeile fügen wir ein}
```

Nun erstellen wir auch für dieses Formular eine *OnCreate*-Prozedur und versehen diese mit dem folgenden Quelltext:

```
procedure TDruckerFormular.FormCreate(Sender: TObject);
var Breite,Hoehe : real;
begin
  HDPI:=GetDeviceCaps(Printer.Handle,LogPixelsX);
  VDPI:=GetDeviceCaps(Printer.Handle,LogPixelsY);
  HPIX:=Printer.PageWidth;
  VPIX:=Printer.PageHeight;
  Breite:=hpix/hdpi*2.54;              { 1 Zoll bzw. 1 Inch = 2,54 cm !  }
  Hoehe:=vpix/vdpi*2.54;               { 1 Zoll bzw. 1 Inch = 2,54 cm !  }
  VDPIEdit.Text:=IntToStr(VDPI);
  HDPIEdit.Text:=IntToStr(HDPI);
  VPixEdit.Text:=IntToStr(VPIX);
  HPixEdit.Text:=IntToStr(HPIX);
  HcmEdit.Text:=FloatToStrF(Breite,ffFixed,9,2);
  VcmEdit.Text:=FloatToStrF(Hoehe,ffFixed,9,2);
end;
```

**Erklärung:**

Die ersten beiden Zeilen gehen über die Delphi-Programmierung hinaus. Sie sprechen Eigenschaften des Druckers über eine Windows-API-Funktion an (API=Application Programmer Interface) und sollen hier nicht näher erläutert werden.
Wer dennoch tiefer gehendes Interesse daran hat, sollte folgende Schritte durchführen:

- Cursor auf *GetDeviceCaps*, dann Drücken der F1-Taste, Blättern bis *LogPixelsX* bzw. *LogPixelsY*,
- Cursor auf *Printer*, dann Drücken der F1-Taste, Anwahl von *TPrinters/Eigenschaften/Handle*.

In der dritten und vierten Zeile werden die zwei Eigenschaften für Seitenbreite und -höhe aus dem Delphi-Objekt vom Typ *TPrinter* ausgelesen. Wir erinnern uns an dieser Stelle (siehe auch Kapitel *Telefonverzeichnis*): Über ein Objekt vom Typ *TPrinter* erhalten wir Zugriff auf die Windows-Druckerschnittstelle, es muss lediglich die Unit *Printers* in der *uses*-Klausel aufgenommen werden.

Die Zeilen fünf und sechs führen eine Umrechnung der bedruckbaren Seitenbreite und -höhe in Zentimeter aus. Die Pixelausdehnung geteilt durch die Auflösung in Punkten je Zoll ergibt die Ausdehnung der Seite in Zoll, die Umrechnung in Zentimeter erfolgt durch Multiplikation mit 2,54 (1 Zoll = 2,54 cm).
In den restlichen Zeilen erfolgt dann lediglich eine Ausgabe der ermittelten Werte in die dafür vorgesehenen Editierfelder.

Abschließend erledigen wir noch folgende Arbeiten am *DruckerFormular*:

- Speichern der Unit (Datei/Speichern unter...) als PrnUnit.pas,
- Hinzufügen der Unit *Printers* in die `uses`-Zeile

und gehen anschließend wieder in unser Hauptformular zurück.

Wir wollen nun die Unit *PrnUnit* in unser Programm einbinden. Dazu fügen wir im Implementation-Teil unserer Unit1 die Zeile

```
implementation  {existiert schon}
{$R *.DFM}      {existiert schon}
uses PrnUnit;   {wird jetzt neu eingefügt}
```

ein. Damit können wir auf die Unit *PrnUnit* sowie auf die dort enthaltenen Variablen HDPI, VDPI, HPIX und VPIX zugreifen.

Als Nächstes wollen wir herausfinden, wie man von einem Formular aus ein anderes Formular (in unserem Fall das *DruckerFormular*) öffnet. Hier existieren zwei unterschiedliche Möglichkeiten:

- Öffnen des Formulars mit Hilfe der Methode *Show*. Diese Methode öffnet das Formular und gestattet die Arbeit im neu eröffneten Formular, aber auch im aufrufenden Programm. Die Umschaltung zwischen den beiden Formularen kann z.B. durch Anklicken mit der Maus geschehen.
- Öffnen des Formulars mit Hilfe der Methode *ShowModal*. Diese Methode öffnet das Formular und gestattet eine Weiterarbeit im aufrufenden Programm erst, wenn das aufgerufene Formular wieder geschlossen wurde. Der Aufruf der Methode *ShowModal* liefert ein modales Resultat zurück (siehe auch Methode *MessageDlg*), das von der Art der im Formular abschließend gedrückten Taste abhängig ist.

Damit ist klar, dass für unsere Anwendung nur die zweite Methode in Frage kommen sollte, denn wir möchten in unserem Programm ja erst weiterarbeiten, wenn wir die Druckerinformation betrachtet haben.
Außerdem erklärt sich jetzt, warum wir dem OK-Knopf im *DruckerFormular* keinen Quelltext zugewiesen haben: Durch Setzen der Eigenschaft *Kind* auf *bkOK* hat sich die Eigenschaft *ModalResult* automatisch auf *mrOK* gesetzt (Das sollten Sie jetzt mal schnell überprüfen!).
Nach Doppelklick auf den *PrinterInfoButton* ergänzen wir also den folgenden Quelltext:

```
procedure TForm1.PrinterInfoButtonClick(Sender: TObject);
begin
  DruckerFormular.ShowModal;
end;
```

Nachdem wir nun die wichtigsten Eigenschaften des jeweils angeschlossenen Druckers kennen, können wir unsere Grafik auf den Drucker ausgeben. Genau wie unsere Image-Komponente besitzt auch das Druckerobjekt vom Typ *TPrinter* eine Grafikeigenschaft Canvas. Alles, was wir auf diese Grafikeigenschaft ausgeben, wird automatisch an den Drucker weitergeleitet. Der einfachste Weg wäre jetzt, von allen Pixeln der Image-Komponenten die Farbe zu ermitteln und diesen Wert an die entsprechende Position der Canvas-Eigenschaft des Druckerobjekts zu schreiben. Der entsprechende Quelltext hätte etwa das folgende Aussehen:

```
for y:=0 to Image1.Height do
  for x:=0 to Image1.Width do
    Printer.Canvas.Pixels[x,y]:=Image1.Canvas.Pixels[x,y];
```

Leider hat dieser Quelltext zwei entscheidende Nachteile:

1. Der Zugriff über die Eigenschaft *Pixels* dauert sehr lange.
2. Das ausgedruckte Bild wird (abhängig von der Druckerauflösung) sehr klein. Ein auf dem Bildschirm 300 Pixel breites Bild würde auf einem Tintenstrahldrucker mit einer Grafikauflösung von 300 DPI genau ein Zoll bzw. 2,54 cm breit sein, bei einem Laserdrucker mit 600 DPI sogar nur 1,27 cm.

Glücklicherweise bietet uns die Grafikeigenschaft *Canvas* mit ihrer Methode *StretchDraw* hier schon einen Ausweg an. Diese Methode zeichnet eine übergebene Grafik in eine durch Rechteck-Koordinaten zu übergebende Fläche und passt dabei die Größe und Position automatisch an.
In der Delphi-Hilfedatei finden wir unter dem Suchbegriff *StretchDraw*:

| **Deklaration**<br>procedure StretchDraw(const Rect: TRect; Graphic: TGraphic); |
|---|

➢ Hinweis 1: Bei manchen Druckertreibern, die nicht sauber programmiert wurden, funktioniert der Befehl *StretchDraw* nicht. In diesen Fällen wird Ihnen Ihr Kursleiter einen alternativen Weg zeigen.

Wir müssen also im Moment zwei Aufgaben erledigen:

1. Umwandeln der 4 Bildkoordinaten (linke obere und rechte untere Ecke) in eine Variable vom Typ *TRect* (siehe Seite 200),
2. Herausfinden, in welcher Variablen innerhalb der Image-Komponente die Grafik gespeichert ist.

Die erste Aufgabe ist leicht gelöst, da uns hier wieder Delphi die Arbeit abnimmt. Es existiert eine Umwandlungsfunktion *Rect*, die 4 Integer-Werte in eine Variable vom Typ *TRect* umwandelt. Wenn wir eine Variable mit Namen Ziel vom Typ *TRect* haben, könnten wir im einfachsten Fall schreiben:

```
Ziel:=Rect(0,0,Image1.Width,Image1.Height);
```

Damit würde die Grafik allerdings in die linke obere Ecke des Blattes (ohne irgendeinen Rand) und auch wieder sehr klein (Begründung siehe oben) gedruckt werden. Günstiger wäre es also, die Grafik um einen (noch zu bestimmenden) Faktor zu strecken sowie einen linken und einen oberen Rand zu definieren.
Als Rand bietet sich hier der Wert 1 Zoll an, da wir dann nur die beiden Werte HDPI und VDPI verwenden müssen (Begründung: bei 300 Punkten je Zoll sind eben 300 Punkte genau ein Zoll breit, bei allen anderen Auflösungen verhält es sich ebenso). Wir addieren also zu den 4 gegebenen Werten jeweils HDPI bzw. VDPI und schreiben besser:

```
Ziel:=Rect(HDPI,VDPI,Round(HDPI+Image1.Width*Faktor),
                     Round(VDPI+Image1.Height*Faktor));
```

Zur Lösung unseres zweiten Problems wissen wir schon mittlerweile zwei Sachverhalte. Erstens wird die Speicherung der Grafik irgendetwas mit der Image-Eigenschaft *Picture* zu tun haben (wir erinnern uns z.B. an `Image1.Picture.LoadFromFile(...)` ) und zweitens kann *Image1.Picture* noch nicht die endgültige Lösung sein, da *Picture* (siehe vorhergehende Zeile) ja noch weitere Untereigenschaften und Methoden hat.
Ein Blick in das Delphi-Hilfesystem bei der Eigenschaft *Picture* bringt uns schnell die Lösung: Die Grafiken innerhalb von *Picture* werden in der Eigenschaft *Graphic* (Wo auch sonst?) abgespeichert. Damit haben wir die korrekten Variablen für unseren *StretchDraw*-Befehl zusammengesucht und könnten nun schreiben:

```
Printer.Canvas.StretchDraw(Ziel,Image1.Picture.Graphic);
```

Bevor wir nun die Druck-Prozedur vervollständigen, müssen wir noch überlegen, wie groß denn unser Bild auf dem Papier eigentlich werden soll.
Die wieder einfachste Art würde darin bestehen, für die Variable *Faktor* (siehe oben) einfach einige Werte einzusetzen und zu sehen, was auf dem Papier für ein Ergebnis erscheint. Leider ist diese Methode erstens nicht besonders elegant und würde zweitens nur bei Druckern mit der gleichen Auflösung funktionieren.
In unserem Beispiel wollen wir einmal annehmen, dass das zu druckende Bild auf dem Papier eine Größe von genau 10 Zentimetern (`DruckBreite:=10;`) haben soll. Die Höhe des gedruckten Bildes soll sich proportional zur Breite verändern.

Wir wissen bereits, dass ein Bild von 300 Pixeln Breite bei einer Druckerauflösung von 300 DPI genau ein Zoll breit ist. Ein beliebig breites Bild (ohne Vergrößerung) hat also beim Drucken eine Breite von so viel Zoll, wie dies dem Verhältnis von Bildbreite (in Pixeln ) und horizontaler DPI-Anzahl entsprechen würde. Zur Ermittlung der Breite in cm müsste dieser Wert natürlich noch mit 2,54 multipliziert werden.
Da wir unser Bild aber noch um einen bestimmten Faktor auf den Wert `Druckbreite` vergrößern wollen, ergibt sich für unseren Faktor die folgende Formel:

$$Faktor = \frac{horizontale\ Auflösung * Druckbreite}{Pixelbreite * 2{,}54}$$

Um eine versehentliche Betätigung des *PrintButtons* abfangen zu können (und natürlich auch, um unserem Programm ein professionelleres Aussehen zu geben), versehen wir unser Formular noch mit einer *PrintDialog*-Komponente (Komponentenpalette *Dialoge*). Wie üblich wird auch dieser Dialog mit der Methode *Execute* aktiviert. Zum Abschluss noch drei Fakten, dann kann das Drucken beginnen:

1. Die Methode *BeginDoc* des Drucker-Objekts vom Typ *TPrinter* schickt einen Druckauftrag an den angeschlossenen Drucker.
2. Mit der Methode *EndDoc* des Drucker-Objekts vom Typ *TPrinter* wird der Druckauftrag beendet. Der Beginn des Druckvorganges beginnt erst nach Aufruf der Methode *EndDoc*.
3. Da wir das Drucker-Objekt vom Typ *TPrinter* verwenden wollen, müssen wir natürlich auch hier die Unit *Printers* in die *uses*-Zeile einfügen.

Damit können wir nach einem Doppelklick auf den *PrintButton* den Quelltext folgendermaßen ergänzen:

```
procedure TForm1.PrintButtonClick(Sender: TObject);
var DruckBreite,Faktor : real;
    Ziel               : TRect;
begin
 if PrintDialog1.Execute then
    begin
      DruckBreite:=10;
      Faktor:=DruckBreite/2.54*HDPI/Image1.Width;
      Ziel:=Rect(HDPI,                                    {Rand 1 Zoll}
                 VDPI,                                    {Rand 1 Zoll}
                 Round(HDPI+Image1.Width*Faktor),
                 Round(VDPI+Image1.Height*Faktor));
      with Printer do
        begin
          BeginDoc;
          Canvas.StretchDraw(Ziel,Image1.Picture.Graphic);
          EndDoc;
        end;
    end;
end;
```

Nun endlich können wir auch die Ausgabe des Bildes auf einen Drucker testen. Zeichnen Sie am besten jeweils eine Linie oder ein Rechteck an den linken und rechten Rand der Zeichenfläche, dann können Sie am besten ausmessen, ob unser Bild auch wirklich in der von uns eingestellten Breite von 10 cm ausgedruckt wird.

⇨ Aufgabe 23: Ändern Sie das Programm so um, dass Sie zusätzlich zur Druckbreite auch einen Wert für die auszudruckende Höhe des Bildes vorgeben können.

⇨ Aufgabe 24: Ergänzen Sie das Programm um ein weiteres Formular zur Seiteneinrichtung. Dieses Formular soll folgende Einstellmöglichkeiten enthalten:

- Rand von links und von oben in cm,
- Bildbreite und Bildhöhe in cm.

⇨ Aufgabe 25: Erweitern Sie das Formular aus Aufgabe 2 noch um die Möglichkeit, das Bild zentriert auf dem Papier auszudrucken.

## 14.6 Kontrollfragen

☛ Frage 1: In unserem Zeichenprojekt haben wir die Variablen Stiftart und Pinselart benutzt. Wozu dienten diese Variablen. Von welchem Typ waren sie?

☛ Frage 2: Welche drei Ereignisse haben wir innerhalb des Programms benutzt, um Informationen zum Status der Maus zu erhalten? Wann werden diese Ereignisse ausgelöst? Zu welcher Komponente gehören diese Ereignisse?

☛ Frage 3: Wozu diente die Variable Zeichnen? Von welchem Typ war sie? Wo wurde sie mit Werten belegt?

☛ Frage 4: Welche Bedeutung hatten die Variablen x0 und y0 für unseren Zeichenvorgang? Wo wurden sie mit Werten belegt?

☛ Frage 5: Wo wurde die Entscheidung des Nutzers für eine bestimmte Art des Zeichnens (Rechteck, Kreis, Ellipse, ...) festgehalten? Wo musste diese Entscheidung jeweils ausgewertet werden?

☛ Frage 6: Welche verschiedenen Zeichen-Modi des Stiftes haben wir in unserem Programm benutzt? Wozu waren diese verschiedenen Modi notwendig?

☛ Frage 7: Welche Bedeutung hatten die Variablen x1 und y1 für unseren Zeichenvorgang? Wo wurden sie mit Werten belegt?

☛ Frage 8: Erklären Sie den Zeichenvorgang des Freihandzeichnens.

☛ Frage 9: Welche prinzipiellen Schritte wurden zum Zeichnen der restlichen Figuren (Linien, Rechtecke, Kreise, Ellipsen) durchgeführt? Geben Sie die Gemeinsamkeiten an.

☛ Frage 10: Wie erfolgt beim Zeichnen von Kreisen die Ermittlung des Radius?

☛ Frage 11: Welche Bedeutung haben die Variablen a und b beim Zeichnen von Ellipsen? Wie werden a und b ermittelt?

☛ Frage 12: In welcher Eigenschaft einer Combobox kann man die Nummer der angewählten Eigenschaft ablesen?

☛ Frage 13: Wie kann man eine Combobox mit Stringwerten bestücken?

☛ Frage 14: In welcher Eigenschaft der Image-Komponente ist die Grafik abgespeichert? Wie kann sie gespeichert bzw. geladen werden?

☛ Frage 15: Welche Eigenschaften sollten in der *SaveDlg*-Komponente zum Speichern unserer Bilder eingestellt werden? Welche Bedeutung haben diese Eigenschaften?

☛ Frage 16: Wie wird der Open-Dialog aufgerufen? Wie kann man erkennen, ob er mit einer Dateiauswahl oder dem Abbruch-Knopf beendet wurde?

☛ Frage 17: Wo kann im Open-Dialog der Name der gewählten Datei abgelesen werden?

☛ Frage 18: Welche Voraussetzungen müssen erfüllt sein, wenn man in einer Combobox selbst zeichnen möchte? Wie erfolgt der prinzipielle Zeichenvorgang?

☛ Frage 19: Über welche Eigenschaft kann der druckbare Bereich eines angeschlossenen Druckers angesprochen werden? Welche (Quelltext-) Voraussetzungen müssen vor dem Ansteuern des Druckers geschaffen sein?

☛ Frage 20: In welchen 3 prinzipiellen Schritten wird die Ansteuerung des Druckers vorgenommen?

☛ Frage 21: Welche Eigenschaften des Druckers müssen beim Ausdrucken des Bildes in einer gewählten Größe (z.B. 12 cm*9 cm) beachtet werden? Wie fließen diese Eigenschaften in unsere Rechnungen ein?

☛ Frage 22: Welche zwei Möglichkeiten gibt es, von einem Formular aus ein anderes Formular zu öffnen? Worin unterscheiden sich diese beiden Möglichkeiten?

☛ Frage 23: Welche Methode haben wir zum Ausdruck unseres Bildes auf dem Drucker benutzt? Mit welchen Parametern muss diese Methode angesprochen werden?

☛ Frage 24: Wie kann man auf dem Drucker ein Rechteck ausgeben, das den kompletten bedruckbaren Bereich des Papiers umfasst?

☛ Frage 25: Wie kann man beim Ausdrucken der Grafik einen linken Rand von 2,54 cm (1 Zoll) und einen oberen Rand von 5,08 cm (2 Zoll) einstellen?

# 15 Arbeit mit Verbundvariablen

Mit den *Arrays* hatten wir bereits einen Variablentyp kennen gelernt, bei dem mehrere Einzelvariable über einen gemeinsamen Namen angesprochen werden konnten. Dabei mussten diese einzelnen Variablen jedoch vom gleichen Typ sein.
Für die Verbindung von verschiedenen Variablen in einem neuen Variablentyp stellt uns Delphi die Möglichkeit der Verbundvariablen (*Record*) bereit. Wir wollen dies am Beispiel einer Schülerdatei demonstrieren.
In einem Programm sollen Name, Vorname, Klassenstufe (1, 2, 3, ...) und Klasse (a, b, c, d, ...) eines Schülers erfasst werden. Die Deklaration eines dafür möglichen Variablentyps könnte wie folgt aussehen.

```
type TSchueler = record                                { 1 }
                   Name         : String[25];          { 2 }
                   Vorname      : String[20];          { 3 }
                   Klassenstufe : Byte;                { 4 }
                   Klasse       : Char;                { 5 }
                 end;                                  { 6 }
```

Die Deklaration eines eigenen Variablentyps beginnt immer mit dem Schlüsselwort *type*. Anschließend folgt der Name des Typs, ein Gleichheitszeichen und dann die eigentliche Deklaration. Um bei einem Bezeichner sofort zu erkennen, dass es sich um einen Variablentyp handelt, ist es unter Delphi-Programmierern üblich, diesen Bezeichner mit dem Buchstaben 'T' beginnen zu lassen.
Bei einer Verbundvariablen beginnt die Deklaration immer mit dem Schlüsselwort *record* (Zeile 1). Die Deklaration endet mit dem Schlüsselwort *end* (Zeile 6). Damit ist *record* das dritte Schlüsselwort (nach *begin* und *case*, das ein *end* erwartet.
Nach dem Schlüsselwort *record* erfolgt eine Aufzählung aller in der Verbundvariablen vorhandenen Einzelvariablen, wobei jeweils deren Name gefolgt von einem Doppelpunkt und dem entsprechenden Variablentyp angegeben wird (Zeilen 2-5).
Konkret heißt das, dass wir für Name und Vorname des Schülers jeweils 25 bzw. 20 Zeichen vorgesehen haben, was in den meisten Fällen reichen dürfte. Als Klassenstufe verwenden wir eine ganze Zahl vom Typ *Byte*, da hier nur Werte von 1-12 bzw. 1-13 vorkommen können (je nach Bundesland). Die Klasse innerhalb der Klassenstufe wird durch einen Buchstaben gekennzeichnet.
Die Deklaration von Records ist sehr eng mit der (internen) Deklaration der uns bekannten Delphi-Komponenten verbunden. Wir bemerken dies, wenn wir betrachten, wie die Einzelvariablen einer Verbundvariablen angesprochen werden.
Die erste Möglichkeit dafür besteht in der Angabe des Namens der Record-Variablen sowie der Angabe des Namens der Einzelvariablen, beides durch einen Punkt voneinander getrennt. Im angegebenen Beispiel sollen die Daten des Schülers Rudi Meier aus der Klasse 11c in die Variable *Schueler* vom Typ *TSchueler* übertragen werden.

```
var Schueler : TSchueler;
begin
  Schueler.Name:='Meier';
  Schueler.Vorname:='Rudi';
  Schueler.Klassenstufe:=11;
  Schueler.Klasse:='c';
end;
```

Die zweite Möglichkeit, die Einzelvariablen einer Verbundvariablen anzusprechen, besteht in der Verwendung der *with*-Anweisung, die wir bereits mehrfach verwendet haben.

```
with Schueler do
  begin
    Name:='Meier';
    Vorname:='Rudi';
    Klassenstufe:=11;
    Klasse:='c';
  end;
```

Wenn man mehrere Variablen vom Typ *TSchueler* verarbeiten möchte, bietet sich natürlich auch wieder die Benutzung eines Feldes an. Zwei Möglichkeiten sollen hier kurz dargestellt werden.

```
type TSchuelerFeld = array[1..200] of TSchueler;
var SchuelerFeld : TSchuelerFeld;
```

oder

```
var SchuelerFeld : array[1..200] of TSchueler;
```

In beiden Fällen erfolgt dann das Ansprechen der Einzelvariablen, indem zuerst die entsprechende Komponente des Feldes und anschließend die gewünschte Einzelvariable angesprochen wird. Die folgenden 2 Beispiele zeigen den Zugriff auf Name und Vorname des dritten Schülers im Feld und die anschließende Ausgabe der Werte in einem Stringgitter.

```
with Schuelerfeld[3] do
  begin
    StringGrid1.Cells[1,3]:=Name;
    StringGrid1.Cells[2,3]:=Vorname;
  end;
```

oder

```
StringGrid1.Cells[1,3]:=Schuelerfeld[3].Name;
StringGrid1.Cells[2,3]:=Schuelerfeld[3].Vorname;
```

Als zweites Beispiel für einen Record-Typ soll ein Variablentyp zur Aufnahme des Datums vorgestellt werden. Dieser Typ könnte z.B. so deklariert werden:

```
type TDatum = record
                Tag,Monat : Byte;
                Jahr      : Word;
              end;
```

Dabei wurde der Typ zur Aufnahme der Jahreszahl extra so gewählt, dass die Jahreszahl 4-stellig angegeben werden kann. Probleme wie der Y2K-Konflikt können somit nicht auftreten.

Im dritten Beispiel soll gezeigt werden, dass man auch verschiedene Records miteinander verknüpfen kann. So könnte man den Typ *TSchueler* aus dem ersten Beispiel um die Daten Geburtsdatum (*Geboren*) und Einschulungsjahr (*Einschulung*) erweitern. Beide Typen sind dann natürlich vom Typ *TDatum*.

```
type TSchueler = record
                   Name                : String[25];
                   Vorname             : String[20];
                   Klassenstufe        : Byte;
                   Klasse              : Char;
                   Geboren,Einschulung : TDatum;
                 end;
```

Der Zugriff auf die Einzelvariablen des Datums erfolgt so, wie wir es schon von den Komponenteneigenschaften in Delphi (z.B. von der Eigenschaft *Font*) kennen, nämlich wie folgt:

```
Schueler.Geboren.Tag:=1;
Schueler.Geboren.Monat:=2;
Schueler.Geboren.Jahr:=1990;
```

oder

```
with Schueler.Geboren do
  begin
    Tag:=1;
    Monat:=2;
    Jahr:=1990;
  end;
```

# 16 Dateiarbeit in Delphi

## 16.1 Einführung

In unserer bisherigen Arbeit mit Delphi haben wir bereits an verschiedenen Stellen mit Dateien gearbeitet (möglicherweise, ohne dass uns dies bewusst war). Es war dies die Arbeit mit den Methoden *LoadFromFile* und *SaveToFile* verschiedener Komponenten und die Ansteuerung des Druckers im Textmodus.
Diese Möglichkeiten waren jedoch jeweils auf spezielle Dateitypen beschränkt und nicht allgemein gültig. Die im Folgenden beschriebenen Vorgehensweisen lassen prinzipiell die Arbeit mit jeder Datei zu.

## 16.2 Dateitypen

In der Art des Ansprechens einer Datei unterscheidet Delphi verschiedene Dateitypen. Zum Bearbeiten der verschiedenen Dateitypen sind stellenweise auch unterschiedliche Befehle notwendig.

### Textdateien

Textdateien sind Dateien, die druckbare ASCII-Zeichen enthalten, welche in Zeilen angeordnet sind. So sind z.B. die Dateien mit der Endung *PAS* oder *DPR* reine Textdateien. Auch die Metheode *SaveToFile* der *ListBox*-Komponente erzeugt eine Textdatei aus dem Inhalt der Listbox.
Der Dateityp für Textdateien ist *Text* bzw. *TextFile*. Der Typ *Text* stammt noch aus der Turbo Pascal-Zeit. Um Verwechslungen mit der Eigenschaft *Text* des Edit-Feldes zu vermeiden (und auch aus anderen Gründen, die hier nicht näher behandelt werden sollen), muss man beim Typ *Text* speziell dazuschreiben, dass er in der Unit *System* deklariert ist (siehe Quelltextbeispiel).
Die Variablendeklaration einer Dateivariablen zur Bearbeitung von Textdateien könnte also folgendermaßen aussehen:

```
var Datei1 : System.Text;          { oder besser }
    Datei2 : TextFile;
```

Wir werden bei unserer Arbeit immer die Schreibweise *TextFile* benutzen.

### Typisierte Dateien

Besteht eine Datei nur aus einer Aufzählung von Daten des gleichen Typs, so spricht man auch von einem typisierten File. Bei der Deklaration der Variablen bzw. des Filetyps muss man angeben (nach dem Schlüsselwort *of*), von welchem Typ die einzelnen Daten sind. Beispiele dafür wären:

```
type TWetter = record
                 Tag : Byte;
                 Temperatur, Niederschlag : Real;
               end;

var Wetterdatei      : File of TWetter;
    Lottodatei       : File of Byte;
    Testdatei        : File of Char;
    Mitarbeiterdatei : File of String[30];
    Zahlendatei      : File of Word;
```

Die Einzeldaten einer typisierten Datei können von allen bisher behandelten Variablentypen sein, nur nicht vom Dateityp selbst.

### Untypisierte Dateien

Eine Datei, die beliebige Werte beinhalten kann und auf die man auch am universellsten zugreifen kann, wird durch den Variablentyp *File* gekennzeichnet. Im Gegensatz zu typisierten Dateien spricht man hier von einer untypisierten Datei. Ein Quelltextbeispiel für die Deklaration einer untypisierten Datei wäre:

```
var Datei : File;
```

Wir werden in unseren Projekten jedoch nicht mit untypisierten Dateien arbeiten.

## 16.3 Allgemeine Befehle zur Dateiarbeit

Die allgemeinste Arbeit mit einer Datei läuft immer in folgenden 4 Schritten ab:

1. Festlegung, mit welcher Datei gearbeitet werden soll,
2. Öffnen oder Erstellen der Datei,
3. Lesen oder Schreiben von Daten,
4. Schließen der Datei.

Zuerst muss man der Dateivariablen eine Datei auf dem Datenträger (Festplatte, Diskette, ...) zuweisen, mit welcher gearbeitet werden soll. Das geschieht mit der Prozedur *AssignFile*. Dabei erwartet *AssignFile* als ersten Parameter eine bereits deklarierte Dateivariable beliebigen Typs (siehe vorhergehender Abschnitt) und als zweiten Parameter den Namen einer Datei auf dem Datenträger, die entweder schon vorhanden ist oder die erstellt werden soll. Ein Aufruf von *AssignFile* könnte also folgendermaßen aussehen:

```
AssignFile(Dateivariable, Dateiname);
```

➢ Hinweis 1: Alle folgenden Befehle, die sich auf die angegebene Dateivariable beziehen, werden mit der durch *AssignFile* verknüpften Datei auf dem Datenträger durchgeführt.

Als Nächstes muss man die Datei entweder öffnen (dann muss die Datei schon vorhanden sein) oder neu erstellen. Zum Öffnen dient der Befehl *Reset*, zum Neuerstellen und anschließenden Öffnen dient der Befehl *Rewrite*. Beide Befehle erwarten als Parameter eine Dateivariable (nicht den Dateinamen).
Quelltextbeispiele für diese beiden Befehle wären:

```
Reset(Dateivariable1);      { oder }
Rewrite(Dateivariable2);
```

💣 **Achtung:** Wenn man den Befehl *Rewrite* auf eine Datei anwendet, die schon existiert, so wird diese Datei ohne Nachfrage überschrieben.

Als nächster Schritt folgt die eigentliche Operation mit der Datei, also z.B. das Lesen oder Schreiben von Daten. Dabei geschieht das Lesen mit den Befehlen *ReadLn* (bei Textdateien) oder *Read* (bei allen anderen Dateien), das Schreiben wird mit den Befehlen *WriteLn* (bei Textdateien) oder *Write* (bei allen anderen Dateien) durchgeführt.
Hierbei müssen sowohl beim Lesen als auch beim Schreiben jeweils zwei Parameter übergeben werden. Im ersten Parameter wird angegeben, auf welche Dateivariable der Befehl zugreifen soll, der zweite Parameter gibt an, in welche Variable der Wert aus der Datei gelesen werden soll oder welcher Wert in die Datei geschrieben werden soll.
Mögliche Quelltextbeispiele für diese Befehle wären:

```
ReadLn(TextDatei,Zeile);              { Beispiel für Textdateien }
WriteLn(TextDatei,Zeile);             { Beispiel für Textdateien }

Read(Dateivariable,Variable);         { Beispiel für typisierte Datei }
Write(Dateivariable,Variable);        { Beispiel für typisierte Datei }
```

Den Abschluss der Dateioperation bildet der Befehl *CloseFile*. Dieser Befehl beendet die Arbeit mit der Datei und schreibt alle eventuell noch nicht gespeicherten Änderungen an der Datei auf den Datenträger. Anschließend wird die Datei geschlossen. Dieser Befehl erwartet nur einen Parameter, und zwar den Namen der entsprechenden Dateivariablen. Der Befehl *CloseFile* im folgenden Beispiel

```
AssignFile(Dateivariable, 'C:\test.txt'););
...
CloseFile(Dateivariable);
```

schließt die Datei '*C:\test.txt*' auf der Festplatte.
Mit Hilfe der Funktion *EOF* (Abkürzung für *end of file*) kann man ermitteln, ob beim Lesen das Ende einer Datei bereits erreicht wurde. Die Funktion gibt in diesem Fall den Wert *True* zurück, anderenfalls den Wert *False*. Die Funktion erwartet als Parameter wieder den Namen der entsprechenden Dateivariablen.
*EOF* wird häufig in Verbindung mit einer Schleife zum kompletten Einlesen einer Datei benutzt, wie folgender Quelltextausschnitt zeigen soll:

```
repeat
  Read(Dateivariable,Variable);
  { Verarbeitung der eingelesenen Variablen }
until EOF(Dateivariable);
```

## 16.4 Beispiele zur Dateiarbeit

### Arbeit mit Textdateien

Die Arbeit mit Textdateien soll an einigen kleinen Beispielen demonstriert werden.
Das erste Beispiel (siehe nebenstehendes Bild) liest eine Textdatei (in unserem Beispiel die Datei '*unit.pas*') ein, die sich im aktuellen Verzeichnis befindet. Dabei werden die Zeilen gezählt; die Anzahl wird anschließend ausgegeben.
Außerdem werden alle Zeilen der Textdatei in Großbuchstaben umgewandelt und anschließend in eine Listbox geschrieben.
Der zugehörige Quelltextausschnitt lautet:

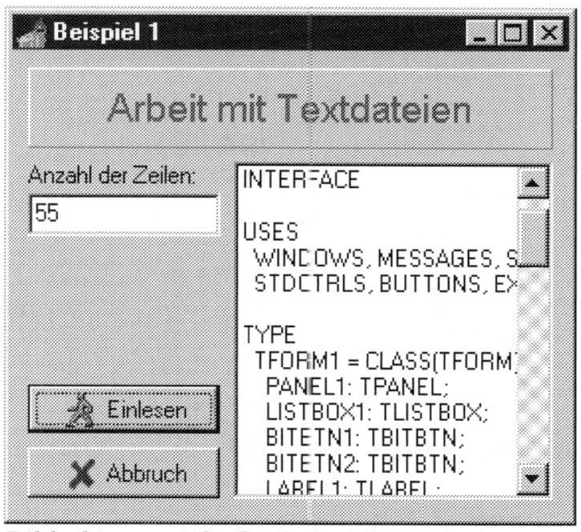

*Bildschirmansicht des Beispiels*

```
var Anzahl    : Integer;
    Zeile     : String;
    TextDatei : TextFile;
begin
  ListBox1.Items.Clear;
  Anzahl:=0;
  AssignFile(TextDatei,'unit1.pas');
  Reset(TextDatei);
  repeat
    ReadLn(TextDatei,Zeile);
    Inc(Anzahl);
    ListBox1.Items.Add(AnsiUpperCase(Zeile));
  until EOF(TextDatei);
  CloseFile(TextDatei);
  AnzahlEdit.Text:=IntToStr(Anzahl);
end;
```

⇨ Aufgabe 1: Analysieren Sie den Quelltext und geben Sie an, was in den einzelnen Zeilen passiert. Programmieren Sie anschließend das kleine Beispielprogramm und testen Sie es.

⇨ Aufgabe 2: Ändern Sie das Programm so um, dass nur noch Zeilen in die Listbox übernommen werden, die nicht leer sind (im oben gezeigten Bild sollten also die zweite und die sechste sichtbare Zeile nicht übernommen werden).

Im zweiten Beispiel soll eine Textdatei erzeugt werden, die den Inhalt einer Listbox in umgekehrter Reihenfolge enthält.
Dazu lesen wir beim Programmstart den Inhalt einer beliebigen Textdatei (in unserem Beispiel die Datei '*obst.txt*') in eine Listbox ein.

```
procedure TForm1.FormCreate(Sender: TObject);
begin
  ListBox1.Items.LoadFromFile('obst.txt');
end;
```

Anschließend schreiben wir den Inhalt der Listbox (von hinten beginnend) Zeile für Zeile in eine Textdatei.
Zur Kontrolle wird der Inhalt der von uns erstellten Textdatei in einer zweiten Listbox angezeigt (siehe nebenstehendes Bild).

*Bildschirmansicht des Beispiels*

```
procedure TForm1.BitBtn1Click(Sender: TObject);
var i         : Integer;
    TextDatei : TextFile;
begin
  ListBox2.Items.Clear;
  AssignFile(TextDatei,'tausch.txt');
  Rewrite(TextDatei);
  for i:=ListBox1.Items.Count-1 downto 0 do
    WriteLn(TextDatei,ListBox1.Items[i]);
  CloseFile(TextDatei);
  ListBox2.Items.LoadFromFile('tausch.txt');
end;
```

⇨ Aufgabe 3: Analysieren Sie den Quelltext und geben Sie an, was in den einzelnen Zeilen passiert. Welche Dateibefehle sind anders als im ersten Programm? Warum mussten hier an einigen Stellen andere Befehle verwendet werden?

⇨ Aufgabe 4: Erstellen Sie eine Textdatei mit ca. 10 Zeilen Inhalt. Programmieren Sie anschließend das zweite Beispielprogramm und testen Sie es.
Sie ersparen sich das Sortieren der Textdatei in der ersten Listbox, wenn sie deren Eigenschaft *Sorted* auf *True* setzen.

## Arbeit mit typisierten Dateien

Das nächste Beispiel soll eine Wetterstation simulieren, in der täglich die Werte für Tageshöchsttemperatur und Niederschlag gemessen werden. Diese Werte sollen (jeweils für einen Monat) gespeichert werden. Außerdem soll die Möglichkeit bestehen, die Werte auch wieder zu laden und auszuwerten. Zur Lösung dieses Problems definieren wir als Erstes einen neuen Variablentyp, der für diese Aufgabe geeignet ist.

```
type TWetter = record
                 Tag : Byte;
                 Temperatur, Niederschlag : Real;
               end;
```

Eine typisierte Datei, welche die Variablen vom angegebenen Typ speichern kann, deklariert man wie folgt:

```
var Datei : File of TWetter;
```

In diese Datei können nun beliebig viele Einzeldaten vom Typ *TWetter* geschrieben werden.
Zur Vereinfachung der Aufgabe wollen wir annehmen, dass die Daten komplett aus einem Stringgitter ausgelesen und dann gespeichert werden sollen. Später soll man diese Daten bei Bedarf wieder von der Datei einladen und in das Stringgitter ausgeben können.

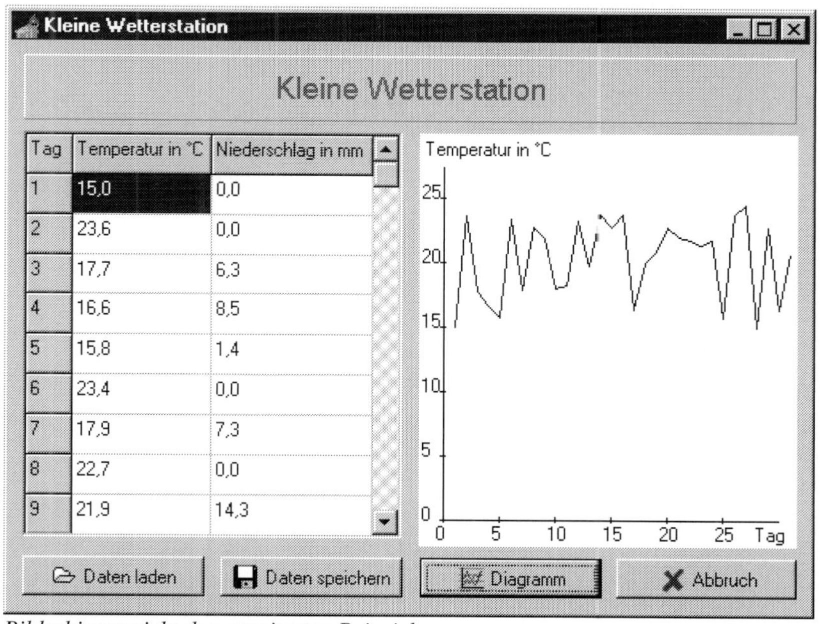

*Bildschirmansicht des erweiterten Beispiels*

Damit man in ein Stringgitter auch manuell schreiben kann (wir hatten bisher immer nur Ausgaben per Quelltext erzeugt), muss in der Eigenschaft *Options* des Stringgitters die Untereigenschaft *goEditing* auf *True* gesetzt werden.
Das fertige Programm könnte dann etwa das nebenstehende Aussehen haben.
Die Programmierung der grafischen Ausgabe wurde in den Kapiteln über Grafik behandelt und soll in unserem Beispiel nur als Demonstration dienen, wie Sie dieses Programm weiterentwickeln können.
Zur Vereinfachung des Problems gehen wir von einem Monat mit 31 Tagen aus. Bei der späteren Programmentwicklung können wir das Programm um eine Ermittlung der Tageszahlen für die einzelnen Monate ergänzen.
Die einzelnen Schritte zum Schreiben in die Datei funktionieren ähnlich, wie das bereits bei den Textdateien beschrieben wurde. Der Hauptunterschied besteht in der Verwendung von *Write* statt *WriteLn*.
Außerdem ist natürlich das Belegen einer Variablen vom Typ *TWetter* mit Werten etwas schwieriger, da diese Variable aus drei Einzelvariablen besteht und da die Daten außerdem von Stringwerten (aus dem Stringgitter) in Zahlen umgewandelt werden müssen. Der entsprechende Quelltext lautet:

```
var Messwert  : TWetter;
    Datei     : File of TWetter;
    i         : Integer;
begin
  AssignFile(Datei,'wetter.dat');
  Rewrite(Datei);
  for i:=1 to 31 do
    with Messwert do
      begin
        Tag:=i;
        Temperatur:=StrToFloat(StringGrid1.Cells[1,i]);
        Niederschlag:=StrToFloat(StringGrid1.Cells[2,i]);
        Write(Datei,Messwert);
      end;
   CloseFile(Datei);
end;
```

➢ Hinweis 1: Um das Programm nicht unnötig kompliziert zu gestalten, wurde davon ausgegangen, dass alle 31 Tage komplett mit Werten bestückt sind.

➢ Hinweis 2: Die unterschiedliche Breite der Spalten wurde mit dem folgenden Quelltext erreicht. Konsultieren Sie bei Bedarf die Online-Hilfe zur Bedeutung der Eigenschaft *ColWidths*.

```
with StringGrid1 do
  begin
    ColWidths[0]:=28;
    ColWidths[1]:=86;
    ColWidths[2]:=100;
  end;
```

⇨ Aufgabe 5: Erzeugen Sie ein Formular mit dem oben gezeigten Aussehen (eventuell ohne die *Image*-Komponente). Geben Sie eigene Werte für Niederschlag und Temperatur ein und speichern Sie diese Werte wie angegeben in einer Datei.

Auch das Einlesen der typisierten Datei gestaltet sich ähnlich wie das Einlesen der Textdatei. Der Hauptunterschied besteht darin, dass das Lesen einer Variablen aus der Datei mit *Read* statt mit *ReadLn* erfolgt.

```
procedure TForm1.BitBtn1Click(Sender: TObject);
var Messwert : TWetter;
    Datei    : File of TWetter;
    i        : Integer;
begin
  AssignFile(Datei,'wetter.dat');
  Reset(Datei);
  i:=0;
  repeat
    Inc(i);
    Read(Datei,Messwert);
    with Messwert do
      begin
        StringGrid1.Cells[1,i]:=FloatToStrF(Temperatur,ffFixed,10,1);
        StringGrid1.Cells[2,i]:=FloatToStrF(Niederschlag,ffFixed,10,1);
      end;
  until EOF(Datei);
  CloseFile(Datei);
end;
```

➢ Hinweis 3: Die Komponente *Tag* der Record-Variablen wurde in unserem Beispiel nicht benutzt. Sie könnte dazu dienen, das Programm, besonders aber die grafische Ausgabe auch dann funktionieren zu lassen, wenn nicht jeden Tag eine Temperatur eingetragen wird.

⇨ Aufgabe 6: Ergänzen Sie das Programm um die Möglichkeit, die gespeicherten Werte auch wieder laden zu können.

⇨ Aufgabe 7: Programmieren Sie eine grafische Ausgabe für die einzelnen Werte der Tabelle. Verwenden Sie für die Ausgabe von Temperatur und Niederschlag verschiedene Ausgabemöglichkeiten, z.B. Temperatur wie gezeigt, Niederschlag als Säulendiagramm.

## Weitere Befehle für die Arbeit mit typisierten Dateien

Bei der Arbeit mit typisierten Dateien kann man noch eine Reihe weiterer Funktionen und Prozeduren verwenden, von denen noch 4 behandelt werden sollen.

Mit der Funktion *FileSize* kann man ermitteln, wie viele Elemente des in der Typdeklaration angegebenen Typs eine Datei enthält. Die Funktion *FileSize* kann allerdings erst benutzt werden, nachdem die entsprechende Datei mit *Reset* geöffnet wurde. Öffnet man eine beliebige Datei als *File of Char* oder *File of Byte*, dann gibt *FileSize* ihre Größe in Byte an.

Den folgenden Quelltext öffnet die Datei aus unserem Wetterstations-Projekt einmal als *File of TWetter* und außerdem als *File of Byte*. Wie im nebenstehenden Bild zu erkennen ist, wird einmal die Anzahl der Eintragungen (31 Tage), zum anderen die Größe der Datei in Byte ermittelt (434 Byte).

*Beispielansicht zu FileSize*

```
procedure TForm1.AnzahlBtnClick(Sender: TObject);
var Datei    : File of TWetter;
begin
  AssignFile(Datei,'wetter.dat');
  Reset(Datei);
  AnzahlEdit.Text:=IntToStr(FileSize(Datei));
  CloseFile(Datei);
end;
```

```
procedure TForm1.ByteBtnClick(Sender: TObject);
var Datei     : File of Char;
begin
  AssignFile(Datei,'wetter.dat');
  Reset(Datei);
  ByteEdit.Text:=IntToStr(FileSize(Datei));
  CloseFile(Datei);
end;
```

⇨ Aufgabe 8: Erstellen Sie ein Testprogramm zur Funktion *FileSize*, das von einer vorhandenen typisierten Datei die Anzahl der gespeicherten Elemente und die Dateigröße in Byte ermittelt.

Die aktuelle Position innerhalb einer typisierten Datei kann mit der Funktion *FilePos* ermittelt werden. Dies ist besonders wichtig, wenn man wissen möchte, an welcher Position innerhalb der Datei die nächste Lese- oder Schreiboperation erfolgt. Als Parameter erwartet *FilePos* wieder die entsprechende Dateivariable.
Die Funktion *FilePos* kann natürlich auch erst benutzt werden, nachdem die entsprechende Datei mit *Reset* oder *Rewrite* geöffnet wurde.

In Anlehnung an Datenbanken, die häufig aus typisierten Dateien aufgebaut sind, spricht man beim Auslesen der aktuellen Position auch vom Datensatzzeiger, die einzelnen Elemente einer typisierten Datei bezeichnet man auch als Datensätze.
Die vorderste Position innerhalb einer typisierten Datei (vor dem ersten Datensatz) hat immer den Wert 0, die letzte Position (nach dem letzten Datensatz) hat demzufolge den Wert von *FileSize*.

⇨ Aufgabe 9: Überprüfen Sie den zweiten Teil der Aussage durch eine Skizze.

Die Befehle *Reset* und *Rewrite* positionieren den Datensatzzeiger immer an den Anfang einer Datei (also an die Position 0). Durch die Befehle *Read* oder *Write* wird der Datensatzzeiger immer um eine Position nach hinten geschoben.

Eine direkte Positionierung des Datensatzzeigers, also der aktuellen Position innerhalb der Datei, ist durch die Prozedur *Seek* möglich. Der erste Parameter ist wieder die Dateivariable, als zweiten Parameter erwartet *Seek* die Position, auf die der Datensatzzeiger positioniert werden soll. Dabei beginnt die Zählung wieder mit 0. Auch *Seek* kann erst benutzt werden, nachdem die Datei geöffnet wurde.
Die folgenden Quelltextzeilen sollen die Benutzung von *FilePos* und *Seek* demonstrieren.

```
p:=FilePos(Datei);                     { 1 }
Seek(Datei,0);                         { 2 }
Seek(Datei,FileSize(Datei));           { 3 }
Seek(Datei,FilePos(Datei)-1);          { 4 }
```

Die erste Zeile ermittelt die aktuelle Position des Datensatzzeigers und legt diesen Wert in einer *Integer*-Variablen ab. In der zweiten Zeile wird der Datensatzzeiger an den Anfang einer Datei (vor den ersten Datensatz) positioniert.
Die dritte Zeile ermittelt die Größe einer Datei und positioniert anschließend den Datensatzzeiger an das Ende der Datei (nach dem letzten Datensatz). Das kann notwendig sein, wenn man neue Daten an das Ende einer bestehenden Datei anhängen möchte.
Mit Hilfe der vierten Zeile kann der Datensatzzeiger um eine Position nach vorn geschoben werden. Dazu ermittelt man zuerst die aktuelle Position, verringert diesen Wert um 1 und positioniert anschließend den Datensatzzeiger an die so ermittelte Position. Diese Möglichkeit kann sinnvoll sein, wenn man sich in einer vorhandenen Datei rückwärts bewegen möchte.

Mit der Prozedur *Truncate* kann eine Datei ab einer bestimmten Position "abgeschnitten" werden. Das heißt, alle Datensätze der aktuellen Datei ab der aktuellen Position werden gelöscht.
Die Prozedur *Truncate* erwartet als einzigen Parameter die entsprechende Dateivariable der zu bearbeitenden Datei.

Vor der Anwendung von *Truncate* muss man die Datei wieder öffnen und den Datensatzzeiger an die gewünschte Stelle positionieren. Die folgenden Quelltextzeilen sollen die Anwendung der Prozedur *Truncate* demonstrieren.

```
Laenge:=FileSize(Datei);          { 1 }
Seek(Datei,Laenge-1);             { 2 }
Truncate(Datei);                  { 3 }
```

In der ersten Zeile wird die Größe der Datei (die Anzahl der Elemente) ermittelt. Dieser Wert wird um 1 verringert und der Datensatzzeiger wird mit dem so ermittelten Wert innerhalb der Datei positioniert (Zeile 2). Damit steht der Datensatzzeiger genau vor dem letzten Datensatz. Die Anwendung von *Truncate* in der dritten Zeile führt dazu, dass die Datei an dieser Position abgeschnitten wird. Im konkreten Beispiel wird ihre Größe also um genau ein Element verringert.

⇨ Aufgabe 10: Schreiben Sie ein kleines Programm, mit dem Sie die Größe einer typisierten Datei (sinnvollerweise die Datei aus Aufgabe 8) um einen Datensatz verringern. Überprüfen Sie dann das Ergebnis der Operation mit dem Programm aus Aufgabe 8.

## 16.5 Kontrollfragen

☛ Frage 1: Eine Textdatei mit Namen 'Aufgabe1.txt' soll erstellt werden. In diese Textdatei sollen 2 Zeilen mit den Inhalten 'Zeile 1' und 'Zeile 2' geschrieben werden. Geben Sie den entsprechenden Quelltext zur Lösung dieses Problems an.

☛ Frage 2: Die Textdatei aus Frage 1 soll geöffnet und anschließend um den Eintrag 'Zeile 3' erweitert werden. Wie lautet der entsprechende Quelltext?

☛ Frage 3: Wann wendet man den Befehl *Write* an, wann den Befehl *WriteLn*?

☛ Frage 4: Wie kann man den Inhalt einer Textdatei komplett in einer Listbox ausgeben? Geben Sie zwei verschiedene Möglichkeiten an.

☛ Frage 5: Eine vorhandene Textdatei soll zeilenweise durchsucht werden. Alle Zeilen, die einen deutschen Umlaut oder ein 'ß' enthalten, sollen in einer Listbox angezeigt werden. Geben Sie einen Quelltext an, der diese Aufgabe erfüllt.

☛ Frage 6: Wie muss man den Quelltext aus Frage 5 verändern, damit die entsprechenden Zeilen nicht in eine Listbox, sondern in eine andere Datei gespeichert werden?

☛ Frage 7: Welche 2 Sachverhalte muss man bei der Anwendung von *Rewrite* beachten?

☛ Frage 8: In einem Stringgitter sind in je einer Spalte der Name, der Vorname und die Telefonnummer von verschiedenen Personen gespeichert. Geben Sie eine Datenstruktur an, die geeignet ist, einen Datensatz mit den angegebenen Eigenschaften aufzunehmen. Achten Sie darauf, keinen Speicherplatz zu verschwenden!

☛ Frage 9: Wie lautet der Quelltext zum Speichern der Daten aus dem Stringgitter (Frage 8) in eine typisierte Datei? Von welchem Typ muss diese Datei sein?

☛ Frage 10: Die Datei aus Frage 9 soll in umgekehrter Reihenfolge wieder in das Stringgitter zurückgeschrieben werden. Wie muss man dabei vorgehen?

☛ Frage 11: Wie kann man die Größe einer typisierten Datei (in Byte) ermitteln?

☛ Frage 12: Wie kann man die Anzahl der Datensätze in einer typisierten Datei ermitteln?

☛ Frage 13: In einer typisierten Datei sollen der erste und der letzte Datensatz miteinander vertauscht werden. Wie muss man dabei vorgehen?

☛ Frage 14: Mit welchem Quelltext kann man die letzten 2 Datensätze einer typisierten Datei löschen?

☛ Frage 15: Wie kann man den ersten Datensatz einer typisierten Datei löschen? Beachten Sie, dass dabei auch die Größe der Datei verringert werden muss.

☛ Frage 16: Wie kann der Datensatzzeiger an das Ende einer typisierten Datei positioniert werden? Nennen Sie zwei verschiedene Möglichkeiten.

☛ Frage 17: Zwei typisierte Dateien vom gleichen Typ sollen miteinander zu einer dritten Datei verbunden werden. Wie muss man dabei vorgehen?

# 17 Arbeit im Team – das elektronische Wörterbuch

## 17.1 Projektziel, Vorbemerkungen

Ziel unseres neuen Projektes ist ein elektronisches Wörterbuch, das in Aussehen und Funktion etwa dem dargestellten Bild entsprechen soll.
Im Gegensatz zu allen bisherigen Projekten wollen wir die Arbeit an unserem neuen Projekt anders organisieren.

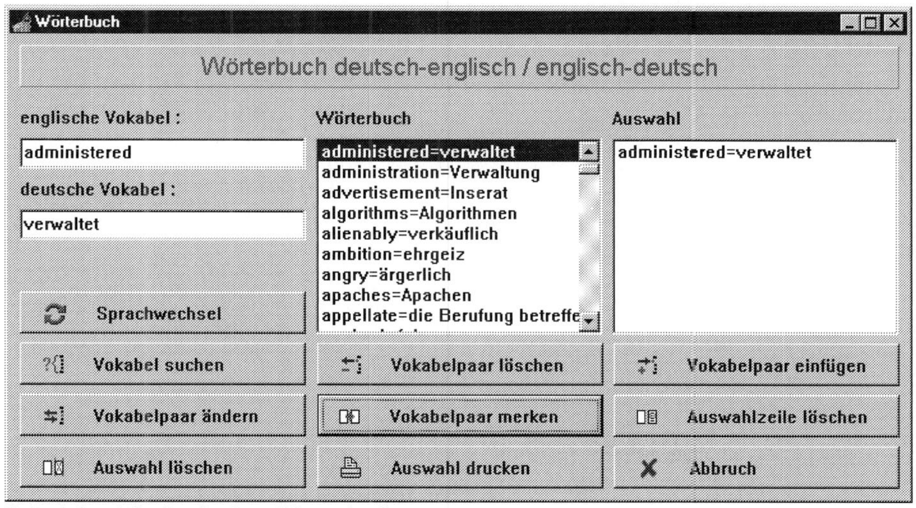

*Beispielansicht des fertigen Wörterbuchprogramms*

Die wesentlichsten Änderungen gegenüber unserer bisherigen Arbeit sollen sein:

- Es wird kein Quelltext vorgegeben, alle notwendigen Programmteile sollen selbst erstellt werden.
- Die Programmierarbeit soll in Gruppen erfolgen, wobei sich jede Gruppe mit einem Teil des gesamten Projekts beschäftigen soll.
- Am Ende der Programmierung der Einzelprojekte sollen diese Arbeiten zu einem Gesamtprojekt integriert werden.
- Zur besseren Integration und Fehlersuche werden die einzelnen Programmteile ausführlich dokumentiert.

Als Ausgangssituation steht eine unsortierte Textdatei der Art

```
crew=Mannschaft
user=Anwender
and=und
```

zur Verfügung, es stehen also immer eine deutsche und eine englische Vokabel, getrennt von einem Gleichheitszeichen, in einer Zeile. Der Umfang der Textdatei beträgt ca. 50 000 Vokabelpaare.
Das zu erstellende Programm soll (mindestens) folgende Anforderungen erfüllen:

- Es ist ein Sprachwechsel zwischen den Richtungen deutsch-englisch und englisch-deutsch möglich (Knopf *Sprachwechsel*).
- Ein gesuchtes Wort in der Ausgangssprache (*Vokabel suchen*) wird in einem Edit-Feld eingegeben. In einer Listbox (linke Listbox) wird dann die gesuchte Vokabel gemeinsam mit ihrer Übersetzung angezeigt. Sollte die gesuchte Vokabel nicht im Wörterbuch vorhanden sein, so werden zumindest die Vokabeln angezeigt, die alphabetisch davor bzw. danach stehen (siehe Bild).
- Ein gefundenes Vokabelpaar lässt sich in eine andere Listbox übernehmen (*Vokabelpaar merken*). Diese Listbox kann teilweise (*Auswahlzeile löschen*) oder ganz gelöscht (*Auswahl löschen*) und ausgedruckt werden (*Auswahl drucken*).
- Es besteht eine Möglichkeit zur Erweiterung des Wörterbuches (Knopf *Vokabelpaar einfügen*).
- Fehlerhafte, doppelte oder nicht mehr aktuelle Vokabelpaare können gelöscht werden (*Vokabelpaar löschen*). An fehlerhaft eingegebenen Vokabelpaaren können außerdem Änderungen vorgenommen werden (*Vokabelpaar ändern*).

## 17.2 Bekannte Probleme

Zuerst muss natürlich die gegebene Vokabeldatei sortiert werden. Aus unseren bisherigen Erfahrungen heraus würden wir sicherlich zuerst einmal die folgende Variante probieren:

```
ListBox1.Items.LoadFromFile('vokabel.txt');
ListBox1.Sorted:=True;
```

Leider funktioniert diese Variante nicht mit allen Betriebssystemvarianten. So ergaben Untersuchungen, dass sich unter Windows 3.x und Delphi 1 nur ca. 5000 Einträge in einer Listbox speichern lassen, unter Windows 95 und Windows 98 sind es nur ca. 32000 Einträge.
Außerdem ist diese Variante, selbst wenn sie funktioniert, sehr langsam. Das Sortieren der kompletten Datei mit der genannten Variante unter Windows NT 4 dauerte auf einem Rechner mit einer Taktfrequenz von 300 MHz ca. 2 Minuten.
Für eine sinnvolle Arbeit ist diese Sortierzeit natürlich zu groß, außerdem sollte das Programm ja wenigstens auf den gängigen 32-Bit-Varianten von Windows funktionieren.

## 17.3 Arbeit in Projektgruppen

### Einteilung der Gruppen

Zur Aufteilung der Programmierarbeit können verschiedene Arbeitsgruppen eingeteilt werden. Eine mögliche (vorerst nur grobe) Aufteilung der Arbeitsaufgaben ist folgende:

| Gruppenname | Aufgaben |
|---|---|
| Vorbereitung | Damit die anderen Gruppen arbeiten können, muss möglichst schnell eine sortierte Vokabeldatei deutsch-englisch und eine sortierte Datei englisch-deutsch vorhanden sein. Da es hier nur auf das prinzipielle Vorhandensein der Dateien und nicht auf deren Größe ankommt, können diese beiden Dateien auch manuell erstellt werden. Ein Umfang von je ca. 20 Vokabelpaaren sollte vorerst reichen.<br>Für die grafische Gestaltung der Knöpfe unseres konkreten Projekts stehen unter Delphi keine besonders geeigneten Bilder zur Verfügung. Die Gruppe "Vorbereitung" könnte hier an der Gestaltung von treffenden Sinnbildern für die verschiedenen Knöpfe arbeiten. |
| Sortieren | Diese Gruppe ist für das Sortieren der Textdatei mit den Vokabelpaaren verantwortlich. Dabei sollte die Sortierzeit bei einem Rechner mit einer Taktfrequenz von 300 MHz im Bereich von maximal 10 Sekunden liegen. Bei schnelleren Rechnern sollte natürlich auch schneller sortiert werden. |
| Suchen | Die Gruppe "Suchen" ist für das Suchen einer Vokabel entsprechend der Aufgabenstellung verantwortlich. |
| Einfügen | Ein neues Vokabelpaar soll von dieser Gruppe in die schon sortierte Vokabeldatei an der richtigen Position eingefügt werden. |
| Löschen | Aus der vorhandenen sortierten Vokabeldatei soll ein angegebenes Vokabelpaar nach Rückfrage gelöscht werden. |
| Ändern | Wenn an einem gegebenen Vokabelpaar Änderungen vorgenommen wurden, müssen diese Änderungen in die Vokabeldatei übernommen werden. Dabei ist im Allgemeinen eine anschließende Sortierung der Datei notwendig. |
| Sprachwechsel | Die erste Aufgabe dieser Gruppe besteht darin, dass das aktuelle Wörterbuch und die entsprechenden Beschriftungen des Formulars gewechselt werden. Als zweite Aufgabe muss das vorhandene englisch-deutsche in ein deutsch-englisches Wörterbuch umgewandelt werden.<br>Da dieses neu erzeugte Wörterbuch anschließend auch sortiert werden soll, muss diese Gruppe auf die Sortierroutine der Gruppe "Sortieren" zurückgreifen. |

| Gruppenname | Aufgaben |
|---|---|
| Merkliste | Diese Gruppe ist für die komplette Arbeit mit der Merkliste (Aufnahme eines Vokabelpaars, Löschen des Vokabelpaars aus der Merkliste, Löschen bzw. Ausdrucken der Merkliste) verantwortlich. |
| Dokumentation | Zuerst sollten die Ergebnisse der gemeinsamen Diskussion und die gemeinsamen Festlegungen dokumentiert und allen anderen Gruppen verfügbar gemacht werden.<br>Außerdem überprüfen die Mitglieder der Dokumentationsgruppe während der Erarbeitung des Projektes, ob sich alle Gruppen an die gemeinsam erarbeiteten Dokumentationsrichtlinien halten. Die dritte Aufgabe der Dokumentationsgruppe besteht in der Erstellung einer Benutzerdokumentation für das Wörterbuch-Programm. |

Außerdem sollte ein so genannter Projektmanager bzw. Projektleiter vorhanden sein. Dieser sollte die Arbeiten der einzelnen Gruppen koordinieren und eventuell auftretende Schwierigkeiten bei der Zusammenarbeit frühzeitig erkennen und beseitigen helfen.

➢ Hinweis 1: Die Einteilung der Gruppen und ihrer Aufgaben ist nur ein Vorschlag und kann natürlich auch verändert werden.

### Gemeinsame Festlegungen

Wenn Sie nun schon die Arbeitsgruppen eingeteilt haben und jetzt gleich losprogrammieren wollen, dann sind Sie auf dem falschen Weg. Um ein gemeinsames Projekt zu einem erfolgreichen Abschluss zu führen, müssen vor dem Beginn des Programmierens eine Reihe von gemeinsamen Festlegungen getroffen werden.
Unter anderem sollten im Vorfeld die folgenden Fragen beantwortet werden:

- Welche Aufgaben sollten in den einzelnen Gruppen bearbeitet werden? Je genauer die Aufgaben im Vorfeld besprochen werden, um so weniger Probleme wird es später geben. Die in der oberen Tabelle angegebene Aufgabenbeschreibung ist nur eine sehr grobe Übersicht und muss auf alle Fälle wesentlich verfeinert und erweitert werden!
- Welche globalen Variablen werden benutzt? Von welchem Typ sind diese Variablen?
- Wie soll die Parameterübergabe zwischen den einzelnen Programmteilen erfolgen?
- Welche gemeinsamen Dateien werden benutzt? In welchem Verzeichnis befinden sich diese Daten?
- Welche Leistungen einzelner Gruppen werden von anderen Gruppen benötigt bzw. benutzt? Wann werden welche Teilleistungen benötigt?
- Wann sollen die Aufgaben fertig sein? Welche Zwischentermine gibt es und was muss bis zu diesen Zeitpunkten fertiggestellt sein?
- Gibt es gemeinsame Richtlinien für die Benennung von Bezeichnern (Variable, Funktionen ...)? So ist es z.B. günstiger, wenn alle Bezeichner generell deutsch oder generell englisch benannt werden.
- Wie soll die Dokumentation gestaltet werden, welchen Umfang soll sie haben? Es erweist sich als günstig, wenn alle Dokumentationen die gleichen Schwerpunkte im etwa gleichen Umfang behandeln.
- Welche bereits programmierten Funktionen und Prozeduren aus vorangegangenen Projekten können benutzt werden?

## 17.4 Wichtige Phasen der Projektarbeit

Die gemeinsame Arbeit an einem größeren Softwareprojekt ist eine sehr komplexe Tätigkeit, die von Anfängern häufig unterschätzt wird. Meist erfolgt bei unerfahrenen Programmierern eine Reduzierung des Problems auf die Ebene der reinen Programmierung.
Diese Arbeitsweise ist wenig vorausschauend und sehr fehleranfällig, Probleme bei der Programmerstellung werden erst zu spät erkannt und ziehen Terminverzug und höhere Kosten nach sich.

Über verschiedene Möglichkeiten der Softwareentwicklung und dabei auftretende Probleme sind bereits viele Bücher geschrieben worden, unser kleines Projekt soll uns lediglich mit der Problematik vertraut machen und uns helfen, einige grobe Fehler bereits im Vorfeld zu vermeiden.

1. Am Anfang eines Projektes steht immer die *Projektauswahl*. Dies ist bei uns bereits geschehen. In Firmen, die sich mit Softwareentwicklung beschäftigen, sind dazu umfangreiche Recherchen und Kalkulationen notwendig.
2. In der zweiten Phase erfolgt eine umfangreiche *Analyse des Problems*. Als wichtigstes Ergebnis einer solchen Analyse sollte eine so genannte *Anforderungsdefinition* erstellt werden. Diese *Anforderungsdefinition* sagt aus, was das spätere Produkt leisten soll, gibt jedoch noch keine Hinweise darauf, wie diese Ziele erreicht werden sollen. Die im Folgenden genannten Punkte können Inhalt einer Anforderungsdefinition sein, bei Bedarf sind einige der Punkte zu streichen bzw. andere zu ergänzen.
   - Als Erstes sollte möglichst genau beschrieben werden, welche prinzipiellen Aufgaben die Software erfüllen soll (*Aufgabenstellung* der Software).
   - Anschließend muss der *Leistungsumfang* der Software beschrieben werden. Hierbei sollten alle Leistungen aufgezählt werden, die das fertige Produkt zur Verfügung stellt. Es sollte je nach Aufgabenstellung auch explizit formuliert werden, was das fertige Produkt nicht kann.
   - Wichtig ist auch eine *Angabe des Benutzerkreises*. Hier muss angegeben werden, wer das Programm später einmal benutzen soll und welche Vorkenntnisse (Fachkenntnis, allgemeine Computerkenntnisse) in diesem Benutzerkreis vorausgesetzt werden können.
   - Als Nächstes muss geklärt werden, welche *Hardwareanforderungen* für das aktuelle Projekt notwendig sind. So ist z.B. eine Angabe prinzipieller Rechnerparameter (Geschwindigkeit, Prozessortyp, Arbeitsspeicher, Art der Grafikkarte, ...), aber auch der angeschlossenen Peripheriegeräte (Monitorgröße, Druckertyp, Netzwerkanbindung, ...) notwendig, um beim späteren Programmeinsatz keine bösen Überraschungen zu erleben.
   - Im Rahmen der *Softwareanforderung* muss geklärt werden, auf welchem Betriebssystem (eventuell in welcher Version) das fertige Produkt laufen soll und in welcher Programmiersprache das zu erstellende Produkt programmiert werden soll.
   - In den *Anforderungen an das Fehlverhalten* wird festgelegt, wie sich das System bei Fehlern in der Bedienung, bei fehlenden oder fehlerhaften Dateien, bei Stromausfall, Hardwaredefekten u.Ä. verhalten soll. In den *Datensicherheitsanforderungen* werden Aussagen getroffen, wie eine Sicherheit der Daten gewährleistet werden soll (z.B. Sicherheitskopien, Speichern der Daten nach jeder Änderung, ...).
   - In den *Datenschutzanforderungen* werden datenschutzrechtliche Aspekte des Programms angegeben. So erfolgen z.B. Aussagen über die Verschlüsselung der Daten und die Benutzerkontrolle.
   - Prinzipielle Aussagen zur Bedienung des Programms (Art der Menüs, Bedienung mit Maus, Tastatur oder anderen Eingabegeräten, ...) werden in den *ergonomischen Anforderungen* festgelegt.
   - Sehr wichtig für die Fehlersuche und für eine gemeinsame Arbeit am Projekt ist die Definition der *Anforderungen an die Dokumentation* des Projektes. Hier muss angegeben werden, welchen Umfang, welche Inhalte und welche Form die Dokumentation des aktuellen Projektes haben soll.
     Dabei sind verschiedene Dokumentationen notwendig, so z.B. eine Dokumentation der Arbeitsschritte und Festlegungen, eine Dokumentation des Quelltextes, die Testprotokolle und eine Dokumentation für die Bedienung des Programms.
   - In den *Anforderungen an die Erweiterbarkeit* wird festgelegt, ob und wie sich das Projekt möglicherweise erweitern lassen soll und ob eine Portierung in eine andere Programmiersprache vorgesehen ist.
3. Im dritten großen Lösungsschritt erfolgt der *Projektentwurf*. Hier sollten unter anderem folgende Arbeitsschritte durchgeführt werden:
   - Erarbeitung eines groben Lösungsvorschlags,
   - Gliederung der Programmfunktion in bestimmte Teilaufgaben (*Modularisierung*),
   - Festlegen der Funktion der einzelnen Module sowie genaue Definition der Modulschnittstellen (unbedingt schriftlich),
   - Analyse bereits vorhandener Module auf Verwendbarkeit im aktuellen Projekt,
   - Einigung über gemeinsam verwendete Variablentypen und über globale Variable,
   - Angabe des Datenflusses bzw. der Modulhierarchie (Welchen Weg gehen die Daten? Wie sind die einzelnen Module voneinander abhängig?).

4. Nach der Festlegung, was die einzelnen Module leisten sollen, erfolgt die Umsetzung der geforderten Aufgaben in eine Programmiersprache (*Implementierung*, *Modulprogrammierung*). **Parallel** zur Implementierung erfolgt ein ständiger Test der Module, die Erfassung der Testergebnisse in Testprotokollen und eine Dokumentation des Quelltextes.
5. Nach dem Programmieren und Testen der einzelnen Module erfolgt die schrittweise *Modulintegration* in ein Gesamtprojekt. Auch hierbei muss das Programm ständig getestet und seine Dokumentation vervollständigt werden. Ein ausführlicher Programmtest sollte hier nicht vernachlässigt werden, da erfahrungsgemäß die meisten Fehler erst in dieser Projektphase entdeckt werden (siehe dazu auch Band 1, Kapitel 19: "*Das Testen von Programmen*"). Abschließend erfolgt die Erstellung bzw. Aktualisierung der Benutzerdokumentation (Bedienungsanleitung).
6. Mit der Auslieferung des Programms an den Kunden (*Installation*) ist die Arbeit am Programm jedoch meist noch nicht beendet. Häufig treten beim realen Einsatz des Programms noch kleinere Fehler auf, die beseitigt werden müssen (*Fehlerbeseitigung*). Außerdem ist es in dieser Phase häufig notwendig, kleinere Änderungen am Layout bzw. an der Bedienung des Programms vorzunehmen, die sich erst im praktischen Betrieb herausstellen (*Wartungsphase*).
   Je nach vertraglicher Festlegung kann sich hier auch noch eine *Erweiterung der Funktionalität* der Software anschließen.

⇨ Aufgabe 1: Geben Sie Beispiele an, wozu die einzelnen Teilaufgaben der Anforderungsdefinition notwendig sind.

⇨ Aufgabe 2: Erstellen Sie eine Anforderungsdefinition für unser konkretes Projekt.

⇨ Aufgabe 3: Analysieren Sie, welche einzelnen Aufgaben in unserem Vokabelprojekt erfüllt werden müssen. Versuchen Sie diese Aufgaben in voneinander unabhängige Module zu gliedern.

⇨ Aufgabe 4: Beschreiben Sie genau, welche Aufgaben in den einzelnen Modulen erledigt werden sollen. Überlegen Sie sich, welche gleichen Tätigkeiten in verschiedenen Modulen vorkommen (z.B. Laden, Speichern). Versuchen Sie anschließend, diese Tätigkeiten zu isolieren und in eigenständigen Modulen zu kapseln.

⇨ Aufgabe 5: Überlegen Sie sich einen geeigneten Datentyp für die Speicherung der sortierten Vokabeldateien und zur Realisierung der Programmaufgaben. Alternativen wären hier Textdateien oder typisierte Dateien. Diskutieren Sie Vor- und Nachteile der beiden Varianten.

⇨ Aufgabe 6: Überlegen Sie sich, welche weiteren Variablen bzw. Variablentypen Sie noch zur Erledigung der gestellten Programmieraufgabe benötigen.

⇨ Aufgabe 7: Legen Sie fest, wie die Daten zwischen den einzelnen Modulen ausgetauscht werden sollen (Beschreibung der Schnittstellen), und konkretisieren Sie die Aufgabenstellungen der einzelnen Module. Stellen Sie die Abhängigkeit der Module voneinander und den Datenfluss zwischen den Modulen grafisch dar.

⇨ Aufgabe 8: Verteilen Sie die Aufgaben auf einzelne Arbeitsgruppen und beginnen Sie mit der Umsetzung der Aufgaben in Delphi-Quelltext. Testen Sie dabei die verschiedenen Module bereits im Verlauf ihrer Entstehung ausführlich und dokumentieren Sie diese Tests.

⇨ Aufgabe 9: Integrieren Sie nach Fertigstellung der einzelnen Module diese Module Schritt für Schritt in das zu erstellende Programm. Testen Sie auch in der Phase der Integration ausführlich, da Programmfehler um so schwerer zu beseitigen sind, je später sie bemerkt werden.

➢ Hinweis 2: Führen Sie parallel zu Ihrer jeweiligen Tätigkeit eine ausführliche Dokumentation Ihrer Arbeit durch. So ist eine bessere Kommunikation zwischen den Gruppen gewährleistet, Fehlerquellen können minimiert werden und eine Fehlersuche ist leichter durchzuführen.

Und nun viel Erfolg bei Ihrem ersten eigenen Projekt!

# 18 Index

➢ Hinweis: Alle *kursiven* Seitenzahlen des Index beziehen sich auf das Buch "Praktische Informatik mit Delphi, Band 1", alle nicht kursiven Seitenzahlen sind im aktuellen Buch zu finden.